D0465674

當代最偉大的生死學鉅著　一本最實用的臨終關懷手冊

西藏
生死書

THE TIBETAN BOOK
OF LIVING AND DYING

Sogyal Rinpoche

索甲仁波切　著　鄭振煌　譯

達賴喇嘛序

　　在這一本契合時代需要的書中，索甲仁波切深入討論如何認識生命的真義，如何接受死亡，以及如何幫助臨終者和亡者。

　　有生，自然有死，每個人遲早都需要面對死亡。當我們還活著的時候，我們可以用兩個方法處理死亡：忽略死亡，或者正視自己的死亡，藉著對於死亡所做的清晰思考，以減少死亡可能帶來的痛苦。不過，這兩種方法都不能讓我們真正克服死亡。

　　身為佛教徒，我把死亡當做是正常的過程，只要我還活在這個地球上，必然會發生死亡這個事實。在我知道逃避不了死亡之後，就看不出有什麼好擔憂的了。我寧可把死亡看成是衣服穿破了必須換件新的一樣，而不是終點。然而死亡還是不可預測的：我們不知道什麼時候會死或怎麼死。因此，在死亡真正發生之前，我們有必要做些準備的工作。

　　我們大多數人自然都希望死得安詳，但如果我們的生活充滿暴力，如果我們的心總是被憤怒、執著或恐懼等情緒所控制，我們顯然也不可能奢望死得安詳。因此，如果我們希望死得好，就必須學習如何活得好：如果我們希望死得安詳，就必須在心中和日常生活中培養安詳。

　　誠如各位將在本書中所讀到的，從佛教的觀點來看，死

亡的實際經驗非常重要。雖然我們將會如何再生和再生到哪裡去，大都取決於業力，但我們在臨終那一刻的心境卻可以影響下一世的好壞。因此，在死亡的瞬間，儘管我們已經累積了各式各樣的業，只要我們努力產生善的心態，還是可以加強和激發善業，造成快樂的輪迴。

死亡的那一刻，也可以產生最深沈和最有利的內心經驗。透過禪定中對於死亡過程反覆的認識，一位有成就的禪修人，能夠藉著他的實際死亡來獲得極高的證悟。這就是爲什麼老僧都在禪定中過世的原因。他們的身體經常在醫學上宣布死亡後很久才開始腐敗，象徵他們的修行成就。

幫助別人死得安詳，與準備自己的死亡同樣重要。我們每個人出生時都是孤立無援，如果出生時沒有人照顧和關懷，我們必然活不下來。因爲臨終者也是無法幫助自己，我們必須盡一切可能，解除他們的痛苦和焦慮，幫助他們死得安詳自在。

最重要的一點是：避免把臨終者的心變得更紊亂。我們幫助臨終者的首要目標是讓他們安詳，方法有很多。熟悉修行方法的臨終者，如果有人提醒的話，就可以獲得鼓勵和啓示；但如果我們能夠以親切的口吻恢復臨終者的信心，即使他們再平凡，都可以讓他們產生安詳、平靜的心態。

《西藏生死書》在西藏佛教和現代科學兩個傳統之間，提供了一個交會點。我相信在理解和實踐的層次上，兩者都互相提供了相當大的利益。在促成這個交會上，索甲仁波切是再好不過的人選；他生長在西藏傳統中，跟從我們最偉大的喇嘛參學。他也從現代教育中獲得益處，在西方居住和教學了許多年，對於西方的思考方式瞭若指掌。

　　本書提供給讀者的，不僅是有關死亡和臨終的理論性描
述，還有實行的方法，可以用來瞭解死亡和臨終的真相，幫
助自己和他人死得寧靜而充實。

　　　　　　　　　　　　　　　一九九二年六月二日
　　　　　　　　　　　　　　　達賴喇嘛第十四世

自序

　　西藏是我的故鄉。在我六個月大的時候，就進入我的上師蔣揚・欽哲・秋吉・羅卓（Jamyang Khyentse Chökyi Lodrö）位於康省的寺廟。我們西藏人有一個殊勝的傳統，就是尋找過世大師的轉世靈童。他們的年紀很小，必須接受特殊的訓練教育，準備日後成爲老師。我被命名爲索甲，雖然後來我的上師才認出我是拖頓・索甲（Tertön Sogyal）的轉世。我的前世是一位名聞遐邇的修行人，他是十三世達賴喇嘛的上師，也是蔣揚欽哲仁波切的一位老師。

　　就西藏人來說，我的上師蔣揚欽哲算是高個兒，站在人羣中總是比別人高出一個頭。他滿頭銀髮，剪得短短的；慈顏善目，幽默風趣；耳朵豐滿，有如佛陀。但他最吸引人的地方，並不是這些，而是他在揚眉瞬目和優雅舉止之間，流露出的智慧和高貴。他的聲音渾厚迷人，開示時，頭稍後傾，法音潺潺而出，美如詩篇。雖然他法相莊嚴，卻平易近人。

　　蔣揚欽哲增長了我的生命，也啓發了這本書。他的前世，改變了西藏的佛教修行。在西藏，光靠轉世的頭銜是不夠的，唯有學問和修行才能贏得尊敬。他閉關多年，相傳有許多神奇的感應。他學富五車，證悟高深，就像一部智慧的百科全書，什麼疑難雜症都考不倒他。西藏的修行宗派很

多，大家卻公認他是一切教法的權威大宗師。對任何認識或聽過他的人來説，他就是西藏佛教的化身，就是修行圓滿具足的鮮活例子。

我的上師曾經告訴過我，他的志業要由我來繼續，而事實上他也視我如子。我在工作上所能做到的，以及所能接觸到的聽眾，我覺得都是出自他給我的加持力。

我早期的記憶都和他有關。我生長在他的氛圍裡，我的童年完全受他影響。他就像我的父親一般，有求必應。師母也就是我的姑媽康卓·慈玲·秋瓏（Khandro Tsering Chödrön）經常對我説：「仁波切可能忙著，不要煩他。」但我總是黏著他，他也高興我跟前跟後。我一直問他問題，他總是不厭其煩地回答。我很頑皮，除了我的老師，誰也管不了我。每當他們要打我的時候，我就跑到上師背後，爬上他的法座，誰也不敢越雷池一步了。我蹲在那兒，志得意滿，他只是一逕地哈哈大笑。後來有一天，我的老師私下向他們説明，爲了我好，不應該讓我繼續野下去了。因此，下一次當我再逃到他背後藏身時，我的老師就走進房間，向我的上師三頂禮之後，把我拖了出來。我當時想，多奇怪啊！爲什麼他不怕我的上師呢？

蔣揚欽哲通常都住在他前世住的房間，就在那兒，他的前世看到瑞相，並發動十九世紀橫掃西藏東部的文化和修行復興運動。那個房間很殊勝，並不特別大，卻有神奇的氣氛，滿屋子供奉著神像、圖畫和書籍。他們稱之爲「諸佛的天堂」、「灌頂的房間」。如果我對西藏還有什麼印象的話，就是那個房間。我的上師坐在木質皮套的矮凳子上，我就坐在他的身旁。如果不是他缽內的東西，我是不肯吃的。

隔壁的小臥房有一個陽台，但總是很黑，牆角放一個小火爐，爐上的茶壺鎮日燒著開水。我通常都是睡在上師床脚邊的小床上。他在念咒時撥動念珠的滴答聲，是我終生難忘的。當我上床睡覺後，他就坐在那兒修行；第二天早晨我一睜開眼睛，他早就醒來了，還是坐在那兒修行，不斷地加持。當我睜開眼睛看到他的時候，心中就洋溢著溫暖、幸福的感覺。他就是有這種安詳的氣質。

　　我長大之後，蔣揚欽哲就要我主持儀式，他只負責領導唱誦。在他傳授教法和灌頂時，我全都在場。但我所記得的，與其説是細節，倒不如説是整個氣氛。對我來説，他就是佛，這種印象在我心中永不動搖。其他每個人也都這麼認爲。在他傳授灌頂的時候，弟子都全神貫注，幾乎不敢看他的臉。有些人甚至看到他化現前世或各種佛菩薩的²形象。每個人都稱他爲*仁波切*（Rinpoche），意爲尊貴者，這是對上師的尊稱。有他出現的場合，其他的老師就不會被這麼稱呼。他的出現感人至深，讓許多人感動得稱呼他爲「本初佛」（the Primordial Buddha）。³

　　如果沒有遇到我的上師蔣揚欽哲，我知道我會完全不同。他充滿溫馨、智慧和慈悲，體現佛法的神聖真理，讓佛法落實於生活，生機盎然。每當我與別人分享上師的氣氛時，他們都深有同感。那麼，蔣揚欽哲又給了我什麼啓示呢？就是對佛法不可動搖的信心，以及對於上師無比重要的信念。如果我有什麼見解的話，我知道都是得自於他，這種恩德我永遠也回報不了，卻可傳遞給別人。

　　我在西藏度過青少年時期，我看到蔣揚欽哲在羣衆中散發他的愛心，尤其是在引導臨終者和亡者的時候。西藏的喇

嘛，不僅是精神上的老師，也是智者、法師、醫師和精神治療師，幫助病人和臨終者。後來，我就從《中陰聞教得度》（Tibetan Book of the Dead）的相關教法中，學習引導臨終者和亡者的特殊技巧。但有關死（和生）的課程，我學到最多的，還是來自於觀察上師如何以無限的慈悲、智慧和瞭解來引導臨終者。

但願本書能夠將他的一些偉大智慧和慈悲傳達給世界，也希望讀者能夠透過本書感受到他的智慧心的現前，而與他建立一個親近的關係。

索甲仁波切

譯序

「法不孤起，必仗緣生。」本書的翻譯出版是眾因緣和合而成，緣生緣滅正說明了宇宙人生的自然法則。

一個高級的宗教，除了要對生命賦予最神聖的尊嚴外，還要對死亡給予最終極的關懷。佛法的特質表現在通達生死一如、解脫輪迴痛苦的智慧上，更表現在「但願眾生得離苦，不爲自己求安樂」的慈悲上。在翻譯的過程中，每一個章節、每一段文字都讓我感動不已，它揭開生死真相的真、度盡一切眾生的善、流暢優雅律動的美，使它堪爲人人必讀必受持的經典之作。

翻譯歷時二年有餘，蒙三寶加被，眾善知識如姚仁喜、余德慧、郭忠生、丁乃竺、王桂花、俞壽成、鄒恆月等大德時常聚首，校對譯稿，爲中文本增色不少，對他們我要表達最深的謝意；但譯文如有任何闕漏錯誤，仍應由我負責。

如是因，如是果。中文本以如此高雅的形式呈現，應歸功於張老師文化公司全體同仁的精心設計，還有大元建築及設計事務所姚仁喜、任祥賢伉儷的鼎力護持，該所黃惠玲、鄧幸如、陳嘉利、趙效蕙諸小姐的電腦輸入與行政支援，他們無私的奉獻，正是大菩薩行的表徵，值得我叩首銘謝。

普願一切衆生心開意解，契入法性。

　　　　　　　　　　　　鄭振煌

　　　　　　　　一九九六年七月十九日於慧炬

目　錄

第一篇　生

第二篇　臨終

【第一篇】

生

第一章

在死亡的鏡子中

　　第一次接觸死亡的經驗，是在我七歲左右。那時候，我們準備離開東部高原前往西藏中部。我的上師有一位侍者名叫桑騰（Samten），他是一位很好的出家人，在我童年時代很疼我。他的臉明亮、圓潤而豐滿，隨時都會開顏而笑。因爲他很隨和，所以是寺廟中最受歡迎的人。我的上師每一天都會開示佛法、傳授灌頂、領導修行、主持法會。每天終了後，我都會召集同伴做些小表演，模仿早上的一切。桑騰總會拿我的上師在早上穿過的長袍借給我，從來沒有拒絕過。

　　後來，桑騰突然病倒了，病情立即惡化。我們不得不延遲出發。隨後的兩個星期令我終生難忘。死亡的臭味像烏雲般籠罩著一切，我一想起那段日子，就不期然聞到那股味道。整座寺廟瀰漫在死亡的陰影下，可是，一點也沒有恐怖的氣氛；有我的上師在，桑騰的死就顯得特別有意義，變成我們每個人的課程。

　　在我上師駐錫的小寺裡，桑騰就躺在靠窗的床上。我知道他即將不久人世。我不時走進那個房間，坐在他旁邊，他已經不能說話了，他的臉變得憔悴而乾癟，讓我大爲吃驚。我很明白他就要離我們而去，再也看不到他了。我感到非常悲傷孤獨。桑騰死得很艱苦，我們隨時可以聽得到他極力掙扎的呼吸聲，也可以聞得出他的肉體正在腐壞。整個寺廟鴉雀無聲，只剩下他的呼吸聲。一切注意力都集中在桑騰身上。雖然桑騰的死把他折磨得很痛苦，但我們看得出他內心很平靜，對自己也充滿信心。最先我無法解釋這一點，但後來我知道了它的來源：他的信仰，他的訓練，還有我的上師就在身邊。雖然我感到悲傷，但我知道只要我的上師出現，一切問題就會迎刃而解，因爲他能夠幫助桑騰解脫。後來我才知道，每一個修行人

都夢想在他上師面前去世的福報，讓上師引導他走過死亡。

在蔣揚欽哲引導桑騰寧靜地走向死亡時，他對桑騰開示他正在經過的每個過程。我的上師知識精確，信心充滿，和平安詳，令我驚訝不已。只要上師在場，即使是最焦慮不安的人，也可以從他安詳的信心中獲得保証。現在，蔣揚欽哲正在告訴我們，他對於死亡絲毫不恐懼，這並不是說他對死亡看得很草率；他經常告訴我們他怕死，警告我們不要幼稚或自滿地對待死。然而，到底是什麼原因讓我的上師在面對死亡時，能夠這麼鎮定、從容、有條不紊而又出奇的無憂無慮？那個問題讓我著迷不已，也教我神往不已。

桑騰的死震撼著我。七歲時，我第一次看到我正在接受訓練的那個傳統竟然這麼法力無邊，我開始瞭解修行的目的何在。修行讓桑騰接受死亡，也讓他清晰地瞭解痛苦是一個精深、自然的淨化過程的一部分。修行讓我的上師對於死亡瞭若指掌，知道如何正確地引導人通過死亡。

在桑騰圓寂後，我們就啓程前往西藏首府拉薩，費時三個月，那是一段辛苦的馬背旅程。從那兒我們繼續前往藏中和藏南朝聖，這些地方都是第七世紀以來把佛教傳入西藏的聖賢、國王和學者的聖地。我的上師是西藏傳統許多上師的化身，聲譽崇隆，因此所到之處，都受到熱烈的接待。

我對那次旅程極感興奮，美麗的回憶仍然縈繞腦際。西藏人起得很早，為著能充分使用自然的光線。天一黑我們就上床，破曉前我們就起床；當第一道曙光照臨前，背負行李的犛牛就出來了。大夥兒拆下帳篷，最後才拆除廚房和我上師的帳篷。斥候先行，尋找良好的紮營地點，中午左右我們就停下來

紮營休息。我喜歡在河邊紮營，傾聽潺潺的流水聲，或坐在帳篷裡，聽著雨點拍打篷頂的聲音。我們的隊伍不大，總共只有二十個帳篷。白天我騎在金黃色的駿馬上，緊挨著我的上師。路上，他不停地開示、說故事、修行，並特別爲我設計修行法門。有一天，當我們快到揚卓曹（Yamdrok Tso）聖湖時，遠遠看到從湖面反射出碧玉般的光芒，隊伍中的另一位喇嘛左頓（Lama Tseten），又面臨死亡的威脅。

喇嘛左頓的死，又給我另一個强烈的教訓。他是我師母的老師，師母迄今仍然健在。許多人認爲她是西藏最有修行的女性。對我來說，她是一位隱形的上師，和藹可親，恭敬虔誠。喇嘛左頓身材魁梧，就像大家的爺爺。他六十幾歲了，很高，頭髮灰白，流露出絲毫不矯柔做作的紳士風度。他也是禪定功夫很深的修行人，只要一靠近他，就會覺得安詳莊嚴。有時候他會罵我，我也會怕他，但即使在偶然的嚴肅時刻，他也從來沒有失去他的熱情。

喇嘛左頓的死很特別。雖然附近就有一間寺廟，他卻拒絕去，他說他不想留下一具屍體讓他們清理。因此，我們照往常一樣地紮營，圍成圈圈搭起帳篷。喇嘛左頓由師母護理和照顧，因爲他是她的老師。當他突然叫她過來的時候，帳篷內只有她和我兩個人在場。他對師母有一個窩心的稱呼，稱她「阿咪」，在他家鄉話的意思是「我的孩子」。「阿咪，」他溫柔的說，「過來。事情就要發生了。我沒有其他的話可以送給妳，妳還是老樣子，有妳在身旁我就高興。妳要像過去一般地伺候妳的先生。」

她當下就轉身往外跑，但被他拉住袖子。「妳要去哪兒？」他問。「我要去請仁波切。」她回答。「不要煩他，沒

有必要。」他微笑著。「我與上師之間，是沒有距離的。」話剛説完，他凝視著天空，就過去了，師母掙脱身，跑出帳篷，叫我的上師。我愣在那兒，動彈不得。

我很驚訝，竟然有人那麼信心滿滿地凝視死亡的臉。喇嘛左頓大可以請來他的喇嘛幫助他——這是每個人多麼期待的事——但他卻一點也不需要。現在，我知道個中原因了：他的心中早就證得上師的現前。蔣揚欽哲與他同在，就在他的心中，沒有一秒鐘他覺得離開上師。

師母真的把蔣揚欽哲找來了。他弓身進入帳篷的樣子，我仍然記憶猶新。他看了一下喇嘛左頓的臉，盯著他的眼睛，咯咯笑了起來。他一向叫他「拉根」、「老喇嘛」。這是他熱情的表示。「拉根，」他説，「不要停在那個境界了！」我現在明白，他看出喇嘛左頓正在修習一種特殊的禪定法門，把他自己的心性和真理的虛空融合為一。「這是你知道的，拉根，當你做這種修行的時候，偶爾會有障礙產生。來！讓我引導你。」

當時我嚇呆了，接下來發生的事情，如果不是我親眼目睹的話，我絕對不會相信。*喇嘛左頓竟然復活了！*我的上師就坐在他的身邊，帶著他修完*頗瓦法*（phowa），引導他在臨終前的神識走過死亡。頗瓦法有多種修法，他當時所使用的方法，最後是由上師誦三遍的「阿」字母。當我的上師誦出第一個「阿」字時，我們可以聽見喇嘛左頓跟著他大聲念，第二聲比較微弱，第三次發不出聲，他就走了。

桑騰的死，教我修行的目的；喇嘛左頓的死，教我像他這種能力的修行人，經常在他們活著時隱藏他們的非凡特質。事實上，有時候它們僅在死亡的那一刻出現一次。即使那時候我

還是小孩子，我已經知道桑騰的死和喇嘛左頓的死截然不同；我知道差別在於一個是終身修行的好出家人，另一個是體證比較多的修行人。桑騰以平凡的方式死去，雖然痛苦卻充滿信心；喇嘛左頓的死，則展示了他的來去自如。

在喇嘛左頓的喪禮舉行後不久，我們就住進揚卓的寺廟。像平常一樣，我還是睡在上師的旁邊，我記得那個晚上我睜大著眼睛看酥油燈的影子在牆壁上晃動。其他人都已經呼呼大睡了，只有我徹夜難眠，哭了一整個晚上。我躺在那兒，想著死亡和我自己的死，在我的悲傷當中，慢慢浮現出一種深沈的接受，一旦接受死亡的事實，我就決心把一生奉獻在修行上。

因此，在我年紀很小的時候，就已經開始面對死亡，探索死亡的含義。那時候，我從來也想像不出到底還有多少種死亡將接著發生。失去家人和我自己所擁有的每一樣東西，就是一種死亡。我家姓拉卡藏（Lakar Tsang），一直是西藏最富有的家族。自從第十四世紀以來，我家是護持佛教最力的望族，護持佛法，協助大師推動弘法工作。'

最令我心碎的死亡不久就發生了——那是我的上師蔣揚欽哲的死亡。失去他，我覺得我已經失去生存的基礎。

現代世界的死亡

當我初到西方的時候，就被兩種截然不同面對死亡的態度所震撼：一種是得自成長的西藏，一種是我當時在西方發現的態度。現代西方社會雖然有輝煌的科技成就，對於死亡、死亡當時或之後所發生的事卻缺乏真正的認識。

我發現今日教育否定死亡，認為死亡就是毀滅和失掉一切。換句話說，大多數人不是否定死亡，就是恐懼死亡。連提

到死亡都是一種忌諱，甚至相信一談到死亡就會招來不幸。

其他人則以天真、懵懂的心情看待死亡，認爲有某種不知名的理由會讓死亡解決他們的一切問題，因此死亡就無可擔憂了。想到這裡，讓我憶起一位西藏上師所説的話：「人們常常犯了輕視死亡的錯誤，他們總是這麼想：『嗯，每個人都會死。死不是什麼大不了的事，死最自然不過了。我不會有什麼問題的。』這個理論很美，但在臨終的一刻就不太妙了。」[2]

在這兩種死亡態度中，一種是把死亡當做避之唯恐不及的事，另一種則是把死亡當做自個兒會解決的事。兩者對於死亡真義的瞭解都何其錯誤啊！

世界上最偉大的精神傳統，當然包括基督教在内，都清楚地告訴我們：死亡並非終點。它們也都留下未來世的憧憬，賦予我們的生活神聖的意義。然而儘管有這麼多宗教的教義，現代社會仍是一片精神沙漠，大多數人想像這一生就只這麼多了。對於來世，如果沒有真正或真誠的信仰，大多數人的生活便缺乏任何終極的意義。

我終於體悟到，否定死亡的可怕影響力，絕不止於個人層面，它影響著整個地球。由於大多數人相信人生就只有這麼一世，現代人已經喪失長程的眼光。因此，他們肆無忌憚地爲著自己眼前的利益而掠奪地球，生活自私得足以毀滅未來。如同致力挽救亞馬遜雨林的前任巴西環境部長所説的，我們到底還需要多少類似的警告呢？

現代工業社會是一種瘋狂的宗教。我們正在剷除、毒害、摧毀地球上的一切生命系統。我們正在透支我們的子孫無法償付的支票……我們的作爲，好像我們就是地球上的最

後一代。如果我們不從心理、心靈、見解上做一番徹底的
改變，地球將像金星一般地變成焦炭而死亡。*3*

對於死亡的恐懼和對於來生的無知，使得我們的環境受到
變本加厲的毀滅，正威脅著我們一切的生命。因此，如果我們
的教育不談死亡是什麼，或不給予人們任何死後的希望，或不
揭開生命的真相，不是將使事情變得越來越糟嗎？年輕人接受
各種各樣的教育，卻對於瞭解生命整體意義，以及與生存息息
相關的主題，茫然無知，有哪件事情比這個還要諷刺的呢？

有些我認識的佛教上師，會問前來請求開示的人們一個簡
單的問題：你相信今生之後還有來世嗎？我常常對這種現象感
到好奇。其實他們並不是問對方是否相信這個哲學命題，而是
問對方從內心深處是否感覺到有來世。上師們知道，如果人們
相信今生之後還有來世，他們的整個生命將全然改觀，對於個
人的責任和道德也將了然於胸。上師們必須懷疑的是，如果人
們不深信這一世之後還有來世，必然會創造出一個以短期利益
為目標的社會，對於自己行為的後果不會多加考慮。目前我們
已經創造出一個殘暴的世界，這麼一個很少有真正慈悲心的世
界，上述心態難道就是主要原因嗎？

有時候我會想，在已開發世界中，那些最富裕、最強盛的
國家，就像佛經上所描述的天界。天神的生活窮奢極侈，享盡
歡樂，從來沒有想過生命的精神層面。一切都很順利，直到死
亡逼近，出現不可逆料的腐壞現象。那時候，天神的嬌妻美妾
再也不敢接近他們，只是遠遠地把花丟過來，偶爾祈求他們能
夠再轉世為天神。不論他們怎麼回憶過去的快樂幸福，都不能
使他們免於受苦；所有的作為只是火上添油而已。因此，臨終

的天神都是在痛苦中孤單地死去。

　　天神的命運，讓我想起今天我們對待老人、病人和臨終者的方式。我們的社會只迷戀年輕、性和權力，卻逃避老年和病衰。當老年人完成了他們一生的工作而不再有用時，我們加以遺棄，這不是很可怕的事嗎？我們把他們丟進老人院，讓他們孤苦無依地死去，這不是很令人困惑的事嗎？

　　現在不也是重新檢討我們是如何看待癌症或愛滋等絕症病患的時候了嗎？我認識不少死於愛滋病的人，他們經常被視爲賤民，甚至連朋友也避之唯恐不及，大家把罹患愛滋病當成丟人現眼的奇恥大辱，使得他們陷於絕望，也讓他們覺得自己的生命可憎，在世界的眼中，他們已經死了。

　　即使是我們所認識或所愛的人瀕臨死亡時，我們也常常束手無策，不知道如何幫助他們走完人生；當他們去世之後，我們也不去想像他們將何去何從，或是我們應該如何繼續幫助他們。事實上，如果有人這麼想，也會被斥爲荒誕無稽。

　　所有這些現象清晰地告訴我們：比起從前，我們現在更需要徹底改變我們對於死亡和臨終的態度。

　　很高興的是，人們的態度已經開始改變了。譬如，臨終關懷運動在提供實際和情感的照顧方面，成績斐然。不過，實際和情感的照顧仍然不夠；臨終的人需要愛和關懷，但他們的需要不只這些，他們需要發現死亡和生命的意義，否則我們怎麼給他們終極的安慰呢？所以，幫助臨終的人，必須包括精神的關懷，唯有靠精神方面的知識，我們才能真正面對死亡和瞭解死亡。

　　最近幾年，西方先驅如精神科醫師庫布勒羅斯（Elisabeth Kübler－Ross）和雷蒙·慕帝（Raymond

Moody）等人，對於死亡和臨終的研究使我頗感欣慰。庫布
勒羅斯深入探討我們應如何關懷臨終者，認為只要付出無條件
的愛和採取比較明智的態度，死亡可以是安詳，甚至是轉化的
經驗。慕帝對瀕死經驗的許多層面做科學研究，給予人類一個
鮮活和堅強的希望：生命並不是在去世時就結束，確實有「死
後的生命」。

　　不幸的是，有些人並未充分瞭解這些關於死亡和臨終真相
的意義。他們走向偏鋒，把死亡當做一種榮耀；在年輕人自殺
的悲劇例子裡，他們相信死亡是美麗的事，也是對於生活壓迫
的解脫。但不管是因恐懼而拒絕正視死亡，還是把死亡浪漫化
了，我們都是把死亡當做兒戲。對於死亡感到絕望和陶醉，都
是一種逃避。死亡既不會令人沮喪，也不會令人興奮，它只是
生命的事實。

　　我們大多數人只有在臨終的那一刻才會珍惜生命，這是多
麼令人悲傷的事啊！我常常想起蓮花生大士的話：「那些相信
他們有充分時間的人，臨終的那一刻才準備死亡。然後，他們
懊惱不已，這不是已經太晚了嗎？」今天大多數人死的時候毫
無準備，活著的時候也沒有準備，有什麼事比這個現象更令人
寒心呢？

走過生死的旅程

　　依據佛陀的智慧，我們確實可以利用生命來為死亡未雨綢
繆。我們不必等到親密的人死得很痛苦時，或受到絕症的衝擊
時，才去觀察我們的人生。我們也不必到死亡時還赤手空拳地
面對未知。此時此地，我們就可以開始尋找生命的意義了。我
們可以全心全意、準確無比、心平氣和地把每一秒鐘當成改變

和準備死亡與永恆的契機。

佛教把生和死看成一體，死亡只是另一期生命的開始。死亡是反映生命整體意義的一面鏡子。

這種觀點是西藏佛教最古老宗派的教義核心。許多讀者都聽過《中陰聞教得度》（或譯爲《西藏度亡經》，Tibetan Book of the Dead）這部書。本書想說明和補充《中陰聞教得度》，討論的內容不只是死，還包括生，同時詳細解說《中陰聞教得度》未詳述的部分。在這個殊勝的教義裡，我們發現整個生和死被當做一連串持續在改變中的過渡實體，稱爲*中陰*（bardos）。「中陰」這個名詞通常是指在死亡和轉世之間的中間狀態，事實上，*在整個生和死的過程中，中陰不斷出現，*而且它是通往解脫或開悟的關鍵點。

中陰是促成解脫的最好機會，如同佛法告訴我們的，中陰在某些時刻的威力特別強，潛力特別大，不管你做什麼，都能產生巨大而深遠的影響。我把中陰想成如同走到懸崖邊緣的時刻；譬如，上師向弟子介紹最重要、最原始和最核心的心性的時刻。不過，在這些時刻中，威力最大和最富潛能的，還是死亡的那一刻。

因此，從西藏佛教的觀點來看，我們可以把整個存在分成四個不斷而息息相關的實體：(1)生，(2)臨終和死亡，(3)死後，(4)轉世。它們可以稱爲四種中陰：(1)此生的自然中陰，(2)臨終的痛苦中陰，(3)法性的光明中陰，(4)受生的業力中陰。

由於中陰教法廣大無邊，鉅細靡遺，因此，本書做了仔細的安排，一步一步地引導讀者走過生和死的旅程。我們的探索，應該從直接反省死亡的意義和無常的許多層面開始——這種反省可以讓我們在一息尚存的時刻，充分利用我們的這一

生；也讓我們在死亡的那一刻，不致於悔恨或自責虛過此生。西藏的著名詩人和聖哲密勒日巴尊者（Milarepa）說得好：「我的宗教是生死無悔。」

　　深入思索無常的祕密訊息，也就是思索究竟什麼東西可以超越無常和死亡，可以直接引導我們進入古老有力的西藏佛法的中心：最根本的「心性」。心性是我們內心甚深的本質，也是我們所尋找的真理；體悟心性則是瞭解生死之鑰。因為在死亡那一刻，凡夫心及其愚昧都跟著死亡，而且在這個空際之間，像天空一樣無邊無際的心性，剎那間顯現無遺。這個根本的心性，是生與死的背景，正如天空擁抱整個宇宙一般。

　　中陰教法說得很清楚，如果我們所瞭解的心，只是我們死亡時消散的心，我們就會對死後的事情一無所知，也無法瞭解心性更深的實相所呈現的新面向。因此，當我們還活著的時候，我們每個人都應該熟悉心性。唯有如此，在我們死亡的那一刻，當它強有力地自然顯露時，我們才能夠有恃無恐，才能夠視之為「自然」，就像中陰教法所說的「有如孩子投向母親的懷抱」；而且還可以藉著安住在那個狀態中，終得解脫。

　　要描述心性，自然得介紹整套的禪坐方法，因為禪坐是可以讓我們一再顯露心性，並且逐漸加以體悟和穩定的唯一方法。因此，我們將說明人類演化、再生和業力（karma）的性質，以便讓讀者充分瞭解我們走在生死之道上的意義和內涵。

　　屆時您將具備足夠的知識，得以有把握地進入本書的中心：取材自許多不同來源的資料，以及對於四種中陰、死亡和臨終的不同階段所做的詳盡說明。為了幫助自己或親友度過生命、臨終、死亡及死後的階段，本書列出各種說明、實際的忠告，以及精神修行的法門。最後，本書將說明中陰教法如何幫

助我們瞭解人心和宇宙的最深沈的本質。

　　我的學生經常問我：我們如何知道這些中陰到底是什麼呢？中陰教法怎麼可能如此驚人的準確呢？它們對於臨終、死亡和輪迴的每一個階段，怎麼可能說得那麼清楚呢？答案也許一下子很難讓許多讀者瞭解，因爲目前西方對於心的觀念非常狹隘。縱使最近幾年有重大的突破，尤其是在身心科學和超個人心理學方面，但是大多數科學家仍然把心簡約成大腦的生理過程，與幾千年來所有宗教的神祕家和禪修者的經驗證明大相逕庭。

　　因此，這樣的一本書到底是根據什麼寫成的呢？誠如一位美國學者所說的，佛教的「內心科學」立基於「對實相有透澈而完整的認識，對自我和環境有經過印證的深度瞭解；換句話說，就是立基於佛陀的完全證悟。」[4]中陰教法的來源是證悟心、全然覺醒的佛心，這是遠自本初佛以來許多歷代大師所經驗、說明和傳承的心。許多世紀以來，他們對於心做了謹慎而仔細的探討，以及有系統而詳盡的說明，給了我們有關生和死的最完整圖像。我謹以蔣揚欽哲和其他偉大的上師所給我的啓發，試圖將這個完整圖像，首度介紹給大家。

　　經過許多年來的思索、教授和修習，並與我的上師們澄清問題之後，我寫成了這本《西藏生死書》（The Tibetan Book of Living and Dying），它是我所有上師心法教授的精髓，是一本新的《中陰聞教得度》和一本《西藏生命書》（Tibetan Book of Life）。我希望它是一本手冊、指南、參考書和神聖啓示的本源。我認爲唯有一而再、再而三地熟讀這本書，書中許多層面的意義才能顯露出來。您將發現，您越使用這本書，

越能深刻地感受到它的深意，也將越能體悟中陰教法所傳達給
您的智慧深度。

中陰教法精確地告訴我們：如果我們對於死亡有所準備的
話，將會發生什麼事情。如果不準備的話，又將會是如何。該
如何選擇，其實是再清楚不過了。如果在我們還活著的現在拒
絕死亡，那麼我們的一生、死亡的那一刻和死亡之後，都將付
出昂貴的代價。拒絕死亡的結果，將毀掉這一生和未來的生生
世世。我們將無法充分利用這一生，且將受困於終將一死的自
己。這種無知將奪掉我們開悟之旅的基礎，把我們永遠繫縛在
妄想的境界、不由自主的生生死死，也就是我們佛教徒所謂的
輪迴苦海。[5]

然而，佛法的基本訊息卻是，如果我們預做準備，不管是
生是死，我們都將有很大的希望。佛法告訴我們，證得驚人而
無邊無際的自由，是在現世可以做得到的。這個自由，讓我們
可以選擇死亡，並進而選擇再生。對已經做了準備和修行的人
來說，死亡的來臨並不是失敗而是勝利，是生命中最尊貴和最
光榮的時刻。

第二章

無　常

　　在地球的任何地方，死亡都可以找得到我們——即使我們
就像是在一個可疑和陌生的地方不停地轉頭設防——如果
真有什麼方法可以躲避死亡的打擊，我將義無反顧——但
如果你認爲可以倖免一死，那你就錯了。

　　　人們來了又離開，來去匆匆，手舞足蹈，卻不提一個
死字。好得很，可是一旦大限來到——他們自己的死亡，
他們的妻子、兒女、朋友的死亡——出其不意地抓著他
們，讓他們覺醒不過來，一無準備，然後情緒如狂風暴雨
般征服他們，讓他們哭得死去活來，怒氣沖天，傷心欲
絕！

　　　如果想開始掙脫死亡對我們的最大宰制，就要採取截
然不同的方式，讓我們揭開死亡的神祕，讓我們熟悉它，
讓我們習慣它；讓我們隨時想到死……我們不知道死亡在
哪兒等待著我們，因此讓我們處處等待死亡。對死亡的修
行，就是解脫的修行。學會怎麼死亡的人，就學會怎麼不
做奴隸。

　　　　　　　　　　　　　　　　　　　　蒙田¹

　　死亡的修行和解脫的修行爲什麼這麼難呢？爲什麼我們又
這麼害怕死亡，竟連正眼也不敢看它呢？在我們的意識深處，
我們知道凡人終將一死。我們知道，誠如密勒日巴尊者
（Milarepa）所說的：「這個我們如此害怕，所謂的『屍體』，
此時此地就跟我們住在一起。」我們越拖延對死亡的正視，就
越對它無知，恐懼和不安全感的陰影就越縈繞腦際。我們越想
逃避那種恐懼，它就會變得越可怕。

死亡是個大迷霧，但有兩件事情是可以確定的：其一，*我們總有一天一定會死*；其次，*我們不知何時或如何死*。因此，我們唯一可以確定的是不知道何時會死，而我們就把它當做藉口，延遲對死亡的正視。我們就像小孩玩捉迷藏一樣，蒙住眼睛以爲別人看不到我們。

爲什麼我們會生活在死亡的恐怖中呢？因爲我們的本能欲望是要活著，而且繼續活下去，而死亡卻無情地結束了我們所熟悉的一切。我們認爲死亡來到時，就會把我們投入一無所知的深淵裡，或變成一個全然不同的人。我們想像死後自己變成一片迷惘，處在極端陌生的環境裡。就像單獨醒來一般，在焦慮的煎熬中，在陌生的國度中，對那塊土地和語言一無所知，沒有錢財，沒有對外管道，沒有護照，沒有朋友……。

也許我們害怕死亡的最大理由，是因爲不知道我們到底是誰。我們相信自己有一個獨立的、特殊的和個別的身分；但如果我們勇於面對它，就會發現這個身分是由一連串永無止盡的元素支撐起來的：我們的姓名、我們的「傳記」、我們的夥伴、家人、房子、工作、朋友、信用卡……，我們就把安全建立在這些脆弱而短暫的支持之上。因此，當這些完全被拿走的時候，我們還知道自己到底是誰嗎？

如果沒有這些我們所熟悉的支撐，我們所面對的，將只是赤裸裸的自己：一個我們不認識的人，一個令我們焦躁的陌生人，我們一直都跟他生活在一起，卻從來不曾真正面對他。我們總是以無聊或瑣碎的喧鬧和行動來填滿每一個時刻，以保證我們不會單獨面對這位陌生人。

這不就指出了我們生活方式的基本悲劇嗎？我們生活在一個虛擬的身分之下，一個神經兮兮的童話世界裡，跟《愛麗絲

夢遊仙境》中的假烏龜差不多。在激情的催眠之下，我們太過
著迷於建造房子的快感，竟然把生活的房子蓋在沙上。這個世
界似乎真實得讓我們可以相信，直到死亡粉碎了我們的幻想，
並把我們逐出隱藏的地方為止。因此，如果我們對更深的實相
一無所知，我們會變成什麼模樣呢？

　　當我們死亡的時候，萬般帶不去，尤其是我們如此鍾愛、
如此盲目依賴、如此努力想活下去的肉身。而我們的心卻也不
見得比我們的身可靠。只要對自己觀察幾分鐘，你將發現心就
像跳蚤一般，跳來跳去。你將發現念頭會無端地冒出來。我們
每一秒鐘都被混亂席捲，淪為善變心的犧牲品。如果這就是我
們唯一熟悉的心識，那麼在死亡的那一刻，如果我們還要依靠
它，就是一場荒謬的賭博了。

大騙局

　　人之生也，與憂俱生。壽者惽惽，久憂不死。何苦也！其
　　為形也，亦遠矣！

《莊子至樂篇》

　　一個人誕生，他的煩惱跟著一起誕生。有些人活得越久，
　　會變得越愚蠢，因為他為了逃避不可避免的死亡，就會變
　　得越來越焦慮。這是多麼痛苦的事啊！有些人一生都在異
　　想天開，癡人說夢，渴望能夠長生不老，這種觀念使得他
　　無法活在當下。

　　在我的上師圓寂之後，我有幸能夠經常親近當代一位最偉

大的禪師、神祕家和瑜伽行者*敦珠仁波切*（Dudjom Rinpo-che）。有一天，他帶著夫人坐車通過法國，一路上讚歎著旖旎的鄉間風光。他們經過粉刷豔麗和繁花爭妍的大墳場，敦珠仁波切的夫人說：「仁波切！看，西方每一樣東西都這麼整齊乾淨，甚至連他們擺放屍體的地方都一塵不染。在東方，即使是人住的房子都沒有這裡這麼乾淨啊！」

「啊，是的！」他說：「一點也不錯。這是多麼文明的國家啊！他們蓋了這麼棒的房子給屍體住，但妳有沒有注意到他們也蓋了這麼棒的房子給活屍體住了！」

每當我想起這個故事，就讓我覺得，如果人生是建立在永恆不變的錯誤信念上，將會變得多麼空洞而瑣碎啊！如果我們也是這麼過活的話，就會變得像敦珠仁波切所說的行屍走肉。

其實，我們大多數人都是這麼醉生夢死的，我們都是依循既有的模式活著：年輕時候，我們都在接受教育；然後，找個工作，結婚生子；我們買個房子，在事業上力爭上游，夢想有個鄉間別墅或第二部車子。假日我們和朋友出遊，然後，我們準備退休。有些人所面臨的最大煩惱，居然是下次去哪裡度假，或耶誕節要邀請哪些客人。我們的生活單調、瑣碎、重複、浪費在芝麻綠豆的小事上，因為我們似乎不懂得還能怎樣過日子。

我們的生活步調如此地緊張，使我們沒有時間想到死亡。為了擁有更多的財物，我們拚命追求享受，最後淪為它們的奴隸，只為掩飾我們對於無常的恐懼。我們的時間和精力消磨殆盡，只為了維持虛假的事物。我們唯一的人生目標，就成了要把每一件事情維持得安全可靠。一有變化，我們就尋找最快速的解藥，一些表面工夫或一時之計。我們的生命就如此虛度，

除非有重病或災難才讓我們驚醒過來。

我們甚至不曾爲今生花過太多的時間和思考。想想有些人經年累月地工作，等到退休時，才發現自己已經年華老去，瀕臨死亡，結果手足無措。儘管我們總是説做人要實際，但西方人所説的實際，其實是無知、自私而短視。我們的眼光淺顯到只注意今生，到頭來是大騙局，現代社會無情而毀滅性的物質主義便是由此產生的。沒有人談死亡，沒有人談來生，因爲人們認爲談死亡或談來生會妨礙世界的「進步」。

如果，我們最希望自己活得真實並繼續活下去，爲什麼還要盲目地認爲死亡是終結呢？爲什麼不嘗試探索來生的可能性呢？如果我們真的就像我們所説的那麼務實，爲什麼不開始嚴肅地反問自己：我們的「真實」未來到底在哪兒？畢竟，很少人活過一百歲。過了那一點，就是不可言説的永恆，……。

動的惰性

我很喜歡一個古老的西藏故事，稱爲「賽月童子的父親」。有一個非常貧窮的人，在拚死拚活的工作之後，好不容易存了一袋子的穀物，非常得意。回家以後，就用繩子把袋子懸吊在屋梁上，以防老鼠和盜賊。把穀物吊好後，當天晚上就睡在袋子下守護，他的心開始馳騁了起來：「如果我能把穀物零售，就可以賺一筆錢。賺了錢就可以買更多的穀物，然後再賣出去，不久就可以發財，受到人人的肯定。很多女孩子就會來追我，我將討一個漂亮的老婆，不久就會有小孩……他必然是一個男孩……我們該替他取個什麼名字呢？」他看看房子的四周，目光落在小窗子上，透過小窗子他可以看到月亮升起來了。

「多美的月亮！」他想著。「多麼吉祥的徵兆！那確實是一個好名字。我要叫他『賽月』……」當他在胡思亂想的時候，一隻老鼠找到了路，爬上那袋穀物，把繩子咬斷，就在他說「賽月」這兩個字的時候，袋子從天花板掉下來，當場砸死了他。當然，「賽月」從來沒有出生過。

我們有多少人就像故事中的那個窮人，被我所謂的「動的惰性」搞得團團轉呢？惰性自然有不同的種類：東方的惰性和西方的惰性。東方的惰性在印度表現得最爲淋漓盡致了，包括整天懶洋洋地晒太陽，無所事事，逃避任何工作或有用的活動，茶喝個沒完沒了，聽印度電影歌曲，收音機開得震天價響，和朋友瞎扯。西方的惰性則大異其趣，一輩子都忙得身不由己，沒有時間面對真正的問題。

如果我們觀察自己的生活，就可以很清楚地發現我們一生都在忙著無關緊要的「責任」。有一位上師把它們比喻爲「夢中的家務事」。我們告訴自己，要花點時間在生命中的大事上，卻從來也找不出時間。即使是早上剛起床，就有一大堆事要做：打開窗子、舖床、沖澡、刷牙、餵狗、餵貓、清掃昨晚留下來的垃圾、發現糖或咖啡沒了，出去採購回來、做早餐……一大堆說不完的名堂。然後，有衣服要整理、挑選、燙平，然後再摺好，還要梳頭髮、化粧哩！一籌莫展，整天都是電話和小計畫，責任竟然這麼多，或者稱爲「不負責任」還比較妥當吧！

我們的生活似乎在代替我們過日子，生活本身具有的奇異衝力，把我們帶得暈頭轉向；到最後，我們會感覺對生命一點選擇也沒有，絲毫無法作主。當然有時候我們會對這種情形感到難過，會從全身冒冷汗的噩夢醒過來，懷疑「我是怎麼過日

子的？」但我們的恐懼只維持到早餐時刻，然後拎著公事包出門，一切又回到原點。

我想到印度聖人拉瑪克里脋那（Ramakrishna）曾對他的弟子說：「如果你把追女人或賺錢這類讓你分心的時間抽出十分之一用來修行，幾年內包管你開悟！」有一位十九世紀末、二十世紀初的西藏上師，名叫米潘（Mipham），被譽爲喜瑪拉雅山的達文西。據說，他發明了一個鐘、一座加農砲和一架飛機。這些東西一旦做好了，他就立刻毀掉，他說它們只會讓他更分心而已。

藏語稱身體爲 *lü*，意思是「*留下來的東西*」，像行李一樣。每次在我們說 lü 的時候，就提醒自己，我們只是旅客而已，暫時住在此生和此身，因此西藏人並不以全部時間改善外在環境，讓心分散。如果他們夠吃、夠穿、有屋住，就滿足了。如果我們像目前這樣繼續下去，埋頭苦幹追求物欲，就會讓我們失去人生的目標，六神無主。旅客住進旅館之後，如果他們神智正常的話，他們會重新裝潢房間嗎？我很喜歡貝珠仁波切（Patrul Rinpoche）這段開示：

> 記得老母牛的榜樣，
> 牠安於睡在穀倉裡。
> 你總得吃、睡、拉……
> 這些是不可避免的事……
> 此外，其他就不干你的事了。

有時候我想現代文明的最大成就，就是它大舉出售了輪迴，徹底把心混亂掉了。對我來說，現代社會的一切，似乎都

在讓人們偏離真相，讓真相無法成為人生目標，甚至不相信真相確實存在。產生這些現象的文明，雖然聲稱尊崇生命，實際上是讓生命貧瘠得毫無意義可言；雖然一直不停地喊著要讓人們「幸福」，但實際上卻是阻礙通往真正喜悅的泉源。

這種現代的輪迴，滋生了焦慮和壓抑，更進而把我們套牢在「消費者的機器」裡，讓我們貪婪得一直往前冒進。現代輪迴是高度組織化的、易變的和精密的；它利用宣傳從每一個角度來襲擊我們，並在我們四周建立一個幾乎無法攻破的耽溺環境。我們越想逃避，似乎就越陷入那些為我們精心設計的陷阱。誠如十八世紀西藏上師吉梅林巴（Jikmé Lingpa）所說的：「眾生被各種各樣的感覺所迷惑，因此無止盡地迷失在輪迴流轉中。」

迷惑在虛假的希望、夢想和野心當中，好像是帶給我們快樂，實際上只會帶給我們痛苦，使我們如同匍匐在無邊無際的沙漠裡，幾乎飢渴而死。而這個現代輪迴所能給我們的，卻是一杯鹽水，讓我們變得更飢渴。

面對死亡

認識了這一點，我們還能不聽傑西仁波切（Gyalsé Rinpoche）的話嗎？他說：

> 計畫未來就像在乾枯的深淵裡釣魚；
> 再怎麼努力都不能盡合汝意，
> 還是放下一切計謀野心吧！
> 如果你要思考些什麼的話──
> 請想想你飄浮不定的死期……

　　對西藏人來說，新年是一年中的主要節慶，如同把西方人的耶誕節、復活節、感恩節和生日通通合併在一天慶祝。貝珠仁波切是一位偉大的上師，他的一生充滿神祕的故事，使佛法變得鮮活了。貝珠仁波切不像別人那樣的慶祝新年和互相祝福「新年快樂」，他通常都會哭泣。別人問他為什麼要哭，他就說又過了一年，而許多人卻依然毫無準備地更接近死亡。

　　請想一想我們每個人幾乎都發生過的事情：我們在街上漫步，思考著令人啟發的問題，計畫著重要的事情，或只是戴著「隨身聽」。一輛車子突然疾駛而過，差點就把我們撞得粉身碎骨。

　　打開電視或瞧瞧報紙，你將發現到處都是死亡的消息，請問那些因墜機事件或車禍而死亡的人，可曾想過他們會死？他們像我們一樣，視生命為理所當然的事。我們不是經常聽到認識的人或朋友突然去世嗎？我們甚至不必生病也會死；我們的身體有可能突然垮下來無法運轉，就像車子突然拋錨一般。某一天我們可能還是好端端的，隔天就病倒去世了。密勒日巴尊者曾唱道：

　　　當你強壯而健康的時候，
　　　從來不會想到疾病會降臨；
　　　但它就像閃電一般，
　　　突然來到你身上。
　　　當你與世間俗務糾纏不已的時候，
　　　從來不會想到死亡會降臨；
　　　但它就像迅雷一般，
　　　轟得你頭昏眼花。[2]

有時，我們需要清醒一下，真誠地問自己：「如果我今晚就去世，該怎麼辦？」我們不知道明天是否還會醒過來，或者會到那兒去。如果你呼出一口氣，卻再也不能吸氣，你就死了，就那麼簡單。就像西藏諺語所説的：「明天或來世何者先到，我們不會知道。」

有些著名的西藏禪觀大師，在晚上就寢時，會把杯子倒空，杯口朝下放在床邊。他們從來不確定隔天是否會醒過來，還用得著杯子。他們甚至在晚上就把火熄掉，免得餘燼在第二天還燒著。時時刻刻他們都想到可能立刻就會死。

在吉梅林巴閉關處的附近有一個池沼，很難走過去。有些弟子建議要替他建一座橋，但他卻回答説：「何必呢？誰曉得明天晚上我是否還能夠活著睡在這裡？」

有些上師甚至以更嚴厲的景象警惕我們要認清生命的脆弱，他們告訴我們每一個人要把自己觀想成最後一次放封的死刑犯、在網子裡掙扎的魚，或在屠宰場待宰的禽獸。

其他上師則鼓勵他們的學生要鮮明地觀想自己死亡的景象，做爲一種有系統的止觀法門：觀想死亡時的感受、痛苦、悲慘、無助、親友的憂傷，了悟自己一生中已做或未做的事情。

> 身體平躺在最後一張床上，
> 口中呻吟著最後的幾句話，
> 心裡想著最後的往事回憶：
> 這場戲何時會發生在你身上呢？[3]

我們應該一再冷靜的觀想，*死亡是真實的，而且會毫無預*

警地降臨。不要像西藏寓言中的那隻鴿子，整個晚上聒噪不休，忙著做窩，曙光來臨時，甚至連眼睛都還沒有闔過。誠如十二世紀的大師惹巴格堅（Drakpa Gyaltsen）所說的：「人類一輩子都在準備，準備，準備：只是對下一輩子沒做準備。」

認真看待生命

只有懂得生命是多麼脆弱的人，才知道生命有多可貴。有一次我在英國參加一項會議，與會者接受英國廣播公司的訪問。同時，他們採訪一位瀕死的婦女，她過去從來沒有想過，死亡竟然是如此真實，所以恐懼不已。現在她知道了，她只想對在世的人說一句話：「認真看待生命和死亡。」

認真看待生命並不表示我們要像古時候的西藏人一樣，一輩子住在喜瑪拉雅山裡坐禪。在現代社會中，我們必須工作謀生，但不可以受到朝九晚五的生涯所纏縛，對於生命的深層意義毫無認識。我們的使命是**求得平衡，發現中道**，學習不要沉溺在現代生活的享受中，**關鍵在於單純**，不要以外界活動來過分伸展自己，而是要讓我們的生活越來越簡單。

這就是佛教戒律的真義所在。戒律的西藏語是 *tsul trim*；*tsul* 的意思是「合適」或「正當」，*trim* 的意思是「規矩」或「方式」。因此，戒律就是做合適或正當的事；換句話說，在這個過度複雜的時代裡，要簡化我們的生活。

心的寧靜就是從這裡來的。寧靜的心可以讓你追求精神事物，以及湧自精神真義的知識，可以幫助你面對死亡。

可悲的是，很少人這麼做。現在我們也許該問自己：「我這一生到底做了些什麼？」這句話是問我們對於生和死到底懂

了多少。

在我的朋友肯尼斯・瑞林（Kenneth Ring）等人的著作裡，提到瀕死經驗，使我受到啓發。許多從嚴重意外事件死裡逃生的人，或瀕死經驗者，都敍述了「生命回顧」的經驗，很鮮活而清晰地重新經歷了一生。有時候，他們也會親身經歷到曾經對別人所造成的影響與情緒。有人告訴肯尼斯・瑞林：

> 我知道每個人來到世間都有他要完成和學習的東西，譬如分享更多的愛，彼此更加慈愛，發現人生最寶貴的是人與人的關係與愛，而不是物質。同時瞭解生命中所做的每一件事都被記錄下來了，即使當時不經意地擦身而過，但後來還是會出現的。*4*

有時候，回顧生命的同時，會有莊嚴的「光的生命」出現。在與「光的生命」相會時，各種見證突顯了人生唯一重要的目標：「學習愛別人和獲得知識」。

有人告訴雷蒙・穆帝說：「當光出現的時候，他對我說的第一句話是『你做了哪些事，足以證明你並未虛度人生？』或諸如此類的話……整個過程，他不斷強調愛的重要性……他似乎也對知識很關心……」*5*另一個人告訴肯尼斯・瑞林：「他問我（但沒說話，只是刹那的心靈溝通）到底做了哪些有利益或改善人類的事？」*6*

我們一生的所作所爲，造就了我們去世時的模樣。而每一件事，絕對是每一件事，都與它有關係。

秋天的雲

在尼泊爾的寺院中，偉大的頂果欽哲仁波切（Dilgo Khyentse Rinpoche），是我上師現存年紀最長的弟子，當代最出色的一位上師，是達賴喇嘛和許多其他上師的老師，大家都尊他爲智慧和慈悲的無盡藏。他身材巨大，慈藹莊嚴，集學者、詩人和神祕家於一身。他曾經閉關修行二十二年，在一次講經即將結束時，大家抬頭看著他，他停了下來，凝視著遠方：

「我現在七十八歲了，一生看過這麼多的滄海桑田，這麼多年輕人去世了，這麼多與我同年紀的人去世了，這麼多老人也去世了；這麼多高高在上的人垮下來了，這麼多卑微的人爬起來了；這麼多的國家變動，這麼多的紛擾悲劇，這麼多的戰爭與瘟疫，這麼多恐怖事件遍佈著整個世界。然而，這些改變都只不過是南柯一夢。當你深深觀照的時候，就可以發現沒有哪樣東西是恆常的，一切都是無常的，即使是最微細的毛髮也在改變。這不是理論，而是可以切身知道，甚至親眼看到的事。」

我常常自問：「爲什麼一切都會變呢？」只得到一個答案：*那就是生命*，一切都無常。佛陀説：

> 我們的存在就像秋天的雲那麼短暫，
> 看著眾生的生死就像看著舞步，
> 生命時光就像空中閃電，
> 就像急流衝下山脊，匆匆滑逝。

面對死亡，我們有無限的痛苦和迷惘，最主要的原因是我們忽視無常的真相。我們多麼渴望一切都恆常不變，因此就得相信一切都可以如舊。但這是以假當真而已，誠如我們經常發現的，信念和實相的關係很小，甚至毫不相干。這種以假當真的錯誤訊息、觀念和假設，建構出生命的脆弱基礎。不管再多的真理不斷逼近，爲了維持我們的僞裝，我們還是寧願不可救藥的繼續浮誇下去。

我們總是認爲改變等於損失和受苦。如果改變發生了，我們就儘可能麻醉自己。我們倔強而毫不懷疑地假設：恆常可以提供安全，無常則否。但事實上，無常就好像是我們在生命中所碰到的一些人，起先難以相處，但認識久了，卻發現他們比我們所想像來得友善，並不恐怖。

請如此觀想：了悟無常，很諷刺地，是我們唯一能確信不移的事；可能是，我們唯一永恆的財產。它就像天空或地球一般，不管我們周遭的一切會改變或毀壞得多厲害，它們永遠不爲所動。比方說，我們經歷了椎心碎骨的情緒危機……我們整個的生命幾乎都要解體了……我們的丈夫或妻子突然不告而別了。儘管如此，地球仍在那兒，天空仍在那兒。當然，即使地球也偶爾會震動，警告我們不可以把什麼事情都視爲理所當然……。

縱使是佛陀也會死。他的死是一種教示，用來震撼天真、懶惰與自滿的人，用來喚醒我們了悟一切無常，以及死亡是生命無可避免的事實。佛陀臨終前說：

在一切足跡中，
大象的足跡最爲尊貴；

在一切正念禪中，
念死最為尊貴。[7]

每當我們迷失方向或懶散的時候，觀照死亡和無常往往可以震醒我們回到真理：

生者必死，
聚者必散，
積者必竭，
立者必倒，
高者必墮。

科學家告訴我們，整個宇宙只不過是變化、活動和過程而已——一種整體而流動的改變：

每一個次原子的互動，都包含原來粒子的毀滅和新粒子的產生。次原子世界不斷在生滅，質量變成能量，能量變成質量。稍縱即逝的形狀突然出現，又突然消失了，創造一種永無盡期、永遠創新的實體。[8]

除了這種變化無常之外，人生還有什麼呢？公園中的樹葉，閱讀這本書時的屋內光線，四季，天氣，一天的時間，走在街上擦身而過的人，哪一樣不正在改變呢？還有我們自己：我們過去所做的一切，今天看來不都是一場夢嗎？與我們一起成長的朋友，兒時玩耍的地方，我們曾經信守不渝的觀點和意見，全都拋在腦後了。此時此刻，閱讀這本書對你似乎鮮活真

實，但是，即使是這一頁也很快就變成記憶了。

我們身上的細胞正在死亡，我們腦中的神經元正在衰敗，甚至我們臉上的表情也隨著情緒一直在改變。我們所謂的基本性格其實只不過是「心識的流動」而已。今天我們神清氣爽，那是因為一切都很順利；明天就垂頭喪氣了。那一分好的感覺哪裡去啦？環境一改變，我們就心隨境轉了：我們是無常的，影響力是無常的，哪裡也找不到堅實永恆的東西。

比起我們的思想和情緒，有哪一樣東西更不可測呢？你知道你的下一個念頭或感覺是什麼嗎？事實上，我們的心就像夢那麼空幻，那麼無常，那麼短暫。看看我們的念頭：它來了，它停了，它又走了。過去的已經過去，未來的還沒生起，即使是當下這一念，誠如我們所經驗到的，也立刻變成過去了。

我們唯一真正擁有的是「當下」，此時此地。

有時，在我開示這些教法之後，有人會跑上來對我說：「這些都是稀鬆平常的事！我早就知道了，說些新鮮的吧！」我就對他說：「你真正瞭解和體悟無常的真義嗎？你已經將無常與每一個念頭、呼吸與動作相結合，因而改變你的生活了嗎？請你問自己這兩個問題：我是否每一刻都記得我正在步向死亡，每個人、每一樣東西也都正在步向死亡，因此時時刻刻都能夠以慈悲心對待一切眾生？我對於死亡和無常的認識，是否已經迫切到每一秒鐘都在追求開悟？如果你的回答都是肯定的，你就算真正瞭解無常的真理了。」

第三章

反省與改變

　　我小時候在西藏聽過喬達彌（Krisha Gotami）的故事，她是位生長在佛陀時代的少婦；她的第一個兒子在一歲左右就病逝了，喬達彌傷心欲絕，抱著小屍體在街上奔走，碰到人就問是否有藥可以讓她的兒子復活。有些人不理會她，有些人嘲笑她，有些人認爲她發瘋了。最後她碰到一位智者告訴她，世界上只有佛陀一個人能夠爲她施行奇蹟。

　　因此，她就去找佛陀，把兒子的屍體放在佛陀的面前，説出整個過程。佛陀以無限的慈悲心聽著，然後輕聲説：「只有一個方法可以治療妳的痛苦。妳到城裡去，向任何一戶沒有親人死過的人家要回一粒芥菜子給我。」

　　喬達彌很高興，立刻動身往城裡去。她對第一戶人家説：「佛陀要我從一戶沒有死過親人的人家拿回芥菜子。」

　　「我們家已經有很多人過世了。」那個人如此回答。她於是又走向第二家，得到的回答是：「我們家已經有無數的人過世了。」她又走向第三家、第四家，向全城的人家去要芥菜子，最後終於瞭解佛陀的要求是無法辦到的。

　　她只好把兒子的屍體抱到墳場，做最後的道別，然後回到佛陀那兒。「你帶回芥菜子嗎？」他問。

　　「不！」她説：「我開始瞭解您給我的教法，悲傷讓我盲目，我以爲只有我一個人受到死亡的折磨。」佛陀問：「妳爲什麼又回來呢？」

　　她回答：「請您開示死亡和死後的真相，我身上是否有什麼東西是不死的？」

　　佛陀開始對她開示：「如果妳想瞭解生死的真義，就必須經常如此反省：宇宙間只有一個永不改變的法則，那就是一切都在改變，一切都是無常。令郎的死亡，幫助妳瞭解我們所處

的輪迴世界是無法忍受的苦海。脫離生死輪迴的方法只有一個，那就是解脫之道。因為痛苦而使妳準備學習，妳的心也已經打開大門迎向真理了，我將教妳解脫之道。」

喬達彌頂禮佛足，終其一生追隨佛陀。據聞，她在臨終前開悟。

接受死亡

在喬達彌的故事中，有一件值得我們再三察覺的事：接近死亡，可以帶來真正的覺醒和生命觀的改變。

譬如說，瀕死經驗最重要的預示是：它徹底改變了曾有瀕死經驗者的生命。研究者注意到其影響和改變相當大：對於死亡的恐懼降低，也比較能接受死亡；增加對別人的關懷，更加肯定愛的重要性；追求物質的興趣減低，更加相信生命的精神層面和精神意義；當然，也比較能接受來世的信仰。有一個人對肯尼斯・瑞林說：

> 過去我是一個行屍走肉，除了貪求物質享受之外，生命毫無目標。現在我完全改變了，我有強烈的動機、生命的目的、明確的方向、把握此生的堅強信念，我對於財富的興趣和貪欲已經消失了，取而代之的是瞭解精神層面的渴望，以及希望看到這個世界有所改善的熱情。'

有一位婦女告訴研究瀕死經驗的英國學者瑪格・葛雷（Margot Grey）說：

> 我慢慢感覺到我有一股強烈的愛心，有能力把愛傳達給別

人，有能力在我四周最微不足道的事情上找到喜悅和快樂。對於生病和臨終的人，我有強大的慈悲心，我好希望他們多少能夠知道，死亡的過程只不過是生命的延伸而已。[2]

大家都知道，像重病之類的致命危機，可以產生同樣巨大的改變。死於癌症的弗瑞達‧妮洛（Freda Naylor）醫師，勇敢地寫下她死前的日記：

我必須感謝癌症，讓我有一些從未有過的經驗。瞭解生命必死之後，讓我變得謙卑，使我認識到自己驚人的心理力量，也重新發現自己，因爲我必須在人生的跑道上停下來，重新衡量，然後再前進。[3]

如果我們確實能夠謙卑而開放地「重新衡量，再前進」，以及真正接受我們的死亡，我們將發現很容易就可以接受精神的教導和修行。而這種接受極可能帶來另一個驚人的結果：真正的治療。

記得一九七六年有一位中年的美國婦女，在紐約晉見敦珠仁波切。她對於佛教並不熱衷，卻聽見說有一位大師來到了紐約。那時候，她病得很嚴重，絕望之餘，什麼事情都想嘗試，甚至看看一位西藏上師！當時我擔任她的翻譯。

她走入房間，坐在敦珠仁波切的面前。她因爲自己的情況，加上見到仁波切便感動得掉下眼淚，她衝口而出：「我的醫師說我只能再活幾個月，您能幫助我嗎？我快要死了。」

出乎她的意料，敦珠仁波切溫和而慈悲地咯咯笑了起來，

然後安靜地說：「妳看，我們大家都正在死啊！死只是遲早的問題，有些人死得比別人早些罷了。」他以這幾句話，幫助她瞭解凡是人都會死，也瞭解並不是只有她會死，紓解了她的焦慮。然後，他談到了死亡的過程和對於死亡的接受，也談到死亡裡存有解脫的希望。最後，他教她治療的修行法門，她就虔誠奉持不渝。

她不僅接受了死亡，而且因為全心全力投入修行，因而獲得痊癒。我聽過許多類似的例子，有些人被診斷到了絕症的末期，只剩下幾個月可活。當他們閉靜潛修，真正面對自己和死亡的事實時，竟然治癒了。這告訴我們什麼？接受死亡可以改變我們的人生態度，並發現生死之間的基本關係，如此一來，就很可能產生戲劇化的治療作用。

西藏佛教徒相信，癌症之類的疾病其實是一種警訊，提醒我們生命中一直忽略的深層部分，比如精神的需要。如果我們能夠認真看待這個警訊，全盤改變生命的方向，不僅能治療我們的身心，甚至整個生命。

心靈深處的改變

像喬達彌一般地深切反省無常，可以讓你從內心的深處來體會無常的真義，當代上師紐舒堪布（Nyoshul Khenpo）寫了一首詩，道盡個中蘊味：

一切萬物都是虛幻短暫的，
有分別心的人如刀上舔蜜，以苦為樂。
堅持萬物實有的人，
多可憐啊！

同參道友們，往內觀照。[5]

然而，往內觀照是多麼困難的事啊！我們多麼容易被舊習氣主宰啊！就像紐舒堪布的詩告訴我們的，即使它們帶來痛苦，我們卻以幾近聽天由命的態度接受它們，因為我們慣於屈從。*我們自以為崇尚自由，但一碰到我們的習氣，就完全成為它們的奴隸了。*

雖然如此，反省還是可以慢慢帶給我們智慧。我們注意到自己一再掉入那不斷重複的模式裡，也開始希望跳出窠臼。當然，我們也許還會再掉入其中，但慢慢的，我們可以跳出來，有所改變。這首題為〈人生五章〉的詩，道出了全部訊息：[6]

1. 我走上街，
   人行道上有一個深洞，
   我掉了進去。
   我迷失了……我絕望了。
   這不是我的錯，
   費了好大的勁才爬出來。

2. 我走上同一條街。
   人行道上有一個深洞，
   我假裝沒看到，
   還是掉了進去。
   我不能相信我居然會掉在同樣的地方。
   但這不是我的錯。
   還是花了很長的時間才爬出來。

3. 我走上同一條街。

人行道上有一個深洞，

我看到它在那兒，

但還是掉了進去……

這是一種習氣。

我的眼睛張開著，

我知道我在那兒。

這是我的錯。

我立刻爬了出來。

4. 我走上同一條街，

人行道上有一個深洞，

我繞道而過。

5. 我走上另一條街。

　　反省死亡，是為了在你的內心深處做一番真正的改變，並開始學習如何避免「人行道上的洞」和如何「走上另一條街」。通常這需要一段避靜和深觀的時間，唯有如此，才能真正睜開眼睛，認清我們如何對待生命。

　　觀察死亡，並不見得就是恐怖或病態的事。當你真正受到啟發，放鬆、舒適，躺在床上，或在假日欣賞悅耳的音樂時，為什麼不對死亡做一番反省呢？當你快樂、健康、自信和充滿幸福的感覺時，為什麼不對死亡做一番反省呢？你沒有注意到，某些時刻，你會自然地被引導去做內省的功夫嗎？*善用這些時刻，因為它能夠讓你有一種強烈的經驗，迅速改變你的世*

界觀。在這些時刻中,過去的信念自行崩潰,你可以發現自己的轉變。

觀照死亡,可以加深你的「厭離」感,藏文稱為 *ngé jung*。*ngé* 的意思是「確實的」或「必然的」,*jung* 的意思是「走出」、「出頭」或「出生」。時常深觀死亡,可以讓你發現自己從習氣中「走出」,通常是帶著厭惡的感覺。你才發現自己越來越能準備放下它們,最後你將能夠把自己從習氣中解脫出來,誠如上師們所說的「好像從乳酪中挑出毛髮」那般容易。

你將產生的厭離感,既有憂傷也有喜悅:憂傷的是你知道過去的方式竟然一無是處,喜悅的是當你能夠放下它們時,你的視野將越來越廣。這種喜悅可以產生強大的新力量、信心和永恆的啓示,因爲你再也不受習氣左右了,因爲你已經真正從舊習氣出頭了,因爲你已經能夠改變,而越來越自在了。

死亡的心跳

如果死亡只出現一次,我們就沒有機會認識它。但幸運的是,生命就是生死共舞,無常律動。每當我聽到山溪奔騰、浪濤拍岸,或自己的心跳聲,宛如聽到無常的聲音。這些改變,這些小死亡,都是我們活生生地在和死亡接觸。它們都是死亡的脈搏、死亡的心跳,催促我們放下一切的執著。

因此,讓我們在生活中,當下就面對這些改變!這才是爲死亡而準備的真正妙方。生命中也許充滿著痛苦和難題,但這些都是成長的契機,可以幫助我們在情感上接受死亡。一旦我們相信一切萬物都是恆常不變的,我們便無法從改變中學習。

如果無法學習,我們就會變得封閉而執著。執著是一切問

題的根源。因為無常讓我們感到痛苦，即使一切都會改變，我們還是死命地執著。我們害怕放下，事實上是害怕生活，因為**學習生活就是學習放下**。這就是我們拚死拚活去執著的悲劇和嘲諷所在：執著不僅是做不到，反而會帶給我們最想要避免的痛苦。

執著背後的動機也許並不壞；希望快樂也並沒有錯，但我們所執著的東西，本質是執著不了的。西藏人說，「同一隻髒手不可能在同樣的流水中洗兩次」，又說「不管你多麼用力，沙中還是擠不出油來。」

確實地體會無常，可以讓我們慢慢解脫執著的觀念，以及錯誤的恆常觀、盲目的追逐。慢慢的，我們將恍然大悟，我們因為執著不可能執著的東西，而經驗到一切痛苦，就其最深層的意義而言，都是沒有必要的。開始體會無常，也許是一件痛苦的事，因為這種經驗是如此生疏。但只要我們不斷反省，我們的心就會逐漸改變。「放下」變得越來越自然，越來越容易。也許要花上一段時間才能夠讓我們的愚癡沉沒，但我們反省得越多，就越能夠發展出放下的觀點；那時候，我們看待一切事物的方式就會改變。

觀照無常本身還不夠，你必須在生活中履踐，如同醫學研究必須兼顧理論與實務，生活也是如此。生活中的實際訓練就在此時此地，就在「無常」的實驗室中。改變發生的時候，我們學習以一種新的智慧來看待它們；雖然舊習依然發生，但我們本身卻會有些不同。整個情況將變得比較輕鬆、不緊張、不痛苦，甚至於連舊習氣對我們雖有影響，都會覺得不像過去那麼大。隨著每一次的改變，我們會有稍許的體悟，我們對於生活的觀點也會變得越來越深刻，越來越寬廣。

處理「改變」

讓我們做個實驗。拿起一個銅板，想像它代表你正在執著的東西。握緊拳頭抓住它，伸出手臂，掌心向下。現在如果你打開或放鬆手掌，你將失去你正在執著的東西。那就是爲什麼你要握住它的原因。

但還有另一個可能性：你可以放開手掌，但銅板還是會在手上。你的手臂仍然往外伸著，只要把你的掌心向上，即使是放開你的手掌，銅板還是留在你的手中。你放下了，而銅板仍然是你的，甚至連銅板四周的虛空也是你的。

因此，有一種方法可以讓我們接受無常，同時毫不執著地享受生命。

現在讓我們想想人與人之間經常發生的事。人們時常是在突然感覺失去伴侶的時候，才能瞭解自己是愛他們的。然後人們就更執著了。當一方越執著，另一方就越逃避，彼此之間的關係也就變得越脆弱。

我們時刻都要快樂，但追求快樂的方式卻那麼笨拙，以致於帶來更多的憂愁。我們往往認爲必須抓住，才能擁有獲得快樂的保證。我們問自己：如果我們不擁有，怎能享受呢？我們總是把執著誤以爲是愛啊！即使擁有良好的關係，由於不安全感、佔有欲和驕傲，愛也被執著所破壞了；一旦失去了愛，你所面對的，就只剩下愛的「紀念品」和執著的疤痕。

既然如此，我們怎麼做才能克服執著呢？唯一的途徑是瞭解它的無常性；這種瞭解可以慢慢解除它對我們的控制。我們將瞭解上師所開示的對於改變的正確態度：想像我們是天空，看著烏雲飄過；想像我們是水銀一般的自由自在。當水銀落在

地面時，仍然完整無瑕，從不與塵埃混合。當我們試著依照上
師的開示去做，慢慢解除執著時，大慈悲心就從我們身上產
生。執著的烏雲紛紛飄散，真正的慈悲心就像太陽發出光芒。
那時候，在我們的內心深處，就能體會威廉・布萊克
（William Blake）這首詩的真義：

> 把喜悅綁縛在自己身上的人，
> 反而毀滅了長著翅膀的生命；
> 當喜悅飛去而吻別它的人，
> 將活在永恆的朝陽之中。[7]

戰士的精神

　　雖然我們一直認為如果放下的話，就會一無所有，但生命
本身卻再三透露相反的訊息：放下是通往真正自由的道路。

　　當海浪拍岸時，岩石不會有什麼傷害，卻被雕塑成美麗的
形狀；同樣道理，改變可以塑造我們的性格，也可以磨掉我們
的稜角。透過各種改變的考驗，我們可以學習發展出溫和而不
可動搖的沉著。我們對自己的信心增強了，善心和慈悲心也開
始從我們本身自然反射出來，並且把喜悅帶給別人。這個善心
可以超越死亡，我們每一個人都有基本的善心。整個生命便是
在教我們如何發掘那顆強烈的善心，並訓練我們實現它。

　　因此，生命中的逆境，都是在教我們無常的道理，讓我們
更接近真理。當你從高處掉下來時，只會落到地面──真理的
地面；如果你由於修行而有所瞭解時，那麼從高處掉下來絕不
會是災禍，而是內心皈依處的發現。

　　困難與障礙，如果能夠適當地加以瞭解和利用，常常可以

變成出乎意料的力量泉源。在各位大師的傳記中，你會發現，如果他們沒有遇到困難與障礙的話，就找不到超越的力量。譬如說，西藏的偉大戰士格薩爾王（Gesar），就是一個很好的例子，他的流亡歷程是西藏文學中最偉大的史詩。格薩爾的意思是「無敵」，沒有人能夠打敗他。從格薩爾出生的那一刻起，他有一位邪惡的叔父，名叫洛東，就想盡辦法要殺害他，但每次都讓格薩爾越來越堅強。事實上，由於洛東的努力，才使得格薩爾變得如此偉大。因此，西藏的諺語說：*如果洛東不是這麼邪惡詭詐，格薩爾不可能爬得這麼高。*

對西藏人而言，格薩爾不只是一位武術戰士，還是一位精神戰士。做為精神戰士，必須發展特殊勇氣，具有睿智、溫柔和大無畏的天賦。精神戰士仍然有恐懼的時候，儘管如此，他們卻有足夠的勇氣去面對痛苦，認清恐懼，並且毫不逃避地從困難中學到教訓。誠如創巴仁波切（Chögyam Trungpa Rinpoche）告訴我們的，做為一位戰士，就是「將追求安全感的狹隘心胸，換成一個非常寬廣的視野，那是一種無畏、開放和真正英雄式的胸懷。……」[8] 進入那種視野寬廣的領域，就是學習如何在改變中獲得自在，如何讓無常變成我們的朋友。

無常的訊息：死亡之中有什麼希望？

更深入探討無常，你將發現它有另一個訊息，另一個面目，它將帶給你偉大的希望，它將打開你的眼睛，讓你看見宇宙的基本性質，以及我們與它之間的非凡關係。

如果一切都是無常的，那麼一切就是我們所謂的「空」，也就是說，一切都沒有任何持久、穩定和本自具足的存在；一

切事物，如果能夠看見它們的真正關係，必然不是各自獨立的，而是相互依存的。佛陀把宇宙比喻成一個廣大的網，由無數各式各樣的明珠所織成，每一顆明珠都有無數的面向。每一顆明珠本身都反映出網上的其他明珠，事實上，每一顆明珠都含有其他明珠的影子。

就以海浪為例吧！從某一方面看，海浪似乎具有明顯獨立的個體，有始有終，有生有死。從另一方面看，海浪本身並不是真的存在，它只不過是水的行為而已，「空」無任何個體，而是「充滿」著水。所以，當你真正思考海浪時，你將發現它是由風和水暫時形成的，依存於一組不斷在改變的條件。你也將發現每一波海浪之間都有關聯。

當你認真觀察，就可以發現萬物本身並不真實存在，這種非獨立存在，我們稱之為「空」。讓我們來觀想一棵樹。當你想到一棵樹的時候，就會想到一個明確的物體；在某個層次上，就像海浪一樣，樹確實是明確的物體。但當你仔細觀察的話，你就會發現，樹畢竟沒有獨立的存在。細細思考，就會發覺樹可以化解成無數微細的關係網，延伸到整個宇宙。落在樹葉上的雨，搖動樹的風，滋養樹的土壤、四季和氣候，乃至日月，都構成樹的一部分。當你繼續想下去，就可以發現宇宙間的一切都在成就這棵樹，任何時刻，樹都不能獨立於其他事物；任何時刻，樹的性質都在微細變化中。這就是我們所謂一切皆空，一切皆無法獨立存在。

現代科學告訴我們，萬物之間的交互關係非常廣泛深遠。生態學家知道，燃燒亞馬遜熱帶雨林的一棵樹，多少會改變一位巴黎市民所呼吸的空氣品質；而尤加坦一隻鼓動翅膀的蝴蝶，會影響到赫布里德斯蕨類的生命。生物學家開始發現到基

因神奇而複雜的作用，創造了人格與個性，它會伸展到久遠的過去，顯示每一個所謂的「個體」是由一連串不同的影響力組合而成。物理學家已經把量子的世界介紹給我們，量子世界很像佛陀所描述的因陀羅網（遍滿整個宇宙的發光網）。就像網上的摩尼寶珠一般，一切粒子的存在，其實就是其他粒子的不同組合。

因此，當我們認真觀察自己和周遭的事物時，就會發現從前我們認爲是如此堅固、穩定和持久的東西，只不過是一場夢而已。佛陀説：

了知一切：
如幻影，如浮雲城堡，
如夢，如魅，
沒有實質，只有能夠被看到的性質而已。

了知一切：
如懸掛在萬里晴空中的月亮，
倒映在清澈的湖面，
雖然月亮不曾來到湖面。

了知一切：
如音樂、天籟和哭泣中的回音，
而回音中卻無旋律。

了知一切：
如魔術師變出

馬、牛、車等的幻影，

一切都不是它所呈現者。[9]

　　觀想一切事物的本質猶如夢幻泡影，絕不會讓我們感到寒冷、絕望或痛苦。相反的，它會喚醒我們溫暖的幽默感，以及本自具足的慈悲心，因而對於一切事物和眾生越來越樂意布施。偉大的西藏聖者密勒日巴說：「見空性，發悲心。」當我們透過觀照而確實見到一切事物和我們的空性與互相依存性時，這個世界就呈現更明亮、新鮮、亮麗的光，有如佛陀所說的重重無盡互相輝映的珠網。我們再也不必保護或偽裝自己，就可以輕易做到如一位西藏上師所開示的：

　　時常認知生命有如夢幻，減低執著和嗔怨。對一切眾生起慈悲心。不管別人如何對待你，都要保持慈悲。不管他們做什麼，只要你當它是一場夢，就會變得不那麼重要了。修行的關鍵，就是在夢中保持積極的願力，這是最重要的一點。這才是真正的修行。[10]

　　真正的修行也要知道：如果我們與任何事物、任何人都是互相依存的，那麼即使是我們最微小、最微不足道的思想、語言和行為，都會對全宇宙產生影響。丟一顆小石頭到水塘裡，就會在水面上產生漣漪；漣漪合成另一個漣漪，再產生新的漣漪。每一件事物都是緊密相關的：我們應該可以瞭解到，我們會對自己所做、所說、所想的一切負責，事實上，我們是在對自己、任何人和任何事，甚至整個宇宙負責。達賴喇嘛說過：

在今日高度互相依存的世界裡，個人和國家都無法自己解決。我們彼此需要，因此，我們必須培養世界性的責任感。保護和滋養我們的世界家庭，支持弱勢的成員，並保存和照顧我們所生存的環境，是我們集體的和個人的責任。"

不變者

無常已經把許多真理顯示給我們，但它還隱藏著一個最終的珍寶，這是我們大多數人未曾發現、未曾懷疑、未曾認識，卻最屬於我們自己的真理。

西方詩人里爾克（Rainer Maria Rilke）說過，我們最深的恐懼，就好像是龍，護衛著我們內心最深處的珍寶。[12]我們將發現，無常道出一切皆不真實和不持久，它喚醒我們的恐懼，因爲它驅使我們去問這些問題：如果一切皆會死亡和改變，那麼什麼才是確切真實的？表象之後，還隱藏著什麼無限寬廣的事物，來包容這些無常而改變的發生呢？有什麼是我們事實上可以依靠，死後還繼續存在的東西呢？

如果我們迫切地把這些問題牢記在心，加以思維，會慢慢發現，我們對於每一件事物的看法會有重大的改變。由於持續對「放下」觀想和修行，將發現在我們自身當中，有無法稱呼、描述或想像的「某種東西」，隱藏在一切變化和死亡之後。我們對於「恆常」的強烈執著，將因而開始化解褪去，不再是眼光狹隘，心神散亂。

當這種情況發生的時候，我們將一再地瞥見隱藏在無常背後的廣大意涵。我們過去的生命，就好像是搭乘飛機通過烏雲和亂流，突然間飛機往上爬升，進入清朗無邊的天空。這種新

出現的自由，啓發和鼓舞了我們，讓我們發現自己本身就有濃厚的安詳、喜悅和信心，這種感覺令我們異常驚奇，也讓我們逐漸相信，我們確實擁有不可摧毀、不會死亡的「某種東西」。密勒日巴寫道：

> 在死亡的恐懼中，我辛苦地爬上了山——
> 再三思索著死亡時刻的不可逆料，
> 我攻佔了不死、恆常的心性之城堡。
> 如今，對於死亡的一切恐懼都已經過去了。[13]

因此，我們將逐漸察覺到我們自身就有密勒日巴所謂的「不死、恆常的心性」，寧靜如晴空般的沉靜。當這種新的覺醒開始變得清晰而持續的時候，就會發生《奧義書》（Upanishads）所說的「意識大迴轉」，對於我們是誰、我們爲什麼在這裡、我們應該怎麼做等問題，做了一次個人的、純粹非概念的顯露，最後的結果就是一種新的生活、新的誕生，幾乎可以説，是一種復活。

對於改變和無常的真理，我們無畏地反覆思維，將會慢慢發現，我們是以感激和喜悅的心情面對不變者的真理：不死而恆常的心性之真理。這是多麼美妙而具有療效的神祕經驗啊！

第四章

心　性

　　我們把生命造作成黑暗狹小的籠子，卻又把它當成整個宇宙，由於我們被關在這個籠子中，很少有人能夠想像另一個面向的實存。貝珠仁波切告訴我們一隻井底蛙的故事。

　　有一天，有一隻海蛙造訪這一隻終生沒有離開水井的老蛙。

　　「你是從哪裡來的？」井底蛙問。

　　「來自大海。」牠回答。

　　「你的海有多大？」

　　「大得很。」

　　「你是說像我的井四分之一大？」

　　「大多了。」

　　「大多了？你是說像我的井二分之一大？」

　　「不！大多了。」

　　「像……我的井這麼大？」

　　「不能相比。」

　　「絕不可能！我要自己去看看。」

　　牠們一起出發，當井底蛙看到大海時，驚嚇得腦袋爆炸。

　　我在西藏的兒時記憶，雖已逐漸模糊，卻有兩個時刻仍然縈懷腦際，那是我的上師蔣揚欽哲對我傳示了心性的本質。

　　我本來不想透露這些個人經驗，因為依照西藏人的習慣，我是不能這麼做的；但我的學生和朋友卻相信，把這些經驗說出來必能利益眾生，他們一直懇求我寫成文字。

　　第一次發生在我六、七歲時。我們在蔣揚欽哲的房間內，後面懸掛著他的前世蔣揚・欽哲・旺波（Jamyang Khyentse Wangpo）的大畫像。畫中人物莊嚴而令人敬畏，當酥油燈閃

爍不定地照在畫像上時，更是令人蕭然起敬。當我知道要發生
什麼事之前，我的上師做了極不尋常的事，他突然抱住我，把
我舉了起來，在我的臉頰上重重吻了一下。有很長的一段時
間，我的心整個空掉了，我沉浸在濃濃的柔和、溫暖、信心和
力量之中。

　　第二次的場合比較正式，發生在洛卓卡珠（Lhodrak
Kharchu）的一個洞穴中，西藏佛教之父蓮花生大士曾經在這
個洞穴禪修過。那時候，我大約九歲，我們正在朝禮西藏南部
地區的途中，在洞穴中歇腳。我的上師把我找來，叫我坐在他
面前，洞中只有我們師徒倆人。他說：「現在我要將重要的
『心性』傳示給你。」拿起鈴和小手鼓，他就唱起上師啓請文，
從本初佛一直到他自己的上師。然後，他做了心性的傳示。突
然瞪著我，拋過來一個沒有答案的問題：「心是什麼？」我整
個人頓時被懾住了，我的心瓦解了，沒有言語，沒有名稱，沒
有思想──事實上，連心都沒有。

　　在那個驚人的瞬間裡，到底發生了什麼事？過去的思想已
經死了，未來的思想還沒有生起，我的思想之流被截斷了。在
那一個純然驚嚇之中，打開了一片空白，空白之中，只有當下
的覺醒存在，那是一種毫無執著的覺醒，一種單純、赤裸裸而
基本的覺醒。即使是那麼赤裸裸，那麼了無一物，卻散發出無
限慈悲的溫暖。

　　那個時候的感受，多得無從說起！我的上師顯然並不期待
有答案。在我能夠尋求答案之前，我知道並無答案可尋。我像
被雷電擊中似地愣在那兒，但是有一種深沉而光明的篤定，卻
在我心中湧起，這是我從未有過的經驗。

　　我的上師問道：「心是什麼？」當時我覺得大家似乎都知

道沒有心這種東西，而我卻是最後一個想去瞭解它的人。因此，即使是尋找心，也好像是荒謬得很。

上師的傳示，在我內心深處播下了種子。後來我終於知道這是我們的傳承所使用的方法。不過，當時我並不瞭解這一點，才會覺得如此意外，如此驚奇，如此有力！

在我們的傳統中，介紹心性必須具足「三真」：真上師的加持、真學生的奉獻，以及真傳承的法門。

美國總統無法把心性傳示給你，你的父母親也不能，不管是多麼有權勢或多麼愛你的人都辦不到。只有充分體悟心性的人，擁有傳承的加持和經驗的人，才能把心性傳示出來。

而身為學生的你，必須發現和不斷滋養開放性、視野、願心、熱忱和恭敬心，才能改變你整個心的氣氛，並讓你接受心性的傳示的能力。這就是我們所說的「奉獻」。否則，上師也許傳示了，學生卻認不出來。只有在上師和學生都同意進入那個經驗時，才可能傳示心性；只有在那一種心靈交會中，學生才可能瞭解。

方法也是很重要的。幾千年來，一再被試驗，一再讓過去的上師開悟的，就是同一種方法。

當我的上師在我這麼年幼時，就出其不意地把心性傳示給我，可以說是十分不尋常的事。一般來說，都是在學生受過禪修和淨心的初步訓練之後才這麼做。這種訓練可以讓學生的心成熟和開放，進而直接體悟真理。因此，在那個強而有力的傳示時刻，上師可以把他對於心性的體悟（我們稱之為上師的「智慧心」），導引到目前已經根器成熟的學生心中。上師只不過是把佛陀的真面目介紹給學生罷了，換句話說，喚醒學生了悟內在的覺性。在那種經驗中，佛陀、心性和上師的智慧心

三者融合為一呈現出來。而學生就在感恩的慈光照耀下，毫不懷疑地認識到在學生和上師之間，在上師的智慧心和學生的心之間，目前沒有什麼兩樣，過去沒有什麼兩樣，未來也不可能有什麼兩樣。

敦珠仁波切在他著名的證道歌中說：

> 因為當下的了悟就是真佛，在開放和滿足之中，我發現上師就在我心中。當我們瞭解永無止盡的自然心就是上師的本性時，執著、攀緣、哭泣的禱告或人為的抱怨都派不上用場了。只要歇息在這個純真、開放和自然的境界中，我們就可以獲得渾然天成的自我解脫。'

當你徹底瞭解你的心性和上師的心性並無分別時，你和上師就永不分離，因為上師與你的心性是合而為一的，總是以它的真面目呈現。還記得我小時候看到左頓喇嘛過世的情形嗎？當他的上師應請來到他的病榻時，他說：「跟上師之間是沒有距離的。」

就像左頓喇嘛一樣，當你體悟到上師和你不可分離時，心中就會生起強烈的感恩心和敬畏心，敦珠仁波切稱之為「知見皈依」。這是從看到心性的知見而當下產生的恭敬心。

此外，蔣揚欽哲仁波切還時常在教我佛法和替我灌頂時傳示心性給我，後來，我也從其他上師接受到心性的傳示。在蔣揚欽哲仁波切圓寂之後，敦珠仁波切非常疼愛和照顧我，我當了他好幾年的翻譯員，因而開啟了我人生的另一階段。

敦珠仁波切是西藏最有名的大師、神祕家、學者和作家，我的上師蔣揚欽哲仁波切經常提到他，讚美他是一位非常出色

的大師，也是蓮花生大士在這個時代的化身。因此，雖然我不曾親近過他，卻非常尊敬他。在我的上師圓寂之後，我年方二十出頭，有一天，我前往喜瑪拉雅山中的卡林邦（Kalimpong）去拜見敦珠仁波切。

在我到達他的寺院時，他一位最早期的美國學生，在那兒受教，因爲沒有好翻譯來說明心性的教法，她正爲此苦惱。敦珠仁波切一看到我進來，就說：「噢！你來了。好得很！你能幫她翻譯嗎？」於是我就坐下來，開始翻譯。一坐就是一個小時，他的開示無所不談，令人讚嘆。我很受感動，也獲得很多啓示，不禁潸然淚下。我知道這就是蔣揚欽哲仁波切的意思。

不久，我就請求敦珠仁波切對我開示。每天下午，我都會到他的住處，與他共度幾個小時的時光。他的個子矮小，法相莊嚴，雙手細滑，溫柔如女人。他留著長頭髮，像瑜伽師般地紮了髮髻；他的眼睛炯炯有神，帶著神祕的幽默感。他的聲音充滿慈悲，柔美而稍帶嘶啞。敦珠仁波切總是坐在舖著西藏毛毯的矮凳上，我就坐在他底下。我永遠不會忘記他坐在那兒的模樣，向晚的陽光，就從他背後的窗子灑了進來。

有一天，當我正在跟他學法和修行時，我有了最驚人的經驗。過去我學到的一切教法，似乎都發生在我身上，周遭的一切物質現象全部消失了，我非常興奮，喃喃地說：

「仁波切，……仁波切……發生了！」他彎下身來，充滿慈悲的臉龐令我終生難忘，他安慰我說：「沒有關係……沒有關係。不要太興奮。它終究既不是好也不是壞。……」驚奇和喜悅讓我渾然忘我，但敦珠仁波切知道，雖然美好的經驗是禪修過程中很有用的里程碑，但如果有任何執著，它們就會變成陷阱。你必須超越它們，進入比較深層而穩定的根基：他充滿

智慧的話語，就將我帶到那個根基。

敦珠仁波切以他的教法，一再啓發學生體悟心性；他的話點燃真切經驗的火光。多年來，每天他都會教我心法，這種教授方法稱爲「指出」法。雖然我已經從我的上師蔣揚欽哲仁波切學到重要的教法，在我心中播下了種子；但施肥灌溉、讓它開花的卻是敦珠仁波切。當我開始傳法時，是他的典範啓發了我。

心與心性

生和死就在心中，不在別處，這種教法至今仍具有革命性的佛教智慧。佛教認爲心是一切經驗的基礎，它創造了快樂，也創造了痛苦；創造了生，也創造了死。

心有很多層面，其中的兩個比較突出。第一是**凡夫心**，西藏人稱爲 *sem*。有位上師如此下定義：「擁有分別觀念，擁有相對觀念，會執著或拒絕外物的心，就是凡夫心。基本上，它會與一個『其他』相結合，與『某種事物』相結合，有觀察者與被觀察者的對待觀係。」[2] sem 是散漫的、相對的、思考的心，凡夫心只能與一個投射的、假想的外界參考點互相作用。

因此，sem 就是會思考、謀劃、欲求、操縱的心；會暴怒的心；會製造和沉溺於負面情緒和思想的心；必須持續以分割、構思和凝結經驗等方式才能肯定、確認其「存在」的心。凡夫心不停在改變，也始終受到外在因素、習氣和制約行爲的影響，上師們把 sem 比喻爲風口的燭火，被風吹來吹去，無法穩定。

從某個角度來看，sem 閃爍不定、執著、不停地干預別人的事；它的能量都耗費在向外投射上。有時候，我把它想成墨

西哥的跳豆，或在樹枝間不停跳動的猴子。然而，從另一個角度來看，凡夫心卻有一種錯誤而遲鈍的穩定性；一種模糊而自我保護的惰性；一種習氣深重像石頭般的頑冥不靈。sem像詭計多端的政客那麼機巧，疑神疑鬼，不相信別人。蔣揚欽哲寫道：「擅玩欺騙的遊戲。」我們就是在這種混亂、迷惑、沒有規律、反覆無常的凡夫心作用下，不停地變化和死亡。

另外，我們還有心的本性，也就是心的底蘊，是永遠不受變化或死亡所觸及的。目前，它就隱藏在我們的心中，在 sem 中，被我們急速變化的心念和情緒所蒙蔽。就好像一陣強風可以把雲吹走，露出光芒四射的太陽和廣闊的天空，在某些特殊的情形下，某種啓發也可以讓我們揭開且瞥見這種心性。這些靈光一現固然有許多深度和程度，但每一種深度和程度都可以帶來某種瞭解、意義和自由，因爲心性就是瞭解的基礎。西藏語稱爲 *rigpa*，是指當下明智、清晰、輝煌和覺照的**本覺**。它可以說是知識本身的知識。[3]

請不要誤以爲心性只有我們的心才有，事實上，它是萬事萬物的本質。我們要一再強調，體悟心性，就是體悟萬事萬物的本質。

歷史上的聖人和神祕家，用了不同的名詞來修飾他們的開悟境界，給予不同的面目和詮釋，但基本上，他們都是在經驗根本的心性。基督教徒和猶太教徒稱爲「上帝」；印度教徒稱爲「我」、「濕婆」、「婆羅門」和「毗濕奴」；蘇菲教徒稱爲「隱藏的性質」；佛教徒則稱爲「佛性」。所有宗教的核心，都肯定有一個基本的真理，而這一生就是演化和體悟這個真理的神聖機會。

我們一提到佛陀，自然就會想到喬達摩・悉達多太子，他

在公元前第六世紀開悟，也在整個亞洲傳示百萬人口修持精神之道，即現在的佛教。不過，佛陀還有一個更深遠的意義。任何人只要從愚癡中完全覺悟，並打開了他的廣大智慧寶藏，都可以稱爲*佛陀*。佛陀就是徹底根除痛苦和挫折的人，他已經發現了恆常不死的快樂與和平。

　　在這個多疑的時代裡，對大多數人來說，這種境界似乎就像幻想或夢境一般，是我們所無法企及的。我們必須牢牢記住，佛陀是一個人，與你我無異。他從來不說他是神，他只知道他有佛性——開悟的種子，而且任何人也都有佛性。佛性是每一個生命體與生俱來的權利。我常常說：「我們的佛性，就像任何一位佛的佛性那麼好。」這是佛陀在菩提迦耶開悟時帶給我們的好消息，很多人認爲這個訊息極具啓發性。他的訊息——*一切眾生皆可成佛*——帶給大家無窮的希望。透過修行，我們也可以開悟。如果不是如此，那麼自古至今無數開悟的人們都不可能辦到。

　　據說，當佛陀開悟後，他最想要做的是顯示給大家每個人都有心性，要大家完全分享他的體悟。但他也遺憾地知道，儘管他無限慈悲，我們還是很難開悟。

　　即使我們也像佛陀一般具有佛性，我們卻未看出來，因爲它被我們的凡夫心包得密不透風。試著觀想這裡有一隻花瓶，瓶內的空間與瓶外的空間一模一樣，卻被脆弱的瓶壁所分隔了。我們的佛心被包在凡夫心的瓶壁內。當我們開悟時，就好像花瓶破成碎片，「裡面」的空間與「外面」的空間結合爲一。它們合而爲一：當下我們才發現，它們從未分離也並無二致，它們是永遠相同的。

天空與雲

因此，不管我們是哪一道的眾生，我們總有佛性，我們的佛性總是圓滿具足。我們說，即使諸佛的無邊智慧，也不能讓佛性更圓滿；而眾生在似乎無邊的混亂中，也無法污染到他們的佛性。我們的真性可以比喻成天空，凡夫心的混亂則是雲。有時候，天空完全被雲所遮蔽了，我們抬頭往上看，很難相信除了雲之外，還有其他。但只要我們搭乘飛機，就可以發現在雲上有無垠的藍空。我們原先認為它就是一切的雲，變得如此渺小，遠在我們底下。

我們必須如此牢記：雲不是天空，也不「屬於」天空。它們只是懸掛在那兒，以稍帶滑稽和無所歸屬的模樣經過，從來不曾弄髒天空，或在天空畫下任何記號。

那麼，這種佛性究竟在哪兒呢？它就在天空般的心性中，全然的開放、自由和無邊無際。基本上，它簡單和自然得不受污染或腐化，純潔得甚至不能用淨或垢的觀念來形容它。當然，我們說這種心性有如天空，只是一種譬喻而已，可以幫助我們開始想像它無所不包的無邊無際，因為佛性具有一種天空所不能擁有的性質——覺醒的光明燦爛。有道是：

佛性只是無瑕無垢的現前覺醒，
知曉一切，空無體性，渾然天成，清明圓淨。

敦珠仁波切寫道：

沒有文字可以描述它，

没有例子可以指出它；
輪迴没有使它更壞，
涅槃没有使它更好；
它未曾生，
也未曾死；
它未曾解脫，
也未曾迷惑；
它未曾存在，
也未曾消滅；
它毫無限制，
也不屬於任何類別。

紐舒仁波切[4]（Nyoshul Khenpo Rinpoche）説：

深廣而寧靜，
單純而不複雜，
純淨燦爛光明，
超越思議的心；
這是諸佛的心。
其中無一物應消除，
無一物應增添，
它只是自然潔淨地看著自己。

四種錯誤

　　爲什麼連想像心性的深奧和殊勝，人們都會覺得那麼困難

呢？爲什麼對許多人來說，心性顯得如此怪異，不可思議呢？
佛法提到四種錯誤，讓我們無法當下就體悟心性。

　　1.心性太*接近*我們了，讓我們無法認識它，就好像我們看
不到自己的臉一樣，心很難看見自己的性質。

　　2.心性*深奧*得讓我們探不到底。我們不知道它有多深；如
果我們知道它有多深，就應有某種程度的體悟。

　　3.心性*單純*得讓我們無法置信。事實上，我們唯一要做的
是：相信心性時時刻刻都呈現著赤裸而純淨的覺醒。

　　4.心性*美妙*得讓我們無法容納。它的浩瀚無邊，不是我們
狹隘的思考方式所能意會。我們簡直無法相信它，我們也無法
想像覺悟竟然是*我們的*心的真性質。

　　西藏是一個幾乎投注全部心力於追求覺悟的地方，如果上
述四種錯誤的分析適用於西藏文明，則對於幾乎投注全部心力
於追求愚癡的現代文明而言，該是十分合適的。現代文明對於
心性毫無認識，作家或知識分子幾乎不曾寫過有關心性的書；
當代哲學家不直接談心性；大部分科學家全然否認心性存在的
可能。在大眾文化中，心性毫無立足之地，沒有人唱它，沒有
人談它，電視也不播它。我們所受的教育，幾乎都在告訴我
們，除了五官所能認知的世界之外，一切都不是真實的。

　　雖然現代人對於心性的存在，幾乎是全盤否認，但有時候
我們還是會瞥見心性。這些啓發性的時機，可能是在欣賞一首
優美的曲子，或徜徉在寧靜清澈的大自然中，或是品嘗日常生
活中的點點滴滴。當我們看雪花翩翩飄下，或看到太陽從山後
緩緩升起，看到一束光線神祕飄緲地投進屋內，都可能讓我們
瞥見心性的存在。這些光明、安詳、喜悅的時刻，都曾發生在
我們每一個人身上，而且奇妙得令人終生難忘。

　　我認為有時候我們確實對這些靈光一現有著一知半解，但現代文明卻沒有提供給我們徹底瞭解的氛圍或架構；更糟的是，現代文明不僅不鼓勵我們探討這些經驗以及它們的來源，還有意無意地要求我們拒之於千里之外。我們知道，即使我們想把這些經驗與別人分享，也沒有人會當真。因此，我們忽略了這些可能是生命中真正最有啟示性的經驗。這或許是現代文明最黑暗、最令人困擾的部分，對於「我們到底是誰」這個問題，非但一無所知，還抑制這方面的研究。

往內看

　　且讓我們完全轉換另一個角度，不要只是從單一方向來看。現代文明教我們花費生命去追逐我們的思想和投射，即使在討論「心」的時候，所談的也只是思想和情緒而已；學者們在探討他們所想像的「心」時，看到的也只是到心的投影。心是所有投影生起的地方，卻沒有人曾經真正到心裡面去，這就產生了悲劇的後果。蓮花生大士說得好：

> 即使大家所謂的「心」普受尊敬和討論，但它還是不曾被瞭解過，或是被誤解，或是一知半解。
>
> 　因為心不曾被正確瞭解，如同它自己不瞭解自己一般，所以產生了不可勝數的哲學觀念和主張。更有甚者，因為一般人不瞭解、不認識他們的自性，所以就繼續在三界六道中流浪，經驗痛苦。
>
> 　因此，不瞭解自己的心是嚴重的錯失。[5]

　　現在我們該如何改變這種情況呢？很簡單。我們的心有二

個立場：往外看和往內看。

　　現在讓我們往內看。

　　改變看的方向雖然只是一樁小事，結果卻截然不同，甚至還有可能避免這個世界的種種災禍威脅。當更多人瞭解他們的心性時，他們將會珍惜自己所生存的世界多麼美好，並樂意為保存這個世界而奮鬥。很有趣的，西藏文的「佛教徒」念成 *nangpa*，意譯為「內省的人」——從心性而非從外面找真理的人。佛教的一切教法和訓練，都只針對一個目標：往內看心性，因而擺脫死亡的恐懼，幫助我們體悟生命的真相。

　　往內看需要我們極大的敏銳和勇氣，等於全盤改變我們對於生命和心的態度。由於我們一向耽於往外求取，以致於無法接觸到我們的內心生命。我們不敢往內看，因為我們的文化不曾告訴我們，這樣做會發現什麼，我們甚至還相信，往內看會有發瘋的危險。這是我執的最後一種，也是最有力的陰謀，阻止我們發現自己的本性。

　　因此，我們把生命變得如此刺激熱鬧，以免自己冒險地往內看，甚至連禪修的觀念，都會把人們嚇壞；當他們聽到「無我」或「空性」等名詞時，便以為經驗那些境界就好像被丟出太空船，永遠在黑暗、淒冷的虛無中飄浮一樣。這可以說是最荒謬絕倫的誤解。但在一個追求散亂的世界裡，默然和寂靜卻會嚇壞我們；我們以吵雜和瘋狂的忙碌讓自己不要安靜下來。檢視我們的心性，已經成為我們最不敢去做的一件事了。

　　有時候，我想我們不敢坦誠質問「我們是誰」這個問題，是因為害怕發現另有真相。這種發現將如何解釋我們的生活方式呢？我們的朋友、同事，將如何看待這些新發現？有了這些

知識，我們該怎麼做呢？有了這些知識，接著而來的就是責任。這好像牢房的門被衝開了，囚犯還是寧願選擇不要逃走！

覺悟的諾言

　　在現代世界中，只有極少數人具有了悟心性的品質。因此，即使要我們想像覺悟到底是怎麼回事，或覺悟者到底是怎麼樣的人，都是難事；如果要我們開始想像我們自己也可以覺悟，那就更難。

　　我們的社會，雖然極力強調生命和自由的價值，事實上卻認定我們只應追求權力、性或金錢，時時刻刻都需要逃避與死亡或真實生命的接觸，如果有人告訴我們，或我們認為自己可能有潛力時，我們自己都不能相信；如果我們真的相信有精神轉化這一回事了，我們都會認為只有過去的大聖人和上師才辦得到。達賴喇嘛經常提到，在現代世界中，許多人都缺少自愛和自尊，我們整個展望，都建立在自己的能力有限的錯誤信念上。這就否定了我們有可能覺醒的一切展望；更可悲的是，違反了佛法的中心思想：我們本來是圓滿具足的。

　　即使我們要開始想自己有覺悟的可能性，如果沒有人開示心性法門，或告訴我們絕對有可能體悟心性，只要一看到我們日常生活的心思完全是憤怒、貪婪、嫉妒、怨恨、殘酷、欲望、恐懼、焦慮和紛亂，就會永遠掃除覺悟的任何希望。

　　然而，覺悟卻是千真萬確的事實，而且地球上還有覺悟的大師活著。當你面對面見到一位大師時，你將會打從內心深處受到震撼和感動，你將會瞭解過去你認為只是觀念性的字眼如「光明」、「智慧」，其實是真的。今日世界雖然危機重重，卻也很令人鼓舞。現代的心靈慢慢接觸到各種實相。像達賴喇

嘛和德蕾莎修女這些大師級人物，都可以在電視上看到；許多
東方大師都來到西方訪問和教授；來自所有神祕傳統的書籍，
正贏得越來越多的廣大讀者羣。地球的悲慘情況，正在逐漸喚
醒人們，進行全球性的改造。

誠如我前面所說的，覺悟是真實的事；不管我們是誰，每
個人都可以在適當的環境及如法的訓練下，體悟到心性，因而
瞭解我們本身就有不死和永遠清淨的本性。這是世界所有神祕
傳統的諾言，而有無數的人實現了這種心性，過去如此，現在
如此。

這個諾言的妙處是：心性不是身外物，不是怪物，不是精
英才有，而是一切人類都有；大師告訴我們，當我們體悟心性
時，它是出乎意料的平常。精神方面的真理，並不是刻意經營
的，也並不神祕，完全是一種常識。當你體悟心性時，迷惑被
一層一層剝掉了。你並非真的「成」佛，只是逐漸不再迷惑而
已。成佛並非變成全能的精神超人，而是終於成爲真正的人。

有一支最偉大的佛教傳統，稱心性爲「平常的智慧」。我
不能更充分表達它：我們的真性和一切眾生的自性，並沒有什
麼不尋常。諷刺的是，我們所謂的平常世界才真正的是不平
常，因爲我們對輪迴世界的迷惑景象，產生了瘋狂的、刻意營
造的幻覺。就是這種「不尋常的」景象，讓我們看不見「平常
的」、自然的、人人本具的心性。設想諸佛現在就看著我們：
對於我們無可救藥的混亂情況，諸佛會感到多麼訝異而傷心
啊！

因爲我們庸人自擾地把事情攪得這麼複雜，有時候當上師
傳示心性法門時，我們都嫌它簡單到不足以相信。我們的凡夫
心告訴我們，這不可能是心性，心性應該不止於此。它應該是

比較「榮耀的」，燦麗的光芒在我們四周的虛空閃爍著，金髮飄逸的天使翩然而下迎接我們，然後是深沈的巫師聲：「現在你已經聽到了心性法門。」事實上，這種劇情絕對是子虛烏有的。

　　因爲在我們的文化裡，我們過分強調智力，所以我們就想像覺悟需要高度的聰明才智。事實上，許多聰明才智反而是障礙。有一句西藏諺語說：「如果你太聰明了，就會完全抓不到重點。」貝珠仁波切說：「邏輯的心似乎有趣，卻是迷惑的種子。」人們也許沈醉於他們的理論，卻可能失掉每一件事的重點。我們西藏人說：「理論就像衣服上的補釘一樣，有一天會掉的。」讓我告訴你一個令人鼓舞的故事：

　　十九世紀的一位上師，他有一位笨頭笨腦的徒弟。上師一再教他，對他開示心性，這位徒弟還是丈二金剛摸不著頭腦。上師有點發火，就對徒弟說：「看，我要你把這一大袋的大麥背到山頂，一路上你不可以停下來休息，你必須一口氣走到山頂。」這位徒弟是個頭腦簡單的人，但他對上師卻有不可動搖的恭敬心和信心，就完全依照上師的話去做。袋子很重，他背起袋子，開始爬上山坡，不敢停下來。他只是不停地走路，袋子卻變得越來越重，他花了很長的時間，才爬到山頂。放下袋子，整個人頹然倒地，雖然精疲力竭，卻十分舒暢。他感受到清新的山風拂面而來。一切障礙就此瓦解了，而他的凡夫心也跟著瓦解。一切萬物似乎都停下來。就在那一刹那，他突然體悟到他的心性。心想：「啊！這正是上師一直在告訴我的。」於是跑回山下，不顧任何禁忌，就衝進上師的房間。

　　「我已經明白了……我確實明白了！」

　　他的上師若有所指地對他說：「這麼說來，你有一趟有趣

的登山之旅囉！」

　　你也可以有那位徒弟在山頂上的經驗，就是那種經驗，將帶給你與生死討價還價的大無畏。但什麼是最好、最快、最有效的方法呢？第一步是練習禪坐。禪修可以淨化凡夫心，揭穿它的假面具，除盡習氣和迷惑，讓我們能夠在因緣成熟時認清我們的真面目。

第五章

把心帶回家

　　二千五百多年前，有一位許多世以來一直在追求真理的人，來到北印度一個安靜的地方，坐在菩提樹下。他發誓如果不發現真理就不起來。傳說，到了傍晚，他征服了愚癡的力量；第二天清晨，在金星劃破天空時，他長久以來的堅忍、修行和圓滿禪定，終於成就了人類存在的最終目標——覺醒。在那神聖的時刻，大地振動，好像「樂得醉醺醺」；經典上說：「任何地方都沒有人動怒、生病或憂傷；沒有人做壞事，沒有人傲慢，世界變得十分寧靜，猶如已達到圓滿的境界。」這個人被尊稱爲佛陀。以下是越南籍一行禪師對佛陀覺醒的美麗描述：

　　　喬達摩覺得拘禁他百世千生的監獄已經打破了，愚癡一直是監獄的看守人。由於愚癡，他的心被蒙蔽了，就好像月亮星辰被烏雲遮住一般。心受到無盡的妄想波浪蒙蔽，錯將現實世界分爲：主和客、自和他、存在和不存在、生和死；這些分別並進一步產生邪見——感覺、貪欲、執取和生存變化的牢獄。生老病死的苦，只是加厚牢獄的牆壁而已。唯一的工作就是把獄卒抓來，看清他的真面目。獄卒就是愚癡……獄卒一旦走了，監獄將會消失，再也不會重建。'

　　佛陀所看到的是我們對於真性的愚癡，是一切輪迴苦的根源；愚癡本身的根源則是心易於散亂的習氣。結束了心的散亂，將可結束輪迴；他體悟到其中關鍵就是透過禪修，把心帶回家，帶回它的真實本性。

　　佛陀安詳而莊嚴的禪坐著，天空就在他的四周上方，好像

在告訴我們：坐禪時，你的心要像天空一般開放，卻穩固在大
地。天空就是我們絕對的本性，沒有藩籬，無邊無際；大地則
是我們相對的現實，我們的相對心和凡夫心。我們坐禪時的姿
勢，象徵我們正在連接絕對與相對、天空與大地、天堂與人
間，就像鳥的雙翼，融合了我們如天空般的無死心性，和虛幻
有限的凡夫心地。

　　學習禪坐，是你這輩子所能給自己最大的禮物。唯有透過
禪修，你才能踏上發掘真性的旅程，因而找到你想活得好、死
得安詳所必須的定力和信心。禪修是通往覺悟之路。

修心

　　說明禪修的方法有很多，我也講過上千次了，但每次都不
同，每次都是直接而清新的。

　　幸運的是，我們生活在有許多人認識禪修的時代裡。禪修
越來越被認為是超越文化、宗教藩籬的法門，可以讓禪修者直
接觸及他們的生命真理，可以當下就超越宗教教條，更是一切
宗教的核心。

　　大體來說，我們都遠離了真正的自我，在無歇止的活動中
浪費生命；而禪坐可以帶我們回到真我，超越我們的習氣，讓
我們真正體悟和品嚐我們的整體生命。我們的生命都消耗在緊
張焦慮的奮鬥上，消耗在講求速度和打拚的漩渦中，消耗在競
爭、執取、擁有和成就上，永遠以身外的活動和先入為主的偏
見讓自己喘不過氣來。禪坐剛好相反，它完全改變我們「正常
的」運作模式，因為禪坐是無牽無掛的境界，沒有競爭，沒有
想要去擁有或執取的欲望，沒有緊張焦慮的奮鬥，沒有成就的
渴望：這是一種沒有野心的境界，既不接受也不拒絕，既不希

望也不害怕；在這種境界中，我們可以慢慢紓解束縛的氣氛，把一切情緒和觀念，化爲自然素樸的虛空。

佛教禪師知道心是多麼的有彈性和可塑的。如果我們訓練它，什麼事都辦得到。事實上，我們早已經訓練有素；由於輪迴，我們被訓練去嫉妒、執取、焦慮、憂傷、絕望和貪婪，被訓練得一旦面對刺激，就暴跳如雷。其實，我們已經被訓練到非常嚴重的地步，我們不必努力去激發，這些負面的情緒就會自動生起。因此，一切都是訓練和習氣的問題。如果我們坦白，我們很清楚，把心投入混淆的狀況中，我們很容易就成爲混淆陰鬱的專家，耽於沈溺，容易養成奴性。在禪坐中，把心致力於解脫愚癡，我們將發現，時間一久，只要有耐心、紀律和正確的訓練，我們的心將開始解開它自己的結，並認識它自己本有的喜悅和清明。

「訓練」心絕不是強迫把心壓制下來或加以洗腦。首先要直接而具體地看清楚心的運作方式，你可以從靈修的教法或個人的禪修經驗裡得到這種知識。然後你可以開始馴服你的心，並嫻熟地磨練它，讓它變得越來越柔軟；如此一來，你就可以成爲你自心的主人，把心發揮到最圓滿、最有利的地步。

第八世紀的佛教上師寂天（Shantideva）說：

如果心這頭大象被正念的繩子從各方面綁住，
那麼一切恐懼就會消失，
完全的快樂就會來臨，
一切敵人：我們情緒的虎、獅、象、熊、蛇，[2]
以及地獄的守護者；魔鬼和恐怖，
全部都會因爲你控制了心和馴服了心，

而被綁住，而被降服，

因為一切恐懼和無數的煩惱都來自心。[3]

就好像作家必須經過長年累月的辛苦鑽研，才能下筆如行
雲流水；也好像舞者必須花費相當大的心血和耐心苦練，才能
翩翩起舞，因此，一旦你開始瞭解禪坐的效果，你將盡全力去
學習，這需要你最大的毅力、熱忱、智慧和訓練。

禪坐的心要

禪坐是為了喚醒我們自己像天空般的心性，讓我們認識自
己的真面目——不變的、構成整體生死根本的純淨覺性。

由於忙碌和散亂的心，長久以來我們就已經看不見內心深
處的自性了，然而在禪坐的寂靜中，我們卻可以瞥見它，而且
回歸自性。我們的心，竟然無法保持片刻的寧靜；我們的心，
竟是如此焦慮不安，充滿成見，以致於有時候，我會認為自己
活在現代世界的城市中，就像死後的中陰身似的顛沛流離，備
受煎熬。根據一些資料說，多達百分之十三的美國人心理不正
常，這個數字對於我們的生活方式說明了些什麼呢？

我們被分割成許多不同的部分，我們不知道自己到底是
誰，不知道應該認同或相信自己的哪一部分。這麼多矛盾的聲
音、指揮和感覺爭相控制我們的內心生活，讓我們覺得自己散
置各處，沒有人留在家裡。

而禪坐，就是要把心帶回家。

在佛陀的教法裡，認為有三件事情大大區分了你的禪坐，
僅僅帶來暫時的放鬆、安詳和喜樂，可以成為你的覺悟以及別

人覺悟的重大原因。這三件事情，我們稱為「初善、中善、後善」。

　　初善來自於覺醒到我們和一切衆生基本上都有佛性，為了體悟佛性，我們必須破除無明，最後則滅苦。因此，每次我們在開始禪修之前，都要以這種覺醒為動機，以下列過去一切諸佛祈禱文的精神，發願將我們的修行和生命，致力奉獻於一切衆生的覺悟：

> 以此修行的力量和真理：
> 願一切衆生都獲得快樂和快樂的原因；
> 願一切衆生都脫離痛苦和痛苦的原因；
> 願一切衆生都不離無痛苦的神聖快樂；
> 願一切衆生心常平靜，沒有太多的執著和太多的怨恨，
> 相信一切衆生平等不二。

　　中善是指我們進入修行核心的心態，它是由體悟心性所啓發出來的，從這種心態產生不執著的態度，不受任何概念的拘束，覺醒到一切萬事萬物本質上是「空的」、虛幻的、如夢一般的。

　　後善是指我們禪修結束時，迴向一切功德，並真誠發願：「願修行所獲得的一切功德，迴向給一切衆生皆得覺悟；願它如同一滴水，獻給諸佛為利益一切衆生的事業大海。」功德是從你的修行中所產生出來的力量和利益、安詳和喜樂。你迴向這種功德給衆生長期、最終的利益，願他們覺悟。在比較立即的層次上，你迴向功德，祈求世界和平，祈求每個人都能完全免於匱乏和疾病，都能經驗到整體的幸福和永恆的喜樂。然

後，因為體悟到一切是虛幻如夢的，你也觀照到，在最深刻的意義上，正在迴向功德的你，你所迴向功德的對象，甚至迴向功德的這件事，其實都是性「空」虛幻的。在中陰教法中說，這是結束禪修的方式，可以確保你的修行功德絕不浪費。

這三個神聖的原則──善巧的*動機*、讓修行成功的*不執著的態度*和修行結束時的*迴向*──能夠讓你的禪修具啓發性而又有力。偉大的西藏上師龍清巴（Longchenpa）讚嘆它們是「真修行的心、眼和生命力」。紐舒堪布說：「成就完全的覺悟，有了這些就夠了，但少了這些就不完全。」

正念的修習

禪定可以把心帶回家，但首先要修習正念。

從前有一位老婦人來到佛陀面前，請問禪坐的方法，佛陀告訴她在從井裡汲水的時候，手的每一個動作都要了了分明，做到這一點，她很快就會發現自己處在清醒和曠達的寧靜中，那就是禪定。

正念的修習，就是要把散亂心帶回家，藉此可以把生命的不同層面集中起來，這稱為*安住*（peacefully remaining or calm abiding）。安住可以完成三件事：第一，自己被撕裂成碎片的所有部分，過去一直都處在戰爭之中，現在則因安住而定下來，而溶化，而變成朋友。在那種安定之中，我們開始瞭解自己，有時候甚至還可瞥見自性的光芒。

第二，正念的修習，可以紓緩我們多生多世以來所累積的負面心態、侵略性和混亂情緒。這時候，不是壓抑或沈入情緒之中，而是儘可能以開放曠達的寬容來觀察情緒、念頭和一切生起的束西。西藏上師說，這種睿智的寬容如同無邊的虛空，

它溫暖而舒暢地包裹保護著你，彷彿是陽光的毯子。

漸漸的，因為你維持開放和正念，並利用後面我將說明的一種方法越來越集中你的心，你的負面心態將慢慢紓緩；你開始覺得全身通暢，或如同法國人所說的 *être bien dans sa peau*（在皮膚內感覺很舒暢），因而產生了解放和深廣的安逸。我把這種修行看成是最有效的心理治療和自我診療的方式。

第三，這種修行揭開並顯露出你根本的**善心**，因為它消除了你心中的仇恨或傷害。唯有消除我們的傷害心，我們才能成為一個對別人有用的人。藉著慢慢去除我們的仇恨心和傷害心，使我們自性中的基本善心和仁慈心放射出來，成為一個溫暖的環境，讓我們的真性得以綻放。

你現在會知道為何我說禪坐是真正和平的修行，它是真正非侵略性、非暴力的修行，是最真實、最重要的武裝解除。

自然的大安詳

當我在教禪坐的時候，我經常開頭就說：「把你的心帶回家，然後放下，然後放鬆。」

整個禪坐過程可以簡化成這三個重點：把你的心帶回家、放下、放鬆，每句話重點都包含著許多層面的意義。

把你的心帶回家，意思是透過正念的修習，把心帶進安住的境界。其深義是把你的心轉向內在，安息在心性之中。這本身就是最高的禪定。

放下就是把心從執著的牢獄中解放出來，因為你認識到一切痛苦、恐懼和挫折都來自執著心的貪欲。在比較深的層次裡，由於你越來越瞭解心性而產生的體悟和信心，可以啟發深

廣而自然的寬容心，讓你解脫心裡的一切執著，讓心自在無礙，在禪定的啓發中溶化掉。

最後，所謂*放鬆*就是心要寬廣，放鬆心情。更深入一點來說，放鬆你自己，進入真正的心性，也就是本覺之中。這種啓發的過程，在西藏文的意思是*在本覺上放鬆*。這就好像把一撮沙倒在平面上；每一粒沙都自動安頓下來。這就是你在真性中放鬆的方式，讓一切思想和情緒自然地平息融入心性的狀態中。

當我禪坐的時候，紐舒堪布的這首詩常常帶給我很多靈感：

在自然的大安詳中休息吧！
這個精疲力竭的心，
被業力和妄念打擊得束手無策，
在驚濤駭浪的無情憤怒中，
在輪迴的無邊大海中，
在自然的大安詳中休息吧！

最重要的是要輕鬆，儘可能保持自然和曠達。靜靜地從你習慣性的焦慮自我中溜出，放下一切執著，放鬆地進入你的真性裡。把你平常的、情緒的、被思想駕馭的自我，想像成太陽底下的冰塊或牛油。如果你正感到僵硬寒冷，就讓這種侵擾在禪定的陽光下溶掉。讓安詳對你產生作用，以便將你的散亂心集中到安住的正念中，並在你的內心喚醒*明見*（clear seeing）的覺醒和觀慧。你將發現你的一切負面心態全繳械了，你的侵擾溶解了，你的混亂慢慢蒸發了，如濃霧溶進你那廣大無瑕、絕對自性的天空中一般。[4]

　　靜靜坐著，軀幹挺直不動，禁語，心情平靜，讓一切思想和情緒來了又走，什麼都不要執著。

　　這種境界感覺起來像什麼呢？敦珠仁波切經常說，就像一個人在野外做了一整天的苦工回到家，一骨碌坐到火爐前心愛的椅子裡。他已經工作一整天，知道自己已經做完了想做的事；沒有什麼還要擔憂的，也沒有什麼還未完成的，他可以完全放下一切牽掛，滿足，自在。

　　因此，當你禪坐時，重要的是創造正確的內心環境。一切掙扎和奮鬥都來自狹窄的心境，所以創造那種正確的環境，有助於你達到真正的禪定。當幽默和曠達呈現時，禪定不費吹灰之力就生起了。

　　有時候當我禪坐時，我並不使用任何特定的方法。我只是讓心安定下來，尤其在受到啟示時，我發現很快就能夠把心帶回家和放鬆。我靜靜坐著，歇息在心性中；我不去懷疑是否處在「正確的」境界中。一點也不用力，只有充分的瞭解、清醒和不可動搖的篤定。當我在心性之中時，凡夫心就消失了。沒有必要去維繫或肯定自己的存在；我只是當下的我。一種基本的信賴感就呈現了，不必特別去做什麼。

禪坐的方法

　　如果你的心可以自然地安定下來，你也發現可以安住在純淨的覺醒中，那麼你就不需要採用任何禪修的方法。事實上，如果你已經在這種覺醒的境界中，卻還採用這些禪修的方法，反而是弄巧成拙了。話雖然這麼說，我們大多數人都無法當下就進入那種境界。我們不知道如何把心喚醒，我們的心又是如此狂野散亂，因此我們需要一種善巧方便，一種喚醒心的方

法。

我所謂的「善巧」，是要讓你能夠明瞭自己的心性及千變萬化的情緒，並且透過修行產生智慧，知道在分分秒秒中，如何面對自己。有了這些功夫之後，你就學會了隨機應變的藝術，能隨時轉化你的心境。

但請記住：方法只是方法，絕不是禪定本身。當你嫻熟地練習禪修之後，才能達到那種完全圓滿的境界，那才是真正的禪定。

西藏有一句很有啓示性的話：「*禪定什麼都不是，禪定只是熟習而已。*」換句話說，禪定只不過學習去*熟習禪定的修行*而已。有句話說得好：「禪定不是苦求，而是自然融入。」當你持續練習某一種方法之後，禪定就慢慢生起。禪定不是「做」出來的，而是當我們練習到完美無缺時自發產生的。

不過，爲了讓禪定發生，還是要創造寧靜而祥和的環境。在我們的心能夠得自在之前，首先要把心的環境安靜下來。平常，心就像蠟燭的火焰般，受到思想和情緒的強風所動，搖曳閃爍，經常改變。只有當我們把蠟燭四周的空氣安定下來之後，火焰才能燒得穩定；同理，只有當我們把思想和情緒的紛亂狀態安定下來之後，我們才能瞥見心性和安住於心性。另一方面，一旦我們在禪坐之中獲得穩定，任何喧鬧和騷擾將大爲減少它的影響力。

西方人似乎很著迷我所謂的「禪坐技巧」。現代世界畢竟沈迷在機械作用和機器之中，對純實用的事物容易上癮。但是，禪坐最重要的特色不在技巧，而在精神：我們或許可以稱「姿勢」，是一種純熟、有靈感、創造性的禪修方式。

姿勢

上師們說：「如果你能在身體和環境之中創造祥和的條件，禪定和體悟將自然生起。」有關姿勢的討論，並不是一種神祕的迂腐之談。採取正確姿勢的重點是在創造更有啓發性的環境，以便進入禪定，喚醒本覺。身體的姿勢會影響到心的態度，心和身是互相關聯的，一旦姿勢和態度受到啓發，禪定自然會生起。

如果你坐著的時候，心與身沒有完全相應——例如，你在擔心或想著某件事——你的身體就會感到不舒服，問題也比較容易產生。反之，如果你的心是寧靜的，有啓發性的狀態，就會影響全身的姿勢，你可以輕鬆自在地坐著。因此，重要的是，要讓身體的姿勢和體證心性所產生的信心結合在一起。

接下來要談的姿勢，可能與你習慣採用的姿勢稍有不同。這來自古代大圓滿（Dzogchen）傳統的教法，也是上師教我的，我覺得它非常有用。

大圓滿教法認為，*你的見（vision）和你的姿勢*應該像座山一般。你的見，就是你對心性的瞭解。因此，你的見可以轉換成姿勢，並加以啓發，從坐姿中表達出你整個存在的核心。

因此，你要坐如山，像山那麼穩固、堅定與雄偉。不管狂風如何吹襲，不管烏雲如何翻滾，山還是泰然自若。像山一般地坐下來，讓你的心升起、飛躍、翱翔。

這個姿勢要特別注意的是保持背部挺直，挺如箭，穩若山。如此，**氣**（prana）才可以輕易流過身上的脈，心也才能找到它真正的休息處所。什麼都不要勉強。脊椎的下半部有一個自然的曲線，必須保持輕鬆，但不要歪曲。頭必須舒服地平

衡在頸上。兩肩和上半身帶出姿勢的力量和美感，它們維持著姿態的平衡，但不要用力。

雙腿交叉坐著。倒不必雙盤，那是在高級瑜伽課才比較強調的姿勢。雙腿交叉表示生與死、善與惡、方便與智慧、陽與陰、輪迴與*涅槃*的統一；這是不二的心境。你也可以選擇坐在椅子上，兩腿放鬆，但背脊一定要維持挺直。[5]

在我的禪坐傳統中，兩眼必須睜開，這是很重要的一點。開始學打坐時，如果你容易受外來的干擾，可以把眼睛閉一會兒，靜靜地往內看，將幫助你專心。

一旦你覺得心安靜了，就要逐漸打開眼睛，你會發現你的視線變得比較安詳寧靜。現在請往下看，沿著鼻端以四十五度看著前面。這裡有一個要領：每當你心亂時，最好降低視線；每當你昏昏欲睡時，就要把視線拉高。

一旦心靜下來，內觀也開始清明了，你就可以隨意把視線拉高，眼睛仰望你面前的虛空。這是大圓滿修行所推薦的方法。

大圓滿教法強調*你的禪定和視線*必須像大海一般的廣闊：遍一切處、開放和無邊無際。正如你的「見」和姿勢不可分一般，禪定可以啓發視線，兩者合而爲一。

不要特別凝視哪一樣東西；相反的，輕輕往內看自己，讓你的視線擴張，變得越來越寬廣，越來越擴散。你將發現視線變得比較廣闊了，也變得比較安詳、慈悲、平靜和輕安。

觀世音菩薩的藏文音譯是「千瑞吉」（Chenrézig）。*Chen* 的意思是眼睛，*re* 是眼角，*zig* 是看。意思是說，觀世音菩薩以他的慈眼看一切眾生的需要。因此，你要輕輕地把禪定所散發出來的慈悲，透過你的眼睛放射出來，讓你的視線變

成慈悲的視線，遍一切處，如海遼闊。

睜開眼睛的理由有好幾個。第一、比較不會昏沈。其次，禪坐不是逃避世間的方法，也不是要脫離世間，遁入一種恍惚的意識狀態；相反的，禪坐直接幫助我們真正瞭解自己，並且與生命和外在世界產生關係。

因此，禪坐時，你要把眼睛睜開，不要閉上。你不是把生命排拒在外，而是維持開放的心態，隨意而安。你讓你的一切感官（聽、看、感覺）自然開放，不做掩飾，不追逐它們的知覺。誠如敦珠仁波切所說的：「雖然你可以認知各式各樣的現象，實際上它們卻是空的；但在空中，你卻可以認知各式各樣的現象。雖然你可以聽到各種聲音，這些聲音卻是空的；但在空中，你卻可以聽到聲音。你也有各種思想產生，這些思想都是空的；但在空中，你卻可以知道你有思想。」不管你看到什麼，聽到什麼，都不要去理會，不要去執著。讓聽去聽，讓看去看，而不要讓你的執著進入知覺之中。

依據大圓滿的特殊覺明（luminosity）法門，我們智慧能（wisdom-energy）的一切光都住在心輪，心輪則透過「智慧脈」（wisdom channels）與眼睛相連接。眼睛是覺明的「門」，所以你要睜開眼睛，才不會阻塞這些智慧脈。[6]

靜坐時，要微微張開嘴巴，好像要發出低沈、放鬆的「阿——」聲。微微張開嘴巴，並用口來呼吸，可以使製造散亂思想的「業風」（karmic winds）不那麼容易生起，進而障礙你的心和禪定。

將你的手舒服地蓋在膝蓋上。這種姿勢稱爲「輕安自在心」式。

這種姿勢讓我們產生一線希望的火花，以及遊戲的心情，因為我們隱隱知道一切眾生皆有佛性。所以，當你採取這種姿勢時，你是在愉快地模仿一尊佛，承認你具有佛性，真正鼓舞你的佛性顯現。事實上，你開始尊敬你自己有可能成佛。另一方面，你認識到自己仍在相對世界之中。但因你已經愉快地信任你的佛性，你受了啟發，所以你比較能夠接受你的缺點，比較能夠以仁慈而幽默的心情處理它們。因此，當你禪坐時，讓你自己感受到你就是佛的那種自尊、尊嚴和強烈謙卑感。我常常說，你只要讓自己受到這種愉快的信心啟發就可以了：禪定將自然從這種瞭解和信心中產生。

三種禪坐方法

佛陀教了八萬四千法門，以馴服和舒緩負面的情緒；在佛教裡，就有無數的禪坐方法。我發現有三種禪坐方法在現代世界中特別有效，每一個人都可以使用和受益。這三種方法就是「觀」呼吸、使用一種對象、念咒。

1.「觀」呼吸

第一種方法很古老，在一切佛教宗派中都常用。那就是輕鬆而專注地把注意力放在呼吸上。

呼吸就是生命，它是我們生命最基本的表現。在猶太教中，呼吸稱為 *ruah*，意思是創造萬物的上帝之靈；在基督教中，聖靈和呼吸之間，也有很深的關係。在佛陀的教法中，呼吸（梵文稱為 *prana*）是「心的車乘」，因為呼吸驅動我們的心。所以，當你把呼吸調得很順而使心靜下來時，你同時也馴服和訓練你的心了。在我們遇到焦慮時，如果能夠獨處幾分

鐘，只要靜靜地做深呼吸，不就能感覺到多麼輕鬆自在？即使是這麼簡單的練習，都可以給我們很大的幫助。

　　因此，當你在禪坐時，要像平常一樣，自然地呼吸。把你的注意力輕鬆地放在呼氣上。每次呼氣的時候，就是在放下和解除一切執著。想像你的氣融入無所不在的真理裡。每一次呼氣之後，再吸氣之前，你將發現由於執著消失了，就會有一個自然的間隙。

　　安住在那個間隙中，安住在那個開放的空間中。當你自然地吸氣時，不要把注意力特別放在吸氣上，而要繼續把心安住在那個已經打開的間隙上。

　　當你在練習時，千萬不要在心中做任何的說明、分析或自我閒話。不要把你心中持續不停的評論（「現在我正吸氣，現在我正呼氣」）誤以為是正念分明；重要的是純淨的當下。

　　不要把注意力太放在呼吸上；只要把百分之廿五的注意力放在呼吸上就夠了，其餘的百分之七十五是寧靜而開闊的放鬆。當你對呼吸越來越了了分明時，將發現你越來越清醒，你已經把散亂心收攝回自身，成為一個整體。

　　這時候，不要再「觀」呼吸，讓自己逐漸與呼吸結合為一，就好像你正在變成呼吸一般。慢慢的，呼吸本身，呼吸者，和呼吸的動作合而為一；對立和隔離都消失了。

　　你將發現，這個非常簡單的正念過程，會過濾你的思想和情緒。然後，就好像你在脫皮一般，某種東西被剝掉而自由了。

　　不過，有些人不能放鬆或自在地觀呼吸；甚至覺得觀呼吸幾乎是幽閉恐怖。對這些人來說，下一個方法也許比較有幫助。

2.使用一個對象

第二個方法是把心輕輕地放在一個對象上，許多人發現這個方法很管用。任何能夠讓你產生特別靈感的自然物，譬如一朵花或一顆水晶都可以。然而，具體表現真理的東西，諸如佛像、基督像，特別是你上師的像，會更有威力。上師活生生地把你和真理連結在一起；由於你和上師的師徒關係，只要看著他的臉，就將你的自性與靈感、真理連結在一起。*6*

許多人對於蓮花生大士塑像（稱為「如我一般」）的照片特別有感應。這尊塑像造於第八世紀的西藏，也經過他的加持。蓮花生大士藉著他的神通力，把佛法引進西藏。西藏人把他當作「第二佛」，恭敬地尊稱他「根本仁波切」（Guru Rinpoche），意思是「珍貴的上師」。頂果欽哲仁波切說：「在聖地印度和雪鄉西藏，出現過許多不可思議和無以倫比的大師。在他們當中，對現在這個艱苦時代的眾生，最有慈悲心和最多加持的是蓮花生大士，他擁有一切諸佛的慈悲和智慧。他有一項德性就是任何人祈求他，他就能夠立刻給予加持；而且不論向他祈求什麼，他都有能力當下就滿足我們的願望。」

因此，你可以把這尊塑像的照片放在你的眼前，輕輕地把你的注意力放在蓮花生大士的臉上，特別是他的眼神。他的眼神非常深邃寧靜，幾乎就要從照片迸出來，把你帶進毫無執著的覺醒境界、禪定境界。然後，很安詳地把你的心交給蓮花生大士。

3.念咒

第三種方法是把心和*咒*聲連結在一起，這在西藏佛教中很

　　「如我一般」的蓮花生大士塑像。蓮花生大士，或稱「珍貴的上師」或「根本仁波切」，是西藏佛教的創始人，我們這個時代的佛。這尊塑像造於第八世紀，據說蓮花生大士在西藏桑耶寺看到這尊像時，曾說：「如我一般。」並給以加持，並稱「現在它與我完全相同。」

普遍（蘇菲教、基督正教和印度教也常用）。*咒*的定義是「心的保護者」。凡是保護人心免於墮入負面心態，或不受凡夫心所控制的，都稱爲咒。

當你覺得緊張、無所適從或情感脆弱時，念咒可以完全改變你的心境，轉化它的能量和氣氛。這怎麼可能呢？咒是聲音的精華，以聲音的形式來表現真理。每一個音都涵攝精神力，濃縮了真理，散發出諸佛的法語加持力。心乘坐在呼吸的微細能量上，經過全身，也淨化了全身的脈輪。因此，當你在念咒時，你就是在以咒的能量加在你的呼吸和能量，等於是直接鍛鍊你的心和精密的身體。

我向學生推薦的咒是「OM AH HUM VAJRA GURU PADMA SIDDHI HUM」（西藏人念成Om Ah Hung Benza Guru Pema Siddhi Hung），這是蓮花生大士的咒，是一切佛陀、大師和證悟者的咒。在這一個暴力、混亂的時代裡，具有強大的安詳、治療、轉化和保護的力量。[7]安靜而非常專注地念這個咒，讓你的呼吸、咒和你的知覺慢慢合而爲一。或者以特別的方式誦咒，然後把心安住在誦咒後的深度寂靜中。

即使我已經熟練了這個法門一輩子，有時候我仍然會爲咒的力量感到驚訝。幾年前，我在法國里昂主持一個禪修營，共有三百人參加，大部分是家庭主婦和心理治療師。我已經教了一整天，但他們似乎要把大部分時間都跟我在一起，毫不留情地問問題，一個接著一個。黃昏時，我整個人垮掉了，整個房間充滿沈悶的氣氛。因此，我就念了這個我剛剛提到的咒。我非常驚訝，念咒竟然有如此的力量；在幾分鐘之內，我感到精力充沛，周遭的氣氛改變了，全體聽衆似乎又變得神采奕奕而迷人。這種經驗一次又一次發生在我的身上，所以我知道它絕

不是偶然的「奇蹟」。

禪坐中的心

禪坐時我們該「抱持」怎麼樣的心呢？什麼都不做，隨其自然就行了。一位上師把禪坐形容爲「把心懸掛在虛空中，毫無所著」。

有一句名言：「如果心不造作，就是自然喜悅，這就好像水如果不加攪動，本性是透明清澈的。」我常常把禪坐中的心比喻爲一罐泥水：人們愈不理會或攪亂它，雜質就愈會沈澱到罐底，水的自然明淨本性也就會呈顯出來。心的本性也是如此。任其自然，不加改變，它就可以找到喜悅和清明的真性。

因此，千萬不要讓心有任何的罣礙或負擔。當你禪坐時，千萬不要刻意去控制它，也不要勉強讓心寧靜。不要過度嚴肅或覺得你正在做某種特殊的儀式；甚至不要有你正在禪坐的觀念。讓你的身體保持自然，也讓你的呼吸保持自然。把你想像成虛空，接納著整個宇宙。

微妙的平衡

禪坐如同其他藝術，在放鬆和警覺之間必須維持微妙的平衡。從前有一位比丘名叫億耳，跟隨佛陀的一位最親密弟子學習禪坐。他無法體會應該抱持什麼樣的心態，很努力想專注，卻感到頭痛。因此，他就放鬆心情，結果睡著了。最後他請求佛陀幫助。佛陀知道他在出家之前是一位出名的音樂家，就問他：「你在家時不是擅長拉琴嗎？」

億耳點頭。

「你如何把琴拉出最好的聲音呢？是在絃很緊或很鬆的時

候呢？」

「都不是。必須適度，既不可太緊，也不可太鬆。」

「那就對了。你的心既不可太緊，也不可太鬆。」

在西藏偉大的女性上師中，有一位名叫瑪姬拉度（Ma Chik Lap Drön），她說：「警覺，警覺；不過要放鬆，放鬆。這是禪坐時重要的『見』。」維持你的警覺心，但同時要放鬆，事實上，要放鬆到連放鬆的念頭都不執著。

思想與情緒：波浪與海洋

人們開始禪坐時，常常說他們的思想很狂亂，變得比從前亂。但我一再向他們保證說，這是一個好徵象。這絕不是表示你的思想比從前亂，反而是因爲你比從前安靜，你終於察覺你的思想一向是多麼雜亂。千萬不要灰心或放棄。不管有什麼念頭出現，你所要做的只是保持清醒，即使是在一片混亂中，也要把注意力放到呼吸上。

古代的禪坐教授法中記載：開始禪坐時，念頭總是一個接一個出現，從未停止過，好像是峻峭的高山瀑布。漸漸地，禪坐功夫進步了，思想就像溪流穿過深而狹的峽谷，然後像一條大河緩緩地蜿蜒流向大海，最後，心變得像平靜安詳的海洋，只是偶然有漣漪或波浪出現。

有時候，人們會認爲禪坐時，絕不可以有任何思想和情緒；當思想和情緒出現時，他們就變得懊惱不已，認爲自己失敗了。事實絕非如此，有一句西藏話說：「只要肉不要骨，只要茶不要茶葉，這是過分的要求。」只要你還有心，必然會有思想和情緒。

就好像大海有波浪，或太陽有光線一樣，心的光芒就是它

的思想和情緒。大海有波浪，卻不被波浪所干擾。波浪是大海的**本性**。波浪將生起，但它們會往**哪裡**去？回到大海。波浪來自何方？大海。同理，思想和情緒是心性的光芒和表現，它們從心中生起，但消溶到哪裡去？回到心。不論心中湧現的是什麼，千萬不要把它看成特別的問題。如果你不強烈反應，如果你能夠安忍，它還是會再回歸它的本性。

如果你有這種瞭解，那麼心中生起的思想只會加強你的修行。如果你不瞭解它們的本質是心性的光芒，那麼你的思想就會變成混亂的種子。因此，請以曠達和慈悲的態度來對待你的思想和情緒，因為你的思想是你的家人，是你的心的家人。在它們的面前，誠如敦珠仁波切經常說的：「要像一個年老的智者，看著小孩子玩耍。」

我們常常懷疑，對於負面的心態或某些擾人的情緒應該怎麼處理才好。在禪定的曠達境界中，你可以完全沒有偏見地看待你的思想和情緒。當你的態度改變時，心的整個氣氛就會改變，甚至連思想和情緒的性質都會改變。當你變得越可親時，它們也會變得越可愛；如果你不覺得它們有什麼問題，它們也不會找你麻煩。

因此，無論生起怎樣的思想和情緒，就讓它們生起和消退，像大海的波浪一般。不管你發現你在想些什麼，就讓那個思想生起和消退，不要加以限制。不要緊抓它，餵養它，或縱容它；不要執著，不要讓它具體化。不要隨著思想跑，也不要迎請它們；要像大海看著它自己的波浪，或像天空俯視飄過的雲彩一般。

很快地，你會發現，思想就像風，來了又去。祕訣是不要

去「想」思想，而是要讓它們流過心，不在心中留下任何痕跡。

在凡夫心中，我們看到思想之流連續不斷；但事實卻非如此。你自己將會發現，每兩個思想之間都有間隙。當過去的思想過去了，而未來的思想尚未生起時，你將發現當中有間隙，本覺或「心性」就在其中顯露出來。因此，禪修就是要讓思想緩慢下來，讓間隙越來越明顯。

我的上師有一位學生名叫阿帕·潘（Apa Pant），他是出色的印度外交家和作家，擔任過印度駐不少國家的大使，也曾是印度政府駐西藏拉薩的代表，也曾經出使錫金。他是禪修和瑜伽的修行人，每次見到我的上師，他總是會問「如何禪修」。他遵循東方傳統，以學生的身分一次又一次地向上師問一個簡單、基本的問題。

阿帕·潘告訴我這個故事。有一天，我們的上師蔣揚欽哲正在錫金首都剛德的皇宮寺前面觀賞喇嘛舞，對於丑角的滑稽動作咯咯大笑。阿帕·潘不斷煩他，一次又一次地問他如何禪修，這次上師決定對他做個一勞永逸的回答：「看，禪修就像這個；當過去的思想停止了，未來的思想還未生起時，當中不是有個間隙嗎？」

「是的。」阿帕·潘說。

「那就對了，延長它：那就是禪修。」

經驗

當你繼續修行時，你也許會有各種各樣的經驗，包括好的和壞的。正如同有許多門窗的房間允許空氣從四面八方吹進來，同樣的，當你的心開放時，自然會有各種各樣的經驗進到

心中來。你也許會經驗到喜悅、清明或無思無念的境界。從某個角度來看，這些都是非常好的經驗，也是禪修進步的象徵。因為當你經驗到喜悅時，這是欲望暫時消解的表徵；當你經驗到真正的清明時，這是侵擾已經暫時停止的表徵；當你經驗到無思無念的境界時，這是無明已經暫時消失的表徵。它們本身是好的經驗，但如果你執著它們，就會變成障礙。經驗還不是覺悟；但如果我們一直都不執著，它們就會真正發揮其功能，變成覺悟的材料。

負面的經驗往往最容易誤導人，因為我們總是把它們當作壞的象徵。事實上，在我們修行中的負面經驗，卻是偽裝的福報。試著不要去厭惡，反過來卻要瞭解它們的真實面目，它們只是經驗而已，如夢幻泡影。體悟經驗的真實本質，可以讓你免除經驗本身造成的傷害或危險，這樣一來，即使是負面的經驗，也可以變成大福報和成就的來源。自古以來，就有無數的大師，在負面的經驗上用功，將它們轉化為覺悟的催化劑。

傳統上說，對於一個真正的修行人而言，帶來障礙的不是負面的經驗，反而是好的經驗。當事情都進行得很順利的時候，你必須特別小心和正念分明，才不致於變得滿足或過分自信。請記住敦珠仁波切在我經歷一次非常強的經驗時對我說的話：「不要太興奮，畢竟，它既非好也非壞。」他知道我正在對經驗產生執著，那種執著，就像其他執著一樣，必須切除。在禪修和生活中，我們必須學習不執著好的經驗，不瞋恨負面的經驗。

敦珠仁波切警告我們另一個陷阱：「另一方面，在禪修中，你也許會經驗到混濁、半意識、飄浮的境界，就像有一個蓋子懸在你的頭上一般：夢幻般的遲鈍。其實，這只不過是一

種模糊和心不在焉的停滯而已。如何脫離這種境界呢？清醒你自己，挺直你的背部，呼出肺部的污濁空氣，把你的覺醒力導向清朗的虛空，讓你的心清新過來。如果你還是停留在這種停滯的狀態，你將不會進步；因此，每當有這種退步情況時，必須一再清除。盡力保持警覺，正念分明，這是很重要的。」

不管使用那種禪修方法，當你發現已經自然到達清醒、遼闊和躍動的安詳時，就放棄它，或讓它自己消解。然後，繼續寧靜而不散亂地停留在那個境界上，不需要使用任何特殊的方法。那個方法已經完成了它的任務。不過，如果你的心流失了或散亂了，就必須再度使用最能夠讓你靜心的方法。

禪修真正的妙處，不在任何方法，而在它持續鮮活的當下經驗，以及它的喜悅、清明、安詳，最重要的是，在它的毫無執著之上。對自己執著的減少，是你自己變得更自由的徵兆。當你愈經驗到這種自由時，你會愈清楚我執，希望和恐懼將漸漸消失，而且你也將更接近無限豐富的「無我智慧」。當你生活在那個智慧之家時，你再也找不到「我」和「你」、「此」和「彼」、「內」和「外」的藩籬；最後你將回到你真正的家——不二的境界。[8]

休息

人們常問：「什麼時間禪坐較適當？每一次需要禪坐多久？早晚禪坐二十分鐘效果很好，是嗎？」是的，早晚禪坐二十分鐘感受會很好，但也不全如此。我不曾在經典上發現禪坐二十分鐘的說法；我想那是西方發展出來的說法，我稱它為「西方禪坐標準時間」。重點不在時間長短，而在禪坐是否真

正帶給你正念分明和活在當下的境界。在那個境界中，你開放了一點，能夠跟你的心性連接。五分鐘的清醒禪坐，遠勝過二十分鐘的打瞌睡！

敦珠仁波切總是說，初學者的禪修時間應該要短，坐個四、五分鐘，然後休息一分鐘。在休息時，要放下禪坐的方法，但不要連你的正念分明也放下了。有時候，當你一直在努力禪坐時，很奇妙的是，休息的片刻，如果你還保持正念分明和活在當下，反而是禪定發生的時刻。這就是爲什麼在禪修中，休息和禪坐同樣重要的原因。有時候我會勸禪修面臨問題的學生，在休息時禪修，在禪修中休息。

小坐片刻；然後休息，大約三十秒或一分鐘非常短暫的休息。但不管做什麼，都要了了分明，不要失去正念及其自然的輕安。然後讓自己清醒，重新坐。如果你以這個樣子做許多次的短暫禪修，你的休息將常常讓你的禪修變得更爲真實，更有啓發性；它們將從你的禪修過程中，除去笨拙、令人心煩的僵硬感、嚴肅感和不自然，帶給你愈來愈多的專注和輕安。漸漸地，透過這種休息和坐禪的交叉運用，禪修和日常生活的藩籬將崩潰，它們之間的對比將會消解，而你將發現自己愈來愈活在自然、純淨的當下，毫不心亂。然後，就像敦珠仁波切常說的：「即使禪修者也許要離開禪修，禪修絕不離開禪修者。」

結合：動中禪

我發現現代的禪修者缺乏如何把禪修與日常生活結合的知識。我要特別強調：把禪修結合在生活中，是禪修的整個根本、重點和目的。現代生活的暴力和焦慮、挑戰和零亂，讓這種結合變得更迫切需要。

有人對我抱怨：「我已經打坐了十二年，但似乎沒有什麼改變，我還是老樣子。為什麼？」因為在他們的修行和日常生活之間有一道鴻溝。他們把修行和日常生活放在兩個隔離的世界裡，一點也不相互啟發。這讓我想起在西藏讀書時所認識的一位老師，他對藏文文法的規則可以解析得頭頭是道，卻幾乎寫不出一句正確的句子。

既然如此，我們怎樣做才能達到這種結合？怎樣才能讓禪修的寧靜喜悅和曠達自在滲入日常生活裡？除了持續不斷的修行之外，並無取代方法，因為唯有透過真正的修行，我們才能夠開始持續嘗到心性的寧靜，因而能夠在日常生活中保持這種經驗。

我總是告訴我的學生，不要太快就跳出禪修，停留幾分鐘的時間，讓禪修的安詳滲入你的生活。如同我的上師敦珠仁波切所說：「不要跳起來就跑開，要將你的正念與日常生活結合在一起。要像一位頭顱破裂的人，隨時隨地小心翼翼，唯恐別人碰到他一般。」

在禪修之後，不要回到我們易於將事物固化的習氣。當你重新進入日常生活時，要讓禪修所帶給你的智慧、洞察力、慈悲、幽默、柔軟、曠達和自在充滿你每天的生活經驗。禪修喚醒你體悟一切事物的本性是如何虛幻如夢；甚至要在生死苦海中維持那種覺醒。一位大師曾說過：「在禪修之後，修行人必須變成幻化之子一般。」

敦珠仁波切勸大家：「萬事萬物固然都如夢幻泡影，即使如此，你還是要幽默地繼續做事。譬如，當你走路時，不要有無謂的嚴肅感或自我意識。反之，你要輕鬆地走向真理的開放虛空。當你坐下來時，你要做真理的堡壘。當你吃東西時，要

把你的負面身口意業和幻想吃進空性的肚子，消解它們遍及虛空法界。當你大小便時，觀想一切障礙正在被清洗淨除。」

因此，真正重要的不只是練習如何禪坐，而是禪坐之後，你有什麼樣的心境。不論你做什麼，都要將這種寧靜和專注的心境延伸。我很喜歡一則禪宗公案，弟子問師父：

「師父，你如何將覺悟表現於行動之中？你如何在日常生活中修行？」

「餓的時候就吃，睏的時候就睡。」師父回答。

「但是，師父，每個人都在睡，每個人都在吃啊！」

「但是，當他們在吃的時候，並不是每一個人都在吃啊！當他們在睡的時候，並不是每一個人都在睡啊！」

從這則公案中，衍生出禪宗名言：「當我吃飯的時候，我就吃飯；當我睡覺的時候，我就睡覺。」

這句名言的意思是不管你做什麼，都要完全了了分明，絕不可以讓自我的分心阻止你清醒。這就是結合。如果你確實希望達到這個目的，你所需要做的，不只是把修行當作偶爾服用的藥物或治療，而是把它當作每天的食糧。這就是為什麼遠離現代都市生活的壓力，在閉關的環境中修行，是發展這種結合力量的殊勝方法。

常常有人參加禪修，總是希望獲得異常的結果，比如看到某種景象、發光或神通。當這些神異現象沒有發生時，他們就覺得失望。但禪修的真正奇蹟是比這些現象還要平常而有用的，那是一種細微的轉化，這種轉化不只發生在你的心靈和情緒之中，還實際發生在你的身體上。它具有很大的治療功能。科學家和醫師已經發現，當你的心情很好時，你身上的細胞也比較愉快；反之，當你的心情不好時，你的細胞也變得有毒。

你整個人的健康情況，跟你的心境和生活方式密切相關。

靈感

我說過禪坐是通往覺悟之路，是此生最大的努力。每當我對學生談到禪坐時，我總是強調禪修必須嚴謹修行和虔誠恭敬；同時，我也總是告訴他們，禪修必須儘可能富有靈感和原創性。從某一個角度來看，禪修是一種藝術，你必須把藝術家的心情和豐富的創造力帶進禪修。

就好像你在日常生活中，常帶點神經質和競爭意識一般，你應該靈巧地全力啓發你自己進入祥和之中。使禪修變得非常喜悅的方法有很多，你可以找些能夠令你神采飛揚的音樂，用來開放你的心情和心智。你可以蒐集過去曾經感動你的詩、箴言或教法，把它們放在身邊，隨時用來提升你的精神。我一直都很喜歡西藏的**唐卡畫**，從它們的美感中獲得力量。你也可以找些能夠激起神聖感的複製畫，懸掛在房間的牆壁上。你可以傾聽一位大師的開示錄音帶，或聽聽神聖的唱誦。你可以在你禪坐的地方，擺上一朵花，點上一炷香、一根蠟燭，供奉上師的照片或護法神、佛像，簡單而莊嚴。你可以把最尋常的房間，變成溫馨神聖的地方，讓你像會晤老朋友一般，喜悅而快樂地接觸你的真我。

如果你發現位居於鬧市的家中，不容易禪修，你要有創意，走進大自然。大自然永遠是靈感的泉源。爲了讓你的心靜下來，你可以在破曉時分到公園散步，或觀賞園中玫瑰花上的露珠。你可以躺在地上，仰望天空，讓你的心擴展到浩瀚的太虛，讓外界的天空在你的心裡喚醒另一片天空。你可以站在溪邊，讓你的心與溪水的奔流融合在一起，與潺潺水聲合而爲

一。你可以站在瀑布邊，讓它具有療效的笑聲淨化你的心靈。你可以在沙灘上散步，讓海風甜蜜地吹拂你的臉。你可以讚嘆，並利用月光之美安靜你的心。你可以坐在湖邊或花園中，靜靜地呼吸，當月亮在無雲的夜空莊嚴而緩緩升起時，讓你的心靜謐下來。

一切都可以用來成就禪修。一個微笑，地下道的一張臉，從水泥步道裂縫中開出的一朵小花，一塊懸掛在商店櫥窗的美麗布料，陽光映照窗台花盆的樣子。隨時發現美或優雅的足跡。隨時保持清醒，對「默然所發出的消息」獻上每一個喜悅。[9]

慢慢的，你將能夠掌握你自己的喜悅，調酌你自己的歡樂，擁有各種方法，可以提升、鼓舞、照耀和啟發你的每個呼吸和動作。如何才是個偉大的修行人？一位活在當下，隨時面對自己真我的人，一位發現並持續流露靈感泉源的人。誠如當代英國作家路易士・湯姆遜（Lewis Thompson）所說的：「基督，最偉大的詩人，如此熱切地生活在真理之中，祂的每個姿勢，當下就是清淨的動作和圓滿的符號，體現著超越的真理。」[10]

我們在這裡，就是要體現超越的真理。

第六章

演化、業與輪迴

在佛陀證悟的那個重要晚上，據說他經歷了好幾個不同的覺醒階段。首先，他的心「鎮定清淨，沒有瑕疵，淨除煩惱，變得柔軟、隨適、專注和不可動搖。」他把注意力轉向前世的回憶，以下是他對於那個經驗的描述：

> 我憶起許多、許多前世。一世、二世、三世、四世、五世⋯⋯五十世、一百世⋯⋯十萬世，出生在各種的時空。我知道這些世的每一件事情：它們發生在什麼地方、我的名字叫什麼、我出生在哪個家庭、我做過哪些事。我經歷過每一世的好運和惡運，以及每一世的死亡，然後再度受生。我以這種方式憶起無窮盡的前世，及其特質和環境。這是我在初夜時分所得的知識。

自有歷史以來，相信死後有生命及輪迴的信仰，幾乎在所有世界宗教中，都佔有重要的地位。在早期的基督教歷史中，基督徒相信輪迴再生，這種看法一直到中世紀都還以各種形式出現。一位最具有影響力的教會神父，名叫歐里根（Origen），相信「靈魂在人出生之前就已存在」，在第三世紀時他這麼寫道：「每個靈魂來到這個世界，因其前世的勝利而加強，也因其前世的失敗而削弱。」雖然基督教最後拒絕相信輪迴，但其痕跡仍可見於文藝復興時代的思想、浪漫詩人布萊克和雪萊（Shelley）的作品，甚至小說家巴爾札克（Balzac）的著作中。自從十九世紀末西方開始對東方宗教發生興趣以來，相當多的西方人已經接受印度教和佛教的輪迴知識。其中，美國的大工業家和慈善家亨利‧福特（Henry Ford）寫道：

二十六歲的時候，我接受了輪迴的理論，（西方）宗教完全不提供這方面的看法。甚至連工作都無法令我完全滿足。如果我們不能把某一世所得到的經驗在下一世運用，那麼工作就是白費的。當我發現到輪迴時，……時間就不再是有限的。我不再是鐘擺的奴隸，……我願意把長遠生命觀所給予的寧靜與別人分享。[2]

一九八二年一項蓋洛普民意測驗顯示，幾乎有四分之一的美國人相信輪迴。[3]如果考慮到唯物論和科學幾乎主宰著我們生命的每個層面，這就是個令人吃驚的統計數字。儘管如此，大多數人對於死後的生命仍然只有非常模糊的觀念，不知道輪迴到底是什麼東西。人們常常告訴我，他們無法相信沒有證據的東西。但沒有證據就能證明它不存在嗎？誠如伏爾泰（Voltaire）所說的：「總之，出生兩次並不比出生一次令人驚奇。」

常有人問我：「如果有前世的話，為什麼我們都不記得？」但是為什麼不記得前世就表示我們以前沒有活過呢？小時候或昨天的經驗，或甚至是一個小時前所想的事，當時儘管都那麼鮮活，但記憶幾乎都完全消失，就好像未曾發生過一般。如果連上個星期所做所想的事我們都不記得，要想記得前世所做的事，哪有這麼容易？

有時候我會開玩笑地問別人：「到底是什麼令你這麼堅信沒有生命輪迴？你有什麼證據呢？萬一你死後發現果然有輪迴，你怎麼辦呢？你要怎麼處理這個狀況呢？難道你不是在以否定的信念限制自己嗎？即使沒有你所謂的『具體證據』在，相信輪迴可能存在或至少不反對它，難道不是比較合理嗎？什麼

才算是輪迴的具體證據呢？」

因此，我喜歡請人們問自己：為什麼一些主要宗教都相信有來世？在人類歷史上，為什麼有幾十億人，包括亞洲最偉大的哲學家、聖人和天才都相信輪迴，而且把它當作生命中一個重要的部分呢？難道他們都是傻瓜嗎？

讓我們回到具體的證據上。只因為我們沒有聽過西藏，或只因為我們沒有去過西藏，並不代表西藏不存在。在美洲大陸被「發現」以前，有那個歐洲人相信美洲的存在呢？即使在它被發現之後，人們還是在爭論它是否存在。我相信，這是由於我們非常狹隘的生命觀，使我們不能接受，也無法開始嚴肅思考輪迴的可能性。

幸好，這不是故事的結尾。從事精神修行的我們——譬如說，禪修的人——終於發現許多關於心的事實，這是我們以前所不知道的。因為當我們的心越來越開放，接觸到非比尋常、浩瀚和不容置疑的心性時，我們瞥見一個完全不同的面向，一切我們以為很瞭解的自我和世界的觀念就開始消解了，因而除掉這一世，還有其他世的存在就變得有可能了。我們開始瞭解上師所開示的生死和輪迴教法都是真的。

輪迴的若干可能「證據」

目前已經有大量文獻討論那些自稱能記憶前世者的證詞。我建議如果你確實想要瞭解輪迴的真相，就應該以開放的心態來探討這個問題，但要儘可能嚴謹的分辨清楚。

在可以提到的幾百個輪迴故事中，有一個特別令我著迷。這是英國諾福克一位老人的故事，他名叫亞瑟・福樓多（ Arthur Flowerdew ），從十二歲開始，他常有神祕卻鮮明

的心像——一個被沙漠圍繞的大城市。在他心中最常出現的影像中，有一個顯然是從懸崖雕鑿而成的寺廟。尤其是當他在家附近的海灘上玩弄粉紅色和橘色的鵝卵石時，這些神奇的影像不斷浮現在他的腦際。隨著年紀的增長，他所看到的城市越來越清晰，他看到更多的建築物、街道圖、士兵及經由狹谷進入城市的通路。

　　亞瑟‧福樓多在他的晚年，非常偶然地看到一支有關約旦古城佩特拉（Petra）的電視紀錄片。第一次他驚訝地發現這就是多年來一直縈繞在他腦際的影像。他後來聲稱，從未讀過有關佩特拉的書籍。然而，他的故事變得遐邇皆知，他也上了英國廣播公司的電視訪問節目。這件事引起約旦政府的注意，便將他和英國廣播公司的一位節目製作人接到約旦，拍攝他對佩特拉的反應。在此之前，他只出國一次，是一趟短暫的法國海岸之旅。

　　啓程之前，一位研究佩特拉並且出過專書的世界權威學者訪問了亞瑟‧福樓多，經過詳細的訪談後，他百思不得其解為什麼亞瑟‧福樓多對佩特拉的認識那麼精確，有些甚至只有專精這一區域的考古學者才會知道。英國廣播公司將亞瑟‧福樓多在出發前對佩特拉的描述錄下來，以便對照將在約旦所看到的情形。福樓多特別挑出了三個心中的景象：市郊一塊奇形怪狀的火山形岩石，一座他說他在公元前一世紀在那兒被殺害的小廟，還有城裡一棟考古學家們非常熟悉，卻不知道做什麼用的奇特建築物。佩特拉專家想不起來有他說的這麼一塊岩石，不太相信它存在。可是當他拿出一張那所寺廟附近的照片給福樓多看的時候，很驚奇地發現福樓多竟然指出岩石的正確位置。然後，這位老人從容地解釋前述建築物的功能，這是過去

從來沒有人想過的，原來那是二千年前他當兵時的哨兵房。

他的預測，後來大都證明是對的。在前往佩特拉的途中，亞瑟・福樓多指認出那塊神祕的岩石；進城之後他連地圖都不必看就直接走到哨兵房，並表演哨兵進入時的特殊報到方式。最後前往他說他在公元前一世紀被敵人的矛所刺殺的地方。他也指出了當地其他尚未出土的建築物，並且說明它們的位置和功能。

陪伴亞瑟・福樓多的佩特拉考古專家，無法解釋這位再平凡不過的英國人爲什麼對該城市有那麼驚人的知識。他說：

> 他對於細節說明得很清楚，很多都與考古和史實非常吻合，如果說他要從記憶中編造一套故事，那是需要相當大的心思的。我不認爲他是一個騙子。我不認爲他有能力設下如此大規模的騙局。[4]

除了輪迴之外，還有什麼能夠說明亞瑟・福樓多非比尋常的知識呢？你可以說，他也許讀過有關佩特拉的書，或者他也許曾經以精神感應收到一些知識；但事實擺在眼前，他所能夠提供的訊息，有些甚至連專家都不知道。

此外，還有一些小孩的案例也很特別，他們能夠很自然地回憶起前世的細節。維吉尼亞大學的伊安・史蒂文生博士（Dr. Ian Stevenson），就蒐集了很多這類的案例。[5]其中有一個小孩回憶前世的驚人敍述，引起達賴喇嘛的注意，他還派遣一位特使去訪問她，並且驗證了她的敍述。[6]

她的名字叫噶瑪吉・庫爾（Kamaljit Kour），父親是印

度旁遮普省錫克族的學校教師。有一天，她和父親前往當地村
落的市集，途中她突然要求父親帶她去另一個村落，兩地相隔
一段距離。她的父親有點訝異，問她爲什麼要改變目的地。
「在這裡我一無所有。」她說：「這裡不是我的家，請帶我到
那個村落。我和一位同學騎著腳踏車時，突然被一輛巴士撞
倒。我的朋友當場死亡，我的頭部、耳朵和鼻子則受了傷。我
被帶離現場，躺在附近一家小宅院前的長板凳上。然後，我被
送到那個村落的醫院去。我的傷口流血不止，我的父母親和親
戚都跑來陪我。因爲當地醫院沒有足夠的醫療設備，他們決定
送我去安巴拉。因爲醫生說無法治好，我就請親戚帶我回
家。」她的父親聽過之後，嚇了一跳，但當她堅持要去那個村
落時，他終於答應帶她去，雖然他想這只不過是小孩的幻想而
已。

　　他們就一起前往那個村落，當他們快抵達時，她就認出來
了，並且指出巴士撞到她的地點。她並要求坐上一輛人力車，
指揮車夫行走的方向。她叫車夫停在她聲稱是前世住過的一簇
房子前。這個小女孩和她滿腹疑惑的父親，就走向她前世的住
宅。她的父親還是不相信她的話，就問鄰居是否有這麼一家人
就像噶瑪吉所描述的一樣，曾經死過一位女兒。鄰居證實了這
個故事，並且告訴這位吃驚的父親，那家的女兒名叫里斯瑪
（Rishma），車禍喪生時才十六歲；她死在從醫院回家的車
上。

　　父親乍聽之下，簡直嚇壞了，就告訴噶瑪吉該回家了。但
她卻一直走到她前世的家去，要來她的學校照片，高興地凝
視。當里斯瑪的祖父和伯叔父來到時，她認得他們，而且叫出
他們的名字。她指出她自己的房間，並向父親介紹家中的其他

房間。然後，她要來她的學校書籍、兩個銀質手鐲和咖啡色新洋裝。她的嬸嬸說明這些都是里斯瑪的東西。然後，她又帶路走向叔父的房子，在那兒她也指出其他東西。第二天，她會見了前世的所有親戚，當他們必須搭車回家時，她拒絕離開，她告訴父親她想留下來。最後，父親才說服她一起離開。

家人開始將整個故事串連起來。噶瑪吉出生於里斯瑪去世後十個月。雖然這個小女孩還沒有上學，她卻時常裝成看書的樣子，她記得里斯瑪學校照片中所有同學的名字。噶瑪吉・庫爾也一直要求咖啡色的衣服。她的父母親發現，里斯瑪曾經收到一套她非常喜歡卻沒有機會穿的咖啡色新洋裝。噶瑪吉所記得的前世最後一件東西是：從醫院回家途中，車子所照射出來的燈光；那一定是她去世的那一刻。

我可以想像出人們懷疑這個故事的幾個方式。你也許會說，這位小女孩的家人，可能爲了自己的某種原因，而唆使她聲稱是里斯瑪的再生。里斯瑪的家庭是富農，但噶瑪吉・庫爾的家庭卻也不窮，擁有村落中較好的房子，有中庭和花園。關於這個故事，還有一件有趣的事：事實上，她這一世的家人對於這件事感到十分不自在，擔心「鄰居會怎麼想」。反而，我認爲最有力的證據是：里斯瑪的家人，雖然對於自己的宗教懂得不多，或甚至不知道錫克人是否能接受輪迴的觀念，但他們卻確信噶瑪吉・庫爾就是他們的里斯瑪。

任何人如果想認真研究輪迴的可能性，我建議他們應該看看非常動人的瀕死經驗的見證。有過這種經驗而後活下來的人，絕大多數都確信死後還繼續有生命。他們過去大都沒有宗教信仰或任何精神經驗：

現在，我歷經了整個生命過程，我徹底相信死後還有生命。我不怕死，一點也不。在我認識的朋友當中，有些人是如此害怕，如此恐懼。每當我聽到人們懷疑有來生，或者說：「當你去世時，你就走了」時，我心裡總是暗想著：「他們實在是不知道。」[7]

當時我經歷了最不尋常的經驗，讓我瞭解到死後還有生命。[8]

我知道死後還有生命！沒有人可以動搖我的信念。我沒有任何懷疑——它是安詳的，沒有什麼好害怕的。

它解答了每一個人在這一生遲早都會疑惑的問題。是的，是有來生的！這比我們所能想像的任何事都要美！一旦瞭解這點，就會覺得它是那麼獨特。你會瞭解的。[9]

有關這個主題的研究也顯示，瀕死經驗會使人變得更開放，更能接受輪迴的觀念。

還有，某些天才兒童驚人的音樂或數學天賦，不就可能是在其他世所發展出來的嗎？例如莫札特，他在五歲時就編了舞曲，到了八歲就出版了奏鳴曲。[10]

如果死後確實有生命存在，你也許會問：爲什麼這麼難記得呢？在《伊爾的神話》（Myth of Er）一書中，柏拉圖「說明」了爲什麼沒有記憶。伊爾是一位士兵，他被認爲已經戰死沙場，他似乎經驗了死而復生。當他「死去」時，他看到許多景象，同時被訓令復甦過來，以便把死後的情況告訴別人。就在他要回來之前，他看到那些正準備出生的生命，在恐怖、煙霧瀰漫的熱氣中移動，通過「遺忘的平原」（Plain of Oblivion），這是寸草不生的荒涼沙漠。「當夜幕低垂時，」

柏拉圖告訴我們：「他們就紮營在『失念河』（River Unmindfulness）邊，失念河的河水無法用任何器皿來裝。他們每個人都被要求喝這種水，有些人還糊里糊塗的喝了很多。每一個人在喝水的時候，就忘掉了一切。」"伊爾本人被禁止喝水，醒過來時發現自己就在火葬場的柴堆上，還記得他所聽所見到的一切。

是否有什麼共通的法則，使得我們幾乎無法記得前世曾經住過的地方或做過的事呢？或者，那只是因爲我們的經驗太多、太廣，因此洗掉了前世的任何記憶？我有時候會懷疑，如果我們記得前世，又會給我們帶來多少幫助呢？難道不會更加困擾我們嗎？

心的連續

從佛教的觀點來看，「建立」輪迴的主要論點，是以深刻瞭解心的連續爲基礎。意識來自何方？它不可能沒有來處。瞬間的意識，如果沒有它立即之前的瞬間意識是不可能產生的。達賴喇嘛如此說明這個複雜的過程：

佛教徒接受的輪迴觀念，主要是以意識的連續爲基礎。就以物質世界爲例：目前宇宙的一切元素，即使是小到極微的程度，我們相信，都可以追溯到一個根源，在這個起點，物質世界的一切元素都被凝縮成所謂的「宇宙粒子」。這些粒子則是前一個宇宙分解的結果。因此，這就形成一個連續不斷的圈子，宇宙成住壞空，然後又生成。心也是非常類似。我們擁有某種稱爲「心或意識」的東西，這個事實是十分明顯的，因爲我們的經驗就可以證明

它的存在。同時，我們又可以從經驗得知，我們稱爲「心或意識」的東西，當它遇到不同的條件和環境時，是會改變的。這告訴我們它分分秒秒的性質，它會改變的必然性。

另一個明顯的事實是在粗略的層次上，「心或意識」與身體的生理狀態密切相關，事實上還會受後者的影響。但是在心與物質粒子互動時，如果要產生具有意識的生命，必然有某種基礎、能量或來源。

就像物質面一樣，現在心一定是過去心的連續。所以，如果你追溯自己的現在心或現在意識，一定會發現你在探討心如何連續時，必然可以追溯其根源到無窮盡的層面，就像物質宇宙的根源一般，是無始的。

因此，一定有持續不斷的輪迴，讓那個心連續地存在。

佛教相信普遍性的因緣法則，認爲一切事物都會改變，都有其因緣。因此不相信有一個神聖的造物主，也不相信有生命可以自我創造；相反的，一切事物的生起，都是因緣和合的結果。所以，心或意識也是由前面時刻的結果而產生。

當我們談到因和緣時，有兩種主要的類型：主因和助緣，主因是產生某種事物的材料，助緣是促成因緣作用的因素。就心和身來說，雖然可以彼此影響，卻無法變成對方的內涵……心和物雖然彼此倚賴，卻無法當作對方的主因。

這是佛教接受輪迴的理論基礎。[12]

　　大多數人以爲「輪迴」這個名詞隱含著有某種「東西」在輪迴，它從一生旅行到另一生。但在佛教裡，我們不相信有一個獨立和不變的實體，譬如說靈魂或自我，它可以在肉體死後還存在。我們相信，讓生命和生命之間相連繫的，並不是一個實體，而是最微細層面的意識。達賴喇嘛解釋道：

　　根據佛教的解釋，最終極的創造元是意識。意識有不同的層面。我們稱爲最內部的微細意識總是在那兒。那個意識的連繫作用幾乎是永恆不變的，就像宇宙粒子。在物質的領域裡，那是宇宙粒子，在意識的領域裡，那是「明光」（Clear Light）……「明光」，以其特殊的能量，能夠和意識連接。*13*

　　輪迴發生的正確過程，可以從下例獲得很好的說明：

　　在輪迴過程中，相續的存在，並不像珍珠項鍊的珍珠，由一根線（靈魂）串連而成，線穿過所有的珍珠；相反的，它們像堆成一落的骰子。每一個骰子都是分開的，卻支撐著它上面的骰子，因此在功能上是相連接的。在骰子之間並沒有實體，只有因緣作用。*14*

　　在佛教經典中，對於這個因緣作用的過程，有非常清晰的描述。佛教聖者那先比丘（Nagasena），針對米鄰陀王（King Milinda）所提出的一連串問題，就曾經做過說明。

　　米鄰陀王問那先比丘：「當某人重新出生時，他跟剛才去世的人相同呢？還是不同？」

那先比丘回答：「既非相同，也非不同……請告訴我，如果有一個人想點燈，它能提供整個晚上的光嗎？」

「能。」

「初夜分的火焰與中夜分……或後夜分的火焰相同嗎？」

「不。」

「那是說初夜分是一盞燈，中夜分是另一盞燈，後夜分又是另一盞燈？」

「不，那是因爲同一盞燈的光照亮整個晚上。」

「輪迴非常相似：一個現象生起，同時另一個現象停止。所以，在新存在之意識裡的動作，既不與前一個存在之意識裡的動作相同，也沒有不相同。」

米鄰陀王又請那先比丘舉另一個例子，説明這種依存關係的正確性質，那先比丘就把它比做牛奶：凝乳、牛油或牛油煉都可以用牛奶製成，卻和牛奶不同，只是要完全依賴牛奶才能製成。

米鄰陀王於是問：「如果沒有『生命』（being）從一個身體傳到另一個身體，那麼我們不就可以不受過去世惡業的果報了？」

那先比丘舉了這個例子：有一個人偷了別人的芒果，他所偷的芒果，與另一個人原先擁有和種植的芒果並不完全相同，這麼說來他還應該接受處罰嗎？

那先比丘解釋，這個偷兒必須受罰的理由是：被偷的芒果，因爲它們的主人先播了種才生長出來。同理，因爲我們在某一世做了善惡業，使得我們和另一世有所連接，所以我們逃不了善惡業的果報。

業

在佛陀成道的中夜分，他獲得另一種知識，補充了他的輪迴知識：業（karma）、因果的自然律。

「我以清淨和超越肉眼的天眼，看到生命如何消失和重新形成。我看到高等和低等、光彩耀眼和微不足道的生命，我也看到每一個生命如何依據他的業，而獲得快樂或痛苦的輪迴。」*15*

輪迴背後的真理和驅動力，就是所謂的「業」。業常常被西方人徹底誤解爲命運或宿命；我們最好把它視爲是主宰宇宙的因果律。業的字面意思是「行動」，業既是潛藏於行動的力量，也是吾人行動所帶來的結果。

業有很多種：國際的業、國家的業、一個城市的業、個人的業。一切業都是錯綜複雜彼此相關著，只有覺悟者才能充分瞭解它們的複雜性。

如果用簡單的話來說明，業又是什麼意思呢？它的意思是：不管我們以身、口、意做些什麼，都將產生相應的結果。每一個動作，即使是最細微的動作，都孕育著它的後果。上師們說過，就算是少量的毒藥都可以致死，就算是小種子都可以長成大樹。誠如佛陀所說的：「不要忽視小惡；火花儘管再小，都會燒掉像山那麼高的乾草堆。」他又說：「不要忽視小善，以爲它們沒有什麼用；即使是小水滴，最後都可以注滿大容器。」業不像外物那般會枯萎，或永遠不起作用。它不會「被時間、火或水」毀滅。它的力量永遠不會消失，一直到它成熟爲止。

雖然行動的後果可能還沒有成熟，但只要有適合的條件，

它們終將成熟。我們通常都會忘記自己做了些什麼，往往在很久之後，我們才會受到果報。那時候我們無法將它們與原因聯想在一起。吉梅‧林巴（Jikmé Linpa）說，想像一隻老鷹吧！牠飛在高空上，並沒有投下影子，沒有任何徵象顯示牠就在天空上。突然間，牠發現了獵物俯衝而下，猝然撲到地面。當牠降落時，恐怖的影子就出現了。

　　我們的行為，常常會延後呈現它的果報，甚至延到來世；我們無法指出是哪一個因造成某一個果，因為任何事件都是許多業成熟之後集合在一起的複雜結合體。因此，我們都會以為事情是「偶然」發生在我們身上的，如果每一件事都很順利，我們就稱為「好運」。

　　除了業之外，還有什麼能夠如此滿意地解釋我們每一個人之間的極大差異呢？即使我們是出生在同一個家庭或國家，或類似的環境裡，我們還是有不同的性格，完全不同的事情發生在我們身上，我們有不同的天賦、傾向和命運。

　　誠如佛陀所說的：「現在的你，是過去的你所造的；未來的你，是現在的你所造的。」蓮花生大士進一步說：「如果你想知道你的過去世，看一看你現在的情況；如果你想知道你的未來世，看看你目前的行為。」

善心

　　因此，下一世我們將會有什麼樣的出生，完全取決於這一世我們有什麼樣性質的行為。很重要的是我們千萬不可以忘記：我們行為的結果，完全是看行為背後的動機而定，絕非行為的大小程度。

　　在佛陀的時代，有一位年老的乞丐婦女，名叫「倚賴喜

悅」（Relying on Joy）。她常常看著國王、王子和人們供養佛陀和他的弟子，她最希望的莫過於能夠像他們一般去供養。所以，她就出外行乞，但一天下來僅要到一個小銅板。她拿著這個銅板，向油商購油。油商告訴她，這麼少的錢，什麼東西也買不到。當油商聽說她要以油來供佛時，對她產生了憐憫心，把她所要的油給她。她拿著這些油到僧院去，點了燈。她把燈放在佛前，許願說：「除了這盞燈，我沒有什麼好供養的。但透過這種供養，希望我將來能獲得智慧之燈。願我能解除一切眾生的黑暗，願我能淨化他們的一切業障，引導他們開悟。」

當天晚上，其他燈的油都燒光了。但是當佛陀的弟子目犍連（Maudgalyayana）前來蒐集所有的燈時，那位乞丐婦女的燈仍然一直燒到破曉時分。當目犍連看到那盞燈還點燃著，油滿滿的，並且有新燈蕊時，他想：「這盞燈為什麼白天還點著，實在沒有道理。」於是試著吹熄，但那盞燈仍然繼續燃著。他試著以手指頭掐掉燭花，但沒有成功。他又試著以袈裟悶熄，但燈還是燃著。佛陀一直在看，就說：「目犍連，你要熄滅那盞燈嗎？你是辦不到的。你甚至無法移動它，何況熄滅！即使你把一切大海的水都澆到這盞燈上，它還是不會熄。世界上所有河流和湖泊的水都熄滅不了它。為什麼呢？因為這盞燈是以誠心、清淨心供養得來的，那種動機使得它擁有巨大的功德。」當佛陀說完這句話，那位乞丐婦女走向他，佛陀為她授記將來必定成佛，名曰：「燈光佛」（Light of the Lamp）。

因此，我們的行動會產生什麼樣的結果，完全看我們的動機好壞而定。寂天菩薩說：

這個世界上不管有什麼樣的喜悅，
完全來自希望別人快樂；
這個世界上不管有什麼樣的痛苦，
完全來自希望自己快樂。[16]

因為業報的法則是不可避免和真實不虛的，所以每當我們傷害別人時，是在傷害自己；每當我們帶給別人快樂時，就是在培育自己的快樂。達賴喇嘛說：

如果你試著克服自私的動機——瞋怒等等——並發展對別人更多的慈悲，最後你將獲得比本來還多的利益。所以，有時候我說聰明的自私人應該這麼做。愚癡的自私人總是為自己著想，結果是負面的。聰明的自私人會想到別人、會盡力幫助別人，結果是他們也會得到利益。[17]

輪迴的信仰告訴我們，宇宙間是有某種最高的正義或善。我們一直想發掘和釋放的，便是那種善。每當行善時，我們就是往前靠近它；每當做惡時，我們就是在隱藏和抑制它。每當無法把它表現在生活和行動上時，我們就會感到痛苦和挫敗。

因此，如果你想從輪迴的事實獲得一個重要訊息，那就是：發展這種善心，希望別人能找到永恆的快樂，並以行動去獲得那種快樂，培育和修持善心。達賴喇嘛曾經說過：「我們不需要寺廟，不需要複雜的哲學。自己的頭腦、自己的心就是我們的寺廟；我的哲學是善心。」

創造力

　　因此，業不是宿命的。業是我們有能力去創造和改變。它是創造性的，因爲我們可以決定行動方式和動機。我們可以改變。未來掌握在我們的手中，掌握在我們的心的手中。佛陀說：

　　業，創造一切，有如藝術家；
　　業，組成一切，有如舞蹈家。[18]

　　由於一切都是無常、流動和互相倚賴的，我們的一切行動和思想都會改變未來。任何情境，即使再絕望或再可怕，譬如末期疾病，都可以用來進化。任何罪惡或壞事，都可以用真誠的懺悔和真實的修行來淨化。

　　密勒日巴被認爲是西藏最偉大的修行者、詩人和聖人。我還記得小時候讀他的傳記，以及凝視著我所模擬的小畫像時，都會深受感動。年輕時代的密勒日巴，接受巫術的訓練，報復心態驅使他以黑術殺死無數的人。但由於他的反悔，再加他的上師瑪爾巴（Marpa）給他的嚴酷考驗和折磨，使他得以淨化一切壞的行爲。他繼續修行，終於開悟，成爲多少世紀以來幾百萬人的明燈。

　　西藏人說：「壞行爲有一項好處，那就是能夠被淨化。」因此，永遠都有希望。即使是謀殺犯和最冷酷無情的犯人，都可以改變和克服導致他們犯罪的情境。如果能夠純熟而睿智地利用目前的情況，它們都可以啓示我們解脫痛苦的束縛。

　　目前發生在我們身上的一切，都反應著過去的業。如果能認知這一點，那麼每當我們遭遇痛苦和困難時，就不會把它們

看成失敗或巨禍，或把痛苦看成是任何形式的處罰，我們也不會責怪自己或自怨自艾，而是把正在經歷的痛苦，看成是過去業報的完成。西藏人說：「痛苦是掃除一切惡業的掃把。」甚至還要感謝一個業正要結束了。我們知道，「好運」是善業的果報，如果不好好利用它很快就會過去了；「壞運」是惡業的果報，事實上它正在給我們淨化的絕佳機會。

對西藏人來說，業在他們的日常生活中，具有非常生動而實際的意義。他們活在業的真理和原則之中，這就是佛教倫理的基礎。他們瞭解業是一種自然而公正的過程。因此，不管他們做什麼，業都會激起他們個人的責任感。在我年輕的時候，家裡有一位非常好的僕人名叫阿貝‧多傑（Apé Dorje），他很疼愛我。他真是一位善良的人，一生從未傷害過任何人。年幼時，每當我的所言所行傷害到別人，他就會很和氣地說：「哦！那是不對的。」讓我深深體會到業的無所不在，一旦我有任何壞念頭要生起時，他當下就會轉化我的反應。

真的如此難以看到業在作用嗎？我們不是只需回顧自己的生活，就能看清行為的後果嗎？當惱怒或傷害到別人時，它不是反彈到我們自身嗎？不就會留下痛苦而黑暗的記憶，以及自我厭惡的陰影嗎？那個記憶和那些陰影就是業，我們的習慣和恐懼也是來自業，都是過去所行、所言或所思的結果。如果能夠檢討自己的行為，同時能夠了了分明，就會發現，在我們的行為中有一個老是在重複的模式。**每當做錯了事，就會導至痛苦；每當做對了事，就會產生快樂。**

責任

我非常感動地看到，瀕死經驗以相當精確和驚人的方式，

肯定了業的真理。在瀕死經驗中，有一個令人深思的共同現象
是「全景式的生命回顧」（panoramic life review）。有這種
經驗的人，不僅會鉅細靡遺地回顧一輩子的事件細節，還會看
到他們的行爲所產生的後果。事實上，他們會經驗到自己的行
爲對別人所產生的全部影響，以及別人心中所生起的一切感
覺，不管是多麼的惱人或震撼。[19]

> 生命中的一切逐一浮現，對於我所經驗到的許多事情感到
> 羞恥，因爲那些似乎不是我做過的。……不但經驗到我所
> 做的事，還包括我如何影響到別人……即使是思想也沒有
> 喪失。[20]
>
> 　我的生命過程在我面前通過。……我在生命中曾經感
> 覺過的每一種情緒，都再感受一次。眼睛顯示讓我知道情
> 緒如何影響我的生命。我生命中的一切行爲又如何影響到
> 別人的生命……[21]
>
> 　我就是我傷害過的那些人，我就是我曾經帶給他們快
> 樂的那些人。[22]
>
> 　我曾經想過的每一個思想，曾經說過的每一句話，曾
> 經做過的每一件行爲，全都重新上演了；還加上每一個思
> 想、每一句話、每一件行爲對出現在我生命中或影響範圍
> 內的每一個人的影響，不管我是否認識他們……；再加上
> 每一個思想、每一句話和每一件行爲對天地、植物、動
> 物、土壤、樹木、水、空氣的影響。[23]

我覺得我們必須非常嚴肅地看待這些見證。它們將會幫助
所有人體會自己的行動、語言和思想的全面意涵，並促使我們

變得越加負責。我注意到許多人感受到業的威脅，因為他們開始瞭解逃脫不了業的自然律。有些人佯裝全然藐視業，但在他們的內心深處，卻又極度懷疑自己的否認態度。白天他們也許表現得滿不在乎，完全不理會道德不道德，一種偽裝、灑脫的信心，但晚間獨處的時候，他們的內心卻經常是黑暗、煩惱不堪的。

瞭解業之後，東西方都有逃避責任的特殊方式。東方人把業當作不幫助別人的藉口，他們會說，不管他們受到什麼樣的苦，那是「他們的業」。在「自由思考」的西方世界裡，我們卻正好相反。相信業的西方人，會「敏感」和「小心」得過分誇張，他們會說，實際上，幫助別人就是干預了他們必須「自尋出路」。這是多麼逃避和違背人性呀！也許我們的業正好是應該來幫助他們的啊！我認識若干富人，如果只助長了他們的懶惰和自私，他們的財富可能會毀滅他們；反之，他們也可以把握機會，用錢實際幫助別人，因而幫助了自己。

我們絕對不可以忘記，透過我們的行動、語言和思想，我們可以有選擇。如果選擇好的一面，就可以消除痛苦和苦因，幫助我們的潛能、佛性在心中甦醒。除非佛性能夠完全甦醒過來，我們也解脫了愚癡，與不死的、覺悟的心相結合，否則生死輪迴將永無盡期。因此，佛法告訴我們，如果不在這一世為自己負起一切責任，我們的痛苦將不只是持續幾世而已，還將持續千千萬萬世。

就是這種令人清醒的知識，讓佛教徒把未來世看得比這一世還重要，因為有更多的未來世正等待著我們。這種遠程的觀點，影響著他們的生活方式。他們知道，如果我們為了這一世而犧牲掉所有來世，那就好像把一輩子的儲蓄統統花在一次豪

飲上，瘋狂地忽視其後果。

　　但如果我們能夠觀察業的法則，在心中喚起慈悲的善心，如果我們能夠淨化心靈，逐漸喚醒心性的智慧，那麼我們將可以變成真正的人，最後證悟。

　　愛因斯坦（Albert Einstein）說：

個人是「宇宙」整體的一部分，是時間和空間都有限的一部分。他把自己的思想和感覺，當成與宇宙其他部分無關的獨立經驗──這是對自己的心識的一種光學錯覺。這種錯覺是一種監獄，把我們限制在個人的欲望和身邊幾個人的感情上。我們的工作就是擴大我們的慈悲心，去涵蓋一切生物和整體自然的美，把自己從這個監獄釋放出來。[24]

西藏的轉世

　　通達業的法則和達到證悟的人，可以選擇生生世世回到人間幫助別人。在西藏，認出這種轉世者或土庫（Tulku）的傳統，開始於十三世紀，一直延續到今天。當一位證悟的上師圓寂時，他也許會留下正確的指示，說出他將轉世的地方。他的一位入室弟子或道友，就會有景象或夢，預告他即將來到的轉世。在某些例子中，他以前的弟子，也許會請教有能力認出土庫而聞名的上師，這位上師也許會有夢或景象，讓他能夠指導土庫的尋找。當這個孩子被找到時，就由這位上師來加以認可。

　　這個傳統的真正目的，是要保障已經證悟的上師的智慧記憶不會喪失。轉世者生命中最重要的特色是在訓練過程中，他的本性──轉世得自遺傳的智慧記憶──覺醒了，這也是他的

真實性的真正表徵。譬如，達賴喇嘛承認他在幼年時，就可以不太費力地瞭解那些難以掌握、而通常需要許多年工夫才能精通的佛教哲學。

養育土庫必須十分小心。即使在接受訓練之前，他們的父母就被要求必須特別照顧他們，他們的訓練，比起一般僧侶的訓練，要嚴格和紮實得多，因為大家對他們的期待特別多。

有時候，他們會記得他們的過去世，或展示驚人的能力。誠如達賴喇嘛所說：「轉世靈童能夠記得前世的人事物，這是很平常的事。有些人雖然還沒有學過經典，也能背誦。」[25] 有些轉世者不需要像別人花那麼多的時間去修持或做研究。我的上師蔣揚欽哲就是一個例子。

在我的上師還年輕時，他有一位要求很嚴格的老師。他必須跟老師住在山中的茅蓬裡。有一天早晨，他的老師到鄰近村子，為一位剛剛過世的人主持法會。老師在出門前給我的上師一本書，名叫《文殊師利聖號誦》（Chanting the Names of Manjushri），這是一本很難讀的書，文長約五十頁，通常要花幾個月才能背下來。老師在離開時說：「今晚之前把這本書背好。」

年輕的蔣揚欽哲就像其他孩子一樣，老師一離開，就開始玩。他玩得連鄰居都為他感到焦急，懇求他：「你最好要開始讀書了，否則會挨打。」他們都知道那位老師是多麼嚴格和容易動氣。即使如此，我的上師還是一點也不在乎，繼續玩他的。最後就在日落之前，他知道老師快回來了，就把整本書從頭到尾讀了一遍。當他的老師回來後，測驗他，他竟然可以一字不漏地把全書背出來。

在一般情況下，心智正常的老師，絕不會要求小孩子做這

種事。但在他心中知道蔣揚欽哲是大智文殊師利菩薩的化身。
他似乎要引誘蔣揚欽哲來「證明」自己，這個孩子毫不抗議地
就接受如此艱難的工作，也是技巧地默認他就是文殊師利的化
身。後來，蔣揚欽哲在他的自傳中寫道，雖然老師並未承認這
件事，私底下卻十分佩服。

在各世的土庫之間，到底承繼了什麼？土庫確實與他所轉
世的人完全相同嗎？他們幫助一切眾生的動機和奉獻是相同
的，但他們並不是完全相同的人。一世傳一世的是福報
（blessing），基督教徒稱爲「恩寵」（grace）。這種福報和
恩寵的傳遞，與每一個未來的年代要完全配合和相應，轉世者
要適應當代人們的業，以便全力救度他們。

達賴喇嘛可能是最動人的例子，足以說明這個轉世系統的
豐富、有效和微妙。他被佛教徒尊爲大悲觀世音菩薩的化身。

達賴喇嘛生長在西藏，被奉爲政教領袖，接受過一切傳統
的訓練和一切傳承的主要教法，成爲西藏傳統中最偉大的一位
當代大師。全世界的人也都知道，他是一位和藹可親、腳踏實
地的人。達賴喇嘛對於當代物理學、神經生物學和政治學都深
感興趣；他對於世界責任所發表的觀點和訊息，不僅爲佛教徒
所奉行，也爲全世界宗教徒所認同。他的典範，已經對全球各
地爭取自由的人們產生啓示作用。達賴喇嘛也是世界環保運動
的主要發言人，不辭辛勞地喚醒人們認清自私的、唯物主義的
危險性。他也受世界各地知識分子和領袖所尊敬；不過，我認
識幾百位非常平凡的人，他們來自各種背景和不同國家，在會
晤達賴喇嘛時，都深受他的優美、幽默和喜悅所感動，因而改
變了他們的生命。我相信，達賴喇嘛正是大悲觀世音菩薩，面
對危機重重的人類，他不僅是西藏人和佛教徒的觀世音化身，

也是全世界的觀世音化身，在人類歷史上，貢獻出當代最需要
具有治療作用的慈悲心，以及他全力奉獻和平的典型。

　　西方人也許會驚奇地發現西藏有這麼多的轉世者，而他們
大多數是偉大的上師、學者、作家、神祕家和聖賢，對於佛法
和社會都有傑出的貢獻。他們在西藏歷史上，扮演著中心的角
色。我相信這種轉世的過程不只限於西藏，也發生在一些國家
一些時代中。歷史上，出現過許多藝術天才、精神領袖和人道
主義者，他們幫助人類前進。例如甘地、愛因斯坦、林肯、德
蕾沙修女、莎士比亞、聖法蘭西斯、貝多芬、米開蘭基羅。當
西藏人一聽到這些名字時，會立刻稱他們是菩薩。每當我聽到
他們的名字、工作和遠見時，我就深受諸佛和歷代大師宏大的
演化過程的莊嚴所感動，他們示現於世，為著解脫眾生的苦難
來改善這個世界。

第七章

中陰與其他實相

中陰在藏文中稱爲*Bardo*，是指「一個情境的完成」和「另一個情境的開始」兩者間的「過渡」或「間隔」。*Bar* 的意思是「在……之間」，*do* 的意思是「懸空」或「被丢」。Bardo 一詞因《中陰聞教得度》一書的風行而聞名。這本書自從一九二七年首度譯成英文之後，就引起西方心理學家、作家和哲學家的廣大興趣，已經銷售幾百萬本。

《中陰聞教得度》的英文書名是《Tibetan Book of the Dead》，是由此書的譯者，美國學者伊文思・溫慈（W. Y. E-vans‒Wentz）博士模仿著名的《埃及度亡經》（Egyptian Book of the Dead ）¹一書而成。它的藏文原名是《Bardo Töd-rol Chenmo》，意思是*在中陰階段透過聽聞教法而得大解脫*。中陰教法非常古老，見於《大圓滿密續》（Dzogchen Tantras）²。這些教法的傳承，可以直溯到人類上師之前的本初佛（普賢佛），他代表著絕對的、赤裸的、如天空般本初清淨的心性。《中陰聞教得度》只是蓮花生大士所傳廣大教法的一部分，由十四世紀的西藏行者卡瑪林巴（Karma Lingpa）公諸人間。

《中陰聞教得度》是一本內容豐富的好書。它是*死後境界的旅行指南，要由上師或善知識對一個人在臨終時或死後宣讀*。西藏人認爲有「五種不必修禪定而仍然可以證悟的方法」：一、*見到*一位偉大的上師或聖物；二、*佩帶*經過特別加持而上面有神聖咒語的曼達拉；三、*嘗到*由上師在特別修法後所加持過的甘露；四、死時*記得*意識的轉換（頗瓦法）；五、*聽聞*某些甚深教法，如《中陰聞教得度》。

《中陰聞教得度》是爲修行人或熟習其教法的人而撰寫。對現代人來說，很難深入其堂奧，同時有很多如果不瞭解其背景

就無法回答的問題。有些教法是修持《中陰聞教得度》的關鍵所在，並未寫成文字，只由師徒口耳相傳，如果不瞭解這些，便無法充分認識和使用這本書。

西方人透過《中陰聞教得度》已經對這些教法有些認識。因此，在這本書中，我將從廣泛而深入的角度來討論這個教法。

中陰

由於《中陰聞教得度》的風行，人們通常都把中陰與死亡聯想在一起。不錯，西藏人在日常用語中，都以中陰指死亡和再生之間的中間狀態，但它還有更廣、更深的涵意。在中陰教法中，比起任何其他教法，可能更可以讓我們看到佛陀的生死知識是多麼精深博大；如果能夠從覺悟的角度徹底瞭解我們所謂的「生」和「死」，就可以了悟兩者是多麼密不可分。

我們可以把人的整個存在分成四個實相：此生、臨終和死亡、死後、再生。這就是四種中陰：

• 此生的「自然」中陰
• 臨終的「痛苦」中陰
• 法性的「光明」中陰
• 受生的「業力」中陰

1. *此生的自然中陰*，包含生與死之間的整個過程。以我們目前的瞭解，這個時段似乎不只是中陰、過渡期而已。如果我們加以思考，並把它與漫長的業力歷史比較之後，就可以知道這一生的時間，事實上是相當短暫的。中陰教法特別告訴我們，此生的自然中陰是準備死亡唯一而且最好的時間。其方法就是熟悉教法和穩定修行。

2. *臨終的痛苦中陰*，從死亡過程的開始，一直到所謂「內

呼吸」的結束爲止；最後是死亡時的心性顯露，我們稱爲「地光明」（Ground Luminosity）。

3.*法性的光明中陰*，是包含死後心性光芒的體驗。「明光」（Clear Light）或光明（luminosity）將會展現爲聲音、顏色和光能。

4.*受生的業力中陰*，就是我們通稱的中陰身，它一直持續到我們投胎有新生命爲止。

界定和分別每一種中陰的是，它們都是間隔或時段，其中特別呈現覺悟的可能性。在生和死的過程中，解脫的機會持續不斷，中陰教法則是讓我們能夠發現和認出這些機會，並充分加以利用的重要工具。

不確定和機會

中陰有一個中心特色是：它們都屬於極度不確定的時段。就拿此生爲主要例子吧！當四周的世界變得更爲混亂時，我們的生活就會變得更加支離破碎。由於接觸不到和遠離我們自己，我們就變得焦慮不安和經常胡思妄想。一個小危機就會刺破我們賴以隱藏的策略氣球。一個痛苦的時刻，就可以告訴我們一切都是那麼不確定和變動不居。生活在現代世界，就是生活在明顯的中陰界；你不必等到過世才會經驗到中陰。

目前已經瀰漫一切事物的不確定性，在我們死後會變得更加嚴重，更加強烈；諸上師告訴我們，死後的清明或混亂要「乘上七倍」。

任何人只要誠實地看看生命，就可以發現我們是經常生活在一個懸疑和模糊的狀態中。我們的心，總是在混亂和清明之間進進出出。如果我們一直處於混亂之中，那至少也算是某種

清楚。讓我們對生命真正感到疑惑的是：雖然混亂，有時候卻又十分清明，這就顯示出中陰的意義：處於清明和混亂、困惑和智慧、確定和不確定、明智和瘋狂之間的一種持續性、令人氣餒的游擺不安。就像我們此刻一樣，智慧和混亂在我們的心中同時生起，或是所謂的「俱現」（co-emergent）。這表示我們經常面臨二選一的狀態，而一切都決定於我們如何選擇。

這種持續性的不確定狀態，也許會讓一切變得喪氣而了無希望；但如果深入一層去看，你將發現它的本質就是會產生間隔，在這空間有很多轉化的機會正在不斷出現——如果它們能夠被看到和把握的話。

因為生命只不過是生、死和過渡期的永恆流動而已，因此中陰經驗無時無刻不發生在我們身上，變成我們心理結構的基本部分。不過，我們總是忘記了中陰和它們的間隔，因為我們的心從一個所謂「具體」的情境進入下一個情境，習慣性會忽略一直在發生的過渡階段。事實上，誠如中陰教法所說的，我們每一個時刻的經驗都是中陰，因為每一個思想和每一個情緒都是由心性中產生，而後又回歸心性。中陰教法使我們覺察，特別是在強烈改變和過渡的時刻，我們那宛如天空般的、本初的心性將有機會顯現。

讓我告訴你一個例子。請想像有一天你下班後回家，發現府上的門被撬開，懸掛在鉸鏈上。你遭竊了。走進屋內，發現你的財產全都不見。你整個人僵住，被嚇得目瞪口呆，失望之餘，你瘋狂地想，到底失去了哪些東西，然後你那顆狂亂激動的心被嚇住，思緒消失了。有一段突然、深沈的寂靜，幾乎是一種快樂的經驗。再也不做掙扎，再也不努力，因為這些都無濟於事。現在你只好放棄，別無選擇。

　　所以，前一刻你喪失了珍貴的東西，下一刻卻發現你的心安住在深度的寧靜狀態中。當這種經驗發生時，不要立刻急著尋找答案。你應停在那個寧靜的狀態中一會兒，讓它成為一個間隔。如果你確實安住在那個間隔中，往內心觀照，你將瞥見覺悟心的不死性質。如果在此生中，對這種間隔和過渡所能提供的轉化機會能變得更敏感、更警覺的話，那麼我們內在裡就能對死亡時將發生的更強大、更不易控制的狀況做更好的準備。

　　這是非常重要的，因為中陰教法告訴我們，心在某些時刻比平常來得自由，在某些時刻來得更有力，在某些時刻會有很強大的業力可以轉化和改變，而最高潮的就在死亡的時刻。因為當時肉體被拋棄了，我們有最大的解脫機會。

　　不管我們的修行功夫有多好，我們還是受限於肉體和它的業。但在死亡時，我們從肉體中獲得解脫，就有非常好的機會去實現我們的修行和生活目標。即使是一位已得最高證悟的上師，也是在圓寂時才有終極解脫，這稱為*般涅槃*（ parinirva-na ）。那就是為什麼在西藏傳統裡，我們並不慶祝上師的生日；我們只慶祝他們的*圓寂*——最終覺悟的時刻。

　　我在西藏的孩提時代及成長的歲月中，聽過許多故事，描述大修行者或甚至表面看來似乎很平凡的瑜伽士和俗人，死得很令人訝異和富有戲劇性。他們一定要等到最後的那一刻，才會展示證悟的功夫，以及他們體現教法的力量。[3]

　　中陰教法源自古老的大圓滿密續，它提到有一隻神話中的鳥，名叫金翅鳥，一出生就已經發育完成。這種影像象徵我們的本性，本來就是完美無瑕的。金翅鳥的子鳥，在蛋裡就已經羽毛豐滿，但在孵蛋之前並不會飛。一直要等到蛋殼破裂，牠

才能夠衝出，一飛沖天。同樣的道理，上師告訴我們，佛性被身體隱藏，一旦身體被捨棄了，佛性將大放光明。

爲什麼在死亡時如此充滿機會？這是因爲當時心的本性，地光明或明光將會自然顯現出來，既廣大又壯麗。如果在這個關鍵時刻，我們能認得出地光明，將可獲得解脫。

除非你在世時能夠透過修行，對心性確實熟悉，否則你還是無法解脫的。這就是爲什麼在西藏的傳統裡，一個在去世時解脫的人，被認爲是在這一世解脫的，而不是在死後的中陰解脫的，因爲對明光的主要認識是發生在這一世。這是大家必須瞭解的一個要點。

其他實相

我說過中陰是機會，但能夠讓我們抓住機會的中陰又是什麼呢？答案很簡單：它們都是心的不同狀態和不同實相。

在佛教的訓練裡，我們透過禪修來準備，正確地發現心的各種相關層面，並嫻熟地進入意識的不同層面。在整個生死輪迴中，我們所經驗的各個中陰狀態和意識層面，兩者之間具有清楚而確定的關係。所以，不管是我們存活著或去世後，當我們從一個中陰進入另一個中陰時，意識會相應改變；我們可以透過修行，很切身地認識這些改變，最後則完全掌握。

死亡中陰所展開的過程，埋藏在我們的内心深處，因此它們也會在我們活著時，在心的許多層面顯現出來。譬如，我們在睡夢中的細微意識，就很類似與死亡有關的三種中陰：

• 入睡類似臨終中陰，各種元素和思想過程在這個時候溶化，進入地光明的經驗中。

• 做夢類似受生中陰，在受生中陰階段你具有敏銳的覺察力，

還有活動性很強的「意生身」（mental body），會通過各種經驗。在夢中境界，我們也有類似的身，稱爲「夢之身」（dream body），會通過各種夢境的經驗。

- 在臨終中陰和受生中陰之間，有一個很特別的明光境界，我稱它爲「法性中陰」。這是會發生在每個人身上的經驗，但只有很少數人會注意到它，能夠完全經驗到它的人更是少之又少，因爲只有修行老練的人才能認出它。這種法性中陰，相對地等於入睡後、做夢前的階段。

當然，比起睡夢的狀態，死亡中陰是更爲深沈的意識狀態，也是力量更爲強大的時刻，但它們的各種細微層面，卻彼此相關，就好像意識的所有不同層面。上師們常常利用這個特別的比較，來顯示在中陰裡要維持覺醒是多麼困難。當我們熟睡後，有多少人能覺察到意識的改變呢？有多少人能覺察到入睡後做夢前的時刻呢？甚至當夢到我們正在做夢時，又有多少人能覺察到呢？因此，請想像在死亡中陰的混亂中，想維持覺醒有多困難！

你在睡夢中有什麼樣的心，顯示你在相應的中陰會有什麼樣的心，譬如，你目前對夢、夢魘和困難的反應方式，顯示出你死後可能會有的反應。

這就是爲什麼在爲死亡而做的準備中，睡夢瑜伽會扮演如此重要角色的原因。一位真正的修行人所該做的，就是不分晝夜持續對心性覺察分明，因而直接使用睡夢的不同層面，來認識和熟悉臨終中陰和死後中陰即將發生的事。

所以，我們發現還有其他兩種中陰也被包含在這一世的自然中陰裡：*睡夢中陰*和*禪定中陰*。禪定是白天的修行，睡夢瑜伽則是夜間的修行。在《中陰聞教得度》所屬的傳統裡，這兩種

中陰被加在上述四種中陰之上，形成六種中陰。

生死都在他們的手掌中

每一種中陰都有它獨特的教法和禪修方式，正確地針對那些實相和各個獨特心的狀態，因此爲每一種中陰所設計的修行和訓練，能使我們充分利用這些機會以得解脫。瞭解中陰的要點是：只要遵行這些修行的訓練，*活著時是可能證悟到這些心的狀態*。我們確實可以在此時此地經驗到它們。

西方人可能很難理解什麼叫做完全認識心的各種層面，但這並不表示不可能啊！

庫努喇嘛（Kunu Lama）是一位具格上師，他來自北印度的喜馬拉雅山區。年輕時，他在錫金遇見一位喇嘛，勸他前往西藏研究佛法，所以他就前往藏東的康省，跟隨幾位最偉大的上師（包括蔣揚欽哲）接受教法。庫努喇嘛的梵文知識贏得別人對他的尊敬，也爲他打開許多門。上師們都熱心教他，希望他能夠將這些教法帶回印度宏傳，因爲他們知道這些教法在印度幾乎失傳了。在他旅居西藏期間，庫努喇嘛就已經非常博學和有證悟。

最後他回到印度，過著苦行僧的修行生活。當我的上師和我離開西藏，來到印度朝聖時，在貝納里斯到處找他。最後發現他就住在一座印度教的廟裡。没有人知道他是佛教徒，當然更不知道他是一位上師。只知道他是彬彬有禮、像聖賢一般的瑜伽行者，供養他食物。每當我想到他時，我總是對自己説：「義大利阿西西的聖法蘭西斯（St. Francis）一定是這個樣子。」

當西藏僧侶和喇嘛開始逃亡到印度時，庫努喇嘛獲選在達

賴喇嘛所創立的學校裡教文法和梵文，很多知識淵博的喇嘛上
他的課，跟他一起學習，都把他當作出色的語文老師。有一
天，有人問他關於佛法的問題，他的答案非常深入，所以，他
們繼續問問題，並且發現不管他們問什麼，他都知道答案。事
實上，任何問題他都可以開示。後來他名聞遐邇，不久他就對
各種不同的傳統成員教授各種不同傳承的法門。

於是，達賴喇嘛尊他爲師，跟他學習教法和慈悲行。事實
上，庫努喇嘛是活生生的慈悲例子。即使出名之後，還是沒有
改變。他還是穿著同一件樸素的舊僧袍，住在一間小房子裡。
每當任何人送給他禮物時，他就轉送給下一位訪客。如果有人
爲他煮飯，他就吃，如果沒有人爲他煮飯，他也就不吃。

一天，有一位上師問庫努喇嘛幾個有關中陰的問題。這位
上師是教授，非常精通《中陰聞教得度》，也很有這方面的修行
經驗。他告訴我他如何問問題，然後像著魔般地聽庫努喇嘛的
回答。當庫努喇嘛在描述中陰時，好像在指示如何去肯辛頓
街，或中央公園，或香榭大道般的生動和正確，如同他就親臨
其境一般。

庫努喇嘛直接從他自己的經驗中指出中陰。像他這種才能
的人，已經走過實相的所有不同層面。正因爲中陰狀態都包含
在我們的內心裡，所以透過中陰修行可以把它們顯露和解放出
來。

這些教法來自諸佛的智慧心，他們能夠看生死如觀手掌。

我們也是佛。所以，如果我們能夠在這一世的中陰修行，
並且越來越深入我們的心性，那麼就可以發現中陰的知識，而
這些教法和真理將自然在我們身上顯露出來。這就是爲什麼這
一世的自然中陰最爲重要的原因。爲所有中陰所做的整個準備

就在此時此地發生，中陰教法說：「最上乘的準備，就在此時
——在這一世開悟。」

第八章

這一世：自然中陰

　　首先讓我們探討四種中陰的第一個：此生的自然中陰，及其許多相關的意涵；然後，再漸次探討其他三種中陰。此生的自然中陰跨越從出生到死亡的整個生命。它的教法讓我們清楚知道為什麼這個中陰是如此珍貴的得度機會？它對人的真實意義是什麼？這一世我們幸得人身，最重要和最應該做的事是什麼？

　　上師們說，心有一個層面是它的根本基礎，稱為「凡夫心的基礎地」（the ground of the ordinary mind）。十四世紀西藏的一位偉大上師龍清巴如此描述：「它是未開悟的，屬於心和心所（心的事件）的中立狀態，它是一切輪迴和涅槃的業及『痕跡』的基礎。」'它們就像倉庫，過去我們由於煩惱所造成的行為，其痕跡全被儲藏起來，有如種子一般。當因緣成熟時，這些種子就會發芽顯現成生活中的環境和情況。

　　請把這個凡夫心的基礎地想像成銀行，「業」就存放在裡面，變成印記和習氣。如果我們傾向於某種思考習慣，不管是正面或負面的，這些習氣很容易就被刺激和引生出來，並且繼續不斷地發生。由於經常重複，我們的傾向和習慣就變得越來越深，即使在睡覺的時候，它們還是持續增加和累積力量。這是它們決定我們的生活、死亡和輪迴的方式。

　　我們常常懷疑：「我死時會是什麼樣子呢？」答案是：我們現在有什麼心態，我們現在是什麼樣的人，如果不加以改變，死時就是那個樣子。這是為什麼我們必須利用這一世的時間，在我們還有能力的時候，努力淨化我們的心流，從而淨化基本存有和性格。

業的景象

我們怎麼會生而爲人呢？一切衆生如果有類似的業，他們四周將會有一個共同的世界景象；他們所共有的這套認知稱爲「業的景象」（karmic vision）。我們的業和我們所處的「道」，兩者之間有密切的關係，這個事實也說明爲何會產生不同的生命形式：譬如，你和我有基本的共業（common karma），所以我們都是人。

不過，即使是在人道裡，大家也都有自己的別業（individual karma）。因此，出生在不同的國家、城市或家庭；每個人都有不同的成長過程、教育、影響因素和信仰，整個制約作用（conditioning）就構成別業。每一個人都是習慣和過去行爲的複雜集合體，因此不得不以自己的獨特方式來看事情。人類看起來很類似，但對於事情的認知方式卻完全不同，每個人都生活在自己獨特而分離的個人世界裡。誠如卡盧仁波切（Kalu Rinpoche）所說的：

> 如果有一百個人睡覺和做夢，每個人在他的夢中都會經驗到不同的世界。每個人的世界也許可以說都是真的，但絕對不能說只有一個人的夢是真實的世界，而其他人的夢都是虛幻的世界。依據業的模式制約，對每個人的認知來說，都是真的。[2]

六道

人類的存在，並不是唯一的業的景象。佛教提到有六種存在界（稱爲六道）：天、阿修羅、人、畜生、餓鬼、地獄。每

一道都是六種主要煩惱的結果：驕傲、嫉妒、欲望、愚癡、貪婪、瞋恨。

這六道確實都存在嗎？事實上，它們也許存在於我們業的景象的認知範圍之外。但千萬不要忘記：**我們所看到的，是我們業的景象讓我們看到的，別無其他。**就像在目前未淨化、未進化的認知狀態裡，我們只能覺察到自己的宇宙，而一隻昆蟲也許會把我們的一隻手指看成整個山水。我們傲慢地只相信「眼見爲真」。但偉大的佛法卻提到，在不同的面向有無數的世界——甚至有許多世界很像或就像我們的世界——而現代天文物理學家已經發展出平行宇宙存在的理論。在我們有限的認知範圍之外，我們怎麼能夠肯定地說，何者存在或何者不存在呢？

看看周遭的世界，也看看我們内心的世界，我們能夠看到六道確實是存在的。它們存在的方式，在於我們無意識地將煩惱投射出去，將環繞著我們的六道具體化，並且界定這六道當中生活的方式、形式、品味和内容。它們也存在於我們的内心世界裡，在我們的身心系統中，它們是各種煩惱的種子和傾向，隨著影響它們的因素和我們所選擇的生活方式，時時準備發芽和成長。

讓我們看看六道如何在周遭世界裡投射和呈現。譬如，天道的主要特色是沒有痛苦，那是永不改變的美，以及極盡享受之能事的世界。想像天神的模樣：高大、金髮的衝浪人，悠閒地斜躺在風和日麗的沙灘上或花園裡，聽著自己喜愛的音樂，沈醉在刺激物品裡，熱衷於靜坐、瑜伽及雕琢身體等改善自己的功夫，只是從來不用腦筋，從來不曾碰到任何複雜或痛苦的情境，從來不曾意識到自己的真性，已經麻醉到不曾覺察自己

到底真正是什麼樣子。

如果我們想起美國加州和澳洲的某些地區如同天道，你也可以看到阿修羅界每天都在華爾街的陰謀和競爭中，或在華盛頓和倫敦政府的沸騰走廊上不斷出現。至於餓鬼道呢？有些人儘管富可敵國，但從來不曾滿足過，渴望併吞一家又一家公司，永不休止地在法庭上表現他們的貪欲，這些人就是餓鬼道。打開任何電視頻道，你立刻就進入阿修羅和餓鬼的世界。

天道的生活品質似乎比人道還要好，但上師們說，人的生命價值卻無限可貴。爲什麼？因爲我們具有覺察力和智慧，這是開悟的素材；同時，人生無所不在的苦，可以激勵我們從事精神上的轉化。每一種痛苦、悲傷、損失和無止境的挫折，都有它真實而戲劇性的目的：喚醒我們，促使（近乎強迫）我們衝破輪迴，從而釋放被禁錮的光芒。

每一個精神傳統都強調，人身是殊勝的，具有我們不曾想過的潛力。如果錯過這一生可以轉化自己的機會，很可能要經過非常長的時間才能重獲人身。想像有一隻盲龜，漫遊在像宇宙這麼大的海洋深水裡。水面上漂著一支木環，在海浪間漂盪。這隻龜每一百年才會浮上水面一次。佛教徒說，生爲人身比那隻盲龜浮上水面，又剛好把頭穿過木環還要困難。又說，即使出生爲人，那些有很大福氣接觸佛法的人更是稀有難得；而真正把佛法牢記心中，表現在行動上的人，更是寥寥無幾。

認知的門

我們如何認知這個世界，完全取決於「業的景象」。上師們使用一個傳統的例子來做說明：有六種生命在河岸邊見面。

對人來說，他把河流看成水，是可以洗滌和止渴的；對魚來說，河流是牠的家；天神把它看成是帶來喜悅的瓊漿玉液；阿修羅把它看成是淚水；餓鬼把它看成是膿血；地獄道的眾生把它看成是熔化的岩漿。同樣是水，但認知的方式卻不同，甚至相反。

這種認知的多樣性告訴我們，一切業的景象都是幻影；因爲如果一種東西可以有這麼多的認知方式，那麼又有什麼東西有真實的、本具的實相呢？這個事實也告訴我們，有些人可能把這個世界看成天堂，有些人卻看成地獄。

佛法告訴我們，景象基本上可以分爲三種：普通生命有「不淨的、業的景象」；禪修的人會在禪坐中有「體驗的景象」，這是超越的道路或媒介；而開悟者則有「清淨的景象」。開悟者或佛，把這個世界看成是當下圓滿的，一種完全而絕對清淨的國土。因爲他們已經淨化了「業的景象」的因，他們對每樣東西都直接看到它赤裸的、本初的神聖性。

我們之所以把周遭每一樣東西看成這個樣子，那是因爲我們生生世世都以同樣方式重複强化對於內外實相的經驗，這就形成我們的錯誤假設，認爲我們所看到的，具有客觀上的真實。事實上，當我們繼續修行，就可以學到如何直接對治已經僵化的認知。我們對於世界、物質，乃至一切舊的觀念，都被淨化和消溶了，代之以全新的「天堂般」的景象和認知。如同布萊克（Blake）說的：

如果認知的門被淨化了，
一切萬物都將顯現……本有，而無限。[3]

　　我永遠不會忘記，在一個親密的時刻裡，敦珠仁波切傾身向我，以柔和、沙啞而略為提高的語調說：「你知道，我們周遭的一切事物都會消失，就這樣消失……不是嗎？」

　　然而，對大多數人來說，業和煩惱使我們無法看清自己的本性及實相的性質。結果，我們就執著樂和苦為真實不虛的，我們就在笨拙而愚癡的行動中，繼續播下來生的種子。我們的行動把我們繫縛在世間的循環裡，在永無止境的生死輪迴裡。因此，當前這一刻的生活方式，自己要負責：現在的生活方式，可能會犧牲我們的整個未來。

　　因此我們現在就必須準備明智地迎接死亡，轉化我們的「業的未來」，避免一再掉入無明的悲劇和重複痛苦的生死輪迴。這一世，是我們能夠做準備，而且是透過修行真正做準備的唯一時空：這是此生自然中陰給我們的訊息，誰也逃避不了。誠如蓮花生大士所言：

> 現在當此生中陰在我身上降臨時，
> 我將不再懈怠，不願虛度此生，
> 心無旁騖地進入聞、思、修的大道。
> 讓認知和心成為道，體證「三身」：覺悟心；[4]
> 現在我已獲人身，
> 沒有時間讓心在道上徬徨。

無我的智慧

　　有時候我會好奇，如果把一位西藏鄉巴佬帶進科技發達的現代都市裡，他會有什麼感覺。他可能會以為他已經死了，進入中陰境界裡。他會對飛過天空的飛機，或越洋電話難以置信

而目瞪口呆，他會以爲看到奇蹟。然而，對接受過西方教育的現代人來說，這一切都是稀鬆平常的，因爲教育說明了這些事情的科學背景。

同樣情形，西藏佛教有基本的、正常的、初步的精神教育，對於此生的自然中陰提供完整的精神訓練，以及關於心的主要字彙。這種訓練的基礎，就是所謂「三種智慧工具」：聽聞的智慧、思索和反省的智慧，以及禪修的智慧。透過聞、思、修三慧，可以喚醒我們認識真性，也可以體現我們發掘本來面目、所謂「無我的智慧」的喜悅和自由。

想像有一個人發生車禍被送到醫院後突然醒過來，發現她完全喪失記憶。從外表來看，一切都毫髮無傷，但她已經不記得她到底是什麼人。同樣的情況，我們記不得自己的真實身分、我們的本性。反之，我們卻狂亂地到處投射，扮演另一個人，執著不放，就像一個持續掉進深淵的人一般。這個虛假的、妄執的身分就是「自我」。

因此，自我就是沒有確實瞭解自己是誰，結果是：不惜任何代價，執著一個拼湊和替代的自我影像，那終究是善變而冒牌的自我，不得不持續地改變來維持它的存在。「自我」在藏文中稱爲*dak dzin*，意思是「*我執*」。因此，「自我」可以界定爲不斷執著「我」和「我所有」、自己和他人的虛妄觀念，以及因而產生的概念、思想、欲望和活動。此一執著自始就是徒勞無功、注定要挫敗的，是因爲它本身並沒有基礎或真理可言，而我們所執著的對象，本質上就是不可執著的。我們之所以這麼執著，是因爲在生命深處，我們知道自我並不是本來就存在的。從這個祕密的、令人焦慮的認識裡，就產生了我們所有的不安和恐懼。

　　如果我們不去揭開自我的假面具，它就會繼續欺騙我們，就像一位三流的政客不停開出空頭支票，或像一位律師持續創造天才般的謊言和辯護，或像一位脫口秀主持人滔滔不絕地説話，全是空口説白話，毫無内容可言。

　　多生累劫的無明，讓我們把整個生命和自我視爲一體。它最大的勝利，就是誘使我們相信：它的最佳利益就是我們的最佳利益，我們的生存就是它的生存。這是一種殘酷的諷刺，因爲自我和我執是一切痛苦的根源。然而，自我卻如此具有説服力，長久以來我們都在上它的當，因此一想到無我就會讓我們嚇得六神無主。自我對我們低聲耳語：如果無我，我們就會喪失一切身爲人類的樂趣，就會被貶低爲單調乏味的機器人或腦死的植物人。

　　我們對於喪失控制和未知事物的恐懼，絕大部分是自我在作祟。我們也許會對自己説：「我是如此痛苦，我必須確實放下自我；但如果我這麼做了，會發生什麼呢？」

　　這時候，自我將甜蜜地作聲：「我知道我有時候是討人厭的，請相信我，如果你要我離開，我會很知趣的。但是你真的要我離開嗎？想想看：如果我真的離開，你會發生什麼事呢？誰來照顧你呢？誰會像我這麼多年來一樣的保護和關心你呢？」

　　即使真的看穿了自我的謊言，我們還是會恐懼而不敢放棄自我；因爲如果我們沒有確實認識心性或真實面目，我們就沒有其他的選擇。就像酒鬼知道喝酒是在毀滅自己，毒癮者也知道吸過毒後仍無法解除痛苦，我們也以令人傷心的自艾自憐，一再屈服於自我的要求之下。

修行道上的自我

　　我們之所以走上修行的大道，就是爲了結束自我怪異的獨裁，但自我幾乎有無限的方法，在每一個修行階段上，都可以破壞和阻止我們想逃脫自我的欲望。真理是簡單的，佛法也非常清楚；但我很傷心地一再看到，每當佛法開始接觸和感動我們時，自我就讓它們變得錯綜複雜，因爲它知道它已受到根本的威脅。

　　在我們開始著迷於修行之路及其可能性時，自我也許甚至會鼓勵我們説：「太好了。這正是你所需要的！這個教法確實很有意義！」

　　然後，當我們説我們要試試禪坐或參加避靜專修時，自我就會低聲唱著：「多棒的主意！爲什麼我不跟著你呢？我們可以一起學習。」在我們修行的蜜月期間，自我會一直催促我們前進：「好極了──多麼美妙，多麼啓發人……」

　　一旦過了蜜月期，我們便進入「柴米油鹽」期，而佛法也開始觸動我們的深處，無可避免的，我們就會面對自己的真相。當自我被揭露，痛處被碰觸時，一切問題將開始發生，好像一面不能不看的鏡子，掛在面前。鏡子一塵不染，但裡面卻出現一張醜陋而怒目相視的臉，回盯著我們。於是我們開始反叛，討厭所看到的；也許會大發雷霆地揮拳把鏡子搗個粉碎，但它只會碎裂成幾百個相同的醜臉，仍然凝視著我們。

　　現在正是我們開始動怒和大發牢騷的時候了，自我哪兒去啦？它就堅強地站在旁邊，慫恿著我們：「你很對，這太粗暴了，是可忍孰不可忍。不要再容忍它！」當我們又被它迷惑時，自我更激起多疑和分裂的情緒，火上加油地説：「現在你

還看不出這種教法並不適合你嗎？我早就告訴過你了！難道你看不出他不配做你的老師嗎？再怎麼說，你是個聰明、現代、世故的西方人，像禪、蘇菲教、靜坐、西藏佛教之類的怪物是外國的、東方的文化。一千年前在喜瑪拉雅山上所產生的哲學，怎麼可能對你有用呢？」

當自我高興地看著我們步步落入它的陷阱時，它甚至會把我們在開始認識自己時所經歷過的一切痛苦、寂寞和困難，都歸咎於教法，甚至上師：「不論你碰到什麼，這些上師都毫不在乎。他們只是來剝削你而已。他們只是用『慈悲』和『恭敬』之類的字眼來控制你而已……」

自我非常聰明，可以爲了自己的目的而曲解教法；畢竟，「魔鬼可以爲了自己的目的而引用經典。」自我的最終武器是假道學地指責老師和學生們說：「這裡的每一個人都沒有完全依照教法的真理在做！」現在，自我扮演一切行爲的正義仲裁者：這是最狡猾的立場，足以摧毀你的信仰，並腐蝕你對修行的恭敬和發心。

不過，儘管自我千方百計想妨礙修行之路，如果你確實繼續修行，並精進禪修，你將開始知道你被自我的諾言——虛假的希望和虛假的恐懼——騙得有多深。慢慢地，你開始知道希望和恐懼都是你的敵人，會破壞你內心的寧靜；希望矇騙你，讓你徒勞無功，大失所望；恐懼則令你癱瘓在虛假身分的監牢裡。你也開始看到自我如何全然控制著你的心。在禪定所打開的自由空間裡，當你暫時從執著獲得解脫時，你將瞥見真實自性是多麼令人神清氣爽，曠遠廓然。你瞭解到多少年來，你的自我就像瘋狂的騙子、藝術家，一直以虛偽的陰謀、計畫和承諾來騙你，幾乎使你的內心破產。當你在禪定的平衡中，毫不

掩飾地看清這點時，這一切計畫和陰謀都將自暴其短，開始崩塌。

這不純是破壞性的過程。在你準確而可能是痛苦地體悟到自我的虛僞和罪禍時，就會產生内心的空靈感，直接認識萬事萬物的「空無自我」和彼此依存性，那種鮮明和大方的幽默，正是解脫的標記。

因爲你已經從戒律學到簡化你的生活，所以減低了自我引誘你的機會；因爲你已經練習過禪定的正念分明，所以減低了攻擊、執著和煩惱對你整個生命的控制。透過這種戒定的修習，觀照的智慧將慢慢露出曙光。在它的陽光遍照之下，這種智慧將清晰而直接地告訴你，你自己的心和實相的本性是如何微細地運作。

聰明的嚮導

在你的生命中，一直有兩個人活在你身上。一個是聒噪、要求很多、歇斯底里、詭計多端的自我；另一個是隱藏的精神生命，它寧靜的智慧聲音，你偶爾才會聽到或注意到。當你聽了越來越多的教法，思索它們，並把它們融入你的生活中時，你内心的聲音，你本有的抉擇智慧（在佛教裡我們稱爲「分別的覺察力」），就會被喚醒並加強，這時候你將開始分辨什麼是它的指導，什麼是自我的各種吵雜和迷惑聲音。你的真性，帶著它的光輝和信心，就開始回到你的身上。

事實上，你將發現你已經在自己裡面找到聰明的嚮導。因爲他徹底瞭解你，因爲他就是你，你的嚮導越來越能夠以清明和風趣，幫助你協談思想和情緒上的一切難題。你的嚮導也可以持續的、愉快的、柔和的，甚或偶爾揶揄的出現，知道什麼

對你最好，幫助你發現越來越多的出路，讓你不再受困於你的
習性反應和混亂情緒。當你的分別覺察力變得更強化而清晰
時，你將開始分辨什麼是真理，什麼是自我的各種騙技，你將
能夠以清明和信心來傾聽它。

你越聽信這位聰明的嚮導，你越能夠改變自己的煩惱，看
透它們，甚至嘲笑它們的荒謬和虛幻。漸漸地，你將發現自己
越來越能夠快速地從生命的黑暗情緒中解放出來，有這種能力
就是最大的奇蹟。西藏神祕家拖頓・索甲（Tertön Sogyal）
說：如果有人能夠把地板變成天花板，或把火變成水，還不會
讓他感到驚訝。他說，如果有人能夠解脫一種煩惱，那才是真
正的奇蹟。

漸漸地，你不再像過去一般老是聽著自我對你說的叨叨絮
語，相反的，你將發現你可以在心中聽到教法的清晰指示，在
每一個轉折點啓發你、教誡你、引導你、指示你。你聽得越
多，你將收到越多的指引。如果你遵從聰明嚮導的聲音、分別
覺察力的聲音，讓自我保持緘默，你將經驗到你本來的智慧、
喜悅和快樂。一種新生命將在你身上展開，完全不必再像過去
爲自我戴上假面具。當死亡來到時，你早已在生命中學會如何
控制那些情緒和思想，免得它們在中陰身的階段主宰你。

當你開始治癒對自己真實身分的失憶症以後，你最後將瞭
解我執是一切痛苦的根本原因。你終將明白它對自己和別人的
傷害有多大，你將體悟最神聖和最聰明的事是愛惜別人，而非
愛惜你自己。這種觀念將治療你的心，治療你的腦，治療你的
精神。

有一點很重要，你必須牢牢記住：無我的原則並不是說原
先有一個自我，然後佛教再來掃除它。相反的，它的意思是一

開始就沒有自我。體悟到這一點，才能稱爲「無我」。

三種智慧的工具

上師告訴我們：發現無我智慧的自由，其方法是透過*聞*、*思*、*修*的過程。他們開示我們一開始要反覆聽聞修行的教法。在我們**聽聞**教法的時候，它會不斷地提醒我們本來就具有智慧的本性。我們就如同前面所述的那個失去記憶力的人，躺在醫院病床上，而愛我們和關心我們的人，在耳邊呼叫我們的真名，拿著家人和老朋友的照片給我們看，嘗試喚回我們失去的記憶。當我們聽聞教法時，某些段落和其中所蘊藏的智慧，將逐漸引起我們特殊的回憶，我們的真性將開始點點滴滴地回憶起來，一種非常熟悉的深沈感覺將慢慢喚起。

聽是一種遠比多數人所想像還要困難的過程；真正像上師們所說的方式去聽，就要完全放下自己，放下滿腦子所裝的一切資訊、概念、想法和偏見。如果你真正聽聞教法，那些構成我們真正的障礙、橫梗在我們和真性之間的概念，就可以漸漸地被洗清。

在真正聽聞教法方面，鈴木禪師（Suzuki-roshi）的話經常對我產生啓示作用。他說：「如果你的心是空的，就可以隨時準備接受一切；它是開放的。在初學者的心裡，存在著許多可能性；但在專家的心裡，卻只有很少的可能性。」[5]初學者的心，是開放的心，是空的心，是準備接受的心，如果我們真正以初學者的心來聽，我們就可以確實開始聽到。因爲如果我們以寧靜的心來聽，盡可能不受預存觀念的影響，教法的真理就可能貫穿我們，生死的意義也可能變得越來越清晰。我的上師頂果仁波切說：「你聽得越多，你聽到的就會越多；你聽到

的越多，你的瞭解就會越深。」

然後，透過第二種智慧的工具——*思*，就可以加深瞭解。當我們思維我們所聽到的教法時，它就逐漸滲透我們的心流，充滿我們內心的生活經驗。當思維慢慢展開而且變得更豐富時，我們將把知識上所瞭解的東西，從腦袋帶入心裡，那時候日常事務也就開始反映教法的真理，並且越來越微妙而直接地肯定它。

智慧的第三個工具是*禪修*。在聽聞教法並加以思維之後，我們就要透過禪修的過程把所得到的智慧付諸行動，並直接運用在日常生活的所需上。

修行道上的疑問

從前似乎有一段時間，傑出的上師會針對傑出的學生傳授一種教法，而學生也能證得解脫。敦珠仁波切經常提到一位印度大盜的故事，這位大盜在經過無數次成功的搶劫之後，瞭解到他所造成的可怕痛苦。他渴望為過去所做的壞事贖罪，因此拜訪一位上師。他問上師：「我是罪人，我很痛苦。什麼是解脫的方法？我能做什麼？」

上師望著強盜上下打量，接著問他有什麼專長。

「沒有。」強盜回答。

「沒有？」上師吼叫。「你一定有什麼專長！」強盜靜默了一會兒，終於承認：「實際上，有一件事情我是滿有天分的，那就是偷東西。」

上師咯咯笑了起來：「好！那正是現在你所需要的技巧。找一個安靜的地方，把你所有的認知搶光，把天上的所有星星偷來，放在空性的肚子裡，放在心性無所不包的虛空裡溶

化。」在二十一天内，强盗證悟了他的心性，最後被尊爲印度最偉大的聖人之一。

因此，古時候就有非比尋常的上師，也有像那位强盗一般肯接受而專心一意的學生，他們只是以不動搖的恭敬心修行一種教法，就能夠證得解脫。即使是在今天，如果能夠把心用在一種强有力的智慧方法上，而且直接下功夫，我們確實是有可能會開悟的。

不過，我們的心卻充滿疑問和迷惑。有時候我認爲，比起貪念和執著，懷疑更會阻礙人類的進化。我們的社會提倡機伶而非智慧，頌揚我們的聰明才智中最爲膚淺、粗糙和最沒有用的層面。我們已經變得假「精明」和神經質，以致於把懷疑本身當作真理；懷疑只不過是自我拚命抗拒智慧的企圖，卻被神化爲真實知識的目標和結果。這種惡意的懷疑形式，是生死輪迴的卑鄙國王，由一羣「專家」服侍著，他們教給我們的，不是靈魂開放和大方的懷疑，而是破壞性的懷疑；前者是佛陀强調在檢驗和證明佛法價值時所需要的，後者則讓我們覺得一切都不可相信，一切都沒有希望，一切都不能遵循。

現代教育灌輸給我們的思想卻是要稱頌懷疑，事實上，已經創造了「懷疑的宗教或神學」，我們對什麼都懷疑，好讓別人把我們當成有智慧的人，隨時指出什麼是錯的，而不去問什麼是對的或好的，而且還嘲諷地污蔑傳統的精神理念和哲學，或否定以善意或平常心所完成的事情。

佛陀教誡我們要有另外一種懷疑，「就像分析黃金一樣，要烤、切、磨才能測出它的純度。」對於這種懷疑形式，如果我們遵從到底，便可以見到真理，但是，我們既沒有內觀的智慧，又沒有勇氣和良好的訓練。我們已經被訓練到盲目地懷疑

一切，而無法接觸到寬廣而高貴的真理。

　　爲了取代當前虛無主義式的懷疑，我請求你們要有我所謂的「神聖的懷疑」，這是覺悟之道不可或缺的一部分。我們承襲自先人的修行法門，絕不是目前飽受威脅的世界所能忽視的。與其懷疑「它們」，何不懷疑自己的無知、自以爲是、執著和逃避。我們對於解釋實相的熱衷追求？其實，終極實相的信差——歷代上師們，早已經用他們那驚人而無限的智慧告訴我們，實相完全不是這麼一回事。

　　這種神聖的懷疑激勵我們前進，啓發、考驗我們，讓我們變得越來越真誠，加持我們，讓我們越來越接近真理的領域。當我和我的上師在一起時，我會一再問他們問題。有時候我得不到清楚的答案，但我並不對他們或教法的真理感到懷疑。有時候，我也許會懷疑自己的精神成熟度或聽懂真理的能力，更多時候我會一再提問題，直到獲得清晰的答案爲止。當那個答案純淨而有力地來到我心中，而我的心也報以感恩和瞭解時，就激起我的堅強信心，那是所有懷疑者的嘲笑所無法摧毀的。

　　記得有一年冬天，在一個萬里無雲、明月當空的夜晚，我和一位學生開車從巴黎南下義大利。她是心理治療師，接受過許多種訓練。她告訴我，她所體會到的是：懂得越多，產生的疑問就越多，而每當真理開始深深接觸你時，你懷疑的藉口就越細微。她說，她曾經試過許多次想要逃開佛法，但最後瞭解到無處可逃，因爲她實際想逃避的是她自己。

　　我告訴她，懷疑並不是病，它只是一種缺乏傳統中所謂「見」的症狀而已。「見」是對於心性的證悟，所以也是對於實相之性質的證悟。當那種「見」完全呈現時，就不可能產生絲毫的懷疑，因爲那時候我們會以實相本身的眼睛來看實相。

但在達到覺悟之前，不可避免的還是會有懷疑，因為懷疑是迷惑心的基本動作，而對治懷疑的唯一方法是既不壓制也不縱容。

懷疑需要有真正的善巧方便才能對治，我發現很少有人知道如何研究或利用懷疑。現代文明如此崇拜貶損和懷疑的力量，但幾乎沒有人有勇氣貶損懷疑本身，或者像一位印度教上師所說的：把懷疑的狗轉向懷疑本身，揭開嘲諷的面具，看看到底是什麼樣的恐懼、失望、無助感和煩人的狀況引發了這些懷疑。如果能這樣做，懷疑就不再是一種障礙，而是證悟之門，每當心中有所懷疑時，修行人就會迎接它，視為深入真理的方法。

我很喜歡一個禪師的故事。這位禪師有一個忠誠而非常素樸的學生，視他為活佛。有一天，禪師不小心坐在一根針上。禪師尖叫一聲：「唉唷！」跳了起來。學生當下喪失一切信心，就離開禪師，他說他很失望地發現師父竟然並未完全開悟，不然的話，師父怎麼會那麼大聲尖叫和往上跳呢？師父知道學生已經離開後，有點傷心，他說：「唉！可憐蟲。他應該知道，事實上，不僅是我，連針和『唉唷』聲都不是真的存在啊。」

我們不要像那位禪學生一樣，犯下衝動的錯誤。不要把懷疑看得過分嚴重，但也不要讓它們過分膨脹，不要對它們著迷或加以善惡的判斷。我們所需要學習的是慢慢改變我們對懷疑的態度；過去受到文化的制約和感情用事，未來應該採取自由、風趣和慈悲的看法。換句話說，要給懷疑時間，要給自己時間，以發現問題的答案，那不只是知識上或「哲學上」的答案，也是生活、真實、真誠和可行的答案。懷疑不會自動解

除；但如果有耐心，就可以在內心創造一個空間，仔細而客觀地檢查、分析、消解和治療懷疑。我們的文化中所缺少的，是心理的鎮定和空靈，唯有靠不斷的禪修才能達到，而只有這種心理才能慢慢培養和發展智慧。

不要急著想解決你所有的懷疑和問題；誠如上師們所說的：「急事慢做。」我總是告訴我的學生不可以過分的期待，因為精神的成長需要時間。光是把日文學好或成為醫生，就需要多年的時光：我們怎麼能夠期待在幾個星期之內就獲得一切答案呢？精神的旅程，是一種持續學習和淨化的旅程。當你知道這一點，你就會變得謙虛。西藏有一句著名的諺語說：「不要把瞭解誤以為是證悟，不要把證悟誤以為是解脫。」密勒日巴尊者也說：「不要抱有證悟的希望，卻要一輩子修行。」對於我的傳統，我最欣賞的是它的腳踏實地和不尚空談，它強調最偉大的成就需要最大的耐心和最長的時間。

第九章

精神之路

在蘇菲教大師路米（Rumi）的《桌上談話》（Table
Talk）一書中，有這麼一段猛烈而直截了當的話：

> 大師説，在這個世界上有一件事是絕對不能忘記的。如果
> 你忘記其他事情，只有那件事沒有忘記，你就不用擔心；
> 反之，如果你記得、參與並完成其他事情，卻忘記那件
> 事，那你就等於什麼也沒有做。這就好像國王派遣你到一
> 個國家去完成一件特殊的工作。你去了，也做了一百件其
> 他的事，但如果沒有完成你的任務，你就是什麼事都沒有
> 做。每個人來到世間都有一件特定的事要完成，那就是他
> 的目的。如果他沒有做那件事，就等於什麼事都沒有做。

人類的所有精神導師都告訴我們同一件事：活在地球上的
目的，就是與我們基本的、覺悟的自性結合。「國王」派遣我
們來到這個陌生的、黑暗的國度，其任務就是證悟和體現我們
的真實存有。完成任務的方法只有一個，那就是踏上精神之
旅，以我們的一切熱誠、智慧、勇氣和決心來轉化自己。誠如
《卡達奧義書》（Katha Upanishad）中「死神」對納奇柯達斯
（Nachiketas）所説的話：

> 有智慧之路，也有愚癡之路。它們離得遠遠的，目的地也
> 不同……愚人深陷於愚癡之中，自以爲聰明和學識淵博，
> 就像盲人被盲人引領著，漫無目的地走來走去。那個超越
> 生命以外的世界，不會對幼稚、漫不經心或迷戀財富的人
> 發光。

尋找精神之路

在其他的時代和其他的文明裡，只有少數人才能踏上這種精神轉化之路；但在今天，如果我們想保存這個世界，避免它受到內外危險的威脅，大多數人類就必須尋找智慧之路。在當前充滿暴力和分崩離析的時代裡，精神的遠景不再是精英分子的奢侈品，而是關係到我們的生存。

遵循智慧之路，沒有比目前更為迫切和更為困難。我們的社會，幾乎完全傾力在頌揚自我，對於成功和權力抱著種種令人傷心的幻想；此外，還頌揚那些正在毀滅地球的貪婪和愚癡力量。在人類歷史上，就以目前最難聽到不阿諛的真理聲音，一旦聽到要遵循它，更是難上加難：因為周遭的世界都不支持我們的選擇，我們所生存的社會，似乎也都在否定具有神聖或永恆意義的每一個觀念。因此，在目前危機重重，未來亦不知何去何從之際，身為人類的我們，發現自己最為迷惑，掉進自己所創造的夢魘之中。

不過在這種悲劇情況下，還有一個重要的希望來源，那就是一切偉大的神祕傳統，它們的精神教法仍然存在。不幸的是，傳承這些教法的具格大師非常少，尋求真理的人也幾乎毫無揀擇。西方已經變成精神騙子的天堂。對於科學家，你可以驗證誰是真內行，誰不是，因為其他的科學家可以查核他們的背景和檢驗他們的發現。但在西方，因為缺乏對智慧文化的一套豐富完整的準則，因此，所謂「上師」的真實性幾乎無法建立。任何人似乎都可以自我炫耀為上師，吸引徒眾。

但在西藏就不是這樣，選擇一種特殊的法門或老師來遵循會安全得多。初次接觸西藏佛教的人，常常不懂為什麼如此重

視師師相傳的不斷傳承。傳承是重要的保障：它維持教法的真實性和純淨。人們從誰是他的上師來瞭解這位上師。這不是保存某種陳舊、儀式化知識的問題，而是以心傳心的問題，把一種重要而活生生的智慧，及其善巧而有力的修行方法傳承下來。

辨別真正的上師，是一件非常精細而需要特別小心的事；我們這個沈迷娛樂、追求簡單答案和速成效果的年代裡，那種比較沈靜和沒有戲劇效果的修行功夫，很可能引不起注意。而我們認為神聖應該是虔誠的、乏味的、溫和的這種觀念，可能又會讓我們看不到覺悟心的朝氣蓬勃和生動有趣。

誠如貝珠仁波切所寫的：「身藏不露的偉大人物，他們非比尋常的品質，可能會讓我們這種凡夫看不出來，儘管我們盡了最大的努力來檢驗他們。另一方面，即使是平凡的江湖郎中，也擅長裝扮成聖人來欺騙別人。」如果貝珠仁波切能夠在上個世紀的西藏寫出這段話，那麼在當前混亂的精神超級市場中，這句話更顯得逼真啊！

這麼說來，在今天這個極度不可信賴的時代裡，我們又該如何發現精神之路上所迫切需要的信任呢？我們能夠利用什麼標準來衡量一位上師是否為真上師呢？

我清楚地記得，有一次我跟一位上師在一起時，他問學生是什麼原因吸引他們來跟他學習？為什麼他們相信他呢？一位女士說：「我瞭解到你真正要的，是教我們認識和運用佛法，而且我也瞭解到你是如何善巧地教導我們。」一位五十多歲的男士說：「感動我的，不是你的知識，而是你確實有一顆利他和善良的心。」

一位年近四十的女士承認：「我嘗試過要把你變成我的母

親、我的父親、我的治療師、我的丈夫、我的愛人；你安靜地
經歷這一切戲劇化的投射，卻從來都不曾放棄過我。」

一位二十多歲的工程師說：「我在你身上所發現的你確實
謙卑得很，你真的希望我們都很好，你不僅是老師，更不曾忘
記做你的偉大上師的學生。」一位年輕的律師說：「對你而
言，教法是最重要的東西。有時候，我甚至認爲你的理想是把
自己變消失，而只是想盡辦法無私地把教法流傳下去。」

另一位學生害羞地說：「起先，我害怕把我的心開放給
你。我已經受到這麼多傷害了。但當我開始這麼做的時候，我
注意到我本身確實有所改變，慢慢的，我越來越感激你，因爲
我體會到你是在多麼盡力地幫助我。然後我發現自己對你的信
任竟然這麼深，比我曾經想像過的還要深。」

最後，有一位四十多歲的電腦操作師說：「對我來說，你
是一面如此美妙的鏡子，爲我顯示兩件事：相對層面的我和絕
對層面的我。我可以看著你，然後清楚地看到我的一切相對混
亂——不是因爲你是誰，而是因爲你反映回來給我的是什麼。
但我也可以看著你，然後看到反映在你身上的心性，一切事物
都時時刻刻從心性生起。」

這些回答告訴我們，真正的老師是仁慈的、*慈悲的*，不厭
倦地想把他們從上師那兒得到的智慧分享給學生，在任何情況
下從不欺騙或操縱學生，也不放棄他們的學生，不爲自己的利
益設想，只爲教法的宏揚光大而努力，永遠保持謙卑。一位確
實具備這一切品德的人，經過長期觀察，你會對他產生信賴。
你將發現這種信賴會變成你生命的基礎地，支持你通過一切生
死難關。

在佛教裡，我們以這位老師是否根據佛陀的教法指導學

生，來斷定他是不是一位真上師。我們要再次強調的是：最重
要的是*教法的真理*，而不是老師這個人。這是佛陀提醒我們要
「四依」的原因：

依法不依人；

依義不依語；

依了義不依不了義；

依智不依識。

所以，我們應該記住，真正的老師是真理的發言人，是真
理的慈悲的「智慧展示」。事實上，一切諸佛、上師和先知都
是這個真理的化身，以無數善巧、慈悲的形象示現，引導我們
透過他們的教法回歸我們的真性。因此，一開始的時候，比尋
找老師還重要的是尋找和遵行教法的真理，因為當你與教法的
真理接觸時，你就會發現你和上師接觸了。

如何行道

我們都有遇見某種精神之路的業，我願意打從內心深處鼓
勵你，以十足的誠心，去遵循最能啟示你的法門。

閱讀一切傳統的偉大精神經典，瞭解一些大師們所說的解
脫和覺悟是什麼意思，然後找出真正吸引你，並且最適合你的
通往絕對實相之道。在你尋找的過程中，儘可能做揀擇；修行
之路因為事關最高的真理，比起任何其他學問，還需要才智、
冷靜的瞭解、精細的辨別力。時時刻刻都要使用你的常識去判
斷。踏上精神之路時，要盡可能放輕鬆，清楚你隨身帶來的行
李：你的缺陷、幻想、缺點和投射。明白你的真性是什麼，並

且保持徹底的謙卑，一方面要清楚地瞭解你在精神路上已經走了多遠，還有哪些仍然等待你去瞭解和完成。

最重要的是，不要陷入我在西方隨處可見的「購物心態」：從一位上師到另一位上師，從一種教法到另一種教法，到處選購，不肯持續或誠心一意地修任何一種法門。幾乎所有傳統的偉大精神上師都同意，最重要的是精通一種法門，以你全副的心來遵行一種傳統，直到精神之旅的終點，同時要以開放和尊敬的態度對待其他一切法門的智慧。在西藏我們常說：「瞭解一個，你就完成了一切。」現代流行的觀念，如：保留一切選擇、不必從一而終，正是我們文化中最大、最危險的迷惑，也是阻礙自我修行的最有效方式。

當你繼續尋找時，尋找本身就會變成固執的觀念，把你征服。你變成一位修行的觀光客，忙得團團轉，卻沒有一點成就。誠如貝珠仁波切所說的：「你把大象留在家裡，卻跑到森林尋找牠的足跡。」專修一種教法，並不是要限制你或嫉妒地壟斷你，而是一種慈悲和善巧的方法，在你和環境終將出現的障礙中，讓你能夠專注在精神之路上。

因此，當你已經探索過各種神祕傳統之後，就要選擇一位上師，跟隨他。踏上精神之旅是一回事，發現耐心、智慧、勇氣和謙遜以致遵循到底，則是另外一回事。你也許發現老師的業，但你必須接著創造遵循老師的業，因為我們當中只有極少數人知道如何真正遵循老師，這本身就是一種藝術。因此，不管教法或上師多麼偉大，重要的是你要自己發現智慧和技巧，以便學習去敬愛和遵循上師及教法。

這並不容易。事情不可能是十全十美的，因為我們還在輪迴裡呢！即使你選擇了上師，而且盡可能誠心誠意地遵循教

法，你還是常常會遇到困難、挫折、衝突和缺陷。不要對障礙和小困難屈服，這些只是自我的幼稚情緒而已；不要讓它們矇蔽了你，你的選擇具有重要性和永恆的價值。不要缺乏耐心而使你放棄對真理的承諾。我一再傷心地發現，許多人以熱誠和諾言挑選了一種教法或一位上師，但一碰到不可避免的障礙，就感到灰心，然後跟蹌跌回輪迴世界和舊習氣裡，浪費幾年或可能是一輩子的光陰。

誠如佛陀在初轉法輪時所説的，我們在輪迴中的一切痛苦都是源自*無明*（ignorance）。除非我們從無明獲得解脫，否則無明似乎是永無止境的；即使已經踏上修行之路，我們的搜尋工作仍然被它所迷惑。不過，只要你記住，把教法牢記在心，你將逐漸辨別無明的各種混亂面貌，因而不會危害到你的承諾或喪失你的展望。

誠如佛陀告訴我們的，生命就像電光石火般短暫；不過，華茲華斯（Wordsworth）也説：「世界再也受不了我們：得到又花掉，我們蹧蹋了我們的力量。」人生最傷心的事，莫過於蹧蹋我們的力量，違背我們的本質，放棄這一生（自然中陰）給我們認識和呈現覺性的殊勝機會。上師一直在提醒我們不要愚弄自己：如果在死亡的那一刻，還不知道自己到底是誰，那麼我們學了些什麼？《中陰聞教得度》説得好：

> 心四處遊蕩，没想到死之將至，
> 做這些没有意義的活動，
> 現在空手而回，將是混亂不堪；
> 你需要認證修行法門，
> 因此，爲什麼此刻不修行智慧之道呢？

從聖人口中發出這些話：

如果你不把上師的教法牢記在心，

你不就變成你自己的騙子嗎？

上師

佛陀在一部密續（Tantras）'中說：「在已經覺悟的一切諸佛中，沒有一位不是依賴上師而證悟的；在即將出現於這一劫的一千尊佛中，也都依賴上師才能證悟。」

一九八七年，在我所敬愛的上師敦珠仁波切圓寂於法國之後，我從他生前居住的法國南部搭乘火車回巴黎。他種種慷慨、溫柔和慈悲的動作浮上心頭；我不禁潸然淚下，一再告訴自己：「如果不是上師，我怎麼可能瞭解呢？」

我以一種未曾有過的溫馨而強烈的感受，體會到何以在我們的傳統裡，會如此神聖地強調師徒關係，以及這種關係對真理活生生的傳承（以心傳心）多麼重要。沒有我的諸位上師，我不可能體悟教法的真理：我無法想像如何能達到像我如此淺薄的理解程度。

在西方國家，有許多人對上師抱持懷疑的態度——不幸的，通常都有好理由。在這裡，我不必列舉自一九五〇及一九六〇年代以來，東方智慧進入西方之後，有多少可怕而令人失望的愚蠢、貪婪和詐騙的例子。不過，一切偉大的智慧傳統，不管是基督教、蘇菲教、佛教或印度教，其力量都倚賴在師徒關係上。因此，目前世人所亟需的是：儘可能清楚地瞭解何謂真正的上師；何謂真正的學生或弟子；何謂恭敬上師所產生的轉化（也許你稱之爲「弟子的煉金術」）的本質。

有關上師的真性，在我聽過的描述中，最感人最正確的，

可能是來自我的上師蔣揚欽哲。他說，即使我們的真性是佛，但自從無始以來，它就被無明和迷惑的烏雲所遮蔽。不過，這種真性或佛性，卻從來不曾向無明完全屈服過；在某些地方，真性總是在抗拒無明的宰制。

因此，佛性有積極的一面，那就是我們的「內在老師」。從被迷惑的那一刻開始，這位「內在老師」就一直不厭倦地為我們工作，想把我們拉回到真實生命的光輝和空靈。蔣揚欽哲說，「內在老師」沒有一刻放棄我們。它具有如同一切諸佛和一切覺者的無限慈悲，在它的無限慈悲中，不停地在為我們的進化而工作——不僅是在這一世，也在我們所有過去世——利用各種善巧方便和各種情境來教育和喚醒我們，引導我們回向真理。

當我們祈禱、期待和渴盼真理很久，經過好幾世，而我們的業也被相當淨化之後，一種奇蹟就會發生。如果能夠瞭解和利用這種奇蹟，它就可以引導我們永遠終結無明：一直跟我們在一起的內在老師，以「外在老師」的形式顯現，幾乎是奇蹟似的，我們與這位「外在老師」會面。這個會面是任何一世最重要的事。

誰是這位外在老師呢？無非是吾人內在老師的化身、聲音和代表。在我們的生命中，我們所敬愛的上師，他的模樣、聲音和智慧，無非是我們神祕的內在真理的外在顯現。此外，還有什麼可以說明我們和他的緣這樣深呢？

在最深和最高的層次上，上師和弟子是從來不曾也不能分離的；上師的工作，就是教我們毫不迷惑地接受內在老師的清晰訊息，帶領我們體悟這位無上老師永遠的存在。我祈禱諸位都能夠在這一世嚐到這種最完美的、友誼的喜悅。

　　上師不僅是你內在老師的直接發言人，也是一切覺者、一切加持的持有者、管道及傳承者。因此，你的上師才能擁有非比尋常的力量來照亮你的心。他正是絕對真理的化身，或者也可以把上師比喻爲一切諸佛和一切覺者與你對話的電話機。他是一切諸佛智慧的結晶，也是一切諸佛慈悲的象徵，永遠照顧著你：他們遍照宇宙的陽光，直接照著你的心，以便幫助你解脫。

　　在我的傳統裡，我們尊敬上師，因爲他們甚至比一切諸佛還慈悲。雖然一切諸佛的慈悲和力量永遠存在，但我們的業障卻阻止我們與諸佛面對面相會。反之，我們可以會見上師；他是活生生的人，會呼吸、講話、動作，就在我們的面前，以各種可能的方式顯示諸佛之道：通往解脫之道。對我來說，我的上師們一直是活真理的化身，他們無可否認地顯示出，覺悟可以發生在這一世、這個世界、此地、此時；同時，在我的修行、工作、生命和解脫的旅途上，他們一直是我的最高啓示。對我來說，上師們象徵我的神聖誓願——覺悟爲第一要務，直到我真正證悟爲止。我充分瞭解，只有在證悟之後，才能完全認識他們的本質和他們無限的寬大、愛心和智慧。

　　我願意與你分享這個美麗的禱詞，這是吉梅·林巴的話，也是西藏人祈請上師在我們心中出現的禱詞：

　　　哦，慈悲的上師，
　　　從我的內心中央，
　　　恭敬心的盛開蓮花中，昇起，
　　　我唯一的皈依！
　　　我被過去的行爲和煩惱所折磨：

我祈求你，
在我的不幸遭遇中保護我，
永遠做我頭頂上的寶飾，
大喜悅的曼達拉，
引生我的一切正念和覺察。

恭敬心的提煉

誠如佛陀所說，在已經證悟的一切諸佛中，沒有哪一尊佛是不依賴上師而成就的，他也說：「唯有藉著恭敬心，你才能體悟絕對真理。」絕對真理是不能在凡夫心內體悟的。一切偉大的智慧傳統已經告訴我們，超越凡夫心之路必須通過心。修心之路就是恭敬心。

頂果欽哲仁波切寫道：

證得解脫和證得覺悟的智慧，只有一條路：遵循一位真正的精神上師。他是幫助你渡過輪迴大海的嚮導。

太陽和月亮當下就反映在清澈、平靜的水面上。同樣的，一切諸佛的加持，總是呈現在具有完全信心的人身上。太陽光平等遍照一切處，但只有透過放大鏡的地方，才能讓乾草生火。當佛陀慈悲的遍照光芒通過信心和恭敬心的放大鏡時，加持的火焰就在你的生命中燃起。

因此，你必須知道真正的恭敬心是什麼。它不是無心的崇拜；它不是放棄你對自己的責任，也不是毫無揀擇地服從一個人或一個奇想。真正的恭敬心是對於真理牢不可破的接受。真正的恭敬心來自敬畏和尊崇的感激，但這種感激是透明的、縈

實的和明智的。

當上師能夠打開你最深層的心，並讓你確實瞥見你的心性時，你就會對上師以及他的生命、教法和智慧心所呈現的真理，由衷生起喜悅的感激。那種不假設計、真誠的感覺，總是根源於重複的、確定的內心經驗，不斷清晰而直接的體認心性，唯有這種感覺才是我們所謂的恭敬心，藏文叫做 *mö gü*，意思是「渴望和尊敬」。由於你越瞭解上師的真正本質，因此你就會越*尊敬上師*；又由於你終於知道上師是你的心和絕對真理的連繫，也是你的真實心性的體現，因此你更*渴望上師*能啓發你。

頂果欽哲仁波切告訴我們：

一開始，這種恭敬心可能不是自然或自發生起的，所以必須運用各種技巧來幫助生起。主要的是，我們必須經常記住老師的殊勝品質，尤其是他對我們的慈悲。藉著反覆生起對上師的信心、感恩和恭敬心，終有一天只要提起他的名字和想起他，就可以停止我們所有的凡夫認知，我們將視他爲佛陀。*²*

不把上師看成普通人，而把他當作佛陀，可以產生最高的加持力。因爲誠如蓮花生大士所說的：「完整的恭敬心帶來完整的加持；深信不疑帶來完整的成功。」西藏人知道，如果你把老師當作佛，你將得到佛的加持；但如果你把上師當作普通人，你只能夠得到普通人的加持。因此，要想得到上師教法的全部加持轉化力量，你就必須嘗試開啓自己最大的恭敬心。只

有當你把上師當作佛時，像佛一般的教法才能夠從上師的智慧心來到你身上。如果你不能視上師就是佛，而只把他看作普通人，那麼完整的加持就永遠不會出現，即使是最偉大的教法，你也無法接受。

我越思維恭敬心，以及它在整個教法中的地位和角色時，我就越體悟到它實在是一種善巧有力的工具，讓我們更能接受上師教法的真理。上師們並不需要我們的頌揚，但把他們看作活生生的佛，卻可以讓我們以最大的誠心來聽聞他們的訊息，並遵循他們的指示。因此，就某種意義來說，對於上師所象徵和所傳承的教法，恭敬心是產生完全尊敬和開放的最實際方法。你越恭敬，你就能夠對教法越開放；你對教法越開放，它們就越有機會貫穿你的心，因而產生完整的精神轉化。

因此，只有把你的上師看作活佛，才能真正開始並實現把自己轉化成活菩薩的過程。對於上師活生生表現出覺悟心的奧祕，如果你的心能夠以喜悅、驚嘆、瞭解和感激來完全開放時，上師的智慧心就可以長時間慢慢傳給你，讓你看到自身佛性的光輝，因而看到宇宙本身的完美光輝。

弟子和上師間的這種親密關係變成一面鏡子，代表弟子跟生命及整個世界的關係。上師變成持續修持「淨見」（pure vision）時的樞紐人物，最後將使弟子直接而毫無疑問地把上師看作活生生的佛，把他的每一句話看作佛語，把他的心看作一切諸佛的智慧心，把他的每一個動作看作佛陀的行動，把他住的地方看作佛國，甚至把上師四周的人看作他的智慧的光明展現。

當這些認知變得越來越穩定而真實時，弟子這麼多世以來一直在渴望的內心奇蹟就會逐漸發生：他們開始自然地看到自

身、宇宙和一切生命都是本自清淨而完美的。終於，他們以自己的眼睛來看實相。而上師就是道，就是完全轉化弟子每一個認知的神奇試金石。

恭敬心是體悟心性和一切物性最純淨、最快速和最簡單的方法。當我們在修行路上繼續前進時，整個過程就表現出奇妙的互相依存性：從自己來說，我們不斷嘗試生起恭敬心，所生起的恭敬心本身會產生心性的靈光一現，而這些靈光一現又會加強和加深我們對上師的恭敬心。最後，恭敬心從智慧產生：恭敬心和心性的經驗變得不可分離，彼此互相啓發。

貝珠仁波切的老師名叫吉梅傑維紐古（Jikmé Gyalwé Nyugu），多年來一直在高山上的洞穴裡閉關。有一天，他走出洞外，陽光傾瀉而下；他往外凝視天空，看到一片雲彩往他上師吉梅林巴住的方向飄去。他的心中生起一個念頭：「我的上師就在那邊。」因為這個念頭，一股巨大的渴望和恭敬心在他心中湧起。這種感覺如此強烈，如此衝擊著他，使他昏倒過去。當吉梅傑維紐古甦醒過來時，他上師智慧心的加持力已經完全傳送給他，使他達到最高的證悟境界，我們稱之爲「窮盡法界」（the exhaustion of phenomenal reality）。

加持之流

此種有關恭敬心和上師加持的故事，並不在過去才有。當代最偉大的女性上師**康卓・慈玲・秋瓏**，是我上師蔣揚欽哲的夫人，在她身上可以非常清楚地看到，多年的恭敬心和修持在人類精神中創造出的高貴氣質。雖然她總是退居幕後，從不把自己推上舞台，過著古代瑜伽士艱苦的隱居生活，但她的謙遜、善良、樸素、莊重、智慧和溫柔，是全西藏人所敬仰的。

　　蔣揚欽哲是康卓一生的啟示。他們的精神婚姻，使她從一個非常美麗而稍帶叛逆性格的少女，轉化成一位受到其他上師尊敬的耀眼*佛母*（dakini）[3]。頂果欽哲仁波切尊她為「精神上的母親」，經常說他感到非常榮幸，因為在所有喇嘛中，她最尊敬和喜愛他。每當他看見康卓時，都會拉起她的手，溫柔地撫摸，然後慢慢把她的手放到自己的頭上；他知道那是唯一能得到康卓加持的方式。

　　蔣揚欽哲把一切教法都傳授給康卓，並訓練和啟發她修行。她以歌唱的方式問他問題，而他也以揶揄和遊戲的方式寫歌回答。晚年他住在錫金，圓寂後，她就繼續住在他的*舍利塔*（stupa）[4]附近，以表達對上師不死的虔敬心。她就在那兒繼續過著清明、獨立的生活，一心持咒。她已經慢慢逐字讀完整本《佛陀的綸音》（Word of the Buddha）和幾百冊論疏。頂果欽哲仁波切總是說，每次他回到蔣揚欽哲的舍利塔時，他就感覺好像回到家，因為康卓的出現讓氣氛變得如此豐富和溫馨。他暗示，蔣揚欽哲仍然存在和活在她的恭敬心和生命中。

　　我一再聽到康卓說，如果你和上師的關係保持得確實清淨，那麼你的一生將不會有問題。她自己的生命就是最感人和最優美的寫照。恭敬心已經讓她體現教法的心要，並把它們的溫暖放射給別人。康卓沒有正式傳法，事實上，她並不多說話，但她說的話卻常常充滿智慧，事後都應驗。聽她誠摯而喜樂的唱誦咒語，或者與她一起共修，都能觸動你的生命深處。即使是與她一起散步、購物，或只是坐在她旁邊，都好像沐浴在她有力而安詳的幸福之中。

　　因為康卓是如此的木訥，她的偉大就在她的平凡之中，所以唯有真智慧者才能看清她。這個時代，懂得自我推銷的人往

往最受青睞，但真理卻真正活在像康卓那麼謙虛的人身上。如果康卓有機會到西方傳法，她必定是完美的上師：她是偉大的女性上師，慈悲的女性化身，她把度母（Tara）的愛心和智慧表現得天衣無縫。如果我臨終時有她在身旁，將比任何上師在我身邊，更令我有信心和安詳。

我所證悟的一切，都是來自我對上師的恭敬。當我繼續傳法時，我逐漸謙卑而驚奇地覺察到他們的加持力如何影響我。沒有他們的加持，我是微不足道的，如果有什麼我覺得能夠做的事，那就是扮演你和他們之間的橋梁。我一再注意到，當我在傳法中提到我的上師時，我對他們的恭敬心，就會引發聽眾的恭敬心；在那些美妙的時刻裡，我覺得我的上師就在身邊，加持我的學生，打開他們的心靈迎向真理。

記得一九六〇年代在錫金，蔣揚欽哲上師才圓寂不久，頂果欽哲仁波切正在進行長達數月才能完成的蓮花生大士觀想灌頂法的傳授。許多上師都來到這座位於首都剛度後山的寺院，我坐在康卓・慈玲・秋瓏和措定喇嘛（Lama Chokden）（蔣揚欽哲的助理和法會司儀）身旁。

那一次，我非常鮮活地經驗到一位上師如何把他智慧心的加持力傳給學生。有一天，頂果欽哲仁波切開示恭敬心和蔣揚欽哲上師的行誼，非常動人；話語從他的口中滔滔不絕地流出，優美如詩。當我一邊傾聽頂果欽哲仁波切開示，一邊看望他時，很神祕地，我隱然憶起蔣揚欽哲，並且意識到他口若懸河地說出最崇高的教法，就好像是來自隱密而永不枯竭的源頭一般。慢慢的，我驚奇地體悟到事實的真相：蔣揚欽哲智慧心

的加持，已經完全傳給他的心子（heart-son）頂果欽哲仁波切，而當時就在眾人面前，透過他毫不費力地說出。

開示結束時，我轉向康卓和措定，發現他們淚流滿面。他們說：「我們知道頂果欽哲是一位偉大的上師。我們也知道上師如何將他智慧心的加持力傳給他的心子。但直到現在，直到今天，直到此地，我們才體悟這句話的真義。」

一想起在錫金那個美好的一天，一想起那些我所認識的偉大上師，不禁浮現一位西藏聖者永遠能夠啓示我的話：「當強大恭敬心的太陽照到上師的雪山時，他的加持之流將傾瀉而下。」我也憶起頂果欽哲仁波切的話，最能表達上師廣大而神聖的品質：

> 他就像一艘載運眾生渡過生死苦海的大船，一位引導眾生登上解脫陸地的完美船長，一場熄滅煩惱火的雨，一對驅除無明幽暗的日月，一塊能承受善惡力量的堅強基地，一棵生產短暫快樂和終極喜樂的如意樹，一座含藏廣大和精深教法的寶庫，一顆令人開悟的如意寶珠，一位平等布施愛心給所有眾生的父親和母親，一條慈悲的大河，一座超越世法不被煩惱風所動搖的高山，一層充滿雨水足以撫慰煩惱痛苦的厚雲。總之，他等於一切諸佛。不管是看到他，聽到他的聲音，回憶起他，或被他的手碰觸，只要和他結緣，就可以帶領我們邁向解脫。對他產生充分的信心，就可以保證在覺悟之道上有所進展。他智慧和慈悲的溫暖，將熔化我們的生命之礦，提煉出內在佛性的黃金。[5]

我已經覺察到上師的加持幾乎是不知不覺地滴注在我身

上，並充滿我心。自從敦珠仁波切圓寂後，我的學生告訴我，我的開示變得比較流利，比較清楚。不久前，聽完頂果欽哲仁波切一場特別驚人的開示之後，我對他表達深沈的仰慕之意，我說：「太神奇了，這些教法從你的智慧心中毫不費力而自發性地流露出來。」他溫和地靠向我，眼中發出揶揄的閃光。他說：「希望你的英文開示也以完全相同的方式流露出來。」此後，我沒有多做努力，卻覺得我的開示能力越來越自然。我認為這本書是我的上師們加持的顯現，而這些加持是從最根本的上師及最偉大的尊師蓮花生大士的智慧心中傳送出來的。因此，這本書是他們送給衆生的禮物。

因為我對於上師的恭敬心，才讓我產生傳法的力量，以及不斷學習的開放性和接納性。頂果欽哲仁波切一直都還謙虛地向其他上師接受教法，而且常常向他自己的弟子學習。因此，啓發傳法力量的恭敬心，也是給予繼續謙卑學習的恭敬心。密勒日巴最偉大的弟子岡波巴（Gampopa），在他們要分離的時候問他：「什麼時候我才可以開始指導學生呢？」密勒日巴回答：「當你不再像現在的你，當你全部的認知已經轉化，當你能夠看到，真正看到在你面前的這位老人與佛陀無差時。當恭敬心把你帶到這個認知時，你就可以開始傳法了。」

這些教法，由一支不曾斷過的上師傳承，源自蓮花生大士的覺悟心，經過好幾個世紀，超過一千年，才傳到你身上。每一位上師之所以成為上師，都是因為他們謙虛地學習到要做上師的弟子，而且在最深的意義上，永遠是他們上師的弟子。即使是八十二歲的高齡，每當頂果欽哲仁波切提到他的上師蔣揚欽哲仁波切時，都會流下感激和恭敬的眼淚。在他圓寂前寫給我的最後一封信中，他自己署名為「最差勁的學生」。這顯示

出何謂無止盡的真恭敬，而最偉大的證悟會產生最偉大的恭敬心，以及由於最謙卑的緣故，所產生最完整的感激。

上師相應法：與上師的智慧心結合

一切諸佛、菩薩和覺悟者在每一個時刻都會出現來幫助眾生，透過上師的出現，他們的加持才會集中在我們身上。認識蓮花生大士的人，都知道他在一千多年前所許下的諾言真實不虛：「我不曾遠離那些信仰我的人，或甚至不信仰我的人，雖然他們沒有看到我，我的孩子們將永遠、永遠受到我慈悲心的保護。」

如果我們想獲得直接的幫助，只要祈求就可以。基督不也說：「你們祈求就給你們，尋找就尋見，叩門就給你們開門。因爲凡祈求的就得着，尋找的就尋見，叩門的就給他開門。」*6*嗎？然而，祈求是最難的事。我發現，許多人幾乎都不知道如何祈求。有時候是因爲傲慢，有時候是因爲不願意祈求幫助，有時候是因爲懶惰，有時候是因爲心忙於懷疑、散亂和顛倒，以致連簡單的祈求都做不到。酗酒或有毒癮者接受治療，轉捩點在於他們承認病症並且尋求協助。就某方面來說，我們都是染上輪迴癮的人；當我們承認上癮和祈求的時候，就是我們獲得幫助的時刻。

大多數人最需要的是，打從内心深處真正祈求幫助的勇氣和謙遜：祈求覺悟者的慈悲，祈求淨化和治療，祈求瞭解苦難的意義和轉化它的力量；在*相對*的層次上，祈求的生命越來越清明、安詳、睿智，並祈求與上師不死的智慧心相結合，以證悟*絕對*的心性。

如果想啓請覺悟者的幫助、發起恭敬心和證悟心性，沒有

一種修行法門會比上師相應法（Guru Yoga）來得快速、動人或有力。頂果欽哲仁波切寫道：「上師相應法的意思是『與上師的自性結合』，這種法門可以讓我們的心與上師的覺悟心結合。」[7] 請記住，上師象徵一切諸佛、上師和覺悟者加持力的結晶。因此，啓請他就是啓請全部聖尊；把你的心跟上師的智慧心相結合，就是把你的心跟真理和覺悟的化身相結合。

外在老師把你內在老師的真理直接介紹給你。透過他的教法和啓示，你越體悟到外在和內在老師是不可分的。在上師相應法的修行過程中，當你反覆啓請而逐漸發現這個真理時，就會產生越來越深的信心、感激和恭敬心，使得你的心和上師的智慧心真正變成不可分。在一次上師相應法的共修會上，頂果欽哲仁波切應我的要求，寫了這首偈子：

成就認知的大清淨者
是恭敬心，也就是本覺的光輝……
認識並記得我自己的本覺就是上師——
透過這個開示，願你我的心結合爲一。

西藏所有的智慧傳統都非常重視上師相應法，西藏所有最偉大的上師也都把它當作最核心的修行，理由就在此。敦珠仁波切寫道：

你應該把全部精力都用在上師相應法上，把它當作修行的生命和心臟。如果你不這麼做，你的禪修將非常乏味，即使你有一點小進展，障礙還是會源源而至，內心也不可能有真實、純正的證悟。因此，只要以純樸的恭敬心熱誠祈

求，不久之後，上師智慧心的直接加持力將會傳遞到你身上，加持你從內心深處產生不可言喻的殊勝證悟。

現在，我想教給你一個簡單的上師相應法，任何人不管他的宗教或精神信仰是什麼，都可以修。

這個美妙的法門是我的主要法門，是我一生的中心和啟示，每次我修上師相應法時，我都是觀想蓮花生大士。當佛陀即將入滅時，他預言在他涅槃後不久，將有蓮花生大士出生弘傳密法。誠如我曾經說過的，第八世紀時在西藏建立佛教的就是蓮花生大士。對西藏人來說，根本上師蓮花生大士象徵一個宇宙的、永恆的原則；他是一切法界的上師。他對西藏的上師現身無數次，這些會面和示現都有確切的紀錄：發生的時間、地點和方式，以及蓮花生大士所開示的教法和預言。他也留下幾千部伏藏教法給未來世，由許多他所化身的大師陸續揭露；這些*伏藏寶典*，西藏文稱為 *termas*，其中有一部就是《中陰聞教得度》。

當我遇到困難和危機時，我總是向蓮花生大士祈求，他的加持和力量從來不曾遺棄我。當我想到他時，我所有的上師都在他身上呈現。對我來說，他活在一切時刻，而整個宇宙也在每一個時刻閃耀著他的美麗、力量和存在。

哦！根本仁波切，尊貴的上師，
你是一切諸佛慈悲和加持的化身，
眾生唯一的保護者。
毫不猶豫的，我要以
我的身體，我的財物，我的心和靈魂皈依你！

從現在起直到我證得覺悟為止，
不管是快樂或憂傷，順境或逆境，得意或失意，
我完全依賴你，哦！蓮花生大士，你是瞭解我的上師：
記得我，啓示我，指導我，讓我與你合而為一。[8]

我把蓮花生大士看作我所有上師的體現，所以在上師相應法中，當我把我的心與他結合時，全部上師就都包括在他身上。當然，你也可以觀想任何你感到恭敬的覺者、聖賢或任何宗教、神祕傳統的上師，不管他們是否還活著。

上師相應法分為四個主要的步驟：一、啓請；二、利用上師的心要——咒語，將你的心與上師合而為一；三、接受加持或灌頂；四、最後將你的心與上師結合並安住在本覺之中。

1.啓請

靜靜坐著。從你的內心深處，啓請真理的化身——你的上師、聖人或覺者出現在你面前的天空中。

嘗試觀想上師或佛如同彩虹一般的生動、燦爛和透明。以完整的信賴，相信一切諸佛和覺者的智慧、慈悲和力量的加持和品質全都呈現在他身上。

如果你在觀想上師時遇到困難，請把這種真理的化身想像成光，或嘗試感覺他就出現在你前面的天空中：一切諸佛和上師的出現。讓你那時所感覺到的啓示、喜悅和敬畏取代觀想。完全相信你所啓請的對象確實在那兒出現。佛陀自己說：「誰想到我，我就在他前面。」我的上師敦珠仁波切經常說，如果一開始你無法清楚地觀想，並沒有關係；比較重要的是你要感覺心中確有你觀想的對象出現，而且知道這種出現代表著一切

諸佛的加持、慈悲、能量和智慧。

　　然後，放鬆，並讓你的心中充滿上師的出現，以你全部的心力堅決啓請他；以完全的信心在內心祈求：「請幫助我，啓示我去淨化我的一切業障和煩惱，並體悟我的心性。」

　　然後，以深度的恭敬心，把你的心和上師結合，把你的心安住在他的智慧心中。當你這麼做時，把你自己完全交給上師，並告訴自己：「現在，請幫助我，照顧我。讓你的喜悅和能量、你的智慧和慈悲充滿我。把我收到你智慧心的慈愛中。加持我的心，啓發我的智慧。」然後，如同頂果欽哲仁波切說的：「毫無疑問的，加持就會進入你的心中。」

　　當我們修上師相應法時，它可以直接、善巧而有力地帶領我們超越我們的凡夫心，進入本覺的智慧淨土裡。在那兒，我們可以看見、發現和知道一切諸佛都出現了。

　　因此，請感覺佛、蓮花生大士、你的上師活生生地出現，並把你的心開放給真理的化身，如此確實可以加持和轉化你的心。當你啓請佛陀時，你自己的佛性就被喚醒而盛開，就像陽光下的花朵那麼自然。

2.讓加持成熟和加深

　　當我進行到這一部分的修持，藉著咒語把我的心和上師結合時，我就念唵阿吽班雜咕嚕叭嘛悉地吽（OM AH HUM VAJRA GURU PADMA SIDDHI HUM，西藏文發音爲 Om Ah Hung Benza Guru Péma Siddhi Hung），這個咒語就是蓮花生大士本身和一切上師的加持。我想像我整個人都充滿著他，我覺得在我念咒（他的心要）時，它就在振動並且滲透我全身，彷彿有幾百位小蓮花生大士化身爲聲音，在我的身

體裡繞行，轉化我整個人。

然後，使用咒，以誠摯專一的恭敬心奉獻出你的心和靈魂，把你的心和蓮花生大士或你的上師結合在一起。漸漸地，你將覺得自己越來越接近蓮花生大士，並縮短你和他的智慧心之間的距離。藉著這種修行的加持和力量，慢慢地，你實際上會經驗到你的心，被轉化到蓮花生大士和上師的智慧心：你開始認識到它們是不可分離的。正如同你把手指頭伸進水裡，它會濕掉；把它放進火中，它會被燒到；因此如果你把你的心投入諸佛的智慧心上，它將轉化成他們的智慧心。事實上，你的心將逐漸發現它本身處於本覺的狀態中，因為心的最內部性質無非是一切諸佛的智慧心。這就好像你的凡夫心逐漸死掉和消解，而你的清淨覺察力、你的佛性、你的內在老師將被顯露出來。這是加持的真義——心的轉化，超越平凡心，進入絕對的境界。

這個「加持的成熟」階段是修持上師相應法的中心和主要部分，當你在修上師相應法時，應該在此投注最多的時間。

3.灌頂

現在觀想從上師身上射出幾千道燦爛的光芒，流向你，貫穿你的全身，淨化你，治療你，加持你，灌頂你，在你身上播下覺悟的種子。

為著讓修行儘可能豐富並增加啟示作用，你可以把它想像成三個階段來展開：

首先，一束閃耀的水晶白色光（音「嗡」），從上師的額頭射出，進入你額頭的氣輪，注滿你全身。這道白光代表一切諸佛的身加持，它洗淨你的身惡行所累積的一切惡業，它淨化

你身心系統的氣脈，它給你諸佛的身加持，它強化你做觀想的練習，它開放你準備證悟遍一切處的本覺的慈悲能量。

其次，一束紅寶石光從上師的喉嚨射出（音「啊」），進入你喉嚨的氣輪，注滿你全身。這道紅光代表一切諸佛的語加持：它洗淨你的惡語所累積的一切惡業，它淨化你身心系統的內部空氣，它給你諸佛的語加持，它授權給你持咒，它開放你準備證悟本覺的光芒。

第三，一束閃爍的青金石藍色光（音「吽」），從上師的心射出，進入你心的氣輪，注滿你全身。這道藍色光代表一切諸佛的意加持：它洗淨你的惡思想所累積的一切惡業，它淨化你身心系統的能量或原創的本質，它給你諸佛的意加持，它授權給你可以做高級相應法，它開放你準備證悟本覺的本初清淨。

明白並感覺你現在已經透過加持，受到蓮花生大士和一切諸佛金剛不壞的身、語、意灌頂。

4.安住在本覺中

現在讓上師溶化成光，在你的心性中與你合而為一。確信不疑地瞭解你這個天空般的心性就是絕對的上師。一切覺者，除了在本覺中，在你的心性中之外，還會在哪裡呢？

在那種證悟之中，在那種空靈自在的境界之中，你安住於你絕對心性的溫暖、光榮和加持裡。你已經抵達本來的基礎地：自然純一的本初清淨。當你安住在這個本覺的狀態時，你就會瞭解蓮花生大士這句話的真理：「心的本身即是蓮花生大士，除此之外，別無禪定。」

我在這裡說明上師相應法，當作此生自然中陰的一部分，因爲它是我們活著時最重要的修行法門，所以也是臨終時最重要的修行法門。誠如你將在第十三章〈給臨終者的精神幫助〉所看到的，上師相應法構成頗瓦法（phowa）的基礎；所謂頗瓦，就是死亡時意識的轉換。因爲在死亡時，如果你能信心十足地把你的心與上師的智慧心結合，而後在那種平安中去世，那麼我向你保證一切將順利美好。

因此，我們活著時候的功課，就是要一再練習把我們與上師的智慧心結合，讓我們在日常生活中的每一個動作，包括坐、走路、吃東西、飲水、睡覺、做夢或醒來，都能夠很自然地越來越溶入上師的存在。慢慢地，經過多年專注的恭敬心，你開始知道並體悟一切現象都是上師智慧的展現。一切生命情境，即使一時似乎是悲劇、無意義或可怖的情境，都將越來越清楚地顯示它們是上師和內在老師的直接教誨和加持。誠如頂果欽哲仁波切所說的：

> 恭敬心是修行的核心，如果我們心中只存有上師，只感覺熱誠的恭敬心，不管發生什麼事，都看作是他的加持。如果我們能夠以這種永遠現前的恭敬心來修行，它本身就是祈禱。
>
> 　當一切思想都充滿對上師的恭敬心時，就會產生自然的信心：它將照顧一切事情。一切形狀都是上師，一切聲音都是禱告，一切粗細的思想都是恭敬心。萬事萬物當下就在這種絕對性中解脫，就好像結在空中解開一般。9

第十章

心要

人們在真正證悟心性之前，没有人能夠毫不恐懼而完全心安地去世。因爲只有經過多年不斷修行而加深的證悟，才能夠在死亡過程的消解混亂中，保持心的穩定。就我所知，幫助人們證悟心性的所有方法中，大圓滿法是最清晰、最有效、最適合現代環境的法門。在佛教的各種教法中，大圓滿法是最古老、最直接的智慧之流，也是中陰教法的來源。

大圓滿法的來源，可以追溯到本初佛普賢王如來，由傳承不斷的歷代大師傳到今天。成千上萬的印度、喜馬拉雅山和西藏修行人，透過這個法門得到證悟和覺悟。有一個美妙的預言説：「在這個黑暗的年代裡，普賢王如來的心要將像火般地照耀。」我的生命，我的教法，還有這本書，都是爲了點燃世間眾生心中的這把火。

在這個使命中，永遠給我支持、啓示和指導的就是蓮花生大士。他是大圓滿法的主要精神、最偉大的發揚者和化身，他具有殊勝的功德，如寬宏大量、神通力、預言式的見地、覺醒的能量、無限的慈悲。

大圓滿法並沒有在西藏廣泛教導，而且有一段時間，許多最偉大的上師們不在現世傳授這個法門。爲什麼現在我要教它呢？我的幾位上師曾經告訴我，目前是大圓滿法流傳的時刻，是預言中暗示的時刻。我也覺得，如果不把如此殊勝的智慧法門與大家分享，那就是不慈悲。人類已經到了他們進化過程中的生死關頭，這個極端混亂的年代，需要極端有力而清晰的法門。我也發現，現代人所需要的教法，必須避免教條、基本教義論、排他性、複雜的形而上學、屬於外國文化的東西；他們需要當下就能瞭解的簡單而深入的法門，他們需要不必在寺院道場就能修持的法門，他們需要能夠溶入日常生活和隨地都可

以修持的法門。

　既然如此，大圓滿法又是什麼呢？大圓滿法不只是一種教法而已，它不是另一種哲學，不是另一種複雜的系統，不是另一套誘人的技巧。大圓滿是一種狀態，本初的狀態，全然覺醒的狀態，一切諸佛和一切修行法門的心要，個人精神進化的極致。藏文的 Dzogchen 在英文中往往翻譯為 Great Perfection，我並不贊成這種譯法，因為Great Perfection帶有一種漫長艱苦旅程的目的，這實在與Dzogchen的真義相差太遠了。Dzogchen（大圓滿）的真義，莫過於它是我們的**本性自我圓滿的狀態**，根本不需要去完美它，因為一開始它就是完美的，彷彿天空一般。

　一切佛教法門都可以用**根、道、果**（Ground, Path, and Fruition）來說明。大圓滿法的「根」是這個基本的、本初的狀態，是我們的絕對性，它本來就是圓滿的，永遠現前的。貝珠仁波切說：「它既不是要從外面去尋求，也不是從前沒有而現在要從你的內心生出來的。」因此，從「根」（絕對性）的觀點來看，我們的本性與諸佛的本性相同；上師們說，毫無疑問的，在這個層次上，無法可說，無行可修。

　不過，我們必須明白，諸佛走的是一條路，我們走的是另一條路。諸佛認證他們的本性而覺悟；我們不認得那個本性而迷惑。在教法中，這種情況稱為**一根二道**（One Ground, Two Paths）。我們之所以處於相對世界。就是因為我們的本性被遮蔽，所以我們需要遵循教法和修行，才能回到真理：這就是大圓滿法的「道」。最後，體悟我們的本性就是證得完全解脫和成佛。這就是大圓滿法的「果」，如果修行人能夠用心去修，實際上是有可能在一世證果的。

　　大圓滿傳承的上師們，深刻覺察到把絕對和相對混淆是非常危險的。不瞭解這種關係的人會忽視，甚至蔑視修行和因果業報的相對層面。不過，真正掌握大圓滿法意義的人，卻會更加尊敬因果律，也會更加重視淨化和修行的需要。這是因爲他們瞭解被遮蔽了的内在是多麼廣大，因此會更熱切、更精進、更自然地努力掃除他們和真性間的障礙。

　　大圓滿法就像一面鏡子，它能夠以如此活潑自在的清淨和如此纖塵不染的清明，來反映吾人本性的「根」，因此我們本質上就受到安全保障，不被任何思維性的知識所禁錮，不管這種知識多精細、多具説服力或多誘人。

　　那麼，大圓滿法對我又有什麼特殊的地方呢？一切教法都是導向覺悟的，但大圓滿的殊勝是，即使在相對的層面，它的語言也不會以概念去污染絕對的層面；它讓絕對的層面保留純真、有力、莊嚴的素樸，卻仍然能夠以如此生動、令人興奮的語氣，把絕對的層面介紹給任何一個開放的心靈，因此即使在開悟之前，我們都很有機會瞥見覺悟境界的光輝。

見

　　大圓滿道的實際訓練，可以依據傳統而最簡單的方式，用*見*（view）、*定*（meditation）、*行*（action）來描述。「見」就是直接看到絕對的狀態或我們存有的「根」；「定」就是穩定那個「見」和使它變成連續經驗的方法；「行」就是把「見」溶入我們的整個實相和生命之中。

　　「見」又是什麼呢？它無非是*看見*事物如是的實際狀態；它就是*瞭解*真實的心性就是萬事萬物的真實本性；它就是*領悟*心的真性即絕對真理。敦珠仁波切說：「見就是對赤裸裸的覺

醒的認識，它包含一切事物：感官的認知（能）和現象的存在
（所）、輪迴和涅槃。這種覺察有兩個層面：絕對層面的空和
相對層面的境相或覺受。」

這句話的意思是説：在廣大無邊的心性中，所有一切境相
和一切現象，不論是輪迴的或涅槃的，永遠都是圓滿具足的，
無一例外。不過，即使一切事物的本質都是空的，都是「自始
就是純淨的」，但它的性質仍然富有高貴的品質，涵藏各種可
能性；換言之，它無邊無盡不斷在創新而當下圓滿。

你也許會問：「如果體悟『見』就是體悟心性，那麼心性又
像什麼？」心性的*體*，就像空無一物、廣袤無邊、自始清淨的
天空；心性的*相*，就像太陽的光明清澈、無所不在、自然顯
現；心性的*用*，也就是慈悲的顯現，就像陽光大公無私地普照
萬物，貫穿四面八方。

你也可以把心性想成鏡子，具有五種不同的力量或「智
慧」：它的開放性和廣闊性是「虛空藏智」，慈悲的起源；它
鉅細靡遺反映一切的能力是「大圓鏡智」；它對任何印象均無
偏見是「平等性智」；它有能力清晰明確地辨別各種現象是
「妙觀察智」；它有潛能讓一切事物成就、圓滿、隨意呈現是
「成所作智」。

在大圓滿法裡，「見」由上師直接介紹給學生。這種直接
教授是大圓滿法的特色所在。

上師象徵諸佛智慧心的完全證悟，透過他的加持，可以把
它的直接經驗，在教授「見」時傳達給學生。為了接受「見」
的傳授，學生必須先發願和淨業，達到心靈開放和恭敬心具足
的地步，以容納大圓滿法的真義。

　　諸佛的智慧心要如何介紹呢？請想像心性就是你自己的臉；一直都在你身上，但你自己不能看到它。現在請想像你從來沒有看過鏡子。上師的教授，就好像突然拿起一面鏡子，讓你首次看到你自己的臉在鏡子上面反映出來。就好像你的臉一樣，本覺這個純粹覺察力，既不是你過去沒有而現在上師才給你的「新」東西，也不是你可以在身外發現的。它一直都是你的，也一直都在你身上，但在那一個驚人的時刻之前，你從來不曾看過它。

　　貝珠仁波切解釋說：「根據大圓滿法傳承的偉大上師說，心性、本覺的面貌只有在概念心溶化的時候，才能傳達介紹。」在介紹的時刻，上師把概念徹底切除，完全顯示出赤裸的本覺，清楚地呈現出它的本性。

　　在那一個震撼有力的時刻，師徒的心融合在一起，學生就確切地經驗到或瞥見本覺。就在那一個當下，上師介紹了心性，學生也認證了本覺。當上師把他本覺的智慧的加持導向學生本覺的心時，上師就把心性的本來面目直接顯示給學生。

　　不過，為了要讓上師的傳授充分有效，必須要創造適合的條件或環境。歷史上只有幾位特殊的個人，由於他們的清淨業，能夠在瞬間認識心性而開悟；因此，在傳法之前，通常要做以下的加行功夫。這些加行可以淨化和剝除你的凡夫心，把你帶到足以認證本覺的境界。

　　第一，*禪定*是對治散亂心的無上解藥，可以把心找回家，讓它安住在它的自然狀態中。

　　第二，*深度的淨化修習*，並透過功德和智慧的累積而加強善業，可以去除障蔽心性的情緒和知識的面紗。誠如我的上師蔣揚欽哲仁波切寫道：「如果業障淨除，心性的智慧將自然放

射出來。」這些淨化的修習，在藏文叫Ngöndro，可以產生全面性的內心轉化。它們包含整個人的身口意的修行，開始時要做深度的觀想：

- 人身難得
- 無常迅速命在旦夕
- 凡所造作必有因果
- 生死輪迴苦海無邊

這些觀照可以引發強烈的「出離心」（renuciation），以及脫離輪迴走向解脫道的迫切感，為進一步的修行奠基：

- 皈依佛，皈依法，皈依僧，喚醒對於我們自身佛性的信心和信賴。
- 發起慈悲心（菩提心，將於第十二章詳細說明），訓練心對治自我與他人，以及生命的難題。
- 透過觀想和持咒清除業障。
- 以發展大布施心和創造善因緣來累積功德和智慧。[1]

所有這些修習最後引導至上師相應法，這是一切法門中最重要、最感人、最有力者，是打開心靈以證悟大圓滿心性所不可或缺者。[2]

第三，一種特別*觀照心性和現象的修行*，可以終止心對於思考和研究的無盡渴求，讓心不再依賴無盡的思維、分析和攀緣，喚醒對於空性的現證。

我無法強調這些加行到底有多重要。它們必須有系統地逐一修習，才能夠啓發學生喚醒心性，當上師覺得因緣成熟要把心性的本來面目顯示給學生時，學生才足以接受。

紐舒龍德（Nyoshul Lungtok）是近代最偉大的大圓滿傳承上師之一，曾經親近他的老師貝珠仁波切達十八年之久。那

段期間，他們兩人幾乎形影不離。紐舒龍德研究和修行極爲努力，業障淨除，功德累積，功夫成就；他已經準備認證心性了，卻還沒有得到最後的法。有一個特別的晚上，貝珠仁波切終於傳法給他。當時他們住在大圓滿寺（佐欽寺）[3]上方高山的閉關房。夜色很美，蔚藍色的天空萬里無雲，繁星點點交相輝映。萬籟俱寂，偶爾從山腳下的佛寺傳來狗吠聲，劃破天際。

貝珠仁波切仰臥在地上正在修一種特殊的大圓滿法。他把紐舒龍德叫來：「你說過你不懂心要嗎？」

紐舒龍德從聲音中猜測這是一個特別的時刻，期望的點點頭。

「實際上沒有什麼好知道的，」貝珠仁波切淡淡地說，又加了一句：「我的孩子，過來躺在這裡。」紐舒德龍挨著他躺了下來。

於是，貝珠仁波切問他：「你看到天上的星星嗎？」

「看到。」

「你聽到佐欽寺的狗叫聲嗎？」

「聽到。」

「你聽到我正在對你講什麼嗎？」

「聽到。」

「好極了，大圓滿就是這樣，如此而已。」

紐舒龍德告訴我們當時發生的事：「就在那一刹那，我心裡篤定地開悟了。我已經從『它是』和『它不是』的枷鎖解脫出來。我體悟到本初的智慧，空性和本有覺察力的純然統一。我被他的加持引到這個體悟來，正如偉大的印度上師撒惹哈（Saraha）所說：

> 上師的話已經進入他的心裡，
> 他看到真理如觀手掌中的珠寶。[4]

在那個當下，一切都各得其所；紐舒龍德多年來的學習、淨化和修行終於瓜熟蒂落。他證得了心性。貝珠仁波切所説的話並沒有什麼特殊、神祕或不可思議；事實上，這些話再平常不過了。但話語之外，傳達了別的東西。他所透露的正是萬事萬物的本性，也是大圓滿法的真義。當下他就透過自己證悟的力量和加持，把紐舒龍德直接帶進那個境界中。

但上師們相當不同，他們可以使用各種不同的善巧方便來啓發那種意識的轉換。貝珠仁波切本人的悟道因緣則迥然不同，他是由一位非常古怪的上師杜欽哲（Do Khyentse）引進心性的。這是我親耳聽來的故事。

貝珠仁波切一直在修高級的相應法和觀想，碰到瓶頸，所有本尊的曼達拉（mandala）都無法清晰地在他心中顯現[5]。有一天他遇到杜欽哲，在戶外升火飲茶。在西藏，當你遇到一位自己非常恭敬的上師時，傳統上你就要做大禮拜表示尊敬。當貝珠仁波切開始在遠處做大禮拜時，杜欽哲發現，就威脅地咆哮：「嘿，你這隻老狗！如果你有膽量，就過來！」杜欽哲是一位非常令人佩服的上師。他就像一位日本武士，留長頭髮，衣著隨便，很喜歡騎漂亮的馬。當貝珠仁波切繼續做大禮拜，開始接近他時，一直在咒罵的杜欽哲就開始丟小石頭，漸漸地又丟起較大的石頭。貝珠仁波切終於拜到跟前，杜欽哲就開始揍他，把他擊昏了過去。

當貝珠仁波切醒過來時，他的意識狀況全然不同。他一直費很大勁去觀想的曼達拉，當下在他面前顯現。杜欽哲的每一

句咒罵和每一個攻擊，都在摧毀貝珠仁波切概念心的痕跡，每一塊石頭都在打開他全身的氣輪和氣脈。事後長達兩個星期之久，曼達拉的清晰景象沒有離開過他。

　　我現在要嘗試説明「見」到底像什麼，以及本覺直接顯現時的感覺，縱使一切的語言文字和概念名詞都無法真正描述它。

　　敦珠仁波切説：「當時就像脱掉你的頭蓋一般。多麼無邊無際和輕鬆自在啊！這是至高無上的見：見到從前所未見。」當你「見到從前所未見」時，一切都開放、舒展，變得清爽、清晰、活潑、新奇、鮮明。這就好像你心中的屋頂飛掉了，或一羣鳥突然從黑暗的巢中飛走。一切限制都溶化和消失，就好像西藏人所説的，封蓋被打開了。

　　想像你住在世界第一高峯頂上的屋子裡，突然間，擋住你視線的整棟房子倒塌了，你可以看到裡裡外外的一切。但都沒有什麼「東西」可以看到；當時所發生的，不能夠用任何平常的經驗來比喻；它是全然、完整、前所未有、完美無缺的看見。

　　敦珠仁波切説：「你最可怕的敵人，也就是自從無始以來到目前爲止，讓你生生世世輪迴不已的敵人，就是執著和被執著的對象。」當上師介紹心性，你也認證心性時，「這兩者都被燒掉了，就好像羽毛在火燄中化爲灰燼，了無痕跡。」執著和被執著，被執著的對象和執著的人，都從它們的基礎中完全解脱出來。無明和痛苦的根整個被切斷。一切事物像鏡中的影子，透明、閃耀、虛幻、如夢般的呈現。

　　當你在「見」的啓發下，自然達到這個禪定境界時，你就

可以長時間維持在那兒，不會分心，也不必太費力。然後，沒有所謂「禪定」來保護或維繫，因為你已在本覺的自然之流中。當時，你就可以體悟到它過去和現在都如是。當本覺照射出來時，完全不會有任何懷疑，一種深刻完整的智慧就自然而直接地生起。

一切我所說明的影像和嘗試使用的譬喻，你將發現會溶化在廣大的真理經驗中。恭敬心在這個狀態中，慈悲心在這個狀態中，一切智慧、喜悅、清明和無思無慮全都融合和連結在一味中。這個時刻是覺醒的時刻。深刻的幽默感從心中湧起，你會啞然失笑，你過去有關心性的概念和想法錯得多麼離譜啊！

從這個經驗中將產生越來越不可動搖的肯定和信心，知道「這就是它」：再也沒有什麼好尋找的，再也沒有什麼可以企求的。這種對於「見」的確認，必須透過反覆瞥見心性來加深，並透過繼續禪修來穩定。

禪定

大圓滿法的禪定又是什麼呢？它只是在「見」被傳授之後，專一的安住在「見」中。敦珠仁波切描述它：「禪定就是專注在本覺的狀態中，解脫一切思維概念，另一方面卻維持完全放鬆，毫不散亂或執著。因為『禪定不是奮鬥，而是自然地溶入本覺。』」

大圓滿法的禪定修習，其要點是強化和穩定我們的本覺，讓它成長到完全成熟的地步。平凡習慣的心以及它的投射是相當有力的。當我們不專注或散亂的時候，它就會繼續回來，輕易地控制我們。誠如敦珠仁波切經常說的「目前我們的本覺就像小嬰兒，擱淺在強大、念頭不斷的戰場裡。」我喜歡說，開

始時我們必須在安全的禪定環境，充當「本覺」的保母。

　　如果禪定只是在傳授本覺之後，繼續讓它流動，我們又如何知道什麼時候是本覺，什麼時候不是呢？我問過頂果欽哲仁波切這個問題，他簡潔地回答說：「如果你是在一個不變的狀態中，那就是本覺。」如果我們不用任何方式去支配或操縱，我們的心只是安住在純淨、本有覺察力的不變狀態中，那就是本覺。如果我們有任何支配、操縱或執著，那就不是。本覺是不再有任何懷疑的狀態，沒有一顆心可以去懷疑。你可以直接看到。如果你是在這種狀態中，一種完整的、自然的肯定和信心就會跟隨本覺湧起，那就是你判斷它是不是本覺的方法。⁶

　　大圓滿傳統是非常準確的傳統，因爲你走得越深，生起的妄念就越細微，絕對實相的理解就處在成敗的關口。即使是在傳授心性之後，上師們還是會仔細澄清那些狀態不是大圓滿的禪定狀態，千萬不可以攪混。下面這些情況都不是真正大圓滿的禪定狀態，修行人必須小心翼翼避免迷惑在其中：第一種是你漂流到心的無人島上，那兒沒有思想或記憶；它是一種黑暗、沈悶、漠不關心的狀態，在那兒你被丟進凡夫心的基礎地。第二種狀態有些寧靜和稍帶清明，但這種寧靜的狀態是屬於停滯的狀態，仍然被埋在凡夫心中。第三種狀態可以令你經驗到思想不存在，但卻是迷失於飄飄然的真空狀態中。第四種狀態是你的心溜掉了，渴望思想和投射。

　　大圓滿禪修的要點，可以歸納成四點：

- 在過去的念頭已滅，未來的念頭尚未生起時，中間是否有當下的意識，清新的、原始的、即使是毫髮般的概念也改變不了的，一種光明而純真的覺察？

　　是的，那就是本覺。

- 然而它並非永遠停留在那個狀態中，因爲又有另一個念頭突然生起，不是嗎？
  這是本覺的光芒。

- 不過，如果在這個念頭生起的當下，你沒有認出它的真面目，它就會像從前一樣，轉變成另一個平凡念頭。這稱爲「妄念之鏈」，正是輪迴的根。

- 如果你能夠在念頭生起時立刻認出它的真性，不理會它，不跟隨它，那麼不管生起什麼念頭，都將全部自然溶化，回到廣大的本覺中，獲得解脫。

很明顯的，對於上述四個深刻而簡單的要點，如果想瞭解和體悟它們的豐富和壯麗，需要一輩子的修行功夫。這裡我只想讓你嚐嚐大圓滿禪定的開闊性。

也許最重要的一點是，大圓滿禪定是本覺永遠在流動，就如同河川、日夜不停地流動。當然，這是理想的狀態，因爲一旦「見」已經被傳授和認證之後，要想專注地安住在「見」之中，就得有多年不斷的修行。

大圓滿禪定可以強有力地對治念頭的生起，並且對於它們具有特殊的看法。一切念頭的生起，都要觀照它們的真性與本覺並無分別，也不互相敵對；反之，要把念頭看成無非是心性的「自我光輝」、本覺能量的顯現，這一點是非常重要的。

假設你發現自己處於深刻的寧靜狀態中，可是常常爲時不久，一個念頭或一個動作就生起，就好像海洋中的波浪一般。不要拒絕那個動作或特別擁抱寧靜，而要保持純淨現前的流動。禪定的普遍、寧靜狀態就是本覺本身，一切念頭的生起無非是本覺的光芒。這是大圓滿法的心要和基礎。有一個方法可以想像這種情況，好比你正騎著太陽光回到太陽去：你立刻追

蹤念頭回到它們的根源——本覺。當你安住在「見」中如如不動時，你就不會再受任何生起的念頭所欺騙和分心，因此不會淪爲妄念的犧牲品。

當然，海洋中有小波，也有大浪；強烈的情緒如瞋、貪、妒，也是會來到的。真正的修行人不會把它們看作干擾或障礙，反而是大好機會。如果你以執著和厭惡的習氣來反應這些情緒的生起，不但表示你已經分心了，而且沒有認證本覺，已經喪失了本覺的基礎地。以這種方式來反應情緒，只會加強情緒，還把我們緊緊地綁在妄念的鎖鏈上。大圓滿法的大祕方就是當妄念生起時，立刻看穿它們的本來面目：本覺本身能量的鮮活有力的顯現。當你逐漸學習這麼做時，即使是最激盪的情緒也無法掌握你，也會溶化，就像狂浪生起、高舉，而後沈回海洋的寧靜中。

修行人發現——這是一種革命性的智慧，它的精細和力量無以言喻——狂烈的情緒不僅不能搖動你，不能把你拖回神經質的漩渦裡，反而可以利用它們來加深、鼓舞、激勵和加強本覺。狂暴的能量，變成本覺覺醒能量的食物。情緒越強烈熾熱，本覺就越強化。我覺得大圓滿這種獨特方法具有非凡的力量，即使是積習最深、最根深柢固的情緒和心理問題，都可以解除。

現在讓我盡可能簡單地向你介紹這個過程要如何運作。將來當我們談到死亡時刻所發生的事情時，這裡的說明將很有價值。

在大圓滿法中，一切事物基本的、本具的性質稱爲*地光明*（Ground Luminosity）或*母光明*（Mother Luminosity）。

它遍滿我們全部的經驗，因此也是在我們心中生起的念頭和情緒的本性，雖然我們不認識它。當上師指導我們認識真正的心性，也就是本覺的狀態時，就好像給了我們一把萬能鑰匙。這把鑰匙將為我們打開通往全體智慧之門，我們稱它為*道光明*（Path Luminosity）或 *子光明*（Child Luminosity）。當然，地光明和道光明基本上是相同的，但為了說明和修習起見，只有做如此的分類。一旦經過上師的傳授而握有道光明的鑰匙時，我們就可以隨意用它來打開通往實相自性之門。在大圓滿法中，這種打開門稱為「地光明和道光明的會合」，或「母光明和子光明的會合」。另外一種說法，當念頭或情緒產生時，道光明（本覺）立刻認出它是誰，認出它的自性（地光明）。在那個認證的當下，兩種光結合在一起，念頭和情緒即獲解脫。

在我們活著時，很重要的是修行地光明和道光明的相結合，以及讓生起的念頭和情緒自我解脫，因為每一個人在死亡的剎那，地光明會大放光明，如果你已經學會如何認證它的話，就是完全解脫的機會。

現在大家也許可以清楚了，地光明和道光明的結合，以及念頭和情緒的自我解脫，就是最深層次的禪定。事實上，像「禪定」之類的名詞，並不真正適合大圓滿法，因為終極來說，禪定隱含著「觀」某個對象，而大圓滿法永遠只是本覺而已。所以，除了安住於本覺的純粹現前以外，沒有禪定不禪定的問題。

唯一可以描述這種情況的字眼是「非禪定」（non-meditation）。上師們說，在這種狀態中，即使你尋找妄念，也是不見蹤影。即使你要在滿是黃金和珠寶的島上尋找普通的

小石頭，你也將沒有機會找到。當「見」持續呈現，本覺之流不斷，地光明和道光明持續而自發地結合時，一切妄念都被連根解脫，你整個覺受的生起都是連續不斷的本覺。

上師們強調，為了在禪定中穩固「見」，首先，最重要的一件事，就是選擇一個*有利的環境*，來閉關修習禪定；在紛亂和忙碌的世界中，不管你多麼用功修定，真正的經驗還是無法在你的心中誕生。第二，雖然在大圓滿法中，禪定和日常生活之間並無不同，但除非你透過*適當禪修期*專修禪定而發現真正的穩定，否則你還是無法把禪定的智慧，結合在日常生活的經驗中。第三，即使你在修禪定時，也許可以藉著「見」的信心，保持本覺的繼續流動，但如果你無法結合修行和日常生活，*在一切時刻和一切情境中*繼續那種流動，當逆境產生時，它還是無法當作解藥，你還是會被念頭和情緒誤導，墜入無明。

有一個有趣的故事說，一位大圓滿法行者並不喜歡自我炫耀，不過卻有一大羣徒弟跟著他學習。有一位喜歡賣弄學識的僧人，知道這位相應法行者讀書不多，就對他有點嫉妒。他想：「他只是一個普通人，怎麼敢教人？他怎麼敢裝做老師的模樣？我要去考考他的學識，在他的徒弟面前揭穿他的假貨，羞辱他，讓他們離開他而跟隨我。」

於是，有一天他就拜訪了這位相應法行者，咒罵他說：

「你們這些大圓滿法的傢伙，難道只會修禪？」

那位行者的回答讓他完全意想不到了：「有什麼好修禪的？」

「這麼說來，你連修禪都不做啦。」學者勝利地大叫。

「但我又何曾散亂呢？」行者說。

行

当修行人能够保持本觉的不断流动时，本觉就开始渗透他的日常生活和行动，产生一种深度的稳定和信心。敦珠仁波切说：

> 行就是能真正观察你自己的善恶念头，每当有念头产生时，就深入观照它们的真性，既不追忆过去，也不幻想未来，既不允许攀缘快乐的经验，也不被悲伤的情境所征服。在这么做的时候，你试着到达和维持在完全平静的状态中，一切好坏苦乐都消失了。

微细却完整地体悟「见」，你可以转化对一切事物的看法。我愈来愈体悟到念头和概念都是障碍，使我们无法经常简单地处在绝对状态之中。现在我清楚为什么上师经常这么说：「想办法不要制造太多的希望和恐惧。」因为它们只会制造一堆内心闲话。当「见」呈现时，念头的真面目就被看穿：短暂而透明，但只是相对的。直接看穿每一件事物，就好像你有X光眼一般。你既不执著念头和情绪，也不拒绝它们，你只是欢迎它们全部溶入本觉的广大怀抱里。从前你看得太认真，而今这一切，包括雄心壮志、期望、怀疑和烦恼，都不再切身急迫，因为「见」已经帮助你看见它们是徒劳无功和毫无意义的，并且在你心中产生真正舍离的精神。

停留在本觉的清明和信心中，可以让你的一切念头和情绪，自然而轻松地在它的广阔无际中解脱，就好像在水里写字或在空中画图一般。如果你确实把这个法门修得圆满了，业根本没有机会可以累积起来；在这种无目的、无忧虑的舍弃状态

中，也就是敦珠仁波切所謂「無住、赤裸的自在」的狀態中，因果業報律再也不會束縛你。

不管你怎麼做，千萬不要以爲這是簡單的事。要想不散亂地安住在心性中，即使是片刻的時間，也都是極端困難的，更不談一個念頭或情緒生起時就自我解脫。我們常常誤以爲只要在知識上瞭解，就是實際證悟了。這是一種很大的妄想。證悟需要多年的聞思修和持續用功才能成熟。無庸贅言，修習大圓滿法更是需要具格上師的指導和教授，否則將會有很大的危險，在大圓滿法的傳統裡稱爲「在見中失掉行」。像大圓滿這麼高深而強有力的教法，伴隨著極大的風險。如果實際上你根本沒有能耐解脫念頭和情緒，卻欺騙自己，以爲自己已經如同一位真正大圓滿相應法行者的自由自在，那麼，你就只是在累積巨大的惡業而已。我們的態度必須像蓮花生大士所說：

雖然我的「見」可以像天空那麼廣闊，
但我的「行」和我對因果的尊敬
卻必須像麵粉粒那麼細密。

大圓滿傳統的上師們一再強調，如果沒有透過長年修習而透徹、深刻地熟習「自我解脫的要素和方法」，那麼禪定「只是增加迷惑之道」而已。這句話也許聽來刺耳，但事實就是如此，因爲只有不斷自我解脫所有的念頭，才能真正終止無明的統御，真正保護你不再掉入痛苦和神經症之中。如果沒有自我解脫的方法，當不幸和逆境產生時，你就沒有能力抵擋，即使你修禪定，也會發現你的貪瞋等情緒還是像從前那麼狂亂。沒有這種自我解脫方法的其他禪定方式，則有變成「四禪八定」

的危險，太容易迷失在廣闊的定境、精神恍惚或某種空虛之中，這些都無法從根攻擊和溶化無明。

偉大的大圓滿傳承上師無垢友（Vimalamitra），精確地提到在這種解脫中，自然程度增強的情形：當你首次掌握這種法門時，一有念頭和情緒生起，同時會有解脫產生，就好像在羣眾中認出老朋友一般。改進和加深修習時，也是一有念頭和情緒生起，就會有解脫產生，但卻像一條蛇解開自己捲曲的身體。在最後的熟練階段，解脫就像小偷進入空屋；不管什麼念頭或情緒生起，既不傷害也不助益一位真正的大圓滿行者。

即使是在最偉大的相應法行者身上，憂愁和喜悅、希望和恐懼仍然會像從前一般生起。普通人和相應法行者的差別在於他們如何看待情緒和反應。普通人會本能地接受或拒絕，因而產生執著或厭惡，結果就累積了惡業。反之，相應法行者不管生起什麼念頭或情緒，都會觀照其自然、原始的狀態，不會讓執著進入他的認知中。

頂果欽哲仁波切描述一位相應法行者走過花園的情形。他完全清楚花的光采和美麗，也能欣賞花的顏色、形狀和香氣。但在他心中卻沒有絲毫的執著或「後念」。誠如敦珠仁波切所說的：

> 不管有什麼認知產生，你都必須像小孩子走進莊嚴的寺院；他看著，但執著卻一點也不能進入他的認知中。因此，你讓每一件事物都永遠那麼新鮮、自然、生動和純真。當你讓每一件事物都保持它的原狀時，它的形狀就不會改變，它的顏色就不會褪去，它的光輝就不會消失。不管出現什麼，都不會被任何執著所污染，因此你的一切認

知都是本覺的本來智慧，也就是光明和空性的不可分離性。

從直接體悟本覺的「見」所產生的信心、滿足、空靈、力量、幽默和篤定，是人生最大的寶藏、最高的快樂，一旦證得之後，一切都不能破壞它，即使是死也不能影響。頂果欽哲仁波切說：

> 一旦你有了「見」，雖然輪迴的妄想還是在你心中生起，但你將像天空一般；當彩虹在它面前出現時，它不受到特別的諂媚；當雲出現時，它也不會特別失望。你有一種深沈的滿足感。當你看到輪迴和涅槃的外表時，你會從心中咯咯而笑；「見」將永遠讓你保持喜悅，心中一直都有微笑沸騰著。

誠如敦珠仁波切所說的：「淨化大妄念，即淨化心中的黑暗之後，毫無障蔽的太陽光芒將持續生起。」

如果讀者想從本書瞭解大圓滿法和臨終教法的話，我希望你能尋找和親近一位具格上師，發心接受完整的訓練。大圓滿法的中心是兩種修習：**力斷**（Trekchö）和**頓超**（Tögal），如果想深入瞭解中陰境界所發生的事情，這兩個法門是不可或缺的。這裡我只能做最簡短的說明，至於完整的說明，必須在弟子已經全心發願修法，並達到相當的修行功夫時，上師才會傳授他。我在本章所說明的，就是力斷的核心。

力斷的意思是強力徹底而直接地切入無明。簡單的說，無

明是被本覺的「見」那種不可抗拒的力量切入，就像刀切開牛油或空手道高手劈開一疊磚塊。整個厚重的無明大建物就此倒塌，好像你炸開它的拱頂石一般。無明被切開了，心性的本初清淨和自然素樸就赤裸地顯現出來。

在上師認為你對於力斷的修習有了徹底基礎之後，他才會把頓超的高級法門介紹給你。頓超的修行者，直接在一切現象所本具或「當下呈現」的明光（Clear Light）上用功，使用特殊而非常有力的修習來讓它在自己身上顯露。

頓超具有當下和立即證悟的特性。譬如登山，一般的方法是走很長的山路才爬到高峯，但頓超的方法則是一躍而至。頓超可以讓一個人在一世中，在自己身上證悟到覺悟的不同層面。[7]因此，它被視為大圓滿傳統最非凡、獨特的法門；「力斷」是大圓滿的智慧，「頓超」則是它的方便。它需要大量的訓練，通常都是在閉關的環境裡修習。

然而我們要一再強調的是，大圓滿法的「道」只能在具格上師的直接指導下才能修。達賴喇嘛說：「你必須記住大圓滿法的修習，如力斷和頓超，只有經由經驗老到的上師指導，並且接受證悟者的啟發和加持，才可能成功。」[8]

虹光身

透過這些高深的大圓滿法門，修行成就者可以將他們的生命帶到殊勝而光輝的結束。當他們命終時，可以讓身體回縮到組成身體的光質，他們的色身會溶化在光中，然後完全消失。這種過程稱為「虹身」（rainbow body）或「光身」（body of light），因為在身體溶化時，會有光和彩虹出現。古代的大圓滿密續和大師著作，對於這個驚人、不可思議的現象，有

不同的分類，因爲有一段時期，雖然不是常態，卻經常有這種現象出現。

知道自己即將證得虹光身的人，通常會要求獨處在房間或帳篷裡七天。第八天，整個身體消失了，只留下毛髮和指甲。

現在我們也許很難相信這種事，但大圓滿傳承的歷史卻充滿證得虹光身的例子，誠如敦珠仁波切經常指出的，這不是古老的歷史。我將提到一個最近的，而且是與我個人有關的例子。一九五二年，在西藏東部，有一個著名的虹光身例子，許多人都親眼看到。他就是索南南傑（Sönam Namgyal），我老師的父親，也是我在本書前面提及的左頓喇嘛的兄弟。

他是一個非常單純而謙虛的人，以在石頭上雕刻咒文和經文維生。有人說他年輕時曾經當過獵人，跟隨一位偉大的上師接受教法。沒有人知道他是修行人，他確實可以稱爲「密行者」（a hidden yogin）。在他臨終前不久，人們常看他坐在山頂，仰望虛空。他不唱傳統歌，自己作詞譜曲。沒有人知道他正在做什麼。然後他似乎生病了，但奇怪地，他卻變得越來越快樂。當病情惡化時，家人請來上師和醫生，他的兒子告訴他應該記住他所聽過的教法，他微笑説：「我全都忘光了，不管怎樣，沒有什麼好記的。一切都是幻影，但我相信一切都會很好。」

在他七十九歲臨終時，他説：「我唯一的要求是，死後一個星期內不要動我的身體。」當他去世後，家人就把他的遺體包裹起來，邀請喇嘛和僧人來爲他誦經。他們把遺體放在一個小房間内，並且不禁注意到，雖然他高頭大馬，卻毫不困難就被帶進房間，好像遺體變小了。同時，奇異的彩虹般的光充滿了整個屋子。在第六天時，家人看見他的身體好像變得愈來愈

　　小了。在他死後第八天的早晨，安排葬儀事宜，當抬屍人把蓋布掀開時，發現裡面除了指甲和毛髮外一無所有。

　　我的上師蔣揚欽哲請人把指甲和毛髮送來給他看，而且認證了這是虹光身的例子。

【第二篇】

臨 終

第十一章

對臨終關懷者
的叮嚀

在一家我所知道的臨終關懷醫院裡，一位近七十歲的女士，名叫艾蜜莉，罹患乳癌已經到了生命終點。她的女兒每天都會來探望她，兩人的關係似乎很好。但當她的女兒離開之後，她幾乎都是一個人孤零零坐著哭。不久我才知道個中原委，因爲她的女兒完全不肯接受她的死是不可避免的，總是鼓勵母親「往積極方面想」，希望能藉此治好癌症。結果，艾蜜莉必須把她的想法、深度恐懼、痛苦和憂傷悶在心裡，沒有人可以分擔，沒有人可以幫助她探討這些問題，更沒有人可以幫助她瞭解生命，幫助她發現死亡的治療意義。

生命最重要的事情，就是與別人建立無憂無慮而真心的溝通，其中又以與臨終者的溝通最爲重要。艾蜜莉的例子正是如此。

臨終者常常會感到拘謹和不安，當你第一次探視他時，他不知道你的用意何在。因此，探視臨終者請儘量保持自然輕鬆，泰然自若。臨終者常常不說出他們心裡真正的意思，親近他們的人也常常不知道該說或做些什麼，也很難發現他想說什麼，或甚至隱藏些什麼。有時候連他們自己也不知道。因此，要緊的是，用最簡單而自然的方式，緩和任何緊張的氣氛。

一旦建立起信賴和信心，氣氛就會變得輕鬆，也就會讓臨終者把他真正想說的話說出來。溫暖地鼓勵他儘可能自由地表達他對臨終和死亡的想法、恐懼和情緒。這種坦誠、不退縮地披露情緒是非常重要的，可以讓臨終者順利轉化心境，接受生命或好好地面對死亡。而你必須給他完全的自由，讓他充分說出他想說的話。

當臨終者開始述說他最私密的感覺時，不要打斷、否認或縮短他正在說的話。末期病人或臨終者正處於生命中最脆弱的

階段，你需要發揮你的技巧、敏感、溫暖和慈悲，讓他把心思完全透露出來。學習傾聽，學習靜靜地接受：一種開放、安詳的寧靜，讓他感到已經被接受。儘量保持放鬆自在，陪著你臨終的朋友或親戚坐下來。把這件事當作是最重要或最可愛的事情。

　　我發現在生命的所有嚴重情況裡，有兩件事情最有用：利用常識和幽默感。幽默有驚人的力量，可以緩和氣氛，幫助大家瞭解死亡的過程是自然而共通的事實，打破過分嚴肅和緊張的氣氛。因此，儘可能熟練和溫柔地運用幽默。

　　我也從個人經驗中發現，不要用太個人化的觀點來看待事情。當你最料想不到的時候，臨終者會把你當作憤怒和責備的對象。誠如精神醫師庫布勒羅斯所說的：「憤怒和責備可以來自四面八方，並隨時隨意投射到環境去。」'不要認為這些憤怒是真的對著你；只要想想這些都是由於臨終者的恐懼和悲傷，你就不會做出可能傷害你們關係的舉動。

　　有時候你難免會忍不住要向臨終者傳教，或把你自己的修行方式告訴他。但是，請你絕對避免這樣做，尤其當你懷疑這可能不是臨終者所需要的時候。沒有人希望被別人的信仰所「拯救」。記住你的工作不是要任何人改變信仰，而是要幫助眼前的人接觸他自己的力量、信心、信仰和精神。當然，如果那個人確實對修行能夠開放，也確實想知道你對修行的看法，就不要保留。

　　不要對自己期望太大，也不要期望你的幫助會在臨終者身上產生神奇的效果或「拯救」他，否則你必然會失望。人們是以自己的方式過活，怎麼活就怎麼死。為了建立真正的溝通，你必須努力以他自己的生活、性格、背景和歷史看待那個人，

並毫無保留地接受他。如果你的幫助似乎沒有什麼效果，臨終者也沒有反應，不要洩氣，我們不知道我們的關懷會產生什麼影響。

表達無條件的愛

臨終者最需要的是別人對他表達無條件的愛，越多越好。不要以爲你必須是某方面的專家才辦得到。保持自然，保持你平常的樣子，做一個真正的朋友，如此，臨終者將肯定你是真的關懷他，你是單純而平等地在跟他溝通。

我曾說過：「對臨終者表達無條件的愛。」但在某些情況下，這絕非易事。也許我們跟那個人有很長的痛苦歷史，也許我們會對過去對他所做的事感到愧疚，也許會對過去他對我們所做的事感到憤怒和厭惡。

因此，我建議兩個非常簡單的方法，幫助你打從內心對臨終者產生愛。我和那些照顧臨終者的學生們都發現這兩個方法很管用。第一，看著你眼前的臨終者，想像他跟你完全一樣，有相同的需要，有相同的離苦得樂的基本欲望，有相同的寂寞，對於陌生世界有相同的恐懼，有相同的隱密傷心處，有相同的說不出的無助感。你將發現，如果你確實做到這一點，你的心將對那個人開放，愛會在你們兩人之間呈現。

第二種方法，我發現這種方法更有效，就是把你自己直接放在臨終者的立場上。想像躺在床上的人就是你，正在面臨死亡；想像你痛苦而孤獨地躺在那兒。然後，認真地問自己，你最需要什麼？最喜歡什麼？最希望眼前的朋友給你什麼？

如果你做了這兩種修習，你將發現臨終者所要的正是你最想要的：*被眞正地愛和接受*。

　　我也常常發現，病得很嚴重的人，期待被別人觸摸，期待被看成活人而非病人。只要觸摸他的手，注視他的眼睛，輕輕替他按摩或把他抱在懷裡，或以相同的律動輕輕地與他一起呼吸，就可以給他極大的安慰。身體有它自己表達愛心的語言；使用它，不要怕，你可以帶給臨終者安慰和舒適。

　　我們常常忘記臨終者正在喪失他的一切：他的房子，他的工作，他的親情，他的身體，他的心。我們在生命裡可能經驗到的一切損失，當我們死亡時，全都集合成一個巨大的損失，因此臨終者怎麼可能不會有時悲傷，有時痛苦，有時憤怒呢？庫布勒羅斯醫師認為接受死亡的過程有五個階段：否認、憤怒、討價還價、失望、接受。當然，不見得所有人都會經過這五個階段，或依照這個次序；對有些人來說，接受之路可能非常漫長而棘手；對其他人來說，可能完全達不到接受的階段。我們的文化環境，不太教育人們瞭解自己的思想、情緒和經驗，許多面臨死亡及其最後挑戰的人，發現他們被自己的無知欺騙了，感到挫折和憤怒，尤其當沒有人想瞭解他們衷心的需要時。英國臨終關懷先驅西斯里·桑德斯（Cicely Saunders）說：「我曾經問過一位知道自己將不久人世的人，他最想從照顧他的人身上得到什麼，他說『希望他們看起來像想瞭解我的樣子。』的確，完全瞭解另一個人是不可能的事，但我從未忘記他並不要求成功，只希望有人願意試著瞭解他。」[2]

　　重要的是，我們要願意去嘗試，而我們也要再三向他肯定，不論他感覺如何，不論他有什麼挫折和憤怒，這都是正常的。邁向死亡將帶出許多被壓抑的情緒：憂傷、麻木、罪惡感，甚至嫉妒那些身體仍然健康的人。當臨終者的這些情緒生

起時，幫助他不要壓抑。當痛苦和悲傷的波浪爆破時，要與他們共同承擔；接受、時間和耐心的瞭解，會讓情緒慢慢退去，會讓臨終者回到真正屬於他們的莊嚴、寧靜和理智。

不要搬弄學問，不要老是想尋找高深的話說。不必「做」或說什麼就可以改善情況，只要陪著臨終者就夠了。如果你感覺相當焦慮和恐懼，不知道如何是好時，對臨終者老實地承認，尋求他的幫助。這種坦白會把你和臨終者拉得更近，有助於打開一個比較自由的溝通。有時候，臨終者遠比我們清楚他們需要什麼樣的幫助，我們需要知道如何引出他們的智慧，讓他們說出他們所知道的。西斯里·桑德斯要求我們要提醒自己，當我們和臨終者在一起時，我們並不是唯一的給予者。「所有照顧臨終者的人遲早都會知道，他們收到的比他們給予的還要多，因為他們會碰到許多忍耐、勇氣和幽默。我們需要這麼說……」[3]告訴臨終者我們知道他們有勇氣，常常可以啟發他們。

我發現，有件事對我很受用，那就是：面對奄奄一息的人時，永遠要記得他總是有某些地方是天生善良的。不管他有什麼憤怒或情緒，不管他多麼令你驚嚇或恐慌，注意他內在的善良，可以讓你控制自己而更能幫助他。正如你在跟好朋友吵架時，你不會忘記他的優點，對待臨終者也要如此；不管有什麼情緒產生，不要以此判斷他們。你這樣的承擔，可以解放臨終者，讓他得到應有的自由。請以臨終者曾經有過的開放、可愛和大方對待他們。

在比較深的精神層次裡，不論臨終者是否曉得，記得他們也有佛性和完全覺悟的潛能，這種想法對我的幫助很大。當臨終者更接近死亡時，從許多方面來說，開悟的可能性更大。因

此，他們值得更多的關懷和尊敬。

說真話

　　人們常問我：「應該告知臨終者他正在接近死亡嗎？」我總是回答：「應該，告知時要儘可能安靜、仁慈、敏感和善巧。」從我多年探視病人和臨終者的經驗中，我同意庫布勒羅斯醫師的觀察：「大部分的病人都知道他們即將去世。他們從別人對他注意力的改變、不同的對待方式、講話音量的降低、親戚的淚水、家人緊繃著的臉，意識到他們已日薄西山。」[4]

　　我常發現，人們直覺上都知道他們已經為時不多，卻依賴別人（醫師或親人）來告訴他們。如果家人不告訴他們的話，臨終者也許會認為那是因為家人無法面對那個消息。然後，臨終者也不會提起這個主題。這種缺乏坦誠的狀況，只會使他感到更孤獨、更焦慮。我相信告訴病人實情是很重要的，至少他有權利知道。如果臨終者沒有被告知實情，他們怎能為自己的死做準備呢？他們怎能將生命中的種種關係做真正的結束呢？他們怎能照顧許多他們必須解決的實際問題呢？他們怎能幫助那些遺眷在他去世後繼續活下去呢？

　　從一個修行人的觀點來看，我相信臨終是人們接受他們一生的大好機會；我看過許多的個人藉著這個機會，以最有啟示性的方式改變自己，也更接近自己最深層的真理。因此，如果我們能掌握機會，儘早仁慈而敏感地告訴臨終者，他們正在步向死亡，我們就是確實在給他們機會提早準備，以便發現自己的力量和人生的意義。

　　讓我告訴你一個故事，這是我從布里吉修女（Sister Brigid）那兒聽來的，她是在愛爾蘭臨終關懷醫院工作的天主

教護士。六十來歲的莫菲先生和他太太，接到醫生告知他在世的日子已經不多。第二天，莫菲太太到醫院探視他時，兩人談著，哭了一整天。布里吉修女看到這對老夫妻邊談話邊哭泣，前後有三天之久，她懷疑自己是不是應該介入。不過，又隔一天，兩位老人突然間變得很放鬆而安詳，彼此溫馨地握著對方的手。

布里吉修女在通道上攔住莫菲太太，問她到底發生什麼事，使得他們產生這麼大的改變。莫菲太太說，當他們獲知莫菲即將遠離人間時，就回憶過去相處的歲月，想起許多往事。他們已經結婚近四十年了，一談到他們再也不能一起做事時，自然覺得悲傷。於是莫菲先生寫了遺囑和給成年兒女的遺書。這是很痛苦的一件事，因為實在很難放下，但他還是做了，因為莫菲先生想好好地結束生命。

布里吉修女告訴我說，莫菲先生又活了三個星期，夫妻兩人安詳寧靜，給人一種平易近人和充滿愛心的感覺。即使在她丈夫過世後，莫菲太太還是繼續探視醫院裡的病人，鼓舞那兒的每一個人。

從這個故事中，我瞭解到及早告訴人們他們即將過世，這是很重要的；同時，坦誠面對死亡的痛苦，也有很大的好處。莫菲夫婦知道他們將喪失很多東西，但在共同面對這些損失和悲痛之後，發現他們不會喪失他們之間永存的夫妻之愛。

臨終的恐懼

我確信莫菲太太在過程中，由於面對她自己對於臨終的恐懼，才能幫助她丈夫。除非你承認臨終者對於死亡的恐懼多麼擾亂你，讓你自己產生多麼不舒服的恐懼，你就不能去幫助他

們。處理臨終的事，就像面對一面明亮而殘酷的鏡子，把你自己的實相毫無保留地反映出來。你看到自己極端痛苦和恐懼的臉。如果你不能注視並接受你自己痛苦和恐懼的臉，你怎能忍受在你面前的那個人呢？當你想幫助臨終的人時，你必須檢查自己的每一個反應，因為你的反應將反映在臨終者身上，大大影響到你是在幫助或傷害他。

在你邁向成熟的旅程上，坦誠正視自己的恐懼，也將對你有所幫助。我認為，加速自己成長的方法，莫過於照顧臨終者，因為他讓你對於死亡做一個深度的觀照和反省。當你在照顧臨終者時，你會深刻地瞭解到，什麼是人生最重要的問題。學習幫助臨終者，就是開始對自己的臨終不畏懼和負責任，並在自己身上發起不曾覺察的大慈悲心。

覺察到自己對於臨終的恐懼，非常有助於你覺察臨終者的恐懼。請深入想像臨終者可能會有的情況：恐懼愈來愈增強而無法控制的痛，恐懼受苦，恐懼尊嚴蕩然無存，恐懼要依賴別人，恐懼這輩子所過的生活毫無意義，恐懼離開所愛的人，恐懼失去控制，恐懼失去別人的尊敬；也許我們最大的恐懼就是對於恐懼本身的恐懼，愈逃避，它就變得愈強大。

通常當你感到恐懼時，你會感到孤獨寂寞。但是當有人陪著你談他的恐懼時，你就會瞭解恐懼原來是普遍的現象，個人的痛苦就會因而消失。你的恐懼被帶回到人類普遍的脈絡裡。然後，你就能夠比過去更積極、更具啟發性、更慈悲地來瞭解和處理恐懼。

當你成長到足以面對並接受自己的恐懼時，你將對於面前的人的恐懼更敏感，你也會發展出智慧來幫助人，把他的恐懼坦白表達出來，面對它，並善巧地驅除。你會發現，面對自己

的恐懼，不僅可以讓你變得比較慈悲、勇敢和聰明，還可以讓你變得比較善巧；那種善巧將使你懂得運用許多方法，來幫助臨終者瞭解和面對自己。

我們最容易驅除的恐懼就是擔心在死亡過程中會有舒緩不了的痛苦。我認為世上的每一個人目前都可以不需要有這種恐懼了。肉體的痛苦必須被減到最少；畢竟死亡的痛苦已經夠多了。倫敦聖克里斯多福臨終關懷醫院是我很熟悉的一家醫院，我的幾位學生就是在那兒過世的。那家醫院所做的一項研究顯示，只要給予正確的照顧，百分之九十八的病人都可以死得安詳。臨終關懷運動已經發展出各種以合成藥物控制痛苦的方法，而不只是使用麻醉劑。佛教上師強調臨終時要意識清醒，心要盡可能清明、無罣礙和寧靜。達到這個狀態的首要條件，就是控制痛苦而不是遮蔽臨終者的意識。目前這是可以辦到的事：在最緊要的時刻裡，每個人都應該有權利獲得這個簡單的幫助。

未完成的事

臨終者經常會為一些未完成的事焦慮。上師告訴我們必須安詳地死，「沒有攀緣、渴望和執著」。如果我們不能清理一生未完成的事就不可能全然地放下。有時候你會發現，人們緊緊抓住生命，害怕放下去世，因為他們對自己過去的所作所為不能釋懷。當一個人去世時還懷著罪惡感或對別人有惡意，那些尚存者就會受到更多的痛苦。

有時候人們會問我：「治療過去的痛苦不是太晚了嗎？我和我臨終的親友之間這麼多的痛苦經驗，還可能癒合嗎？」我的信念和經驗告訴我，絕不會太晚；即使經過巨大的痛苦和虐

待，人們仍然可以發現彼此寬恕的方法。死亡的時刻有它的莊嚴、肅穆和結局，比較能夠讓人接受和準備寬恕，這是他們從前不能忍受的。即使在生命的最尾端，一生的錯誤還是可以挽回的。

我和那些照顧臨終者的學生發現，有一個非常有效的方法可以幫助完成未了的事。這個方法取材自佛教的「施受法」（Tonglen，意為給予和接受）和西方的「完形治療」（Gestalt，譯注：完形心理治療法是一種心理治療法，可以幫助人處理未完成的心事。）完形治療是克莉斯汀·龍雅葛（Christine Longaker）設計的，克莉斯汀是我最早期的學生，在她的丈夫死於白血病之後，進入臨終關懷的研究領域。[5] 未完成的事往往是溝通受阻的結果；當我們受傷之後，常常會處處防衛自己，總是以自己的立場爭辯，拒絕去瞭解別人的觀點。這不但毫無幫助，還凍結了任何可能的交流。因此，在你做這種修習時，必須把所有的負面思想和感覺都提出來，然後嘗試瞭解、處理和解決，最後是放下。

現在，觀想眼前這個令你感到棘手的人。在你的心眼裡，看到他如同往昔一般。想像現在真有改變發生了。他變得比較願意接受和聽你要說的話了，也比較願意誠懇地解決你們兩人之間的問題。清晰地觀想他是在這種嶄新的開放狀態中，這會幫助你對他比較開放。然後在心中真正感覺最需要向他說的話是什麼，告訴他問題在哪裡，告訴他你的一切感覺、你的困難、你的傷害、你的遺憾；告訴他過去你覺得不方便、不適合說的話。

現在拿一張紙，寫下所有你想說的話。寫完之後，再寫下他可能回答你的話。不要想他習慣會說的話；記住，就像你所

觀想的，現在，他真的已經聽到你說的話了，也比較開放了。因此，想到什麼就寫什麼；同時在你的心裡，也允許他完全表達他的問題。

想想是否還有其他你想對他說的話，任何你一直保留或從未表達的舊創傷或遺憾。同樣地，寫完你的感覺之後，就寫下他的反應，想到什麼就寫什麼。繼續這種對話，直到你確實覺得再也沒有什麼好保留的話為止。

準備結束對話時，深深問你自己，是否現在可以全心放下過去的事，是否滿意這種紙上對談所給你的智慧和治療，而讓你原諒他，或者他原諒你。當你覺得你已經完成了這件事，記住要表達你可能一直保留不說的愛或感激，然後說再見。觀想他現在離開了；即使你必須放下他，記住你在心裡永遠能夠保留他的愛，以及過去最美好的回憶。

為了讓過去的困難更清楚地和解，找一位朋友，把你的紙上對談念給他聽，或者自己在家裡大聲地念。當你大聲讀完這些對話之後，你將驚訝地注意到自己的改變，彷彿已經*實際*和對方溝通過，也和他一起*實際*解決了所有的問題。然後，你將發現更容易放下，更容易和對方直接討論你的困難。當你已經確實放下後，你和他之間的關係，就會發生微妙的轉變，長久以來的緊張關係往往從此溶化。有時候，更驚人的，你們甚至會成為最好的朋友。千萬不要忘記西藏著名的宗喀巴（Tsongkhapa）大師曾經說過：「朋友會變成敵人，敵人也會變成朋友。」

道別

你必須學會放下的，不只是緊張關係而已，還有臨終者。

如果你攀緣著臨終者，你會帶給他一大堆不必要的頭痛，讓他很難放下和安詳地去世。

有時候，臨終者會比醫生所預計的多活幾個月或幾個星期，經驗到深刻的肉體痛苦。龍雅葛發現，這樣的人要放下而安詳地去世，必須從他所愛的人聽到兩個明確的口頭保證。第一，允許他去世。第二，保證在他死後，他會過得很好，沒有必要為他擔心。

當人們問我如何允許某人去世，我就會告訴他們，想像坐在他們所愛的人床邊，以最深切、最誠懇的柔和語氣說：「我就在這裡陪你，我愛你。你將要過世，死亡是正常的事。我希望你可以留下來陪我，但我不要你再受更多苦。我們相處的日子已經夠了，我將會永遠珍惜。現在請不要再執著生命，放下，我完全誠懇地允許你去世。你並不孤獨，現在乃至永遠。你擁有我全部的愛。」

一位在臨終關懷醫院工作的學生，告訴我有一位年老的蘇格蘭婦女瑪琪，在她的丈夫昏迷不省人事幾近死亡時，來到醫院。瑪琪傷心欲絕，因為她從來沒有把她對丈夫的愛說出來，也沒有機會道別，她覺得太遲了，醫院的工作者鼓勵她說，雖然病人看起來沒有反應，但他可能還可以聽到她說話。我的學生讀過文章提到，許多人雖然喪失意識，但事實上知覺作用仍然存在。她鼓勵瑪琪花些時間陪丈夫，告訴他心裡頭想說的話。瑪琪沒有想過要這麼做，但還是接受建議，告訴丈夫過去相處的一切美好回憶，她多麼想他，多麼愛他。最後，她對丈夫說了一聲再見：「沒有你，我會很難過，但我不想看到你繼續受苦，因此你應該放下了。」一說完這句話，她的丈夫發出一聲長嘆，安詳地過世。

不僅是臨終者本人，還有他的家人，都應該學習如何放下。臨終關懷運動的一項成就是：幫助全家人面對悲痛和對於未來的不安全感。有些家庭拒絕讓他們親愛的人離開，認爲這麼做是一種背叛的行爲，或是一種不愛他們的象徵。龍雅葛勸這些家人想像他們是在臨終者的位置上；「想像你就站在一艘即將啓航的郵輪甲板上。回頭看岸上，發現你所有的親友都在向你揮手再見；船已經離岸了，你除了離開之外，別無選擇。你希望你親愛的人如何向你說再見呢？在你的旅程中，怎樣才能對你幫助最大呢？」

像這種簡單的想像，對於每一個家人在克服說再見的悲痛上，會有很大的幫助。

有時候人們問我：「我應該怎樣對我的小孩提及親人的死亡呢？」我告訴他們必須敏感，但要說真話。不要讓小孩認爲死亡是奇怪或可怖的事。讓小孩儘量參與臨終者的生活，誠實地回答他可能提出的任何問題。小孩天真無邪，能夠替死亡的痛苦帶來甜蜜、輕鬆，甚至是幽默。鼓勵小孩爲臨終者祈禱，讓他覺得他能提供實際的幫助。在死亡發生之後，記住要給小孩特別的關懷和感情。

走向安詳的死亡

當我回憶起在西藏所見過的死亡時，對於許多人都是死在寧靜和諧的環境中，感受很深。這種環境常常是西方所欠缺的，但我最近二十年的親身經驗顯示，只要有想像力，還是可以創造的。我覺得，在可能的情況下，人們應該死在家裡，因爲家是大多數人覺得最舒服的地方。佛教上師們所鼓吹的安詳死亡，在熟悉的環境裡是最容易做到的。但如果有人必須死在

醫院裡，身爲死者所摯愛的你們，還是有很多方法可以把死亡變成簡單而有啓示性的事。帶來盆栽、花、照片、家人親友的相片、兒子和孫子的圖畫、匣式放聲機和音樂帶，還有，可能的話，家裡煮來的飯菜。你甚至可以要求醫院讓小孩來探親，或讓親人在病房過夜。

如果臨終者是佛教徒或其他宗教的信徒，朋友們可以在房間內擺設小神龕，供奉聖像。我記得我有一個學生名叫雷納，他是在慕尼黑一家醫院的單人病房過世的。朋友們爲他在房間內擺設小佛堂，供奉他上師的照片。我看過之後非常感動，我瞭解這種氣氛對他的幫助有多大。中陰教法告訴我們，在一個人臨終時，要爲他擺設佛龕和供品。看到雷納的恭敬和心靈的寧靜，讓我瞭解到這種做法的力量有多大，能夠啓示人們把死亡變成一種神聖的過程。

當一個人已經很接近死亡時，我建議你要求醫院人員少去干擾他，同時不要再做檢驗。常常有人問我對於死在加護病房的看法。我必須說，在加護病房中，很難安詳地死去，而且無法在臨終時刻做任何修行。因爲在此處，臨終者完全沒有隱私可言：監測器接在他身上，當他停止呼吸或心跳時，醫護人員就會用人工心肺復甦器來急救。死亡之後，也没有機會像上師們所開示的讓身體一段時間不受干擾。

如果能夠的話，應該告訴醫師在病人回天乏術時，得到臨終者的同意，把他安排到單人病房去，拿掉所有的監測器。確定醫護人員瞭解和尊重臨終者的意願，尤其是他不想被用復甦器急救的話；也要確定在人死後不要讓醫護人員去干擾，越久越好。當然，在現代醫院裡不可能像西藏風俗一般，不動遺體三天，但應該儘可能給予死者寧靜和安詳，以便幫助他們開始

死亡之後的旅程。

　　當一個人確實已經到了臨終的最後階段時，你也要確定停止一切注射和侵犯性的治療。這些會引起憤怒、刺激和痛苦，因為誠如我將在後面詳細說明的，讓臨終者的心在死前儘可能保持寧靜，是絕對重要的。

　　大多數人都是在昏迷狀況下去世的。我們從瀕死經驗學到一個事實：昏迷者和臨終病人對於周遭事物的覺察，可能比我們所瞭解的來得敏銳。許多有瀕死經驗的人提到神識離開肉體的經驗，能夠詳細描述周遭的事物，甚至知道其他病房的情形。這清楚顯示，不斷積極地對臨終者或昏迷者講話有多麼重要。要對臨終者表達明確、積極、溫馨的關懷，持續到他生命的最後時刻，甚至死後。

　　我寄望於這本書的是，讓全世界的醫師能夠*非常認真地*允許臨終者在寧靜和安詳中去世。我要呼籲醫界人士以他們的善意，設法讓非常艱苦的死亡過程儘可能變得容易、無痛苦、安詳。安詳的去世，確實是一項重要的人權，可能還比投票權或公平權來得重要；所有宗教傳統都告訴我們，臨終者的精神未來和福祉大大地倚賴這種權利。

　　沒有哪一種布施會大過於幫助一個人好好地死亡。

第十二章

慈悲：如意寶珠

　　關懷臨終者可以讓你悲切地覺察到不僅他們會死，而且你自己也會死。太多的迷障讓我們忘了自己正在邁向死亡。當我們終於知道自己正在邁向死亡，其他眾生也跟著我們一起邁向死亡時，我們開始產生一種燃燒的、幾乎心碎的脆弱感，感受到每一個時刻、每一個眾生都是那麼珍貴，從而對一切眾生產生深刻、清晰與無限的慈悲。我聽說，湯姆斯·摩爾爵士（Sir Thomas More）就在他被斬首之前寫下這一句話：「我們都在同一輛車上，即將被處死，我怎麼可以怨恨任何人或希望任何人受到傷害呢？」把你的心完全開放，感覺生命無常的威力，會讓你發起包容一切而無憂無懼的慈悲心，這個慈悲心能夠讓那些誠心幫助人者的生命充滿力量。

　　因此，直到現在，我所談對於臨終者的關懷可以歸納成兩點：*愛和慈悲*。慈悲是什麼？慈悲不只是對受苦者表達憐憫或關懷，不只是瞭解他們的需要和痛苦而已，它更是一種持續和實際的決心，願意盡一切可能來幫助他們緩和痛苦。

　　如果慈悲不付諸行動，就不是真正的慈悲。在西藏，大悲觀世音菩薩（Avalokiteshvara）的雕像通常是千眼千手的，千眼是用來看到宇宙各個角落的痛苦，千手是用來伸到宇宙各個角落提供幫助。

慈悲的邏輯

　　我們都知道也感覺得到慈悲的好處。但佛法的特別力量在於清楚告訴你慈悲有它的「邏輯」。一旦掌握了它的邏輯，你的慈悲行為立刻變得比較急切而普遍、穩定而有基礎，因為它建立在清晰的推理上，在你從事和考驗的路上，會發現它的真理越來越明顯。

　　我們也許會説，甚至有點相信，慈悲真好，但在實際的行動上卻相當不慈悲，帶給我們自己和別人的，大部分是挫折和悲痛，而不是我們想追求的快樂。

　　我們一直在期待快樂，但我們的行動和感覺幾乎都在把我們帶到相反的方向，這不是太荒謬了嗎？這不就是代表我們對於真正的快樂和獲得快樂的方法，認知上可能有很嚴重的錯誤嗎？

　　究竟什麼能夠讓我們快樂？精明的自我追尋、千方百計的自私行為、自我保護，誠如大家都知道的，有些時候會讓我們變得非常殘暴。但事實上正好相反，當你真正看清我執（self-grasping）和我愛（self-cherishing），就會發現它們是傷害別人，更是傷害自己的根源。'

　　我們曾經想過或做過的每一件壞事，都是因為我們執著一個虛假的自我，以及愛惜那個虛假的自我，使得自我變成生命最親愛、最重要的元素。所有造成惡業的負面思想、情緒、欲望和行動，都是由我執和我愛所產生的。它們是黑暗的、有力的磁鐵，導致我們生生世世的每一種障礙、每一個不幸、每一個痛苦、每一次災禍；因此，它們是一切輪迴痛苦的根源。

　　當我們真正掌握業的法則，如何在許多世產生強大力量和複雜回響時；當我們看到我執和我愛在生生世世裡，如何反覆把我們織進無明的網子，而且束縛越來越緊時；當我們真正瞭解我執的造作多麼危險和具有毀滅性時；當我們真正探究到我執的最細微隱密處時；當我們真正瞭解整個凡夫心和行動如何被我執所限定、縮小和變暗時；當我們真正瞭解我執幾乎使我們無法發揮無條件的愛，阻塞我們真愛和慈悲的源頭時，我們就可以完全瞭解寂天（Shantideva）菩薩的話：

如果世界上的一切傷害、
恐懼和痛苦都來自我執，
爲什麼我需要
這種大惡念呢？

同時我們會生起決心，努力去摧毀那個惡念——我們最大
的敵人。當那種惡念熄滅之後，我們就可以清除一切痛苦的原
因，我們就可以發放壯闊活躍的真性。

在對抗你最大的敵人（我執和我愛）的戰爭中，最強大的
盟友莫過慈悲行。慈悲（奉獻自己給別人，承受別人的苦難而
不自我愛惜）加上無我的智慧，可以有效摧毀虛假自我的古老
執著，滅度無盡的輪迴。這就是爲什麼在傳統裡，我們把慈悲
看成是覺悟的來源和要素，也是覺悟行爲的中心。誠如寂天菩
薩所說的：

還需要多說什麼呢？
幼稚者謀求自己的利益，
一切諸佛謀求別人的利益，
看看他們是多麼不同。

如果我不把我的快樂
與別人的痛苦交換，
我就無法成佛，
即使在輪迴裡我也不會有真正的快樂。[2]

體悟我所謂慈悲的智慧，就是完全看清楚慈悲的好處，以

及不慈悲對我們的傷害。我們需要把*自我的利益*和我們的*終極利益*分辨得非常清楚；把其中一種誤以為是另一種，便是我們一切痛苦的來源。我們繼續固執地相信我愛是生命中最好的保護，但事實卻完全相反。我執製造我愛，我愛又針對傷害和痛苦產生根深柢固的瞋恨。然而，傷害和痛苦並沒有客觀的存在；給它們存在和力量的，只是我們對於它們的瞋恨。當你瞭解這點之後，就會知道，事實上是我們的瞋恨招惹來逆境和障礙，也使得我們的生命充滿焦慮、期待和恐懼。驅除我執心及其對不存在的自我的執著，我們就驅除了那種瞋恨，也就可以驅除任何障礙和逆境對你產生的影響。因為你怎麼可能攻擊不存在的某人或某事？

因此，慈悲才是最好的保護，誠如古代大師們所知道的，它也是一切治療的來源。假設你得了癌症或愛滋之類的病，如果你能夠以充滿慈悲的心，不只承擔你自己的痛苦，還承擔那些罹患同樣疾病的人的痛苦，毫無疑問的，你將淨化過去的惡業——現在和未來使你的痛苦延續的原因。

在西藏，我聽過許多不可思議的例子，許多人在聽到他們即將死於末期疾病之後，就把一切的財物布施掉，前往墳場準備死亡。在那兒他們修習承擔別人痛苦的法門；奇怪的是，他們沒死，反而好端端地回家了。

我一再經驗到，照顧臨終者是實踐慈悲最需要、也是最直接的機會。

你的慈悲，對於臨終者可能產生三項重大的利益：第一，慈悲行可以打開你的心胸，你將因此發現更容易付出臨終者最需要的無條件的愛。在比較深的精神層面上，我一再看到，如果你嘗試把慈悲付諸行動，你將創造合適的環境，啓發別人的

精神層面，甚或從事修行。在最深的層面上，如果你不斷爲臨
終者修慈悲，也因而啓發他們修慈悲，你可能不只是在精神上
治療他們，甚至在肉體上也治療了他們。你將很驚奇地親自發
現一切精神上師所言不虛，**慈悲的力量廣大無邊**。

　　無著（Asanga）是第四世紀最著名的印度佛教聖者。他
進入山中閉關，專門觀想彌勒菩薩（Buddha Maitreya），熱
切希望能夠見到彌勒菩薩出現，從他那裡接受教法。

　　無著極端艱苦地做了六年的禪修，可是連一次吉兆的夢也
沒有。他很灰心，以爲他不可能達成看見彌勒菩薩的願望，於
是放棄閉關，離開了閉關房。他在往山下的路上走了沒多久，
就看到一個人拿著一塊絲綢在磨大鐵棒。無著走向那個人，問
他在做什麼？那個人回答：「我沒有針，所以我想把這根大鐵
棒磨成針。」無著驚奇地盯著他看；他想，即使那個人能夠在
一白年內把大鐵棒磨成針，又有什麼用？他自言自語：「看人
們竟如此認真對待這種荒謬透頂的事，而你正在做真正有價值
的修行，還如此不專心！」於是他調轉頭，又回到閉關房。

　　三年又過去了，還是沒有見到彌勒菩薩的絲毫跡象。「現
在我確實知道了，」他想：「我將永遠不會成功。」因此，他
又離開了閉關房。不久走到路上轉彎的地方，看到一塊大石
頭，巨大得幾乎要碰觸到天。在岩石下，有一個人拿著一根羽
毛浸水忙著刷石頭。無著問：「你在做什麼？」

　　那個人回答：「這塊大石頭擋住我家的陽光，我要把它弄
掉。」無著對這個人不屈不撓的精神甚感訝異，對自己的缺乏
決心感到羞恥。於是，他又回到閉關房。

　　三年又過去了，他仍然連一個好夢都沒有。這下子他完全

死心了，決定永遠離開閉關房。當天下午，他遇到一隻狗躺在路旁。牠只有兩隻前腳，整個下半身都已經腐爛掉，布滿密密麻麻的蛆。雖然這麼可憐，這隻狗還是緊咬著過路人，以牠的兩隻前腳趴在那個人身上，在路上拖了一段路。

無著心中生起了無比的慈悲心。他從自己身上割下一塊肉，拿給狗吃。然後，他蹲下來，要把狗身上的蛆抓掉。但他突然想到，如果用手去抓蛆的話，可能會傷害到牠們，唯一的方法就是用舌頭去舐。無著於是雙膝跪在地上，看著那堆恐怖的、蠕動的蛆，閉起他的眼睛。他傾身靠近狗，伸出舌頭⋯⋯下一件他知道的事就是他的舌頭碰到地面。他睜開眼睛看，那隻狗已經不見了；在同樣的地方出現彌勒菩薩，四周是閃閃發光的光輪。

「終於看到了。」無著說：「爲什麼從前你都不示現給我看？」

彌勒菩薩溫柔地說：「你說我從未示現給你看，那不是真的。我一直都跟你在一起，但你的業障卻讓你看不到我。你十二年的修行，慢慢溶化你的業障，因此你終於能看到那隻狗。由於你真誠感人的慈悲心，一切業障都完全祛除了，你也就能夠以自己的雙眼看到我在你面前。如果你不相信這件事，可以把我放在你的肩膀上，看別人能不能看到我。」

無著就把彌勒菩薩放在他的右肩上，走到市場去，開始問每一個人：「我在肩膀上放了什麼？」「沒有，」多數人說，又忙著幹活。只有一位業障稍稍淨化的老婦人回答：「你把一隻腐爛的老狗放在你的肩膀上，如此而已。」無著終於明白慈悲的力量廣大無邊，清淨和轉化了他的業障，讓他變成能夠適合接受彌勒的示現和教法的器皿。於是，彌勒（意爲「慈」）

菩薩把無著帶到天界，傳授給他許多崇高的教法。

施受法的故事與慈悲的力量

我的學生常跑來問：「朋友或親戚的痛苦讓我很困擾，我確實很想幫助他們。但發現我的愛心太少，幫不上忙。我無法展現慈悲，該怎麼辦？」對於我們四周正在受苦的人，我們生不起足夠的愛心和慈悲，因此缺乏足夠的力量去幫助他們，這種傷心的挫折感，難道不是我們大家都熟悉的嗎？

佛教傳統有一個偉大的特質，就是它有修行的次第，可以在這種情況下實際幫助你，真正滋養你，讓你充滿力量、靈感和熱忱，可以淨化你的心和打開你的心，因此，智慧和慈悲的治療能量，可以影響和轉化你所處的情境。

在我所瞭解的一切法門中，*施受法*（西藏音為*Tonglen*，意為給予和接受）是最有用、最有力的。當你發覺遇到瓶頸時，施受法可以開放你去接納別人的痛苦；當你發覺心被阻塞時，它可以摧毀那些阻礙的力量；當你發覺和面前受苦的人有點疏遠，或覺得難過失望時，它可以幫助你在內心發現和顯露真性的可愛、廣大的光輝。我執和我愛是一切痛苦和一切冷漠無情的根源，摧毀它們的方法，就我所知，以施受法最有效。

十一世紀的哲卡瓦格西（Geshe Chekhawa）是西藏施受法最偉大的上師之一。他對於許多不同的禪修方法，在解行兩方面都非常有成就。有一天，他在老師的房間裡，偶然看到一本書打開著，上面寫著兩行字：

把一切的利益和好處給別人，
把一切的損失和失敗由你自己承擔。

這兩行字蘊含廣大和不可思議的慈悲，震驚了他，於是他就出發尋找寫這兩行字的上師。有一天他在路上碰見一位痲瘋病患，告訴他這位上師已經圓寂了。但哲卡瓦格西堅忍不拔地繼續尋找，終於找到這位上師的大弟子。哲卡瓦格西問這位弟子：「你知道這兩行字的教法有多重要嗎？」弟子回答：「不管你喜不喜歡它，如果你確實希望成佛，你都得修習這個教法。」

這個回答讓哲卡瓦格西又如同第一次讀到那兩行字時一般地吃驚，於是他就親近這位弟子十二年，研究這個教法，牢記其實踐方法——施受法。那段期間，哲卡瓦格西經過了許多不同的考驗：各種困難、批評、苦頭和折磨。這個教法是如此有效，他的修行毅力是如此堅定，以至於六年後，他已經完全祛除了我執和我愛。施受法已經把他轉化成慈悲的上師。

首先，哲卡瓦格西只對少數入室弟子傳授施受法，以為這個法門只對深具信心的人有用。接著，他開始教一輩痲瘋病人。痲瘋病當時在西藏很普遍，一般醫生都束手無策，但許多修施受法的痲瘋病人卻都痊癒了。這個消息傳得很快，其他痲瘋人蜂擁而至，使得他的家看起來像一所醫院。

不過，哲卡瓦格西還是沒有廣泛教施受法。一直到他發現這個法門對他兄弟所造成的影響之後，他才開始比較公開地傳法。他的兄弟是一位積習甚深的懷疑論者，他嘲笑所有的精神修行。不過，當他看到修施受法的人所發生的奇蹟時，他非常感動，也產生興趣。有一天，他躲在門後，聽哲卡瓦格西傳授施受法，然後就暗地裡自己修起來。當哲卡瓦格西注意到他兄弟的僵硬性格開始軟化時，他猜測發生了什麼事。

他想，如果這個法門能夠影響和轉化他的兄弟，必然也能

夠影響和轉化其他人。這件事說服了哲卡瓦格西，應該廣泛傳授施受法。他本人則從來不曾停止修行。在他圓寂之前，他告訴學生，長久以來，他一直在熱誠祈禱他要轉生到地獄去，以便幫助在地獄受苦受難的眾生。不幸，他最近做了好幾個清晰的夢，暗示他將往生到一個佛土。他非常失望，熱淚盈眶地乞求學生向諸佛祈禱這件事不要發生，讓他能夠實現幫助地獄眾生的大願。

如何喚醒愛心和慈悲

在你真正修習施受法之前，你必須能夠喚起自己的慈悲心。這常常比我們所想像的還要難，因為我們的愛心和慈悲的源頭有時候是隱藏的，我們也許不能夠立即就找到。幸好佛教有幾種特殊的發菩提心法門，可以幫助我們發起隱藏的愛心。在眾多方法中，我選擇了以下幾種，並且加以排列次序，讓現代世人能夠獲得最大的好處。

1.慈：啓開泉源

當自認為沒有足夠的愛心時，有一個方法可以發現和啓發：回到你的心裡，重新創造（幾乎是觀想）有人曾經給過你而真正感動你的愛，也許是在孩提時代。傳統上，你都是觀想你的母親以及她對你終生不渝的愛，但如果你發現有困難，則可以觀想你的祖父母，或任何在你生命中對你特別好的人。記住一個他們確實對你表現愛心的例子，而你鮮明地感受到他們的愛。

現在讓那種感覺在你心中重新生起，並且讓你充滿感激。當你這麼做時，你的愛將自然傳回給喚起愛心的那個人。然

後，即使你不是常常感受到足夠的愛，你會記得至少你曾經被真誠地愛過一次。知道了這點，將使你重新感覺你是值得被愛，而且是確實可愛的，正如同當時那個人給的感覺一般。

現在打開你的心，讓愛從心中流露出來；然後把這種愛延伸到一切眾生。首先從最親近你的人開始，然後把你的愛延伸給朋友和熟人，然後給鄰居、陌生人，甚至給你不喜歡的人或難以相處的人，甚至是你把他們當作「敵人」的人，最後則是整個宇宙。讓這種愛變得越來越廣大無際。捨與慈、悲、喜構成佛法中的四無量心。捨是包容一切，毫無偏見的觀點，確實是慈悲行的起點和基礎。

你將發現這個修行可以啓開愛的源泉，在你心中啓開「慈」之後，你將發現它可以啓發「悲」的誕生。誠如彌勒菩薩在他給無著的教法中所說的：「悲的水流經慈的運河。」

2.悲：平等看待自己與別人

誠如我在前一章所說的，啓發悲心有一個強有力的方法，那就是把別人看成和你自己一樣。達賴喇嘛解釋：「畢竟所有人類都是相同的——都是由肉、骨、血所組成的。我們大家都要快樂，都要避免痛苦。而且，我們都有要求快樂的同等權利。換句話說，瞭解我們與別人平等無二是很重要的。」[3]

譬如，假設你和你所愛的人正發生麻煩，這時候，如果你不把另一個人看成母親或父親或丈夫的「角色」，而只是另一個「你」，另一個和你有同樣感覺，同樣希望快樂，同樣恐懼痛苦的人，則幫助和啓發性將有多大啊！把別人看成和你完全相同的真人，將打開你的心胸去接受他，給你更多的智慧瞭解如何幫助他。

如果你把別人看成和你一模一樣，會幫助你打開跟別人的關係，賦予嶄新而豐富的意義。想像如果每個社會和國家都能以同樣方式互相來看待其他社會和國家，則世界和平以及全體人類的快樂共存，必然可以開始奠立堅實的基礎。

3.悲：自他交換

當某人正在受苦，而你又不知道如何去幫助才好時，就要勇敢地把自己放在他的位置去想。如果你正在受同樣的苦，儘可能生動地想像你要怎麼挨過。問你自己：「我將怎麼感覺呢？我將希望我的朋友怎麼對待我呢？我最想他們給我什麼呢？」

當你以這種方式把自己換成別人時，你就是在把我愛的對象由過去的你自己直接轉到別人。因此，自他交換是鬆綁我愛和我執，並從而啓發慈悲心極有力的方法。

4.運用朋友來發起悲心

對一個正在受苦的人，還有另一個發起悲心的有效方法，那就是想像一個你親愛的朋友，或你真正愛的人，正是那個受苦的人。

想像你的兄弟、女兒、父母或最好的朋友，處於相同的痛苦情境裡。十分自然的，你的心胸將打開，悲心將生起；除了把他們從痛苦中解脫出來外，你還想做些什麼呢？現在，把從你身上發起的悲心，轉到那位需要你幫助的人身上：你會發現你的幫助可以更自然的產生，也更容易地轉向。

有時候人們會問我：「如果我這麼做了，那位我想像正在受苦的朋友或親人會受到傷害嗎？」絕對不會，以這種愛心和

悲心來想他們，只會幫助他們，甚至會對他們過去所經歷的，目前正在經歷的，或未來必須經歷的一切痛苦產生療效。

因為他們是你發起悲心的工具，即使只是瞬間的事，都可以帶給他們很大的功德和利益。因為他們幫助你打開心胸，在以悲心來幫助病人或臨終者方面，做了部分的貢獻，因此從這個行動所產生的功德，將自然回到他們身上。

你也可以在心裡把那個動作的功德，迴向給幫助你打開心胸的朋友或親戚。你可以祝福那個人平安順利，祈禱他遠離痛苦。你將感激你的朋友，如果你告訴那個朋友說他幫助你啓發了悲心，也許他也會覺得受到啓發和感激你。

因此，「我想像朋友正在受苦或瀕臨死亡，是否會傷害到他們？」這個問題顯示，我們還沒有真正瞭解悲心的作用是多麼有力和神奇。它可以加持和治療一切相關的人：產生悲心的人，透過他而產生悲心的人，以及悲心所傳達到的人。誠如波夏（Portia）在莎士比亞的《威尼斯商人》（Merchant of Venice）一書中所說的：

慈悲是不會損傷人們的，
它像自天而降溫煦的雨，
落在地面上：它是雙倍的祝福；
慈悲祝福施予的人，也祝福接受的人。

慈悲是一顆如意寶珠，它具有療效的光芒射向四面八方。

有一個我很喜歡的故事，説明了這一點。佛陀有一次提到他在覺悟之前一個前世的故事。有一位偉大的國王育有三個兒子，佛陀那時是最小的王子，名爲摩訶薩埵（Mahasattva）

。摩訶薩埵天性是一位可愛慈悲的小孩，把一切眾生都看成他的子女。

有一天，這位國王率領朝臣到森林裡野餐，王子們都跑到樹林中玩耍。不久，他們遇見一頭剛分娩完的虎母，牠又餓又累，幾乎要吃掉牠的小虎子了。摩訶薩埵就問他的哥哥們：「現在虎母需要吃什麼才會活下去呢？」

「只有肉或血。」他們回答。

「誰能夠把他的肉和血給牠吃，來拯救牠和虎子呢？」他問。

「不錯，誰呢？」他們回答。

虎母和虎子的痛苦深深觸動摩訶薩埵，他開始想：「這麼久以來，生生世世我都在輪迴裡無用地流浪，由於我的貪瞋癡，我很少幫助其他眾生。現在終於有大好機會了。」

王子們正要回到國王那邊去，摩訶薩埵告訴他們：「你們兩位先走。隨後我會趕上來。」他靜靜地潛到虎母處，躺在虎母前面，要給虎母當食物。虎母看著他，但虛弱得連嘴都張不開。因此，王子就找來一根尖尖的棍子，往自己身上戳了一個深口，血流出來，虎母吸了血，得到力氣，張開大牙，把他吃掉。

摩訶薩埵為了拯救虎子，把他的身體布施給虎母；由於這種大悲心的功德，他轉生到較高的境界，繼續步向他終於覺悟成佛的大道。但他的行為所幫助的，不只是他本人而已；他的悲心所發揮的力量，還淨化了虎母和虎子的業，甚至因為他救了牠們的生命，更淨化了牠們可能欠他的業債。事實上，因為他的慈悲行為力量這麼大，因而在他們之間結了很深的緣，持續到很久的未來。經上說，從摩訶薩埵得到肉吃的虎母和虎

子，後來轉生爲佛陀悟道後初轉法輪的說法對象：五比丘。這個故事表現出慈悲的力量是多麼廣大和神祕啊！

5.如何觀想慈悲

不過，誠如我所說過的，啓發這種慈悲的力量並不容易。我自己發現，最好和最直接的就是最簡單的方法。每一天，如果我們會把握的話，生活給予我們無數開放心胸的機會。例如，一位老婦人經過你身邊，帶著悲傷孤獨的臉，靜脈鼓脹的雙腿，還有她幾乎提不動的兩袋東西；一位衣衫襤褸的老人，在你排隊的郵局前面曳足而行；一位拄著枴杖的男孩，在交通繁忙的午後，慌張地想過馬路；一隻在馬路上流血不止幾乎要死去的狗；一位孤零零坐在地下道，歇斯底里啜泣的少女。打開電視機，也許新聞在報導貝魯特一位母親跪在她遭謀殺的兒子身上；莫斯科一位老祖母指著一碗湯說那是她今天的唯一食物，不知道明天是否還有；羅馬尼亞一位罹患愛滋病的小孩，呆若木雞地盯著你。

任何這些景象都可以打開你的心眼，認識到世界上無邊無際的苦難。讓它打開。不要浪費它所引起的愛心和悲傷；在你覺得有一股悲心從心中湧起的那一刻，不要把它掃開，不要聳聳肩很快就回復「常態」，不要害怕你的感覺或感到尷尬，不要故意去想別的事情，或讓它擱淺在麻木不仁的陸地上。脆弱一點，沒有關係：運用那個快速出現而明亮的慈悲心；專注在它上面，深入你的内心觀想、發展、加強、加深。如此修習之後，你將瞭解你對於痛苦多麼盲目無知，你現在所經驗或看到的痛苦其實只是世上痛苦的一小點而已。

一切地方的一切衆生都在受苦；讓你的心以自發和無量的

慈悲投射到他們身上，並把那種慈悲和一切諸佛的加持，迴向
給所有得以減輕的痛苦。

慈悲遠比憐憫來得偉大和崇高。憐憫的根源是恐懼、傲慢
和自大，有時候甚至沾沾自喜的感覺：「我很高興，那不是
我。」誠如史提芬·雷溫（Stephen Levine）所說的：「當你
的恐懼碰到別人的痛苦時，它就變成憐憫；當你的愛心碰到別
人的痛苦時，它就變成慈悲。」[9]因此，慈悲的訓練，就是去
瞭解一切眾生都是相同的，都以同樣的方式在受苦，去尊崇一
切受苦的眾生，去瞭解你既離不開任何眾生，也不高於任何眾
生。

因此，你看到有人受苦時的第一個反應，就不只是憐憫而
已，卻是深度的慈悲。你要尊敬那個人甚至感激，因為你現在
知道任何人以他們的痛苦促使你發展慈悲心，事實上是送給你
最貴重的禮物，因為他們正在幫助你發展那個你邁向覺悟所最
需要的品質。所以西藏人說：正在向你討錢的乞丐，或讓你心
痛如絞的老病婦，可能是諸佛示現，幫助你發展慈悲心，邁向
成佛的目標。

6.如何導引你的慈悲

當你觀想慈悲夠深的時候，將生起解除一切眾生痛苦的堅
強決心，以及完成那個神聖目標的強烈責任感。因此，在心裡
導引這個慈悲心，並使它活躍的方法有兩個：

第一，從你內心深處，至誠祈禱一切諸佛和覺悟者，讓你
所做的一切，包括身口意業，必須要利益一切眾生，帶給他們
快樂。一句偉大的禱詞說：「加持我，讓我變得有用。」祈禱
你能夠利益和你接觸的一切眾生，並幫助他們轉化他們的痛苦

和生命。

　　第二，普遍可用的方法是把你的慈悲迴向給一切眾生，也就是說，把你的一切善業和修行迴向給他們的利益，尤其是給他們的覺悟。因爲當你深入觀想慈悲時，你必然會體悟到如果你要*徹底*幫助其他眾生，唯一的方法就是你要覺悟。由此可以產生強烈的決心和捨我其誰的責任感，發願成佛是爲了利益一切眾生。

　　這種慈悲的大願，在梵文中稱爲*菩提質多*（Bodhicitta），*菩提*（bodhi）的意思是覺悟，*質多*（citta）的意思是心。因此，我們可以把它翻譯爲「覺悟的心要」，或簡稱「菩提心」。喚醒和發展菩提心，就是讓我們佛性的種子漸漸成熟，等到我們的慈悲行變得圓滿和周遍一切時，那顆種子必將莊嚴地開花成佛。因此，菩提心是整個修行的源泉和根。正因如此，在我們的傳統裡，我們才會如此迫切地祈禱：

　　願那些還沒有生起寶貴菩提心的人，
　　早日生起；
　　願那些已經生起的人，
　　他們的菩提心不滅，
　　並能與日俱增。

寂天菩薩也以如此的喜悅來讚頌菩提心：

　　它是征服死亡統治的無上仙丹。
　　它是消除世間貧窮的無盡寶藏。
　　它是撲滅世間疾病的無上神藥。

它是讓在輪迴道上漂泊的衆生獲得庇蔭的大樹。

它是從痛苦通往解脫的長橋。

它是驅除妄念折磨的明月。

它是根除世間無明的太陽。⁵

施受法的階段

現在我已經把引發慈悲心的各種方法，以及慈悲的重要性和力量介紹給你，所以我能夠最有效地爲你介紹如何修持神聖的施受法；因爲你現在已經有了動機、瞭解和修持的工具，可以爲你和別人獲得最大的利益。施受法是佛教的一個法門，但我深信每一個人都可以修。即使你沒有宗教信仰，我也鼓勵你嘗試看看。我發現施受法能提供最大的幫助。

簡單地說，施受法就是承擔別人的痛苦，並把你自己的快樂、幸福和安詳給他們。就像我以前介紹過的一種禪修方法，施受法也是用呼吸做媒介。誠如哲卡瓦格西所説的：「施和受必須交互進行。這種交互進行可以藉著呼吸來做。」

我從自己的經驗中得知，如果不先建立慈悲的力量和信心，要觀想承擔別人，尤其是病人和臨終者的痛苦，是一件很艱難的事。這種力量和信心能夠讓你的修行轉化別人的痛苦。

因此，我常常建議在你爲別人修施受法之前，先在你自己身上修。在你把愛和慈悲送給別人之前，先在你自己身上發掘、加深、創造和强化它們，並治療你自己的冷漠、挫折、瞋恨或恐懼，這些都可能成爲你全心修習施受法的障礙。

這些年來，我發展出教授施受法的方法，許多學生發現這個方法非常有幫助和具有療效。它有四個階段。

施受法的加行

修習施受法的最好方法，就是從啓發心性和安住於心性開始。當你安住於心性之中，並把一切事物直接看成「空」、虛幻和如夢一般時，你就是安住於所謂的「最高」或*絕對菩提心*（absolute Bodhicitta）的境界中。在中陰教法中，絕對菩提心被比喻爲布施的無盡寶藏，而慈悲的最深意義，則是心性的自然光輝，也是從智慧心產生的善巧方便。

先坐下來，把心帶回家。讓你的一切念頭靜止下來，既不邀請它們，也不追隨。如果你願意，可以閉上眼睛。當你確實覺得心已經安靜下來集中時，輕輕地提醒你自己，開始修習。

1. 環境的施受法

大家都知道，情緒和心境影響我們很大。坐下來把心調好，感覺你的情緒和心境。如果你覺得你的情緒不安或心境晦暗，那麼在吸氣時，想像吸進一切不好的東西；在呼氣時，則想像呼出寧靜、清明和喜悅，藉此淨化和治療你的心的氣氛和環境。這就是我所謂第一個階段「環境的施受法」。

2. 自我的施受法

爲了這個修習，把你自己分成甲和乙兩邊，甲代表完整的、慈悲的、溫暖和可愛的你，就像一位真誠的朋友，確實願意隨時幫助你，回應你和開放給你，不管你有什麼錯誤或缺點，從來不批判你。

乙代表受了傷、受到誤解和挫折、痛苦或憤怒的你，好比可能在孩提時代受到不公平待遇或虐待，或者在人際關係中受

苦或被社會所冤枉。

現在，當你吸氣時，想像甲完全打開他的心，熱情而慈悲地接受和擁抱乙的一切痛苦、煩惱和傷害。乙受到感動，也打開他的心，一切痛苦就溶化在這種慈悲的擁抱中。

當你呼氣時，想像甲把他具有治療作用的愛、溫暖、信賴、慰藉、信心、快樂和喜悅呼出給乙。

3.生活情境中的施受法

鮮明地想像有一個情境你做錯了，讓你有罪惡感，甚至不願意再去想它。

然後，當你吸氣時，接受你在那個情境中的整個行爲責任，絕不做任何辯解。坦白承認你所做的錯誤，全心請求原諒。現在，當你呼氣時，送出和解、原諒、治療和瞭解。

所以，你吸進責備，呼出傷害的解除；吸進責任，呼出治療、原諒與和解。

這種修習特別強大有力，可以給你勇氣，讓你敢去看那位你冤枉他的人；也可以給你力量和意願，讓你敢直接對他講話，並從內心深處請求原諒。

4.爲別人而修的施受法

想像有個你很親近的人，他正在受苦，當你吸氣時，想像你以慈悲吸進他們的痛苦；當你呼氣時，想像你把你的溫暖、治療、愛心、喜悅和快樂流向他們。

現在，就好像修習慈悲一般，逐漸擴大你的慈悲範圍，首先去擁抱你覺得很親近的人，然後擁抱那些你覺得沒什麼關係的人，之後擁抱你不喜歡或很難相處的人，最後是那些你覺得

根本就像怪物和殘酷的人。讓你的慈悲遍及一切眾生，無一例外：

> 眾生像整個虛空般無邊無際，
> 願他們輕易證悟他們的心性，
> 六道中的每一個眾生，
> 都曾經在某一世是我的父親或母親，
> 願他們一起證悟圓滿的本覺。

我在這一節裡所介紹的，是施受法的加行，至於主要的施受法，你將發現，包含更多的觀想程序。這個加行是用來轉化你的心態，準備、開放及啓發你。它不僅可以治療你的心境、你的痛苦和過去的折磨，以及透過你的慈悲，開始幫助一切眾生；而且還可以讓你熟悉施和受的過程，這是在主要的施受法中很重要的一部分。

主要的施受法

在施受法中，我們**透過慈悲來承擔**一切眾生的各種身心痛苦：他們的恐懼、挫折、傷害、憤怒、罪惡、失望、懷疑和怨氣；同時，**透過愛心**把我們的快樂、幸福、安詳、治療和成就**給予**他們。

1. 在你開始修這種法門之前，先靜靜地坐下來，把心帶回家。然後，利用我前面描述過的任何方法，任何你發現能啓發你和幫助你的方法，深入觀想慈悲。啓請一切諸佛、菩薩和覺者示現，透過他們的啓示和加持，在你心中產生慈悲。

2. 儘可能清晰地想像一位你關懷他而正在受苦的人在你前面。試著想像他的痛苦和悲傷，越仔細越好。然後，當你覺得

你的心對他產生慈悲時,想像他的一切痛苦完全呈現,聚集成一大股灼熱、污穢的黑煙。

3. 現在,當你吸氣時,觀想這股黑煙在你心中的我執核心中消散了。在那兒,它完全摧毀了我愛的一切痕跡,並因而淨化你的一切惡業。

4. 現在,當你的我愛被摧毀之後,想像你的菩提心充分顯露出來了。然後,在你呼氣時,想像你用一種明亮而冷靜的光送出菩提心的安詳、喜悅、快樂和最高幸福,給你那位痛苦中的朋友,它的光芒淨化著他的惡業。

誠如寂天菩薩所說的,在這兒有一個景象很有啓發性,那就是觀想你的菩提心已經把你的心或你整個身體,轉化成一顆閃閃發光、有求必應的如意寶珠,能提供每個人所需要的一切,滿足每個人的願望。真正的慈悲是如意寶珠,因爲它有能力提供每一個衆生最需要的東西,解除他們的痛苦,並實現他們的真正願望。

5. 這時候,想像你菩提心的光流向那位受苦的朋友身上,你必須有強烈的信念,他的一切惡業都被淨化了,同時他因爲解脫了痛苦而獲得深度、持久的喜悅。

然後,當你繼續正常呼吸時,隨著吸氣和呼氣持續穩定地做這種修習。

對一個受苦中的朋友修施受法,可以幫助你擴大慈悲的範圍,去承擔一切衆生的痛苦和淨化他們的業障,並且把你的快樂、幸福、喜悅和安詳給予他們。這是施受法的殊勝目標,就廣義來說,也是整個慈悲道的目標。

爲臨終者而修的施受法

現在我想你可以開始看到如何用施受法來幫助臨終者；當你在幫助他們時，它能夠給你多大的力量和信心；它能夠給予臨終者多大的實際轉化和幫助。

我已經把主要的施受法修習介紹給你。現在想像以臨終者來代替你受苦中的朋友。修習的五個階段完全與主要的施受法相同。在第三個階段的觀想時，想像臨終者的每一種痛苦和恐懼都聚集成灼熱、污穢的黑煙，然後把它吸進來，像前面所説的，也想像你正在摧毀你的我執和我愛，並淨化你的一切惡業。

現在，像前面所説的，在你呼氣時，想像你的覺悟心的光正在以它的安詳和幸福注滿臨終者，並淨化他的一切惡業。

在生命中的每一時刻，我們都需要慈悲，但有哪一個時刻能夠比臨終還迫切需要呢？讓臨終者曉得你正在爲他們祈禱，正在透過修行承擔他們的痛苦和淨化他們的惡業，還有什麼比這個更美妙更慰藉的禮物可以送給他呢？

即使他們不知道你正在爲他們而修行，你也是在幫助他們，反過來他們也是在幫助你。他們正在積極地幫助你發展你的慈悲心，因而是在淨化和治療你自己。對我來説，每一個臨終者都是老師，他給予所有伸出援手的人轉化的機會，因爲他正在發展他們的慈悲心。[6]

神聖的祕密

你也許會問你自己這個問題：「如果我吸進別人的痛苦，我不是在冒著傷害自己的險？」如果你確實感到遲疑，感到你

還没有慈悲的力量或勇氣來全心修施受法，請不必擔心，只要*想像*你正在修就可以，在你的心中這麼説：「當我吸氣時，我正在承擔朋友和別人的痛苦；當我呼氣時，我正在給予他們快樂和安詳。」只要這麼做，就可以創造足以啓發你開始修施受法的心境。

如果你確實感到遲疑或無法修全部的施受法，你也可以用簡單的*禱詞*，深深希望幫助別人。譬如，你可以這麼祈禱：「願我能夠承擔別人的痛苦；願我能夠把我的幸福和快樂給他們。」這個禱詞可以創造良好的因緣，喚醒你在將來修施受法的力量。

有一件事你必須確實知道：施受法會傷害到的唯一束西，正是傷害你最大的束西：你的自我、我執、我愛，這是痛苦的根源。如果你能夠經常修施受法，這個我執心將變得越來越弱，反之，你的真性、慈悲將越有機會變得越來越強。你的慈悲越強大，你的勇氣和信心就越強越大。因此，慈悲又變成你最大的資源和保護。誠如寂天菩薩所説的：

> 任何人如果想迅速提供保護
> 給他自己和別人，
> 就必須修持那個神聖的祕密：
> 自他交換。[7]

施受法的這個神聖的祕密，是每一個傳統的上師和聖人都知道的祕密；他們的生命之所以充滿喜悅，就是因爲他們以出離心和真智慧、真慈悲的熱忱，把施受法落實在生活中，把施受法表現出來。當代有一個人奉獻她的一生服務病人和臨終

者，並散發出這種施和受的喜悅，她就是德蕾莎修女
（Mother Teresa）。就施受法的精神意義而言，我認爲没有
比她的話更具啓發性了：

> 我們大家都期望神所在的天堂，但是這一刻我們就有能力
> 與祂同在天堂。此時快樂地與祂同在的意思是：
> 像祂一般地慈愛，
> 像祂一般地幫助，
> 像祂一般地給予，
> 像祂一般地服事，
> 像祂一般地拯救，
> 一天二十四小時都與祂在一起，
> 在祂的苦難化身中接觸祂。

就是如此强大的愛心，治療了哲卡瓦格西的痲瘋病患；它
也許可以治療我們更危險的病——無明的病，這個病生生世世
使我們無法證悟心性，也因而無法使我們獲得解脫。

第十三章

給臨終者的
精神幫助

　　一九七○年代初期，我第一次來到西方。令我深感困惑的
是，在現代西方文明中，對於臨終者幾乎都沒有提供精神上的
幫助。在西藏，誠如我已經指出的，每一個人多多少少都認識
佛教的崇高真理，也都與上師有某種關係。沒有哪一個人去世
時不受到社區或多或少的幫助。我聽過有許多西方人是在孤
獨、極度痛苦和失望的情況下去世的故事，毫無任何精神上的
幫助；我撰寫這本書的主要動機，就是把西藏具有療效的智
慧，推廣給全體人類。人們在過世的時候，難道沒有權利要求
不只是肉體，更重要的是精神方面受到尊嚴的對待嗎？去世時
受到最好的精神關懷，這種權利難道不是文明社會中的基本人
權嗎？在這種臨終關懷變成大家所接受的規範之前，我們真的
夠資格自稱爲「文明人」嗎？當我們不知道如何以尊嚴和希望
來幫助面臨死亡的人們時，把人送上月球的科技又有什麼真實
意義呢？

　　精神上的關懷，並不是少數人的奢侈品；它是每個人的權
利，如同政治自由、醫療協助、機會均等一樣重要。真民主的
理想，在基本理念中，應該包括對每一個人提供相當的精神關
懷。

　　在西方國家不管走到哪裡，我都很驚訝地發現人們對死亡
的恐懼在心理上產生極大的痛苦，不管這種恐懼是否被承認。
人們如果知道當他們躺在那兒等待死亡的時候，受到愛心的關
懷，將多麼的安心啊！罹患不治之症的人們，一想到他們將要
被當成廢物般丟棄，便感到無比的恐慌，而西方的文化竟然對
死亡缺乏因應的能力，也否定任何精神的價值，這實在是太殘
酷了。在西藏，爲臨終者祈禱，並給予他們精神上的關懷，是
一種很自然的反應；在西方，大多數人給予臨終者唯一的精神

關注，卻是去參加他們的葬禮。

在人們最脆弱的時刻，卻遭到遺棄，幾乎得不到絲毫的支持或關懷；這是一種悲劇和可恥的事，必須改善。除非每個人過世時都能感受到某種程度的安詳；除非人們盡了某種心力要達到這個目標，否則現代的人們引以為傲的勢力、成就，全都是空洞不實的。

在臨終者的床邊

我有個朋友剛從一所著名的醫學院畢業，開始在一家倫敦大型醫院上班。第一天，病房裡就有四、五個人過世。對她來說，這是一件可怕的事；她從來沒有接受過處理死亡的訓練。她的醫師養成教育竟然沒有給予這方面的訓練，這不是太可怕了嗎？有一位老人躺在病床上，孤零零地張大眼睛凝視著牆壁，沒有親友探視，他渴望有個人可以談話。她走過去看他。老人的眼睛充滿淚水，聲音顫抖地問了一個她從來沒有預料到的問題：「妳認為神會原諒我的罪惡嗎？」我的朋友不知如何回答；她的訓練，讓她完全沒有回答任何精神問題的準備。她無話可說，只能隱藏在醫師的專業地位背後。旁邊沒有牧師，她只能癱瘓地站在那裡，無法回答病人渴望幫助和肯定人生意義的請求。

她在痛苦和迷惑中問我：「如果是你，會怎麼回答？」我告訴她，我會坐在老人身旁，拉他的手，讓他講話。我一再驚訝地發現；只要讓他說話，慈悲而專注地傾聽，他們就會說出非常有精神深度的東西，即使他們沒有任何精神信仰。每個人都有他自己的生命智慧，當你讓對方說話時，就是在讓這種生命智慧出現。我經常很感動地發現，每個人可以提供別人很大

的幫助，來*幫助他們*發現自己的真理，這種真理的豐富、甜蜜
和深刻都是他們從未料想到的。每個人的內心深處，都有治療
和覺醒的泉源；你的工作就是在任何情況下，都不要把自己的
信仰強加在別人身上，而是要讓他們在自己身上發現這些泉
源。

　　當你坐在臨終者身旁時，請相信你就是坐在有潛能成佛的
人身旁。想像他們的佛性就像一面閃亮無瑕的鏡子，他們的痛
苦和焦慮就像鏡子上一層薄薄的灰塵，很快就可以擦拭乾淨。
這可以幫助你把他們看成是可愛和可以寬恕的，並從你身上產
生無條件的愛；你將發現這種態度可以讓臨終者對你打開內心
之門。

　　我的上師敦珠仁波切常說，幫助臨終者就好像是伸手給即
將跌倒的人，讓他免於跌倒。你的出現就是力量、安詳和深度
的慈悲關注，可以幫助臨終者喚醒自己的力量。在這個最脆弱
的人生終點時刻，你的*出現*是非常重要的。誠如西斯里·桑德
斯（Cicely Saunders）所寫的：「臨終者已經剝掉面具和日
常生活的瑣碎事務，因此，比從前開放和敏感得多。他們可以
看透一切虛象。我記得一位老人說：『不，不要讀東西給我聽
了。我只要知道你腦子裡想些什麼，你心中的感受是什
麼。』」′

　　我會先修行，讓自己沈入心性的神聖氣氛中，再到臨終者
的床邊。因此，我可以不必費力去想發現慈悲心和真誠心，因
為它們會自然呈現並且發出光芒。

　　記住，如果你不先啓發自己，根本就無法啓發在你面前的
人。因此，當你不知道該怎麼做才好，當你覺得幾乎不能提供
任何幫助時，你就要祈禱、觀想、啓請佛或你所信仰的神聖力

量。當我面對眼前的人正經歷著可怕的痛苦時，我就會祈求一切諸佛和覺者的幫助，把我的心整個開放給眼前的臨終者，爲他們的痛苦生起慈悲心。我會竭誠啓請我的上師、諸佛、與我有特殊因緣的覺者示現。我集中我的恭敬心和信仰力量，看到他們光榮地出現在臨終者上方，以愛心凝視他們，以光和加持灌注他們，淨化他們過去的罪業和目前的痛苦。我一邊做，一邊祈禱眼前的人能夠不再受苦，能夠找到安詳和解脫。

我以最深的專注和真誠這麼做，然後就試著安住在我的心性中，讓它的安詳和光芒滲透房間的氣氛。很多、很多次，這種神聖的氣氛令我肅然起敬，此後它就可以很自然地產生，反過來又去啓發臨終者。

我現在要說些可能會讓你訝異的話，*死亡可以是非常具有啓發性的*。我在與臨終者相處的經驗中，每每驚奇地發現，我的祈禱和啓請，竟然能夠大爲改變氣氛，我自己也因爲看到這種啓請、祈禱和諸佛示現有那麼大的功效，而更加深我的信仰。我發現在臨終者的床邊，我的修行變成非常強而有力。

有時候我會看到，臨終者也感覺得出這種深度啓發的氣氛，同時感激我們能夠共同享有片刻真正而具有轉化功能的喜樂。

給予希望和找尋寬恕

在給予臨終者精神幫助方面，我特別提出兩點：給予希望和找尋寬恕。

當你和臨終者在一起時，要經常強調在他們做得好和完成的事項上，幫助他們覺得生命是建設性和快樂的。將注意力集中在他們的美德，而非失敗上。臨終者很容易產生罪惡感、愧

疚和失望；讓他們把這些情緒自由地表達出來，聽他說話，接
受他所說的話。同時，在適當的時機下，記得提醒他們也有佛
性，鼓勵他們嘗試透過觀想的修習安住在心性中；特別要提醒
他們，他們所擁有的不只是痛苦而已；找出最善巧的方法來啟
發他們，給予他們希望。如此，他們就不會老是在想自己的錯
誤，而能死得比較安詳。

對於那個人的哭喊：「妳認為神會原諒我的罪惡嗎？」我
會回答：「寬恕本來就存在於神性之中，神已經原諒你了，因
為神就是寬恕。『犯罪是人，寬恕是神。』但你能夠真正原諒你
自己嗎？那才是問題所在。」

「你有不被原諒和不可原諒的感覺，才讓你這麼痛苦。這
種感覺只存在你的心中而已。你有沒有讀過報導或聽說過，在
某些瀕死經驗中，出現金黃色的光，那光會帶來寬恕嗎？經常
有人說，到頭來還是*我們*自己審判自己。」

「為了洗淨你的罪惡，你就要從內心深處請求淨化。如果
你是誠心請求淨化，也經過了這個階段，寬恕就在那兒。神將
原諒你，就好像在基督的美麗寓言中，天父原諒了浪子一般。
為了幫助你原諒自己，你要記住曾經做過的善事，原諒你生命
中的每個人，向你曾經傷害過的每個人請求原諒。」

並不是每個人都信仰正式的宗教，但我認為幾乎每個人都
信仰寬恕。如果你能夠讓臨終者看到死亡的來臨就是和解與結
算的時刻，對他們將有無限的幫助。

鼓勵他們與親友和解，清除自己的心靈，不要留下絲毫仇
恨或懷恨的痕跡。如果他們不能見到與他們不和的人，建議他
們打電話，或留下錄音或信，請求原諒。如果他們覺得不能獲

得對方的原諒，最好不要鼓勵他們直接去面對那個人；負面的反應，只會增加原有的痛苦。有時候，人們需要時間來諒解。讓他們留下請求別人原諒的訊息，他們至少在死前瞭解自己已經盡力了。我一再發現，那些因爲自怨自艾和罪惡感而變得鐵石心腸的人，由於請求原諒的簡單動作，而獲得不容置疑的力量和安詳。

所有宗教都重視寬恕的力量，而這種力量最被需要和最被深刻感覺到的時刻，莫過於臨終。透過寬恕和被寬恕，淨化了過去行爲的黑暗，也完整地準備好踏上死亡的旅程。

尋找精神上的修持

如果你臨終的親友熟悉某種禪修法，就鼓勵他儘可能安住在禪定中，當死亡接近時，你要跟他一起修禪定。如果臨終者完全能夠接受修行的觀念，就幫助他尋找一個合適而簡單的法門，儘可能常跟他一起修，同時，當死亡已經接近時，溫和地重複提醒他這個法門。

在這個關鍵時刻，你的幫助須具有想像力及創意，因爲很多事情都靠它：在死亡之前或當下，如果人們能夠找到可以全心修持的法門，就可以改變整個臨終的氣氛。精神修行的法門有許多層面，運用你的洞察力和敏感度去發現與他最有緣的法門，這個法門可以是寬恕、淨化、奉獻，或感受光或愛現前。在幫助他的過程中，首先全心全意地祈禱他的修行能夠成功，爲他祈禱能夠獲得修持那種法門的一切精力和信仰。我發現人們即使在最終的死亡階段，都可以藉著在他心中已經結緣的一句禱詞、真言或一個簡單的觀想，在修行上獲得驚人的進步。

史提芬・雷溫（Stephen Levine）提到他爲一個癌症末期

女病人提供諮商的故事。[2] 這位臨終者雖然對耶穌具有自然的恭敬心，但因為她已經離開教會，所以感到失落。他們一起探討如何才能夠加強那種信仰和恭敬。她終於瞭解最能夠幫助她恢復與耶穌基督的緣，以及在去世時找到信賴和信心的方法，就是持續念這句禱詞：「主耶穌基督，請憐憫我。」念這句禱詞打開了她的心，她開始覺得基督永遠與她同在。

基本頗瓦法

我發現頗瓦法是關懷臨終者最重要和最強有力的法門，受到相當多人衷心的喜歡。藏文中的**頗瓦**（ phowa ），意思是**意識的轉換**。目前已經傳遍全世界，包括澳洲、美國和歐洲等地。由於它的力量，上千人獲得莊嚴去世的機會。我很高興把頗瓦法的**心要**介紹給任何想修的人。

頗瓦法是每一個人都可以修的法門；它簡單易修，也是我們能夠為自己的死亡預做準備的重要法門，我常常教學生藉著頗瓦法幫助臨終或已經死亡的親友。

修習一

首先，採取讓你覺得舒服的姿勢坐下來，或者躺下來都可以。

然後，把心找回來，靜下來，並完全放輕鬆。

1.在你面前的上方，啓請你所信仰的任何真理的化身，化作燦爛的光芒。選擇你覺得親近的任何神明或聖人；如果你是佛教徒，啓請你覺得有緣的佛；如果你是基督教徒，一心感受神、聖靈、耶穌或聖母瑪利亞活生生地示現。如果你覺得與任何精神人物都沒有緣，只須想像有一個純金黃光的形體出現在

你面前的上方。要點在於你要把所觀想的對象或示現，認爲是一切諸佛、聖人、上師和覺者的真理、智慧和慈悲的化身。不必擔心你無法很清晰地觀想他們，只要你心中覺得他們已經出現，相信他們真實存在就可以了。

2.然後，集中心意和心靈在你所啓請的聖者示現上，如此祈禱：

透過你的慈悲、加持和指導，

透過從你身上流出的光的力量：

願我的一切惡業、煩惱、無明和業障得以清淨消除，

願我所思所行的一切傷害已被寬恕，

願我成就這個深奧的頗瓦法修行，死時安詳美好，

透過我死亡的勝利，願我得以利益一切衆生。

3.現在想像你所啓請的光，深深被你的禱詞所感動，回報給你愛心的微笑，從他的心中流露出愛和慈悲的光。當這些光接觸和穿透你的全身時，洗濯和淨化你的一切苦因、惡業、煩惱和業障。你看到也感覺到全身都沈浸在光中。

4.現在你已經被光完全淨化和治癒了，想像你的業報身完全溶入光中。

5.你現在的光身升上天空，與聖者的祥光密不可分地結合在一起。

6.維持與光結合的狀態，越久越好。

修習二

1.以更簡單的方式來修頗瓦法。開始時如前述，靜靜地坐下，然後啓請真理的化身出現。

2.想像你的意識在你心中，像個光球、流星一般的從你心中射出，飛入你面前的真理化身的心中。

3.它溶化之後，與真理的化身合而爲一。

透過這種修習，把你的心投入佛或覺者的智慧心中，這有如把你的靈魂溶入神裡面。頂果欽哲仁波切說，這就像把一粒小石頭投進湖中；想像它沈入水裡，越來越深。想像透過加持，你的心被轉化進入這位覺者化身的智慧心中。

修習三

最精要的頗瓦法修習就是：把你的心，跟清淨示現身的智慧心結合在一起。想像：「我的心和佛的心是合而爲一的。」

在這三種方法中，選擇其中一種你覺得比較舒服或在當時對你最有吸引力的方法。有時候，最有力的法門可能是最簡單的法門。不管你選擇哪一種法門，最重要的是現在就要花時間去熟悉它。否則，你怎麼有信心在你或別人即將去世時懂得修法呢？我的上師蔣揚欽哲仁波切寫道：「如果你能夠常常以這種方法來觀想和修習，臨終的時候修起來就比較容易。」*3*

事實上，你必須把頗瓦法修到純熟的程度，讓它變成一種自然的反射，變成你的第二天性。如果你看過《甘地》這部電影，就可以知道當他被刺殺時，他立即叫出「蘭姆……蘭姆！」，在印度教裡，蘭姆是神的聖名。請記住我們不會知道我們將怎麼死，也不會知道我們是否有時間從容回憶任何一種法門。譬如，我們在高速公路上，以一百英哩的時速與卡車相撞，我們哪來時間選擇呢？當時不會有一秒鐘的時間去思考頗瓦法怎麼修。我們不是熟悉頗瓦法，就是不熟悉。有一個簡單的方法可以測驗：當你面臨重要的情境或危機時刻，譬如地震

或做夢時，你的直覺反應是什麼？你是否立刻想到頗瓦法呢？如果是，你的修法有多穩定，你的信心有多強呢？

　　我記得有一個美國學生，有一天她騎馬出去，被馬甩下來，她的腳纏住馬鐙，她被馬拖著在路上跑。當時她被嚇得腦筋一片空白，雖然她想盡辦法要回憶某種法門，可是一點用也沒。她被嚇壞了。這次驚嚇幫助她瞭解必須熟練法門讓它成為她的第二天性。這是她必須學習的課程；事實上，也是我們大家必須學習的課程。盡你最大的能力，精進修持頗瓦法，一直到你能肯定你將以它來反應任何不可預見的事件為止。這保證不管死亡何時到來，你都成竹在胸。

利用頗瓦法來幫助臨終者

　　我們怎麼利用頗瓦法來幫助臨終者呢？

　　修法原則和次序完全相同，唯一的差別是你要觀想佛或神明就在臨終者的頭上：

　　想像光芒傾注在他的身上，淨化他整個人，然後他溶化成光，與示現身完全結合。

　　在你親愛的人生病時，為他修全程的頗瓦法；特別是（也是最重要的）在他呼出最後一口氣時，或在呼吸停止後身體被搬動或干擾之前。如果臨終者知道你要替他修這個法門，而且也知道它的道理，必然會成為啟示和安詳的大泉源。

　　靜靜坐在臨終者旁邊，在佛陀、基督或聖母瑪利亞像前，供上一根蠟燭或一盞燈。然後，為他們修頗瓦法。你可以靜靜地修，臨終者甚至不必知道；如果他能夠接受就跟他一起修，也為他說明怎麼修。

　　人們常問我：「如果我臨終的親友是基督教徒，而我是佛

教徒,有沒有什麼衝突呢?」怎麼會有衝突?我告訴他們:你是在啓請真理,基督和佛陀都是真理的慈悲化身,只是以不同方式顯現來幫助衆生而已。

我向醫生和護士強烈建議,他們也可以替臨終病人修頗瓦法。如果照顧臨終者的人,也能夠修頗瓦法,那麼醫院的氣氛將會改變得多好呢!我記得小時候,桑騰去世時,我的上師和其他僧人都在爲他修法。那是多麼強而有力和崇高啊!我最深的祈禱是:每個人在去世的當時,都能夠擁有和他相同的福報和安詳。

我從傳統西藏爲臨終者修習的法門中,特別整理出這個基本的頗瓦法,它涵蓋了所有最重要的原則。因此,它不僅是爲臨終者而修的頗瓦法,也可以用來淨化和治療;它對於活人和病人都一樣重要。如果這個人有治癒的希望,它可以幫助治療;如果這個人即將過世,它可以幫助他,安然地離開人世;如果這個人已經死去,它可以繼續淨化他的心識。

如果你不確定病重的親友是否可以活過來,那麼每次你探視他時,就可以爲他修頗瓦法。回家之後,再修一次。修得越多,你臨終的親友就可以被淨化得越多。你沒有把握可以再見到你的朋友,或者當他去世時,你是否會在場。因此,每次探視時,就以修頗瓦法做結束,就當作準備一般;而且在空暇時,繼續修。*4*

奉獻我們的死亡

《中陰聞教得度》說:

哦！覺悟家族的兒女，[5] 所謂的「死亡」現在已經來到
了，因此要採取這個態度：「我已經到了死亡的時刻，所
以現在藉助死亡，我將只採取覺悟心境和慈悲的態度，爲
一切如虛空般無量無邊的眾生而證得圓滿的覺悟……」

最近有個學生問我：「我的朋友只有二十五歲。他被白血
病的痛苦折磨得奄奄一息。他痛苦得無以復加，我很害怕他會
陷入痛苦之中不能自拔。他一直問我：『對於這個毫無價值、
恐怖的痛苦，我該怎麼辦呢？』」

我非常同情他和他的朋友。一個人若認爲自己所經歷的痛
苦是毫無價值的，所經歷的痛苦是完全無用的，這大概是人生
最可悲的事。我告訴我的學生說，即使是現在，即使是在他正
承受的極大痛苦之中，他的朋友還是可以轉化他的死亡：誠心
地把他臨終和死亡的痛苦，迴向給別人，讓他們獲得利益和終
極快樂。

我請他轉告：「我知道你很痛苦。想像世界上有許多人跟
你一樣痛苦，甚至更痛苦。以慈悲充滿你的心，迴向給他們。
向你所信仰的任何人祈禱，請求以你的痛苦幫助他們解除痛
苦。不斷奉獻你的痛苦來解除他們的痛苦。你會發現一種新的
力量泉源，一種你幾乎想像不到的慈悲，讓你確信你的痛苦不
僅沒有白費，而且現在更有美好的意義。」

我對學生所說的，其實就是前面已經和大家分享過的施受
法，當你的親友已經到了疾病末期或即將去世時，它更顯得重
要：

如果你得了癌症或愛滋之類的病，盡力想像世界上每一個
得了相同病症的人。

以深度的慈悲對自己說:「願我承擔每一個得到這種可怕疾病者的痛苦,願他們都能解脫這種煎熬和痛苦。」

然後想像他們的疾病和腫瘤化為一縷輕煙,離開他們的身體,溶入你的疾病和腫瘤之中。當你吸氣時,吸進他們的一切痛苦;當你呼氣時,呼出健康和幸福。在你修這個法門時,以完整的信心相信他們已經痊癒了。

當你接近死亡時,不斷對自己這麼思維:「願我承擔世界上每一個臨終者或即將死亡的人的痛苦、恐懼和孤獨。願他們都能解脫痛苦和慌亂,願他們都能找到安慰和心靈的安詳。願我現在所遭遇和未來將遭遇的任何痛苦,都能幫助他們往生善道,終得覺悟。」

我認識紐約的一位藝術家,正處在愛滋病的末期。他具有譏諷的性格,痛恨僵化的宗教,我們幾個人認為,他對於精神層面應該是很有興趣的。朋友們勸他看看西藏上師,這位上師立刻瞭解,他的挫折和痛苦主要源自他覺得他的痛苦對本人或別人都無意義。因此,上師就教他一件事,而且只有一件事:修施受法。一開始,他還有些許懷疑,但還是修了;朋友們都看到他有非常大的改變。他告訴許多朋友,過去一直覺得沒有意義和可怕的痛苦,透過施受法,現在都充滿莊嚴的目的。每一個認識他的人,都親自經驗到這種新的意義如何轉化他的死亡。最後,他在安詳中去世,向他自己及他的痛苦和解了。

如果施受法可以轉化過去很少有修習經驗的人,那麼請想像它在大師手中的威力會有多大。一九八一年,當十六世大寶法王在芝加哥圓寂時,他的一位西藏弟子寫道:

我見到大寶法王時,他已經動了許多次手術,他身上的某

些器官被割除了，放進一些人工器官，也輸過血，諸如此類不勝枚舉。醫生每天幾乎都會發現新的病癥，可是第二天又消失了，代之以另一種病癥，彷彿世界上所有疾病都在他身上找到容身之地。有兩個月之久，他都沒有進硬食，醫生們幾乎放棄希望，認為他不可能再活下去，也認為應該拔除急救儀器。

但大寶法王說：「不，我還要活下去。讓儀器留在那兒不動。」他也真的活下去了，讓醫生大感意外的是，大寶法王居然還像從前一樣地輕鬆自在——幽默、快樂、微笑，好像他對肉體所遭受的每一樣痛苦都感到高興。後來我才想到，而且非常肯定地認為，大寶法王以十分有意而自願的方式，承受開刀的痛苦，承受身上所出現的各種疾病，承受不去攝取食物：他是故意承受所有疾病，以幫助減少未來的種種痛苦，如戰爭、疾病和饑荒；他故意以這種方式來改變這個黑暗年代的極端痛苦。對於我們這些在場的人來說，他的死是無法忘懷的啟發，它也深刻顯露佛法的效能，[6]以及捨己為人的覺悟確實是做得到的。[7]

我知道，也確信，世界上每個人都沒有必要死得辛酸和怨恨。我們所承受的任何痛苦，不管它多可怕，如果可以用來解除別人的痛苦，都不可能是沒有意義的。

我們親眼目睹了神聖而崇高的典範，慈悲的無上大師們，活在施受法中，也死在施受法中，當他們吸氣時，承擔一切眾生的痛苦，當他們呼氣時，治療全世界的疾病，終其一生不厭不倦，一直到最後一口氣為止。中陰教法說，他們的慈悲是如此廣大無邊和堅強有力，以致在他們死亡的那一刻，可以立刻

往生佛土。

如果每個人在活著或死亡時,都能夠跟著寂天和一切慈悲的上師來念這個禱詞,整個世界和我們的生命,將不知會有多大的轉化啊!

願我是亟需保護者的保護人,
願我是旅行者的嚮導,
願我是尋找靠岸者的船隻、橋梁和通路。
願一切眾生的痛苦可以完全消除。
願一切眾生的痛苦都能完全解除,

願我是醫生和藥物,
願我是世上一切病患眾生的護士,
直到每個人都痊癒為止。

如同虛空和地、水、火、風四大,
願我永遠支持一切無邊眾生的生命。

直到他們都解脫痛苦為止,
願我也是無邊無際一切眾生界的生命泉源。[8]

第十四章

臨終修習

　　我記得人們常來看我的上師蔣揚欽哲，只爲了請求他在他們去世時給予引導。他在整個西藏，尤其是東部的康省（Kham），非常受人愛戴和尊敬，有人甚至旅行好幾個月，只求見他一面，在他們去世之前獲得他一次的加持。我所有的上師都以下面這句話爲忠告，那正是你在臨終時所最需要的：「放下執著和瞋恨。保持你的清淨心。把你的心和佛結合爲一。」

　　整個佛教對於臨終那一刻的態度，可以歸結成蓮花生大士在《中陰聞教得度》中所説的偈子：

　　　現在臨終中陰已降臨在我身上，
　　　我將放棄一切攀緣、欲望和執著，
　　　毫不散亂地進入教法的清晰覺察中，
　　　並把我的意識射入本覺的虛空中；
　　　當我離開這個血肉和合的軀體時，
　　　我將知道它是短暫的幻影。

　　在死亡的時候，有兩件事情最重要：我們在一生中做了哪些事，我們在當時處於什麼心境。即使累積了很多惡業，但如果在死時確能改變心境，還是可以決定性地影響我們的未來，並轉化我們的業，因爲死亡的那一刻是淨化業力非常強有力的時機。

死亡的那一刻

　　記住儲藏在我們凡夫心基礎地的一切習氣，隨時都可以受任何影響而活躍起來；少許的刺激就可以帶出我們本能的、習

慣性的反應。在死亡的那一刻，尤其如此。達賴喇嘛如此說明：

> 在死亡的時候，長久以來所熟悉的態度通常都會先表達出來，並導引再生的方向。同理，因為害怕自我將不存在，所以人們就對自我產生強烈的執著。這種執著形成兩世之間中陰身的緣，對於身體的喜愛，反過來變成建立中陰身的原因。'

因此，去世的心境很重要。即使我們曾經造惡業，如果死亡時是處於善的心境，將可改善我們的下一世；即使我們曾經善用生命，如果死亡時心境慌亂痛苦，就會產生不好的影響。這表示：*死亡前的最後念頭和情緒，對於我們的立即未來，會產生極端強有力的決定性影響*。正如瘋子的心被幻想整個佔住，幻想會一再地回來；在死亡的那一刻，心是完全不設防的，暴露於當時主宰我們的任何念頭。最後一個念頭或情緒，會被極端放大，淹沒我們的整個認知。因此，上師們強調當我們去世時，四周環境的品質非常重要。對於親友，我們應該竭盡全力啓發正面的情緒和神聖的感覺，如愛、慈悲和恭敬，儘量幫助他們「放下攀緣、欲望和執著」。

放下執著

一個人去世時最理想的方式是放下內外的一切，在那個關鍵時刻，心沒有什麼欲望、攀緣和執著好牽掛。因此，在去世之前，必須盡力解脫我們對一切財物、朋友和親人的執著。我們無法帶走任何東西，所以可以事先計畫把擁有的一切當作禮物送走，或捐贈給慈善機構。

在西藏，上師們在意識離開肉體之前，都會指示他們將要把哪些東西供養給其他上師。有時候，有意在未來轉世的上師，會留下一堆東西給他的來世，事先他會清楚指示他要留下什麼。我認為我們必須清楚交代如何分配遺產。這些願望必須儘可能表達清楚。否則死後，如果你在受生中陰，看見你的親戚為了遺產而爭吵，或者把你的金錢做不當使用，這種情形將擾亂到你。因此，清楚地說明你要捐出多少錢做慈善用途，或各種修行目的，或送給你的一位親人。把每一件事情都安排清楚，鉅細靡遺，這樣你才可以放心，真正放下。

我曾經說過，當我們去世時，四周的氣氛要儘可能安詳，這是很重要的。因此，西藏上師說，悲傷的親友絕對不可以出現在臨終者的床邊，以防他們情緒激動而擾亂了臨終者死亡那一刻的平靜。臨終關懷的工作者曾經告訴我說，有些臨終者會要求在他們要過世時，親近的家人不要探視他們，就是因為怕會引起痛苦的感覺和強烈的執著。有時候，家人會很難理解這一點；他們也許會覺得不再被臨終者所愛了。然而，必須記住，親愛的人一出現，可能會在臨終者身上引起強烈的執著感，使他更難放下。

當我們就在所愛的人床邊，眼睜睜看著他離開人間，強忍悲痛不哭出來，是很困難的事。我奉勸每個人盡力和臨終者在死亡來臨前一起把執著和悲痛處理掉：一起哭出來，表達出你們的愛，說再見，但試著在死亡時刻真正來臨前，完成這個過程。可能的話，親友最好在臨終者斷氣的那一刻不要過度表露悲傷，因為臨終者的意識在那一瞬間特別脆弱。《中陰聞教得度》說：你在臨終者床邊的哭聲和眼淚，對他而言，就是雷聲和冰雹。如果你發現你在臨終者的床邊啜泣，也不必擔心；這

是沒辦法的事，你沒有理由感到懊惱和罪惡。

　　我的大姑媽阿妮貝露（Ani Pelu）修行很有成就。她親近
過當時的幾位傳奇性上師，尤其是蔣揚欽哲，他寫了〈開示心
要〉送給她。她的身體結實渾圓，十足像我們家的老闆，有美
麗高貴的臉，也有修行人瀟灑甚至是率直的性格。她是一位很
能幹的女人，直接掌管家裡的事務。但就在她去世前一個月，
她以最動人的方式，做了一百八十度的轉變。忙碌一輩子的
她，突然安靜而自在地放下一切。她似乎一直都在禪定的狀態
中，持續吟唱她從大圓滿傳承聖者龍清巴的著作中摘出的喜愛
句子。她一向喜歡吃肉，但過世之前，卻一點也不碰肉。她是
她的世界中的皇后，很少人會把她看成**修行人**（yogini）。她
卻在臨終前，表現出她的本來面目，我永遠不會忘記她在那些
日子裡所散發出來的深度安詳。

　　阿妮貝露在許多方面都是我的保護天使；我想她因為沒有
兒子，所以特別喜歡我。我的父親是蔣揚欽哲的祕書，異常地
忙碌；我的母親也是忙於她的龐大家務，並不會想到阿妮貝露
從不忘記的事。阿妮貝露常問我的上師：「這個小孩長大後，
會發生什麼事呢？他會過得好嗎？他會有障礙嗎？」有時候他
會回答，說些如果她不在那裡煩他就不會說的事。

　　阿妮貝露在她生命的終點，表現出非常的莊嚴寧靜，修行
也很穩定，但即使像她這麼有修行的人，臨終時還是叫我不要
出現，唯恐她對我的愛引起她瞬間的執著。這顯示她如何認真
實踐她所敬愛的上師蔣揚欽哲的〈開示心要〉：「在死亡的那一
刻，放下一切執著和瞋恨的念頭。」

進入清明的覺察

她的妹妹阿妮麗露（Ani Rilu）也是修行一輩子，親近同樣的偉大上師。她有一本厚厚的禱詞，整天誦念和修行。她常常打瞌睡，醒來後又接著修剛才中斷的地方。整天整夜她都做相同的事，因此她的睡眠總是斷斷續續的，常常是在晚上做早課，在早上做晚課。她的姊姊貝露是遠比她果斷而次序井然的人，在她晚年時，無法忍受妹妹這種無止境的日夜顛倒。對她說：「爲什麼妳不在早上做早課，在晚上做晚課，像其他人一樣，把燈熄掉上床睡覺呢？」阿妮麗露就喃喃而言：「是……是。」但還是依然故我。

當時我是站在阿妮貝露這一邊的，但現在我卻看到了阿妮麗露的智慧。她整個人投入修行之中，她的生命變成持續不斷的禱詞長流。事實上，我認爲她的修行已經強到連做夢也在誦念，任何人修持到這種程度，將有很好的機會在中陰身裡解脫。

阿妮麗露的去世，跟她在世時同樣安詳寧靜。她已經病了一陣子，一個冬天的早晨，大約九點左右，我的師母感覺到麗露很快就要過世。雖然當時她已經不能說話了，但仍然保持清醒。有人受命立即跑去請來住在附近的出色上師杜竹千仁波切（Dodrupchen Rinpoche），爲她做最後的指導和修頗瓦法。

在我們家裡有一位老人名叫阿貝多杰（A-pé Dorje），一九八九年去世，享年八十五歲。他在我們家爲五代人工作，他有祖父般的智慧和常識、非比尋常的道德力量和好心腸、調解爭論的天賦；這些特色使得他成爲我心目中西藏一切善事的象徵：一位粗壯、世俗、平凡而自然遵守教法精神的人。[2]我

小時候，他教我很多，尤其是強調一定要對別人好，即使別人
傷害你，也不可以懷恨。他有天生的秉賦，能以最簡單的方式
傳達精神價值；他幾乎可以誘使你展現一切潛能。阿貝多杰是
一位說故事的高手，他可以講述格薩爾王史詩中的神話故事和
英勇傳奇，讓小時候的我深深著迷。不管他走到那裡，都會帶
來輕鬆的氣氛、喜悅和幽默，讓任何困難的情境變得不那麼複
雜。我記得，即使他接近八十歲時，他還那麼輕快活潑，每天
都還出去買東西，幾乎到他去世為止。

　　阿貝多杰通常是每天早晨九點鐘左右出外採購。他聽說阿
妮麗露已經到了死亡的邊緣，就來到她的房間。他有大聲說
話、幾乎是喊叫的習慣。「阿妮麗露，」他大聲叫，她張開眼
睛。「我親愛的女孩，」他以迷人的微笑熱情看著她：「現在
是妳表現真勇氣的時刻了，不要害怕，不要動搖。妳的福報真
大，能夠親近這麼多的偉大上師，從他們那兒接受教法。不僅
如此，妳也有非常珍貴的機會修行。妳還有什麼好要求的呢？
現在，妳唯一要做的事，就是記住教法心要，尤其是上師們教
給妳的臨終開示。記在心中，不要散亂。」

　　「不必為我們操心，我們都很好。我現在就要去買東西
了，也許當我回來時，就看不到妳了。因此，我要向妳說再見
啦。」說完話，他露齒大笑。阿妮麗露神智還是清醒的，他說
話的樣子讓她微笑著點頭接受。

　　阿貝多杰知道，當我們接近死亡時，必須要把我們的一切
修行濃縮成一個「心要法門」。他對阿妮麗露所說的話，就是
蓮花生大士臨終開示偈的第三行：「毫不散亂地進入教法的清
晰覺察中。」

　　有些人已經認證了心性，並在修行中加以穩定，對他們來

說，這句話的意思就是安住在本覺的狀態中。如果你沒有那種穩定性，就要在你的內心深處記住上師教法的精華，尤其是最重要的臨終法要。**牢記在心中，想到你的上師，當你死亡的那一刻，把你的心和他結合爲一。**

臨終開示

最常用來突顯臨終中陰的影像，就是一位美麗的女演員坐在鏡子前面。她的最後演出即將開始，在走上舞台之前，做最後一次的化粧和查看自己的模樣。同樣的情形，在死亡的那一刻，上師再度向我們介紹教法的主要真理——在心性的鏡子中——並向我們直接指出修行的心要。如果上師不在場，也必須有跟我們結善緣的道友在場提醒我們。

據說，這種教授的最佳時機是在外呼吸已經停止，而「內呼吸」尚未結束之前，雖然最安全的作法是在意識完全消失之前，分解過程尚在進行之中就要開始。如果在你死亡之前，沒有機會見到上師，你就需要事先接受這些開示，並熟悉它。

如果上師就在臨終者的床邊，在我們的傳統裡，他就會依下述次序來做。首先，上師會宣布：「哦！覺悟家族的兒女，專心傾聽……」然後帶我們一步一步地走過分解的過程，他會以強烈的措辭，有力而清晰地強調開示的心要，讓我們在心中留下強烈的印象，並要求我們安住在心性中。如果我們做不到，而我們熟悉頗瓦法，他就會提醒我們修頗瓦法；否則，他就會替我們修頗瓦法。然後，上師會採取進一步的預防措施，說明死後中陰經驗的性質，並強調它們全都是我們自心的投影，以信心激勵我們要在此刻認證這一點：「哦！兒女，不管你看到什麼，不管它多麼恐怖，認證它是你自己的投影，認證

它是你自己心的光芒、自然光。」[3]最後，上師將教導我們記住諸佛的淨土，生起恭敬心，祈禱往生佛土。上師將複誦教法三次，停留在本覺之中，把他的加持導向臨終的弟子。

臨終修習

臨終有三個主要的修習：

- 上策，安住在心性之中，或引發吾人修行的心要。
- 中策，修轉換意識的頗瓦法。
- 下策，依賴祈禱、恭敬心、發願的力量，以及覺者的加持。

誠如我所說過的，大圓滿法的無上修行者，已經在他們還活著時完全證悟心性。因此，當他們去世時，只需要繼續安住在那個本覺的狀態中，因為他們已經證得了諸佛的智慧心。對他們來說，死亡是終極解脫的時刻——證悟的的巔峯時刻，修行的極致。《中陰聞教得度》只有短短的一句話提醒這種修行者：「哦！大師，現在地光明已經發出。認證它，安住在修習之中。」

那些已經完成大圓滿法修行的人，據說死時*就像新生的嬰兒*，對於死亡一點牽掛都沒有。他們不需要關心什麼時候或在什麼地方死亡，他們也不需要任何的教法、開示或提醒。

「利根的中等修行人」，死時*就像街上的乞丐*。沒有人注意他們，沒有什麼事干擾他們。由於他們修行上的穩定功夫，他們絕對不受四周環境的影響。不管是在忙碌的醫院裡，或是在慌亂吵雜的家中，他們都可以死得同樣自在。

我將永遠不會忘記我在西藏所認識的一位老瑜伽行者。他就像德國童話故事中穿花衣服的吹笛手，所有的小孩都會跟著

他到處走。不管他走到哪裡,都會唱歌,吸引整個社區的人圍繞在四周,他就教他們修行和念誦觀音菩薩的六字大明咒:「唵嘛呢叭嚦吽」(OM MANI PADME HUM)[4]。他有一個大咒輪,每當有人送東西給他時,他就把它縫在衣服裡,最後當他走動時,看來就像大咒輪。我也記得,他有一隻狗隨著他到處走。他把那隻狗當人看待,和狗吃同一個鉢裡的東西,狗睡在他旁邊,把他當成最好的朋友,甚至經常對他說話。

沒有多少人真正理會他,有些人稱他「瘋行者」,但很多喇嘛卻對他評價相當高,要我們不可以輕視他。我的祖父和我的家人,都很尊敬他,常常把他請進佛堂,供養他茶和餅。西藏有一個風俗,不可以空手去拜訪人家,有一天,在飲茶當中,他停下來說:「哦!很抱歉,我幾乎忘記了……這是我送給你們的禮物。」他拿出我祖父剛才送給他的餅和哈達,當作禮物還給我祖父。

通常他都是睡在戶外。有一天,就在佐欽寺的附近,他過世了:他的狗在他旁邊,正好是在街道中央的一堆垃圾裡。沒有人預料到接下來發生的事,但許多人都親眼看到,在他的身體四周,出現耀眼的彩虹光環。

據說,*中根器的中等修行人,死時就像野獸或獅子,死在雪山上,死在山洞或空谷裡。*他們可以完全照顧自己,喜歡到荒涼的地方,靜靜地去世,不受親友的干擾或照顧。

像這些有成就的修行人,上師都會提醒他們在瀕臨死亡時,應該修哪些法。這裡有兩個來自大圓滿傳統的例子。第一個例子,修行人應該以「睡獅的姿勢」躺下來,然後把他們的覺察力集中在眼睛,凝視他前面的天空。保持不動心,安住在那種狀態中,讓他們的本覺與真性的本初空間融合。當死亡的

地光明生起時，他們就很自然地流入地光明，證得覺悟。

但這種修法只有那些修行已經穩定心性的證悟者才做得到。對於那些還沒有達到這種圓滿境界的人來說，則需要比較正式的專注方法：觀想他們的意識是白色的字母「啊」，從中脈射出，經過他們的頂輪進入佛土。這就是轉換意識的頗瓦法，也是我的上師在左頓喇嘛去世時為他修的法。

成功做完這兩種修行之一的人，仍然會經歷肉體的死亡過程，但不會經過接下來的中陰境界。

頗瓦法：意識的轉換

現在臨終中陰已降臨在我身上，
我將放棄一切攀緣、欲望和執著，
毫不散亂地進入教法的清晰覺察中，
並把我的意識射入本覺的虛空中；
當我離開血肉和合的軀體時，
我將知道它是短暫的幻影。

「把意識射入本覺的虛空中」，指的是頗瓦法，這是最常為臨終者修的法門，這個特別開示和臨終中陰有關。頗瓦法是幾世紀來幫助臨終者和為死亡而做準備的相應法和禪定法。它的原則是在死亡的那一刻，修行者要把他的意識射出，與佛的智慧心相結合，進入蓮花生大士所謂「本覺的虛空中」。這個法門可以由個人來修，也可以由具格上師或良好的修行者替他修。

頗瓦法有很多種，以適合不同個人的根器、經驗和訓練。

但是最普遍的頗瓦法，稱爲「三認證的頗瓦法」：*認證我們的中脈⁵是道路；認識我們的意識是旅行者；認證佛土是目的地。*

一般負有工作和家庭責任的西藏人，無法奉獻他們的一生在研究和修行上，但他們對於教法卻有堅強的信心和信賴。當他們的兒女長大後，他們也接近生命的終點——西方人稱爲「退休」——就會常常去朝聖或拜見上師，專心修行；他們往往都會修頗瓦法，爲死亡做準備。頗瓦法常常被稱爲不必一生修禪定就能證得覺悟的方法。

在頗瓦法的修行中，啓請的中心是阿彌陀佛，即無量光佛。阿彌陀佛的信仰在中國、日本、西藏和喜馬拉雅山都非常普遍。他是蓮花部的本初佛，而蓮花部就是人類所屬的佛族；阿彌陀佛代表我們清淨的本性，象徵欲望——人類最主要的情緒的轉化。深入一點來說，阿彌陀佛是我們無限、光明的心性。人死後，在地光明發出的那一刻，心的真性就會顯現出來，但並不是我們所有人都熟悉得可以認證它。佛陀教我們如何啓請光的象徵——阿彌陀佛，是多麼善巧方便和慈悲啊！

這裡並不適合說明傳統頗瓦法修習的細節，因爲在任何情況下，都必須由具格上師指導方能修頗瓦法。如果沒有適當的指導，千萬不要自己修。

在人死的時候，騎在「氣」上而需要一個孔離開肉體的意識，可以經由九孔之中的任何一孔離開。它所採取的途徑，完全決定了死者即將轉生到哪一道。如果它是由頂輪離開，他就會往生淨土，在那兒可以漸漸修到覺悟。⁶

我必須再強調一次，只有在能夠給予加持的具格上師指導下，才能夠修頗瓦法。要想修成頗瓦法，不需要太多的知識或

深度的證悟，只需要恭敬心、慈悲心、專一的觀想，和深深的感覺阿彌陀佛示現。學生接受教法，然後修持，一直到成就的徵象出現爲止。這些徵象包括頭頂發癢、頭痛、出現明澈的液體，頭頂周圍有發脹或柔軟的感覺，或甚至頭頂打開一個小洞，傳統上可以用一根草插入小洞裡，以測驗或衡量修行的成功程度。

最近有一羣定居在瑞士的西藏老年在家人，接受一位著名頗瓦法上師的訓練。他們的孩子都是在瑞士長大的，懷疑這個法門的效力。但他們都非常驚訝地發現，他們的父母在十天的頗瓦法修行之後，改變很大，也出現上面所說的某些成就徵象。

有關頗瓦法對於身心的影響，日本科學家元山博博士（Dr. Hiroshi Motoyama）已經完成研究。他發現，在修頗瓦法時，神經系統、代謝系統和經絡系統都會產生生理變化。[7]其中一項發現是：氣在頗瓦法上師身上經絡流動的模式，很類似具有強大第六感能力的人。他也從腦電圖的測量中發現，修頗瓦法時的腦波，跟修其他禪定方法的瑜伽行者大爲不同。這些發現顯示頗瓦法會刺激下視丘，並停止一般的意識活動，以便經驗到深度的禪定狀態。

有時候，透過頗瓦法的加持，一般人也可以有強大的視覺經驗。他們會瞥見佛土的安詳和光，也會看到阿彌陀佛，這些都是類似瀕死經驗的情形。同時，就像在瀕死經驗之中一般，頗瓦法修習成功也可以在面對死亡的時刻，產生信心和不畏懼。

我在前一章所說明的基本頗瓦法修習，對於活人和對於死

亡的那一刻，都具有同等的治療效果，*隨時都可以修，不會有什麼危險*。不過，傳統頗瓦法的修習，掌握時機最爲重要。譬如，如果一個人在自然死亡之前，確實把意識轉換，那就等於自殺。重點是修頗瓦法的時機，應該是在外呼吸已經停止，內呼吸還在進行的時候；但最安全的作法是在分解過程（詳見下章）之中就開始修頗瓦法，然後重複修幾次。

因此，當一位已經修成傳統頗瓦法的上師在爲臨終者修法時，他會觀想臨終者的意識，然後導引意識從頂輪射出，這時候最重要的是時機要對，不可以太早。不過，修行很有成就的老僧，具有死亡過程的知識，可以查核各細節，如脈、氣的流動和身體的熱氣，以確知修頗瓦法時機已經來到。如果要請上師替臨終者轉換意識，就必須儘早通知，因爲即使是隔一段距離，頗瓦法也可以發生功效。

許多修習頗瓦法的障礙也許會出現。因爲任何不好的心態，或甚至是對財物生起最微細的渴望，都將是死亡來臨時修頗瓦法的障礙，所以你必須試著不要讓任何最微小的惡念或欲望所主宰。在西藏，人們相信如果在臨終者的房間還有任何由動物的皮或毛所做成的東西時，頗瓦法就很難修成功。最後，因爲煙——或任何一種藥——具有阻塞中脈的效果，也會使頗瓦法更難修。

「即使是個大壞蛋」，如果有一位已經證悟和法力強大的上師，能夠將他臨終時的意識轉換進入佛土，他也是可以獲得解脫的。即使是臨終者沒有功德和修行，而上師也無法完全成功地爲他轉換意識時，上師仍然能夠改變臨終者的未來，頗瓦法能夠幫助他轉生善道。不過，成功的頗瓦法，需要有完美的條件。頗瓦法能夠幫助惡業極重的人，但條件必須是他和上師

之間具有親密和清淨的緣，對於教法有信心，以及誠心請求淨化。

在西藏，所謂的理想環境，是由家人請來許多喇嘛，反覆修頗瓦法，一直到瑞相出現爲止。他們也許要連續修上好幾個小時，好幾百遍或甚至一整天。有些臨終者也許只要一、二次頗瓦法就可以出現瑞相，其他人可能修一整天都不夠。不用說，這種情形與臨終者的業關係甚大。

在西藏，有些修行人即使不以修行出名，卻也有特殊力量可以幫臨終者修頗瓦法，很快就出現瑞相。由修行人幫臨終者修頗瓦法所產生的瑞相包括：一撮頭髮從頂輪附近掉落，看到一股熱氣從頂輪生起。在有些極罕見的例子裡，上師或修行的法力非常大，當他們在念頗瓦真言時，房間裡的每一個人都會暈過去，或者當死者的意識被強力推出時，會有一片頭蓋骨沖天飛去。[8]

死時祈禱的功德

所有的宗教傳統都認爲，死在祈禱聲中，其力量是很大的。因此，我希望你們在去世時，都能夠誠心啓請一切諸佛和你的上師。祈禱透過懺悔，淨除生生世世的所有惡業，讓你清醒安詳地去世，轉生善道，終得解脫。

一心專注的發願，你要往生淨土，或再生爲人，是爲了要保護、滋養和幫助別人而發願。在心中帶著如此的愛心和慈悲去世，在西藏傳統裡，被認爲是另一種形式的頗瓦法，可以保證你至少獲得另一個寶貴的人身。

死亡前在心流裡創造最好的印象，這一點是很重要的。達到這個目標最簡單有效的法門就是上師相應法（Guru

Yoga），臨終者將他的心和上師、佛或任何覺者的智慧心結合在一起。即使你在這一個時刻觀想不出你的上師，至少也要試著記起他，想像他就在你的心中，而後死在恭敬的狀態中。當你的意識在死後重新喚醒時，上師的示現將與你一起喚醒，你將獲得解脫。如果你去世時能記得住上師，那麼他的加持將是無量無邊的：即使在法性中陰中出現聲音、光和顏色，都可能變成上師的加持和他的智慧心的光芒出現。

如果上師出現在臨終者的床邊，他就可以讓臨終者的心流留下他的影子。上師為了岔開臨終者被其他事情所分心，也許會說些嚇人和重要的話。他也許會大聲喊：「記住我！」上師將以任何必要的方式吸引臨終者的注意，製造不可磨滅的印象，以便在中陰狀態中重新出現。有一位著名上師的母親即將過世，陷入昏迷之中，頂果欽哲仁波切正好在她的床邊，做了非常特殊的事。他打她的腿。如果她在進入死亡時沒有忘記頂果欽哲仁波切，她必然可以得到加持。

在我們的傳統裡，一般修行人也會向他們所禮敬及有緣的佛祈禱。如果是蓮花生大士，他們就會祈禱往生他的淨土——位於銅色山山頂的蓮花光宮；如果他們是禮敬阿彌陀佛，就會祈禱往生他的極樂淨土。[9]

臨終的氣氛

我們要怎麼做，才能夠對臨終的一般修行者最有利呢？我們大家都需要愛和關懷，也需要情感和實際的支持，但對修行人而言，精神幫助的氣氛、強度和幅度更有特別的意義。如果他們的上師能夠和他們在一起，那就是理想的事，也是大福報；如果辦不到的話，他們的同修道友也可以提供很大的幫

助，提醒他們最有感受的教法和法門的精要。臨終的修行人很需要精神的啓發，以及它所自然產生的信賴、信仰和恭敬。上師和同修道友持續的關懷和愛，教法的鼓勵，以及他們自己的修行力量，可以共同創造和維繫這種啓發，在臨終者生命的最後幾個星期和幾天中，它幾乎是和呼吸一般的寶貴。

　　一位我很喜歡的學生，正在癌症末期，她問我在她更接近死亡時，尤其是當她沒有力氣專心修持任何正式的法門時，如何修才好。

　　「記住妳的福報有多大啊！」我告訴她：「遇見這麼多的上師，受過這麼多的教法，也有修行的時間和因緣。我向妳保證，這一切的好處永遠不會離開妳：妳因此所做的善業，將會跟妳在一起，幫助妳。即使只聽過一次教法，或遇見一位像頂果欽哲仁波切的上師，並且和他有這麼深的因緣，這本身就是解脫。千萬不要忘記這一點，也千萬不要忘記許多人與妳的狀況相同，卻沒有妳的殊勝因緣。

　　「如果到時候妳真的不能精進修法，唯一妳應該做的要事是放鬆，安住在『見』的信心和心性裡，越深越好。妳的身體和妳的大腦是否還在運作，這一點並不重要：妳的心性永遠在那兒，像天空一般，燦爛的、快樂的、無限的和永恆不變的……確信不疑地瞭解這一點，讓那種認知給妳力量，不管妳的一切痛苦有多大，安心地向它們說再見：『現在請離開吧！讓我一個人靜下來。』如果有什麼事情惱怒妳或讓妳覺得不舒服，不要浪費時間想要去改變它；持續回到『見』上。

　　「信賴妳的心性，深深信賴它，完全放鬆。現在妳不必再學習、獲得或瞭解新的東西，只要讓妳學過的在心中開花，越來越開放。

「依賴最能啓發妳的那一種法門。如果妳無法觀想或修持某一種正式的法門,就請記住敦珠仁波切常說的話:『感覺有佛或上師示現,遠比觀想得出細節重要。』現在是感覺的時候了,盡妳的能力去強烈感覺,感覺妳的上師、蓮花生大士、一切諸佛都示現在妳的整個生命之中。不管妳的身體發生什麼事,記住妳的心是永遠不生病或殘廢的。

「妳喜歡頂果欽哲仁波切:感覺他的示現,誠心請求他幫助和淨化。把妳整個人放在他的手上:妳的心、妳的身和妳的靈魂。全然的信賴,是世界上最強大的一種力量。

「我有沒有對妳說過班(Ben)的美麗故事嗎?班是一個單純的人,具有堅定的信心,他來自西藏東南部的康波省(Kongpo)。他聽過很多關於卓屋(Jowo)仁波切的故事,卓屋仁波切是一尊雕像,這尊雕像是根據世尊十二歲時的樣貌雕成的,供奉在西藏的中央寺院裡。據說這是在佛陀還活著時就已經雕好的像,是全西藏最神聖的像。班搞不清楚它到底是佛或人,於是決定前往朝拜卓屋仁波切,看看大家的傳說是怎麼一回事。於是,他就穿上靴子,走了好幾個星期,終於抵達西藏中部的拉薩。

「當他抵達時,肚子已經餓了,一進入寺院,就看到大佛像,佛像前有排酥油燈和供品糕餅。他立刻認為這些餅是給卓屋仁波切吃的。『這些餅,』他對自己說:『一定是要浸酥油的,而燈點著,就是為了避免酥油凝固。我最好效法卓屋仁波切那麼做。』因此,他就把一塊餅浸入酥油裡,吃著,仰望佛像,佛像似乎正在仁慈地對他微笑。

「『你是多麼好的喇嘛啊!』他說:『狗跑進來,偷吃人們供養你的食物,你只是微笑罷了。風把燈吹熄,你仍然繼續微

笑。……不管如何，我就要去繞寺祈福，以表達我的敬意。請你幫我看著靴子直到我回來好嗎？』於是他就脫掉又髒又舊的靴子，放在佛龕上的佛像前面，離開了。

「當班在繞著大佛寺時，佛寺管理人回來了，很生氣地發現有人把供品吃了，還留下一雙髒靴子在佛龕上。他暴跳如雷，憤怒地抓起靴子就往外丟，卻聽到佛像發出聲音：『不要丟！把靴子放回來。我正在替康波的班看管呢。』

「當班回來拿他的靴子時，抬頭看著佛像的臉，仍然是靜靜地微笑看他。『你實在是我所說的好喇嘛。明年為什麼不到我們那邊去呢？我將烤一頭豬，釀些啤酒……』卓屋仁波切再度開口，答應要來看班。

「班回到康波的家，把一切經過都告訴他的太太，要她注意卓屋仁波切，因為他不知道到底什麼時候卓屋仁波切會來。一年過去了，有一天他的太太匆匆從外面跑回來，告訴班，她剛剛看到在河面上有某個像太陽一般閃閃發光的東西。班要太太燒開水準備茶，自己跑到河邊去。班看到卓屋仁波切在水裡發光，當下認為他就要淹沒了。班立刻跳到水中，抓住卓屋仁波切，把他帶出來。

「他們一路聊天，往班家走，遇見一塊大岩石。卓屋仁波切說：『嗯，我恐怕不能進入貴府了。』說完，他就化入岩石之中。一直到今天，康波還有兩處著名的朝聖地：一處是岩石卓屋，岩石表面可以看到佛的形像；另一處是河流卓屋，河中可以看到佛的形狀。人們說，這兩個聖地的加持力和治療效能，和拉薩的卓屋仁波切一模一樣。這都是由於班的堅強信心和單純信賴所致。

「我要妳擁有像班的單純信賴。讓妳的心充滿對蓮花生大

士和頂果欽哲仁波切的恭敬，覺得妳就在他的示現之中，讓妳四周的虛空都是他。然後啓請他，在妳的心中分分秒秒，都與他共同度過。把妳的心和他結合在一起，從妳的内心深處，用自己的話這麼說：『你看我多麼無助啊！我再也不能精進修行了。現在我必須完全倚賴你。我完全信賴你。請照顧我。請將我和你結合在一起。』然後修上師相應法，非常專注地想像光芒從上師身上流出來，淨化妳，淨除了妳的一切業障、疾病，治好妳；妳的身體溶入光；最後，以完全的信心，把妳的心和他的智慧心結合在一起。

「當妳修法的時候，如果覺得並不是很順，不必擔心；妳只要信賴和在心中感覺就可以。現在，一切都靠啓發，因爲唯有如此才能放鬆妳的焦慮，消解妳的緊張。因此，在妳面前擺一張頂果欽哲仁波切或蓮花生大士的照片。當妳開始修法時，溫和地把注意力放在照片上，然後在它的光芒中放鬆，想像外面陽光普照，妳可以脫去身上的一切衣服，沈浸在溫暖的陽光中：溜出妳的一切心理障礙，放鬆地安住在上師加持的光芒中，而且要確實感覺它。深深地放下一切。

「一切都不要擔心。即使妳發現注意力散失了，也沒有什麼『東西』妳非抓住不可。放下一切，在加持的覺察中順其自然。不要讓『這是本覺嗎？是不是？』之類的小問題擾亂妳。妳只需要讓自己變得越來越自然。記住，妳的本覺永遠在那兒，永遠在妳的心性中。記住頂果欽哲仁波切的話：『如果你的心堅定不移，你就是在本覺的狀態中。』因此，妳既然接受了教法，接受心性的傳授，就要毫不遲疑地安住在本覺之中。

「妳的福報真大，有這些善知識在妳身邊。鼓勵他們在妳四周創造修法的環境，並繼續修法一直到妳去世之後。請他們

爲妳讀一首妳喜歡的詩、妳上師的開示，或具有啓發性的教法。請他們爲妳放頂果欽哲仁波切的錄音帶、修法的唱誦，或優美的音樂。我所祈禱的是，妳醒著的每一個時刻，都能在活潑、光明，充滿啓示的氣氛中，與法門的加持結合在一起。

「當音樂或開示的錄音帶繼續放著，妳可以跟著聲音，隨它而去，睡在其中，醒在其中，吃在其中，打盹在其中，……讓修行的氣氛整個瀰漫著妳生命的最後部分，就好像我的姑媽阿妮麗露一般。除了修法之外，其他都不要做，使妳在夢中仍然繼續修法。也像她一樣，讓修法成爲妳心中最後、最強的記憶和影響，取代妳心流中的一生平常習氣。

「當妳覺得已經接近生命終點時，每一個呼吸和心跳都只想著頂果欽哲仁波切。記住，妳死時的那個念頭，就是妳在死後中陰重新醒來時，會強而有力回來的念頭。」

離開身體

> 現在臨終中陰已降臨在我身上，
> 我將放棄一切攀緣、欲望和執著，
> 毫不散亂地進入教法的清晰覺察中，
> 並把我的意識射入本覺的虛空中；
> 當我離開這個血肉和合的軀體時，
> 我將知道它是短暫的幻影。

現在，毫無疑問的，我們的身體是整個宇宙的中心。我們不假思索地把它和自我聯想在一起，這種輕率和虛假的聯想，持續加強我們的無明，誤以爲它們是實在、不可分離的存在。

因爲我們的身體似乎如此真實地存在，我們的「我」似乎存在，「你」也似乎存在，我們一直向外投射的整個二元世界似乎也是堅固實在的。但當我們去世時，這整個因緣和合的結構體，就戲劇性地崩壞成碎片。

用最簡單的話來說，當時發生的情況就是：在最細微層次的意識，雖然沒有身體，但仍然存在，也將經歷一系列的所謂「中陰」境界。教法告訴我們，正因爲在中陰境界時不再有身體，所以終極而言，我們死後根本沒有理由害怕有什麼恐怖的經驗會發生在我們身上。畢竟，「無身」怎麼可能受到任何傷害呢？不過，問題是在中陰境界中，大多數人仍然繼續執著一個虛假的自我，執著它有一個實體；這種幻覺是生命一切痛苦的根源，如果死後還繼續存在，就會招惹更多的痛苦，尤是在「受生中陰」的階段。

你可以發現，重要的是在活著的時候要瞭解，我們的身體，它有形有狀，那麼明顯，但實際上也只是幻影而已。證悟這一點的最有效方法，就是在禪修之後，學習如何「變成夢幻之子」：不要再像過去的習氣一樣，老是把我們對於自己和周遭世界的認知固體化；並且要繼續保持「夢幻之子」，如同我們在禪修中一般，把一切現象直接看成夢幻泡影。把身體的幻影性質加深悟解，就是可以幫助我們放下的最深刻、最啓發性的方法。

在這種認識的啓示和準備之下，當我們在死亡後面對身體確實是幻影的*事實*時，就可以毫不恐懼地承認它的虛幻性質，就可以寧靜地解脫我們對它的一切執著，就可以自願地，甚至是愉快地放下它，知道它現在應有的本來面目。事實上，你可以說，我們將能夠真正而完整地，*在死亡的時刻安心地死*，因

而達到最終解脫。

因此，把死亡的那一刻想成心靈的陌生邊界區，一個無人的荒地，在它的一邊，如果我們不瞭解身體的虛幻性質，當我們失去它時，就會遭受巨大的情緒創傷；在另一邊，卻呈現出無限自由的可能性，而這種自由正是因爲我們失掉了身體。

當我們終於從界定和主宰自己的身體中獲得解脫時，一生的業相就整個結束了，但未來可能會產生的業卻還沒有開始結晶。因此，死亡時會出現一個充滿各種可能性的「缺口」（gap）或空間；在這一個孕育強大力量的時刻，最重要的，或唯一重要的，就是我們的心境。剝掉了肉體，心赤裸裸地呈現，毫無隱藏地透露它亙古以來的本色：我們實相的建築師。

因此，在死亡的那一刻，如果我們對於心性已經有穩定的證悟，一瞬間我們就可以淨化一切業障。如果我們能夠繼續維持那個穩定的認證，就可以進入心性的本初清淨狀態中，證得解脫，把我們的業障整個清除。蓮花生大士如此說明：

> 也許你會懷疑，在中陰階段，爲什麼僅藉著一瞬間認證心性，就可以證得如如不動？答案是：目前我們的心，被包在「業氣」的網子裡面。而「業氣」卻又被包在肉體的網子裡面。結果是我們不得解脫或自由。
>
> 可是，一旦我們的身體分開成心和物兩部分，在心還沒被未來的肉體網子再度包圍之前，有一個間隙。這時候的心[10]有奇特的展現，沒有堅固的、物質的支持。在它沒有物質基礎的這段期間，我們不受肉體的束縛——我們也可以認證心性。
>
> 這種只靠認證心性就證得如如不動的力量，就好像是

火炬能在一瞬間除掉多生多劫的黑暗。因此，我們如果能在中陰階段認證心性，如同現在上師教我們認識一般，毫無疑問的，我們將可以證得覺悟。這就是為什麼從現在開始，我們必須藉修行熟悉心性的原因。"

第十五章

死亡的過程

蓮花生大士說：

> 人類面臨兩種死亡的原因：過早的死亡和自然壽命耗盡的
> 死亡。過早的死亡，可以透過修持延壽的法門加以改變。
> 但如果死亡的原因是自然壽命耗盡時，你就像枯竭的油燈
> 一般，沒有方法可以改變，你必須準備走。

現在讓我們看看這兩種死亡的原因：自然壽命的耗盡，以及造成我們生命過早結束的障礙或意外事件。

自然壽命的耗盡

由於我們的業，大家都有一定壽命；當它耗盡時，很難延長。不過，已經修成高級相應法的人，可以克服這個限制，延長他的生命。西藏有一個傳統，上師的老師有時會告訴他的學生他的生命有多長。不過，他們知道透過自己修行的力量、與學生及其修行的清淨因緣、工作的功德等因素，可以活得久一點。我的上師告訴頂果欽哲仁波切他可以活到八十歲，但過了八十歲就得靠自己的修行；結果他活到八十二歲。敦珠仁波切的老師告訴他可以活到七十三歲，但他一直活到八十二歲。

過早的死亡

另一方面，如果只是一種障礙導致過早的死亡，就比較容易改變——當然，前提必須是預先知道。在中陰教法和西藏醫學典籍裡，就提到預警死亡即將來臨的徵象，有時候是預告幾年或幾月之內的死亡，有的則是預告幾周或幾天之內的死亡。它們包括身體的徵象、某些特殊的夢，以及觀察身影的特殊研

究。」遺憾的是，只有具備專門知識的少數人，才能解釋這些
徵象。他們的目的是預先警告這個人他的生命正面臨危險，同
時提醒他在這些癥候發生之前，需要修延長壽命的法門。

我們所做的任何修行功夫，因爲都是在累積「功德」，所
以都有助於延長壽命，帶來健康。一位好的修行人，透過修行
的啓發和力量，可以在生理、情緒和精神上感覺完整，這就是
治療的最大泉源，也是抗拒疾病的最大保護。

此外，也有特殊的「延壽法門」，可以透過禪定和觀想的
力量，吸收地水火風四大和宇宙的氣。當我們的能量虛弱和不
平衡時，這些法門就可以加強與調和我們的氣，產生延長壽命
的效果。加強生命的方法還有很多。其中一個方法就是拯救即
將被殺的動物，把牠們買下來放生。放生在西藏和喜馬拉雅山
地區很普遍，人們經常到魚市場買魚，然後放生。這是基於自
然業果的法則，剝奪其他眾生的生命或傷害他們，自然會減短
你的壽命；反之，給予生命自然會延長生命。

臨終的「痛苦」中陰

在我們罹患不治之症以後，一直到「內呼吸」停止或某種
死亡的狀況來臨的這段期間，就是所謂的臨終中陰。它被稱爲
「痛苦」，是因爲如果我們對於死亡的過程毫無準備的話，它
會是非常痛苦的經驗。

即使是對於一個修行人而言，整個死亡過程也可能是痛苦
的，因爲喪失身體和這一生是非常艱難的經驗。但如果已經聽
聞教法，瞭解死亡的意義，就可以知道在死亡的那一刻，當地
光明出現時，其實蘊藏著巨大的希望。不過，關鍵點仍在我們
是否能夠認證它，這就是爲什麼活著時，應該透過修行來穩定

我們對於心性的認證。

不過，許多人並沒有福報接觸中陰教法，對於死亡的真實情況也一無所知。當突然知道整個生命、整個實相就要消失時，那是很可怕的：因為不知道將要發生什麼事，或自己將往何處去。我們從前的經驗，都不曾為死亡做準備。任何照顧過臨終者的人都知道，自己的焦慮甚至會加劇肉體痛苦的經驗。如果不曾好好照顧自己的生命，或曾經對人有傷害和不良的行為，我們就會感到愧疚、罪惡和恐懼。因此，對於中陰教法只要有某種程度的認識，即使不曾修習和證悟，也都足以帶給我們某些安慰、啓發和希望。

優秀的修行人，很清楚地知道死亡會發生什麼事，對他們來說，不但可以減少死亡的痛苦和恐懼，而且這還是他們所期盼的時刻；他們以等待甚至是喜悅的心情來面對死亡。我記得敦珠仁波切經常提到一位證悟的瑜伽行者的死亡故事。他已經病了好幾天，醫生來量他的脈搏。醫生查知他即將過世，但不知道是否該告訴他；醫生站在床邊，臉色嚴肅凝重。但這位瑜伽行者以幾乎是孩子似的熱誠，堅持要醫生告訴他最壞的情況。最後，醫生不再堅持，試著以安慰的話來告訴他。他嚴肅地說：「請小心，時間已經到了。」讓醫生感到驚訝的是，瑜伽行者竟然喜出望外，興奮得像小孩看著即將要打開的耶誕節禮物。「那是真的嗎？」他問。「多甜蜜的話，多令人高興的消息啊！」他凝視天空，在深度的禪定中過世。

在西藏，每一個人都知道，如果在世時尚未能名揚四海，那麼死得與眾不同，便是為自己創造名聲的方法。我聽說有一個人決定要死得既神奇又轟轟烈烈。他知道上師常常會暗示去世的時間，並把弟子全部召集到床邊。所以，這個人就把他的

所有朋友統統找到床邊，準備參加大法會。他採取禪坐的姿勢等待死亡，但什麼事也沒發生。幾個小時之後，他的客人開始感到不耐煩，彼此說：「吃點東西吧！」他們用盤子裝滿食物，看著即將成為屍體的人說：「他就要死了，不必吃。」時間過去了一陣子，仍然沒有死的跡象，這位「要死」的人肚子也餓了，擔心很快就沒有東西可吃，於是跳下床，加入餐會。他的偉大死亡場面，變成丟臉的鬧劇。

　　優秀的修行人，在他們去世時，可以自己照顧自己，但普通人最好有他們的上師在床邊，否則也要有一位同修道友在場，提醒他們修行的法要，啟發他們認證「見」。

　　不管我們是什麼人，熟悉死亡的過程，必然對我們很有幫助。如果能夠瞭解死亡的各個階段，就可以知道這些奇異而陌生的經驗全都是自然的過程。當這個過程開始時，就象徵死亡的來臨，提醒我們保持念念分明。對修行人而言，死亡的每一個階段都像是路標，提醒我們正在發生的過程，同時要修相應的法門。

死亡的過程

　　死亡的過程，在不同的西藏教法中，都有非常仔細的說明。它主要包含兩個分解的階段：外分解和內分解。**外分解**是五根和五大的分解，**內分解**是粗細意念和情緒的分解。首先我們需要瞭解身和心的組成成分，這些都會在死亡時消散。

　　人體的存在，是由地、水、火、風、空五大元素所決定的。透過五大，我們的身體才得以形成和維持，當它們分解時，我們就死了。我們都熟悉這些外五大，我們的生活方式就是由它們決定的，但有趣的是：外五大如何與我們體內的五大

互動。外五大的潛能和性質也存在於我們的心內。心可以容納
各種經驗，是地大的性質；它的連續性及可塑性，是水大的性
質；它的清晰和感受力，是火大的性質；它的連續活動，是風
大的性質；它的無邊無際，是空大的性質。

　　說明我們的身體是如何組成的一本古老的西藏醫典說：

　　感官意識由心所產生。肉、骨、嗅覺器官（鼻根）和香塵
　　由地大所組成。血、味覺器官（舌根）、味塵和身體中的
　　液體由水大所組成。體溫、清晰的色澤、視覺器官（眼
　　根）和色塵由火大所組成。呼吸、觸覺器官（身根）和觸
　　塵由風大所組成。身體中的腔穴，聽覺器官（耳根）和聲
　　塵由空大所組成。*2*

　　「簡而言之，」卡盧仁波切寫道：「身體是由蘊藏五大的
心所發展出來的。身體充滿著這些五大，藉著這個身心複合
體，我們得以認知外在世界，而外在世界又是由地、水、火、
風、空五大所構成。」*3*

　　西藏佛教的密宗傳統，對於身體的解釋，迥然有別於大多
數人所熟知的。這是一個身心系統，包含脈、氣、明點的動力
網絡，在梵文稱爲 *nadi*、*prana* 以及 *bindu*，在藏文稱爲
tsa、*lung* 和 *tiklé*。我們在中國醫學和針灸的脈和氣中，可以
發現有類似的說法。

　　西藏上師把人體比喻作城市，脈是道路，氣是馬，心是騎
士。體內共有七萬二千條微細的脈，但主要的脈只有三條：中
脈和左右脈；中脈和脊椎骨平行，左右脈在中脈的兩側。左右
脈盤繞中脈，在若干點上形成一系列的「*結*」。沿著中脈分布

有若干「*脈輪*」，從脈輪也分出很多脈，有如雨傘的傘骨。

氣就在這些脈中流動。氣可分五根氣和五支氣。每一條根氣支持五大中的一大，負責人體的一種功能。五支氣則使得五官運作。流經中脈的氣，稱爲「智慧氣」；流經其他脈的氣，據說都不清淨，會啓動負面、對立的思考模式。[4]

「明點」藏在脈中，有白明點和紅明點（俗稱白菩提和紅菩提）兩種。白明點的主要中心是在頭上的頂輪，紅明點則在臍輪。

在高級的瑜伽行裡，瑜伽行者會把這個系統觀想得非常清楚。行者透過禪定的力量，把氣導入中脈而後分解，就可以直接證悟心性的「明光」。這是把意識駕馭在氣之上的緣故才能做到。因此，當修行者把心專注在身體上的某一點時，就可以把氣導到那裡。瑜伽行者以這種方式模倣死時的情形：左右脈的結一旦被解開時，氣流入中脈，就可以瞬間經驗到覺悟的境界。

頂果欽哲仁波切提到一位上師的故事，他在康省一座寺廟裡閉關，跟他的哥哥很親近。這位上師已經精通了脈、氣、明點的瑜伽行。有一天他告訴侍者：「現在我就要死了，請你看看日曆哪一天是吉日。」侍者嚇了一跳，卻不敢違背上師的意思。他查了一下日曆，告訴上師下個星期一是吉星高照的日子。上師就說：「星期一離今天還有三天。嗯，我想我辦得到。」幾分鐘後，他的侍者回到房間，發現他以瑜伽禪定的姿勢，坐得挺直，好像已經過世。上師不再有呼吸，只有微弱的脈搏。侍者決定不做任何事，只是等待。到了中午，侍者突然聽到很深的呼氣聲，上師又回到平常的情況，高興地跟侍者講話，還津津有味地吃完午餐。上師在整個上午的靜坐中，一直

屏氣不呼。爲什麼他這麼做呢？因爲我們的壽命是以一定的呼吸次數來計算的，上師知道他的呼吸次數已經快完了，所以就屏住氣，要把最後的呼吸留到吉日良辰。午餐過後，上師又深深吸了一口氣，屏住氣一直到晚上才呼。第二、三天他還是這麼做。當星期一來到時，他就問：「今天是吉日嗎？」「是的。」侍者回答。「好，我今天就走了。」沒有任何明顯的疾病或困難，上師就在禪定中去世。

　　一旦我們有了身體之後，也就有構成整個身心存在的**五蘊**（five skandhas）。它們是構成經驗的要素，是我執的支持者，也是輪迴痛苦的基礎。所謂五蘊，就是色、受、想、行、識。「五蘊代表人類心理的連續結構、心理的進化模式、世界的進化模式。五蘊也與各種阻礙有關——精神的阻礙、物質的阻礙、情緒的阻礙。」[5]佛教心理學對它們有非常深入的探討。

　　當我們去世時，這些要素全都會分解。死亡的過程，是一個複雜而彼此相關的過程，身和心的相關部分會同時解體。當氣消失時，身體功能和感覺也消失。當脈輪崩潰時，它們所支持的氣也不存在，五大就逐一由粗而細地分解。結果，分解的每一個階段，都會對臨終者產生身心兩方面的影響，並由外在、身體的徵象和內心的經驗反映出來。

　　朋友有時候會問我：像我們這種人能夠從臨終者身上看出這些徵象嗎？一些照顧臨終病人的學生告訴我，下面所描述的某些身體徵象，可以觀察得到。不過，外分解的階段可能發生得很快，而一般說來，在現代世界裡，照顧臨終者的人們並不會去注意這些徵象。忙碌的護士，常常是依賴他們的直覺和許多其他因素，如醫生或病人家屬的行爲、臨終者的心態等等，

來預測某一個人可能就要去世了。他們也觀察得到（但不是用有系統的方式）某些身體的徵象，如膚色的改變，有時候可以發現病人的氣味或呼吸顯著改變。不過，現代藥物很容易掩蔽掉西藏教法所指出的徵象，而對於這個最重要的主題，西方的研究卻非常少。難道這不表示死亡的過程很少被瞭解或尊重嗎？

臨終的姿勢

傳統上，大家所推薦的臨終姿勢，一般都是右側臥的「睡獅」姿勢，這也是佛陀入涅槃的姿勢。左手放在左大腿上，右手放在顎下，閉住右鼻孔。兩腿伸展，稍稍彎曲。身體右側的某些氣脈會引起無明的「業氣」。採取睡獅姿勢時，就是躺在這些氣脈上，再加上閉住右鼻孔，就可以堵住這些氣脈，當死亡到來，明光出現時，有助於臨終者認證它。這種姿勢也可以幫助意識從頂輪的梵穴離開身體，因為其他孔道都被堵住了，意識只有這麼一個出口。

外分解：五根和五大

外分解就是五根和五大的分解。當死亡來臨時，會有什麼樣外分解的經驗呢？

首先也許會覺察到五根如何停止運作。如果床邊的親友在講話，到了某個時候，只會聽到他們的聲音，卻分辨不出在講什麼，這表示耳識已經停止運作。如果看著面前的一件東西，只能看到它的輪廓，卻看不出細節，這就表示眼識已經壞了。鼻、舌、身也會發生同樣的情況。當眼、耳、鼻、舌、身的感覺不再被完全經驗到時，就表示經過了第一階段的分解過程。

接下來的四個階段就是四大的分解：

地大

我們的身體開始失掉它的一切力量，一點力氣也沒有。坐不起來，挺不直，也無法握住任何東西。我們沒有辦法撐住頭部，覺得好像在掉落，沈到地底下，或被重力壓碎。有些傳統的典籍說，這就好像一座高山壓向我們，而我們被壓扁了的感覺。我們覺得沈重，任何姿勢都不舒服。也許會要求別人把我們拉高，把枕頭墊高，或者把被單拿掉。我們的臉色變得蒼白，兩頰下陷，牙齒出現斑點。眼睛變得比較難睜開或閉上。當*色蘊*在分解時，我們變得軟弱無力。我們的心被激動，變得錯亂，但隨即又陷入昏迷狀態。

這些都是*地大*溶入水大的徵象。這表示與地大有關的氣越來越無法提供意識的基礎，而水大的能力越來越明顯。所以，心中出現的「祕密徵象」是見到閃閃發光的幻象。

水大

我們開始無法控制身上的液體。流鼻水、流口水，眼淚可能會流下來，大小便也許會失禁。舌頭無法轉動，眼睛開始覺得乾澀，嘴唇下垂，蒼白而無血色；嘴巴和喉嚨變得黏黏的，像被塞住的感覺；鼻腔塌陷，變得非常口渴。我們顫抖抽筋。死亡的氣味開始籠罩。當*受蘊*在分解時，身體的覺受減弱，交替出現苦和樂，熱和冷的感覺。我們的心變得模糊、挫敗、暴躁和緊張。有些人說，我們覺得好像要掉入大海滅頂或被大河沖走一般。

這些都是*水大*溶入火大的徵象，換成火大在支持意識。所

以，心中出現的「祕密徵象」是見到霧氣，帶著稀薄的煙霧漩渦。

火大

我們的嘴巴和鼻子完全乾澀。身上的溫度開始降低，通常是腳和手開始冷起，最後是心。也許有蒸氣般的熱會從頂輪產生。當我們的呼吸經過嘴巴和鼻子時，它是冷的。我們再也不能喝或消化任何東西。當*想蘊*在分解時，我們的心一下子清明，一下子混亂。記不得家人或朋友的名字，甚至認不出他們是誰。因為聲音和視線都已經模糊了，越來越難認知身外的一切。

卡盧仁波切寫道：「對臨終的人來說，內心的經驗如火焚身，好像陷入熊熊烈火之中，或全世界都在焚燒一般。」

這是*火大*正在溶入風大的徵象，火大支撐意識的功能越來越減退，風大則越來越負起支撐意識的作用。所以，心中出現的「祕密徵象」是見到閃閃發光的紅火花跳躍在露天的大火上，有如螢火蟲一般。

風大

呼吸越來越困難，空氣似乎在喉嚨裡逸散；我們開始喘氣，發出粗重的聲音；吸氣變得短而費力，呼氣變得比較長。我們的眼睛上翻，整個人完全動不了。當*行蘊*在分解時，心變得昏亂，對外在世界毫無所知，每一件東西都變得模糊。我們與物質環境接觸的最後感覺正在流失。

我們開始產生幻覺，看到種種幻影：如果我們生平做很多壞事，也許會看到恐怖的形象。我們生平的一些夢和恐怖時刻

重新上演，甚至驚嚇得想要哭叫。如果我們是過著友善和慈悲的生活，也許會看到快樂的天堂景象，「遇到」可愛的朋友或覺者。對那些善人來說，死時只有安詳，沒有恐懼。

卡盧仁波切寫道：「臨終者的內在經驗是強風橫掃臨終者的整個世界，這是無法想像的旋風，正在毀滅整個宇宙。」[6]

這些是*風大*溶入意識的徵象。氣全都集合在心輪的「生命氣」中。所以，心中出現的「祕密徵象」是見到一支燃燒的火炬或燈，發出紅色的光芒。

我們的吸氣繼續變得越來越短促，我們的呼氣則變得越來越長。這時候，血集中起來，進入心輪的「生命脈」。三滴血聚集起來，一滴接著一滴，產生三個長的、最終的呼氣。然後，突然間我們的呼吸停止了。

只有微溫還留在我們的心上。一切主要的生命徵象都停止了，這時候就是現代醫學檢驗所謂的「死亡」。但西藏上師提到內在過程仍然繼續者。在呼吸停止和「內呼吸」結束之間，一般說為時約「吃一頓飯的功夫」，二十分鐘左右。但這也不是絕對的，整個過程也許很快就過去了。

內分解

在內分解的過程中，粗細意念和情緒都在逐一分解，臨終者會遇到四個越來越微細的意識層面。

這時候，死亡的過程正好是倒轉受孕的過程。當我們父母親的精蟲和卵子結合時，我們的意識在業力推動下，就進入受精卵。在胚胎的發展過程中，我們父親的白菩提（白色而喜悅的核子），就留在我們中脈頂端的頂輪中；我們母親的紅菩提（紅色而溫熱的核子），就留在我們臍輪下方四個指頭寬度的

地方。以下的分解階段的演化，就是從白菩提和紅菩提二者所產生的。

我們從父親遺傳而來的白菩提，在支撐它的氣消失之後，就沿著中脈下降到心輪。外在徵象是經驗到「一片白茫茫」，像「被月光所遍照的清淨天空」一般。內在徵象是我們的覺察力變得非常清晰，由三十三種瞋所產生的一切意念全都停止運作。這個階段稱爲「顯現」（appearance）。

接著，我們從母親遺傳而來的紅菩提，在支撐它的氣消失之後，就沿著中脈上升。外在徵象是經驗到「一片赤紅」，像在清淨的天空中太陽照耀一般。內在徵象是快樂的強烈經驗，因爲由四十種貪所產生的一切意念全都停止運作。這個階段稱爲「增長」（increase）。[7]

當紅菩提和白菩提在心輪會合時，意識就被圍住在它們中間。住在尼泊爾的一位傑出上師土庫烏金仁波切說：「這時候的經驗就像是天與地會合。」外在徵象是經驗到「一團漆黑」，就好像是籠罩在一片漆黑中的天空。內在徵象是經驗到沒有絲毫意念的心境。由癡所產生的七種意念全都停止運作。這個階段稱爲「完全證得」（full attainment）。[8]

然後，當我們稍爲恢復意識的時候，地光明就會出現，就像清淨的天空，沒有雲、霧、煙。它有時候稱爲「死亡明光的心」（the mind of clear light of death）。達賴喇嘛說：「這個意識是最內層的細微心。我們稱它爲佛性，這是一切意識的真正來源。這種心的連續體（continuum of mind），甚至會延續到成佛。」[9]

「三毒」的死亡

當我們去世的時候，到底是發生什麼事呢？它就好像回到我們的本來狀態；一切都消散了，因為身和心已經被解開。貪、瞋、癡三毒都死了，這表示一切煩惱（輪迴的根源）都不再發生作用，因此出現一個間隙。

這個過程會把我們帶到哪裡呢？帶到心性的本初基礎地，一切都是純淨、自然、素樸的。現在，障蔽心性的一切都被驅除，我們的真性顯露出來了。

誠如我在第五章〈把心帶回家〉所說明的，當我們修習禪定，經驗到快樂、清明和無思無慮時，換句話說，在貪、瞋、癡已經暫時分解時，也會發生類似的心性顯露。

當貪、瞋、癡正逐漸死亡時，我們就變得越來越清淨。有些上師說，對大圓滿法的行者而言，顯現、增長和完全證得的階段，就是本覺逐漸顯現的徵象。當障蔽心性的一切逐漸死亡時，本覺的清明就慢慢開始出現並增加。整個過程變成是光明狀態的發展，與行者對於本覺之清明的認證有關。

在密續中，對於分解過程中的修行，各有不同的方法。在脈、氣、明點的瑜伽修行中，密續行者會在修行中預先準備死亡的過程，模擬分解過程的意識改變，最終達到明光的經驗。行者也在睡覺時修行，對這些意識的改變保持分明。因為必須記住的重點是：這種逐漸加深意識狀態的順序，不只是在我們去世時才出現。當我們入睡時，或當我們從比較粗的意識層次進到比較細的意識層次時，也會發生這種情形。有些上師甚至指出，它也發生在每天清醒時的心理過程之中。[10]

詳細的分解過程，似乎很複雜，但如果我們確實熟悉這個

過程，將會有很大的幫助。對修行者來說，在每一個分解階段中，都各有一套特殊的修法。譬如，你可以把死亡的過程轉爲一個上師相應法。在每一個外分解的階段中，你可以對上師產生恭敬心，並向他祈求，觀想他出現在不同的脈輪中。當地大分解和幻象的徵象出現時，你可以觀想上師在你的心輪中；當水大分解和煙霧的徵象出現時，你可以觀想上師在你的臍輪中；當火大分解和螢火蟲的徵象出現時，你可以觀想上師在你的眉間輪中；當風大分解和火炬的徵象出現時，你可以全力專注將你的意識轉換到上師的智慧心中。

　　對於死亡的階段，有很多描述，在小細節和次序上各有不同。我在這裡所説明的，是屬於一般的模式，但由於每個人的身心構造不同，過程容或不同。我記得當我上師的侍者桑騰去世時，次序最顯著。但受到臨終者各人疾病的影響，還有脈、氣、明點的狀況不同，所以會有不同的情形出現。上師們説一切衆生，包括最微小的昆蟲在內，都經過這個過程。如果是突然死亡或意外事件，這個過程仍然會發生，但發生得非常快。

　　我發現瞭解死亡過程中「外分解」和「內分解」所發生的事，最容易的就是把它看作是*逐漸微細的意識層次的發展和出現*。身和心的構成元素持續分解時，每一個微細的意識層次就相應出現，直到最後顯露出最微細的意識：地光明或明光。

【第三篇】

死亡與重生

第十六章

基礎地

基礎地

　　我們常聽到這樣的話：「死亡是真理的時刻」或「死亡是面對面接觸自己的時刻」。我們見過那些有瀕死經驗的人，有時候會提到當他們看見自己的生命史重演時，會遭遇類似下面的問題：「你這輩子做了些什麼？你爲別人做了些什麼？」所有這些都突顯一個事實：在死亡時，無法逃避我們的真面目。不管是否喜歡，我們的真性都會顯露出來。但有一點很重要的是：瞭解在死亡的那一刻，我們的「存有」（being）有兩個層面顯露出來：一個是絕對性（absolute nature）；另一個是我們的相對性（relative nature）──也就是我們在此刻如何，並且在這一世是怎麼樣的人，又做了些什麼。

　　誠如我在前面所說明的，在死亡時，身心的一切成分都會離散。當身體死亡時，感官和微細的元素都會分解，接著是凡夫心死亡，瞋、癡等一切煩惱也都跟著死去。最後，不留下任何障蔽真性的東西，生時遮蓋覺悟心的一切都分解了。當時所顯露出來的，是絕對性的本初地，它有如純淨無雲的天空。

　　這稱爲「地光明」或「明光」的顯露，意識本身溶入廣袤的真理。《中陰聞教得度》說：

　　一切事物的本性是開放、空曠的，赤裸如天空。
　　光明的空性，沒有中心，沒有圓周：純淨、赤裸的本覺露
　　出曙光。

　　蓮花生大士如此描述「地光明」：

這個自發的「明光」，無始以來就不曾被生過，

它是本覺之子，而本覺也沒有父母——多妙啊！

這個自發的智慧，不是任何人創造的——多妙啊！

它沒有經歷生的過程，本身也沒有死的成分——多妙啊！

雖然它是那麼明顯可見，卻沒有人見過它——多妙啊！

雖然它在六道裡輪迴，卻不曾受到傷害——多妙啊！

雖然它見過佛土，卻不曾變得更好——多妙啊！

雖然它存在於任何人身上的任何地方，卻不曾被發現

——多妙啊！

而你卻繼續想從別處證得別種果報——多妙啊！

即使它原本就是你的，你卻往別處去尋找——多妙啊！

爲什麼這種狀態稱爲「光明」或「明光」呢？歷代上師各有不同的解釋。有些上師說，它表現出心性的光芒明性，本無黑暗，本無障礙：「驅除了無知的黑暗，具有清楚認知的能力。」另一位上師把「光明」或「明光」描述成「最少散亂的狀態」，因爲一切成分、知覺和外境全都分解了。有一點很重要的是，既不可以把它當成我們所知道的物理光線，也不可以誤認爲它就是下一個法性中陰所顯露的光；死亡時所生起的光明，是本覺智慧的自然光芒，「不管是在輪迴或在涅槃之中都一直呈現的真如本性。」

在死亡那一刻所顯露的「地光明」或「明光」，是解脫的大好機會。重要的是，我們必須瞭解在何種情況下，它才能提供這個機會。有些現代的死亡學作家和研究者都低估了這個時刻的深奧性，因爲他們閱讀和詮釋了《中陰聞教得度》這本書，卻沒有得到口傳和訓練來理解它的神聖意義，以致把它看得太

簡單，結論也下得太快。有些人認爲「地光明」的顯露就是開悟。我們可能都樂得把死亡當作天堂或開悟；但除了一廂情願的希望之外，更重要的是，我們必須知道唯有確實接受了心性或本覺的開示，而且唯有透過禪修建立並穩定心性，將它結合到日常生活中，死亡的那一刻才能提供解脫的真正機會。

雖然「地光明」是自然呈現給每一個人，但多數人全然不知它是那麼深厚、廣闊和微妙。因爲大多數人活著時並沒有去熟悉認證心性的方法，所以在死亡時都無法認知地光明。因此，在發生的那一刻，就容易以過去的恐懼、習慣和習性本能地做反應。雖然在「地光明」出現之前，煩惱或許已經消失了，但多生累劫的習氣仍然存在，隱藏在凡夫心的背景中。在我們去世時，雖然一切都跟著結束了，卻還是無法順從和接納「地光明」，反而是退入恐懼和無明之中，本能地加重我們的執著。

這就是使我們無法真正利用這個關鍵時刻做爲解脫契機的障礙。蓮花生大士說：「一切衆生已經生、死和再生無數次。雖然他們一再經驗到那個不可言說的『明光』，但由於受到無明的障蔽，他們就無止盡地在無限的輪迴中流浪。」

凡夫心的基礎地

無明會引生惡業，惡業會形成種種習氣，而一切習氣都儲藏在凡夫心的基礎地中。我經常思索，應該用什麼例子來描述凡夫心的基礎地。你可以把它比喻爲透明的玻璃泡沫、幾乎看不見的一層薄片，卻把我們整個心包圍起來；但我認爲玻璃門可能是最好的譬喻。想像你正坐在玻璃門前，門外就是花園，你透過玻璃門往外凝視天空。在你和天空之間似乎沒有什麼東

西存在，因爲你看不到玻璃的表面。如果你站起來，想要走出去，你會以爲它並不存在而碰到鼻子。但如果你摸它的話，立刻會發現指痕印在某種阻隔你和外面虛空的東西上。

同樣情況，凡夫心的基礎地，阻止我們進入天空般的心性，即使我們仍然能夠瞥見它。我在前面提過，上師提醒我們，禪修者有把經驗到凡夫心的基礎地，誤以爲是經驗到心性的危險。當他們安止在高度寧靜的狀態中時，可能只是安止在凡夫心的基礎地中。如同在玻璃圓頂內仰望天空，與站在屋外空曠處仰望天空的差別。我們必須完全突破凡夫心的基礎地，讓「本覺」的新鮮空氣進入。

因此，我們一切精神修行的目標，還有爲死亡那一刻所做的準備，都是爲了淨化這個微細的障礙，逐漸削弱它、打破它。當你完全打破它時，你和全知之間就沒有什麼阻隔了。

上師引導弟子見到心性，可以把「凡夫心的基礎地」整個突破，因爲唯有透過這種「概念心」的分解，覺悟心才能清晰地顯露出來。因此，每當我們安住在心性之中時，凡夫心的基礎地就變得微弱一些。但我們將發現，我們能夠安住在心性之中的時間長短，完全取決於修行的穩定度。很不幸，「積習難改」，凡夫心的基礎地又會回來；我們的心就像酒鬼，只能改掉習慣一會兒，受到誘惑或遇上挫折時，就又舊性復發。

如同玻璃門會留下我們手上和指頭上的髒東西，凡夫心的基礎地也會聚集和貯藏我們一切的業和習氣。也如同我們必須持續擦拭玻璃，我們也必須持續淨化凡夫心的基礎地。好像玻璃會慢慢磨損，當它越來越薄時，就會出現小孔，而開始分解。

透過修行，我們可以逐漸穩定心性，因此它就不再只是我

們絕對的本性而已,而會成為日常的事實。如此,我們的習氣越分解,禪定和日常生活間的差異就越小。漸漸地,你就像一個可以穿過玻璃門走到花園的人,不受任何隔礙。凡夫心的基礎地減弱的徵象,就是可以越來越輕鬆地安住在心性之中。

當地光明顯露的時候,關鍵點是我們安住在心性之中的能力有多大,我們結合絕對性和日常生活的能力有多大,以及我們淨化平凡的情況成為本初清淨的狀態的能力有多大。

母與子的會合

有一個方法可以讓我們充分準備,在死亡的那一刻認證到地光明的顯露。這就是透過最高層次的禪修(一如我在第十章所說明的),是大圓滿修習的最後成果。它稱為「兩種光明的聯合」,也稱為「母光明和子光明的結合」。

「母光明」是對「地光明」的稱呼。這是一切萬物的基本和內在性質,是我們整個經驗的基礎,在死亡的那一刻,顯現出它完全的輝煌燦爛。

「子光明」又稱「道光明」,是我們的心性。如果經由上師的介紹,如果被我們認證,我們就可以逐漸透過禪定來穩定它,同時越來越完整地溶入日常生活的行動中。當心性完整地溶入時,認證也就完整,覺悟也就發生了。

雖然「地光明」是我們固有的性質,也是一切萬物的性質,但我們並不認識它,它好像是隱藏起來一般。我喜歡把「子光明」想成上師給我們的鑰匙,在機會來到時,幫助我們打開認證「地光明」的門。

想像你必須接一位搭機前來的女士。如果你不知道她長什麼模樣,即使她從你身旁走過,你也認不出。如果你有她的一

張近照，你的心中便有她的模樣，那麼當她走近你的時候，你就可以立刻認出。

　　一旦將心性介紹給你，而你也認識了它，你就握有再度認出它的鑰匙。不過，正如同你必須把照片帶在身上，一次又一次地看它，以便確定可以認出你要在機場相見的人，你也必須透過持續的修習，不斷地加深和穩定你對於心性的認證。如此，認證就深深鑲嵌在你的心中，變成你的一部分，以致不再需要照片；當你遇見那個人的時候，認證是自發而立即的。因此，在持續練習心性的認證之後，當死亡的那一刻「地光明」顯露時，你就可以本能地認出它，並與它結合。從前的上師說，這就如同小孩急切地奔向母親，如同老友會面，或如同百川流入大海。

　　不過，這是相當困難的。唯一能夠確保這種認證的方法，就是當我們還活著時，不斷修持結合這兩種光明的法門，使其趨於完美。這便需要終生的訓練和努力。誠如我的上師敦珠仁波切所說的，如果我們不從現在開始，做結合兩種光明的修持，就不能說在去世時可以自然地認證。

　　我們如何結合這兩種光明呢？這是一個很高深的法門，並不適合在此詳細說明。但我們可以這麼說：當上師介紹我們認識心性時，就好像是我們的盲目恢復了視力，因為我們一直看不到一切萬物所具有的「地光明」。上師的介紹，喚起我們內在的慧眼，我們可以藉著它清晰地看到一切生起事物的真性、一切念頭和情緒的光明（明光）性質。當我們修習穩定圓滿時，認證心性的呈現就如同輝煌的太陽。念頭和情緒仍然會生起，它們像是黑暗的波浪，但每當波浪碰到光線時，立刻就消散了。

當我們持續加強發展這種認證的能力時，它就變成我們日常景象的一部分。當我們能夠把對絕對本性的體悟帶進日常生活時，我們就有越多的機會可以在死亡的那一刻認證地光明。

是否擁有這把鑰匙，就看我們如何對待念頭和情緒的生起：是否能夠以「見」直接穿透它們，並認出它們本具的光明性質，或是我們以本能的習慣性反應模糊了它。

如果凡夫心的基礎地完全淨化，這就好像我們已經拆掉了業的倉庫，因而清除了未來再生的業力。不過，如果無法完全淨化我們的心，過去的習氣和業力就還會殘留在這個業的倉庫裡。每當有適合的因緣成熟時，它們就會顯現出來，促使我們再度投生。

地光明的顯現時間

地光明顯現了；對修行人而言，只要他能夠專心地安住在心性的狀態中，地光明就會持續顯現。不過，對多數人而言，它只能顯現一彈指的時間，對某些人，上師們說：「可以顯現一頓飯的時間。」大部分人完全不認得地光明，而陷入無意識的狀態中，這個狀態可以長達三天半之久。之後，意識就離開了肉體。

因此，在西藏就形成在人死後三天內不碰觸或干擾肉體的風俗。對於可能已經和地光明結合在一起，並安住在心性之中的修行人而言，這一點尤其重要。我記得，在西藏每個人都很小心地在屍體四周維持寧靜安詳的氣氛，以避免造成任何細微的干擾，對於偉大的上師或修行人，特別如此。

即使是普通人的遺體，通常在三天內也是不移動的，因為你無從知道死者是否已經認證地光明，或者他的意識是否已經

離開肉體。西藏人相信，如果碰到肉體的某一部位（譬如打針），就會把意識引到那一點。死者的意識可能就會從最近的開口下墜到惡道，而不是從頂門離開肉體。

有些上師特別堅持三天內不可以移動屍體。住在印度和尼泊爾一位禪師模樣的西藏上師夏卓仁波切（Chadral Rinpoche），當有人抱怨屍體放在酷熱天氣下三天可能會有異味時，他說：「你應該不會想去吃它或賣它吧！」

因此，嚴格說來，解剖或火化屍體，最好是在人死後三天才做。不過，在現代社會中，要在人死後三天內都不動他，可能不切實際或辦不到，但至少在碰觸或移動屍體之前，應該為死者修頗瓦法。

一位上師之死

證悟的修行人，在死亡的那一刻，還是繼續去認證心性，並且在地光明顯現時覺醒溶入。他甚至可能會在那種狀態中維持好幾天。有些修行人和上師是在端坐入定中去世的；有些人則是在「睡獅的姿勢」中去世的。除了完美的姿勢外，還有其他徵象可以表示他們還安住在地光明的狀態中：臉上還有血色和光彩，鼻子並不塌陷，皮膚仍然柔軟有彈性，屍體不僵硬，眼睛還發出溫柔慈悲的光芒，心臟也有餘溫。千萬小心不可碰觸上師的遺體，同時要保持安靜，直到他出定為止。

第十六世大寶法王是一位偉大的上師，也是西藏佛教四大宗派之一的傳承持有者，一九八一年在美國的醫院中圓寂。他總是笑容滿面，慈悲為懷，給予周圍的人們非常大的啟發。外科主任羅諾弗‧桑契斯醫師（Dr. Ranulfo Sanchez）說：

我個人覺得大寶法王絕對不是一個普通人。當他看你的時候，就好像在尋找你的内心世界，好像可以看穿你一般。他看著我的方式，以及似乎知道即將發生的事，令我很吃驚。法王感動了醫院裡與他有接觸的每一個人。許多次當我們覺得他已經命在旦夕時，他都對我們微笑著說我們錯了，然後他就又有起色……

法王痛得再難過，也不吃藥打針。我們這些醫生都以爲他一定是痛不欲生，就問他：「您今天是不是很痛？」他會説：「不。」在他臨終前，我們知道他可以意識得到我們的焦慮，於是就笑話不斷。我們常常問他：「你感覺痛嗎？」他也常常很仁慈地笑説：「不。」

他的一切生命徵象都很低。我們替他打了一針……好讓他在臨終前做些交代。我離開房間幾分鐘，留他和幾位上師談話，他告訴他們説，那天他還不想死。當我五分鐘後回來時，他已經坐起來了，眼睛張得大大的，清楚地説：「喂！你好嗎？」他的一切生命徵象又恢復過來了，半個小時之内，他就坐在床上，談笑風生。在醫學上，這是從未聽過的事；護士都嚇呆了，有一位護士捲起袖子，讓我看她的手臂，上面都是雞皮疙瘩。

醫護人員發現，在大寶法王圓寂後，他的遺體並不像常人一般的僵硬和腐敗，似乎與圓寂時沒有兩樣。不久，他們又發覺大寶法王的心臟周圍地區仍是溫熱的。桑契斯醫師說：

在大寶法王圓寂後約三十六個小時，他們把我帶進房間。我把手放到他的心臟部位，覺得比附近來得溫熱。這是醫

學上無法解釋的。[1]

有些上師是在禪定中坐化。卡盧仁波切於一九八九年圓寂於他在喜瑪拉雅山的道場，當時有一些上師、一位醫生和護士在場。他最親近的弟子這麼寫著：

> 仁波切本人試著坐起來，卻有困難。傑珍喇嘛（Lama Gyatsen）覺得時間可能已經到了，如果不坐起來，可能會對仁波切產生障礙，於是扶住仁波切的背讓他坐起來。仁波切把手伸向我，我也幫忙他坐起。仁波切一邊做手勢，一邊說他想完全坐正。醫生和護士不太高興他這樣坐，所以仁波切就稍稍放鬆他的姿勢。不過他還是保持了禪定的姿勢。……仁波切把手做成坐禪的姿勢，張開雙眼往外凝視，嘴唇溫和地移動。一種深度的安詳和幸福感籠罩著大家，也深入我們的內心。在場的人都覺得，那種不可描述而瀰漫大家的輕安，正是仁波切心中的禪悅，……仁波切的視線慢慢垂下來，呼吸停止了。[2]

我最敬愛的上師蔣揚欽哲仁波切圓寂於一九五九年夏天，這是我終生難忘的事。在他生命的末期，他儘可能不離開道場。各種傳承的上師蜂擁而至，向他求法，一切傳承的持有者也仰仗他開示，因為他是他們傳承的源頭。他所駐錫的道場宗薩寺（Dzongsar），成為西藏精神活動最活躍的中心之一，所有的大喇嘛來來往往，川流不息。他的話在當地就是法律；他是一位如此偉大的上師，幾乎每一個人都是他的弟子，因此他曾經以威脅不再保佑交戰的雙方，而停止了內戰的發生。

一九五五年，我的上師有若干徵象顯示他必須離開西藏。首先，他前往西藏的中部和南部聖地朝聖；接著，為了達成他的上師生前的大願，前往印度的聖地朝聖，我也隨行。我們都希望，在離開的期間，藏東地區的情況能夠改善。後來我才知道，我的上師有意離開家鄉的決定，被許多其他喇嘛和平民視為西藏浩劫已無法避免的象徵，因此讓他們得以及早準備逃難。

我的上師長久以來就接到訪問錫金的邀請。錫金是喜瑪拉雅山中的小國，也是蓮花生大士的聖地。蔣揚欽哲的前世是錫金最崇高的聖人，錫金國王請求他前往傳法和加持。大家一聽到他抵達錫金，許多上師就從西藏前來學法，也帶來珍貴的法本和經典，否則這些法寶早已不存。蔣揚欽哲是上師們的上師，他所住的皇宮寺（Palace Temple），再度成為偉大的精神中心。越來越多的上師來到他身旁。

傳說，傳法太多的大上師往往活得不久，似乎是因為他們承擔了一切佛法的障礙。預言說，如果我的上師把教法擱在一旁，隱名到遙遠的邊陲地帶遊化，他可以多活許多年。事實上，他也試著這麼做：當我們最後一次離開康省時，他就把一切財物留下，悄悄地離開，無意再傳法，純粹是為了朝聖。不過，一旦人們發現他的身分時，就請求他開示和灌頂。他的慈悲無遠弗屆，雖然明知他是在冒生命的危險，還是犧牲自己不斷地傳法。

蔣揚欽哲是在錫金生病的。所有長老喇嘛和各傳承的法王，紛紛前來看他，日夜為他舉行延壽法會。大家都祈請他繼續住世，因為像他這麼偉大的上師有力量決定何時離開肉體。他只是躺在床上，接受我們的一切供養，大笑，然後以善體人

意的微笑説：「好罷！爲了表示吉利，我就説我要活下去。」

我的上師即將圓寂的第一個暗示，來自第十六世大寶法王。他告訴大寶法王説，他已經完成了這一世的任務，決定要離開世間。當大寶法王把這件事情告訴蔣揚欽哲最親近的侍者時，這位侍者痛哭流涕，接著我們也知道這回事。

蔣揚欽哲是在西藏曆五月六日的凌晨三點圓寂。而在十天前，當我們正在徹夜爲他修延壽法時，發生一場大地震。依據佛教經典，這是一位覺悟者即將圓寂的徵象。[3]

在他死後三天內，消息完全封鎖，不讓任何人知道他已經圓寂了。我只是接獲他的病情轉壞的通知，我再也不能像從前一般睡在他的房間，必須搬到另一個房間睡。他最親近的侍者也是法會的主持人卓登喇嘛（Lama Chokden），跟隨我上師的時間比任何人都長。他的話不多，表情嚴肅，修苦行，兩眼炯炯有神，雙頰深陷，莊嚴高貴而幽默。卓登以誠實、正直、謙虛和記憶力強而聞名。

他似乎記得我上師所説的每一句話、每一個故事，也知道最繁複的儀軌及其意義。他是一位典型的修行人和具格的老師。那時，我們看到卓登繼續把我上師的食物端進房間，但他臉上的表情變得陰鬱。我們不斷問他蔣揚欽哲仁波切的情況如何，他總是説：「老樣子。」在某些傳統裡，當上師圓寂之後，在他入定期間，必須嚴守祕密。誠如前面我所説的，三天後我們才聽説他已經過世了。

印度政府打了一通電報給北京。消息又從北京傳到我的上師在西藏的根本道場宗薩寺，那兒的許多僧侶早已在流淚了，他們知道他即將圓寂。就在我們離開之前，蔣揚欽哲曾經做了一個神祕的承諾，他要在過世之前回來一次。事實上，他也這

麼做了。那年的新年，大約是在他圓寂之前的六個月，在一場法會的舞蹈表演上，許多年長的喇嘛都看到他出現在天空中，一如往日的模樣。他在道場裡創辦了一所佛學院，以培養近代若干最傑出的學者而聞名。在大殿裡，供奉著當來下生佛彌勒的巨像。在他示現的新年後不久，有一天清晨，寺院的香燈打開大殿的門：他就坐在彌勒的懷抱裡。

我的上師採取「睡獅的姿勢」圓寂。所有徵象都顯示他仍然在禪定之中，三天內沒有人碰過他的遺體。他出定那一刻的景象，令我終生不忘：他的鼻子突然塌下來，臉上失去血色，然後他的頭微微傾向一邊。在這之前，他的遺體維持某種姿勢，表現出力量和生命的徵象。

當天晚上，我們把他的遺體洗乾淨，穿上衣服，從他的臥房移到皇宮寺的大殿上。人羣已經湧到，在大殿四週向他禮拜。

然後，非常奇妙的事情發生了。一道明亮、乳白色的光，看起來就像發光的薄霧，開始出現，逐漸瀰漫各處。皇宮寺的外頭有四盞大電燈；當時已經七點鐘，天早就黑了，平日都會把電燈打開。但在這個神祕的光霧下，這些燈光就顯得暗多了。當時印度駐錫金的政治官阿巴潘首先發現，詢問到底怎麼回事。接著，許多人也開始喊叫：這道神奇、不可思議的光，有幾百人看到。有一位上師告訴我們，依據密續，這種光的顯現代表有人成佛了。

蔣揚欽哲的遺體，本來計畫要放在皇宮寺裡一個星期，但很快我們就收到來自各地弟子的電報。當時是一九五九年；包括頂果欽哲仁波切在內的許多弟子剛剛抵達。他們要求把遺體留下來，好讓他們有機會見最後一面。因此，我們就多放了二

個星期。每天都有四場法會,由各種傳承的喇嘛領導著幾百位僧侶參加,常常由各傳承的持有者主持,同時有好幾千盞酥油燈點燃著。

遺體並沒有發出異味或開始腐敗,所以我們又多放了一個星期。印度的夏天非常酷熱,但即使是一個星期又一個星期地過去,屍體並沒有腐敗的跡象。最後我們把蔣揚欽哲的遺體放了六個月;在遺體的面前,我們不斷舉行傳法和共修法會:蔣揚欽哲圓寂前未及完成的開示,由他最年長的弟子完成,同時爲許多人剃度出家。

最後,我們把他的遺體移到他生前選擇要火化的地方。大西定(Tashiding)是錫金境內最神聖的地區之一,位於一個山丘的頂上。所有弟子都來到大西定,親手建造*舍利塔*(stupa),雖然在印度最粗重的工作往往都是僱工來做。每一個人不分老少,上自頂果欽哲仁波切這麼偉大的上師,下至最普通的人,都用雙手搬石頭上山,把舍利塔蓋好。這件事最可以證明他對弟子所激發出來的恭敬心。

蔣揚欽哲的圓寂,其損失是無法用言語來表達的。在離開西藏之後,我們全家人失掉一切土地和財產,當時我的年紀還小,不致於對它們有任何執著。但失去蔣揚欽哲,即使是這麼多年後的今天,我仍然深感哀傷。我的整個童年,都是在他的陽光下過的。我睡在他床尾的小床上,許多年都是在他唱誦和掐念珠的早課聲中醒來。他的話語,他的教法,他所散發出來的安詳光芒,他的微笑,全都是我不可磨滅的回憶。

他是我生命的靈感,當我遇上困難或傳法時,我總是祈請他和蓮花生大士示現。他的圓寂,對世界和西藏都是不可估計的損失。我總是想到他,就像我也會想到頂果欽哲仁波切,如

果佛教被毀滅了，只要他還在，佛教絕對是存在的，因爲他就是佛教的完整化身。隨著蔣揚欽哲的過世，整個時代，有時候似乎是一整個面向的精神力量和知識，也跟著他過去。

蔣揚欽哲是西藏佛教所有傳承的權威，也對一切傳統普遍尊重，因而廣受愛戴。他圓寂時才六十七歲，我常常想，如果他能活長一點，在藏人流亡的地區和西方帶動西藏佛教的成長，該會是多麼迥然不同的景象啊！因爲他是上師的上師，所有傳統的傳承持有者都從他獲得灌頂和教法，因而尊他爲根本上師，他能夠自然地把他們集合在恭敬、和諧、合作的精神之下。

不過，偉大的上師從來不曾死過。當我在寫這本書的時候，蔣揚欽哲就在這兒啓發著我；他是本書背後的力量，我的教法也都是來自他的教導；他是我背後的一切精神源泉和基礎；持續給予我內心指導的人就是他。他的加持和帶給我的信心一直陪伴著我，指引我克服一切困難，讓我得以盡我所能地代表他所象徵的崇高傳統。對我來說，他尊貴的臉，比起當今任何在世者的臉還要鮮活；在他的眼中，我總是可以看到那種超越智慧和超越慈悲的光，這是天地之間任何力量所無法息滅的。

願本書讀者能夠因而像我一樣對他稍有認識；願大家能夠像我一樣因他的奉獻生命和莊嚴去世而受到啓發；願大家能夠從他全然奉獻給眾生福利的典範中，獲得此時追求真理所需要的勇氣和智慧。

第十七章

內在的光芒

　　當地光明在一個人死亡後顯現時，有經驗的修行人能夠保持完全的覺醒，與它結合在一起，因而證得解脫。但如果無法認證地光明，我們就會遇見下一個中陰——法性的光明中陰。

　　法性中陰的教法非常特別，這是一種特別的大圓滿法門，幾世紀以來一直被珍視爲大圓滿法的核心。本來我有些猶豫是否該公開介紹這個最神聖的教法，事實上，如果沒有前例的話，我可能就不會這麼做。不過，《中陰聞教得度》和不少提到法性中陰的其他書籍已經出版了，也導致人們某些天真的結論。我覺得，對這個中陰做一個坦率的澄清，恢復它的本來面目，是極端重要而切合時宜的事。我必須强調，在本書中並没有對相關的高深法門做任何詳細的説明；因爲除非有具格上師的開示和指導，並且完全純淨地信服那位上師，否則這些法門絕對無法修得成功。

　　我參考了許多不同的來源，以便把本章説明得更清楚。我認爲本章是本書最重要的一章，希望大家透過本章而認識這個殊勝的教法，並且可以得到啓發，去做進一步研究，開始親自修習。

法性的四個階段

　　梵文 *dharmata*，藏文 *chö nyi* 的意思是一切萬物的内在性質或本質（中文稱爲**法性**）。法性是赤裸裸的、非因緣生的真理，是實相的性質，或是現象界的真實性質。在這裡所討論的，是我們對於心性和一切萬物性質的整體根本的瞭解。

　　臨終時，分解過程的結束和地光明的顯現，即在呈現一個嶄新的開始。我發現把它比喻成由夜晚轉爲白天，可以幫助我們的説明。臨終的分解過程，最後是「完全證得」階段的黑暗

經驗。它被描述成「黑暗籠罩的天空」。地光明的生起，就好像是黎明前虛空的晨曦。現在，法性的太陽冉冉上升，光彩奪目，照耀大地。本覺的自然光芒自發性地顯現，以能量和光放射出來。

就像太陽在那個清朗和廣袤的虛空生起一般，法性中陰的光明形貌，也在地光明的無邊虛空中生起。我們把這種聲、光、色的展現稱爲「自發性的現前」，因爲它必然總是在它的基礎地——廣闊浩瀚的「本初清淨」中現前。

實際上，此處正在發生開展的過程，心和它的本性逐漸變得越來越明顯。法性中陰是這個過程中的一個階段。心從它最純淨的狀態（地光明），透過這個光和能量的面向，邁向下一個中陰（受生中陰）的顯現。

現代物理學指出，當我們探究物質時，它呈現出能量和光的大海，我發現這一點很有啓示性。大衛·波姆（David Bohm）說：「物質是濃縮或冷凍的光……一切物質都是光的濃縮，以平均小於光速的速度，反覆地以特定模式運動。」現代物理學也從多方面來瞭解光：「它是能量，也是資訊——內容、形式和結構。它是一切萬物的潛能。」[7]

法性中陰有四個階段，每一個階段都代表一個解脫的機會。如果前一個機會沒有把握，則下一個階段就會展現出來，我在這裡所做的說明，源自大圓滿密續，其中強調唯有透過特別高深的「頓超」光明法門，才能真正瞭解法性中陰的真正意義。因此，西藏傳統對於度亡的教法中，法性中陰所佔的篇幅最小。即使在也屬於大圓滿法的《中陰聞教得度》一書中，這四個階段的次序也交代得不清楚，結構不夠清晰。

不過，我必須強調，一切語言文字最多只能用概念來描述

在法性中陰中可能發生的事。法性中陰的顯現,除非修行人已經修成了「頓超」法門,否則將只是概念性的影像;修成了「頓超」法門,就會瞭解到我所做的每一項細節說明,都是修行人無可否認的個人經驗。我想告訴各位的是,如此神奇和驚人的面向確實存在。我也深切希望各位在經歷死亡的過程中,能夠記住我對於中陰的說明。

1.光明——光之景

在法性中陰之中,你以光之身顯現。這個中陰的第一個階段是「空大溶入光明之中」。

突然間,你會意識到有一個流動的、活潑的聲、光、色世界。我們所熟悉的平常景象,都溶入一個廣袤的「光之景」。這種「光之景」非常燦爛奪目,它是透明而多彩的,不受任何層面或方向的限制,它閃閃發光不斷躍動。《中陰聞教得度》說它「像炎夏平原上的海市蜃樓」。它的各種顏色,是心的固有元素的自然表現:空大被看成藍光,水大被看成白光,地大被看成黃光,火大被看成紅光,風大被看成綠光。

這些燦爛的光在法性中陰的穩定程度,完全決定於你在修持「頓超」時所證得的穩定度。唯有確實嫻熟這個法門,才能讓你穩定這種經驗,利用它來獲得解脫。否則法性中陰將像電光石火般地一閃而過,你甚至不知道它已經發生了。讓我再次強調,唯有修「頓超」法門的修行人,才能有那種最最重要的認證:這些光燦爛的顯現,並不離開心性而存在。

2.結合——聖尊

如果你不能認證這就是本覺的自發性顯現,則這些單純的

光和色將開始結合成大大小小的光點或光球，稱為「明點」
（tiklé）。在巨大的光球幾乎充塞整個虛空時，「喜樂部和忿
怒部聖尊的曼達拉」將出現於明點之中。

這就是第二個階段，稱為「光明溶入結合之中」，光明以
各種體積、顏色和形狀的佛像或聖尊像顯現，手裡拿著各種寶
物。他們所散發出來的亮光耀眼炫目，聲音巨大如百千雷響的
怒吼，各個光束如雷射光般穿透萬物。

他們就是《中陰聞教得度》一書中所描述的「四十二位喜樂
部和五十八位忿怒部聖尊」。他們在幾「天」之間逐漸出現，
各有各自特殊的曼達拉模式，這是一種如此強烈充滿你整個覺
知的景象，如果你無法認證它的真相，它就會顯得恐怖駭人。
劇烈的恐懼和盲目的痛苦會消耗你，而後你會昏過去。

非常微細的光束會從你自己和諸聖尊散發出來，將你的心
和他們的心接在一起。無數的光球出現在它們的光線之中，慢
慢增加，而後「捲起來」，一切聖尊溶入你當中。

3. 智慧

如果你還是無法認證和獲得穩定性，下一個階段隨即展
開，稱為「結合溶入智慧之中」。

另一道細光束從你的心中發出，從光束又展開巨大的景
象；不過，每個細節仍然清晰準確。這是各種智慧的展現，同
時以舒展開來的光氈和燦爛、球狀、光明的明點出現：

首先，在深藍色的光氈上，有寶藍色的閃爍明點以五個一
組的模式出現。在它上面的白色光氈上，有水晶般雪白的亮麗
明點出現。在它上面的黃色光氈上，有金黃色的明點出現。在
它上面的紅色光氈上，有紅寶石顏色的明點出現。它們被一個

明亮的球體罩住，就像由孔雀毛製成的頂蓋。

這種明亮光的展現，是五種智慧的顯現：虛空藏智、大圓鏡智、平等性智、妙觀察智和成所作智。但由於成所作智只有在覺悟時才圓滿，這時它還未出現。因此，並沒有綠色的光氈和明點，不過它卻隱藏在其他顏色之內。這裡正在顯現的，是我們覺悟的潛能；唯有在我們成佛之後，成所作智才會出現。

如果你在這個時候沒有因安住於心性之中而證得解脫，各種光氈和它們的明點，以及你的本覺全都會溶入明亮的光球中，它就像孔雀羽毛製成的頂蓋。

4.自發性的現前

接下來就是法性中陰的最後一個階段，「智慧溶入自發性的現前之中」。現在，整個實相以驚人的方式呈現出來。首先是本初清淨的狀態，如開放、無雲的天空般顯現。然後是喜樂部和忿怒部諸聖尊出現，接著是諸佛的清淨國土，其下則是生死輪迴的六道。

這種景象的無邊無際，完全超乎我們的想像。每一種可能性都有：從智慧和解脫，到愚癡和再生。這時候，你將發現你具有天眼通和宿命通的能力。譬如，由於具有天眼通和不受到障礙的五官，你將知道你的過去世和未來世，看透別人的心，也明白六道輪迴的情形。在一剎那間，你就可以清晰地憶起曾經聽過的一切教法，甚至連未曾聽過的教法也將在你心中喚起。

整個景象接著溶入它原來的明點，就像割斷繩子，帳篷立刻倒塌一般。

如果你有穩定性，可以認證這些顯現無非是你自己的本覺

的「自光」，就可以獲得解脫。但如果沒有「頓超」法門的經驗，你就無法注視「如同太陽般明亮」的諸聖尊。相反的，由於前世的習氣，你的視線將被往下拉到六道。你將認證的就是這些六道，它們將誘使你再度迷惑。

在《中陰聞教得度》一書中，提到有幾天時間讓亡者得以體驗法性中陰。這些天數並非指一天廿四小時，因為在法性中，我們已經完全超越時間和空間的限制。這些日子是「禪定日」，是我們可以專心安住在心性中，或安住在單一心境中的時間長度。如果禪修功夫不夠，這些日子可能就像一分鐘那麼短，而喜樂部和忿怒部聖尊的出現也都十分快速，我們甚至感覺不到它們已經生起。

瞭解法性

現在法性中陰已經降臨我身，
我將捨棄一切恐懼和擔憂，
我將認證生起的一切都是我自己的本覺的自然顯現；
並且瞭解這就是法性中陰的狀態；
現在我已經來到這個關鍵點，
我將不會恐懼從我心性中生起的喜樂部和忿怒部聖尊。

瞭解這個中陰的要點是：在其間發生的一切經驗，都是我們心性的自然光芒。這時候所發生的，正是它釋放出來各種覺悟的能量。如同透過水晶的光所散發出來的跳躍彩虹，是它的自然展現；同樣的道理，法性輝煌的顯現，也和心性無法分開。*它們是心性的自發性表現。*因此，《中陰聞教得度》說，不

管這些顯現有多可怕，它們只不過像紙老虎一般地讓你產生恐懼而已。

不過，嚴格説來，如果把這些顯現稱爲「景象」或甚至「經驗」，那就錯了；因爲景象和經驗都是取決於見者和被見物的二元關係。如果我們能夠把法性中陰的顯現認證爲心的智慧能，就沒有見者和被見物的差別了，這就是不二的經驗。完全進入那種經驗就是證得解脱。卡盧仁波切説：「死後，如果心識能夠體悟它的經驗只不過是心本身而已，解脱當下就生起了。」[2]

不過，由於現在我們已經不再被肉身或世界所束縛了，在中陰境界中所釋放出來的心性能量看起來會異常真實，似乎是客觀存在的。它們似乎是真正存在於我們外在的世界裡。我們沒有相當的修行，所以對那種不是依賴認知的不二境界毫無所悉。一旦我們把那些顯現誤認爲是身外的現象，誤認爲是「外界的景象」，我們就會以恐懼或希望來反應，使我們變得愚癡。

就如同在地光明顯現時，認證它是證得解脱的鑰匙，在法性中陰時也是一樣。**本覺自光**（心性顯現出來的能量）的認證，可以讓我們證得解脱，否則就要繼續在無法自主的輪迴中流浪。在法性中陰的第二個階段，會有百位喜樂部和忿怒部的聖尊出現，包括五方佛、女性佛、男性和女性菩薩、六道的佛，以及不少忿怒部聖尊和護法神。他們都在五智的亮光中出現。

我們如何瞭解這些諸佛和聖尊呢？「每一位清淨身都代表我們不清淨經驗的自有覺悟的潛力。」[3]五位男性佛是自我的五蘊的清淨面，他們的五智是五煩惱的清淨面。五位女性佛是

心的清淨基本品質，這些品質被我們經驗爲不清淨的肉體和環境。八位菩薩是八識的清淨面，八位女菩薩則是八識的領納對象。

不管是五方佛的清淨景象和他們的智慧顯現，或者是五蘊的不清淨景象和煩惱生起，他們的基本性質本是相同的。差別在於*我們如何認證它們*，以及我們是否認證它們是從心性的基礎地出現的覺悟能量。

譬如，在我們凡夫心中顯現出*欲望*的念頭，如果它的真性被認證出來，就可以解脫攀緣，生起「妙觀察智」。*瞋怒*被真正認證，生起時就可以像鑽石般清明不再攀緣，這稱爲「大圓鏡智」。當*無明*被認證出來時，就可以生起廣闊而自然的清明：「虛空藏智」。當*傲慢*被認證出來時，就可以證得不二和平等境界生起「平等性智」。當*嫉妒*被認證出來時，就可以解脫偏頗和攀緣，生起「成所作智」。因此，五煩惱的生起，完全由於我們認證不出來它們的真性。當它們被真正認證出來時，它們就被淨化而解脫，它們的生起無非是五智的展現。

在法性中陰裡，如果你無法認證五智的光，則我執會進入你的「覺受」中，就好像一位上師所說的，發高燒的病人，將開始產生幻覺，看到各種幻想。譬如，你無法認證妙觀察智的紅寶石光，它的生起就會像一團火，因爲它是火大的清淨性；你無法認證平等性智的金黃色光的真性，它就以地大生起，因爲它是地大的清淨性，而水大、空大、風大依此類推。

當我執進入法性中陰各種顯現的「覺受」中時，它們就被轉化（或者可以說是被凝固化），經由這個過程成爲輪迴中各種愚癡的根源。

一位大圓滿上師以冰和水爲例，說明這種缺少認證和我執

的開展經過：水通常是液體的，具有殊勝的特質，可以洗淨髒物和止渴。但當它冷凍時，它就固化成冰。同樣情形，當我執生起時，它就把我們的內在經驗和我們認知周遭世界的方式固體化。不過，就好像在陽光的熱氣下，冰會溶解成水，在認證的光下，自由無礙的智慧性將顯露出來。

現在我們可以正確地瞭解，在地光明和法性中陰現起之後，由於前後二次都無法認證出心性，輪迴實際上已經生起了。首先，地光明（心性的基礎地）沒有被認證出來；如果它被認證出來，就可以證得解脫。其次，心性的能量顯現，提供第二次的解脫機會；如果它沒有被認證出來，生起的煩惱就開始凝固成各種錯誤的思想，它們合起來繼續創造虛幻的六道，把我們拘禁在生死輪迴中。因此，整個修行的目的，就是把這個我稱之為「無明的過程」直接翻轉過來；那些彼此連繫和互相倚賴的錯誤覺受，使得我們陷入自己所創造的虛幻世界，修行就是把它們反創造、反凝固化的過程。

就如同前面說過的，地光明在死亡的那一刻顯現，並不等於證得解脫；同樣情形，當法性中陰顯現時，也並不就是當然可以解脫。因為當智慧的燦爛明光發出時，伴隨著各種簡單的、愜意的、溫暖的聲光，它們不像智慧光那麼刺激和強大。這些黃色、綠色、藍色、紅色和白色的皆為黯然迷濛的光，是由貪、瞋、癡、欲望、嫉妒和傲慢累積而成的習氣。這些情緒就分別創造了六道：地獄、餓鬼、畜生、人、阿修羅、天。

如果我們活著時，並未認證和固定心的法性，我們所累積起來的執著習氣，在這個時候就會開始激動和甦醒過來，我們就會被本能地拖向六道的暗光。心受到智慧活躍燦爛的光明所威脅，就會退縮。各種溫暖的光，都是習氣所邀集來的，就引

誘我們去投生，至於投生到哪一道，就由主宰我們的業和心流的煩惱而決定。

讓我們引用《中陰聞教得度》書中一尊喜樂佛出現的例子，來說明這整個過程。上師或道友對亡者的神識說：

哦，覺悟家族的兒女，一心諦聽！

第三天，黃光將生起，它是地大的淨性。同時，從黃光中，南方眾寶莊嚴佛土的寶生佛將在你面前出現，他全身黃色，手執如意寶珠。他坐在馬車的寶座上，與佛母互相擁抱。四周有虛空藏和普賢 兩位男菩薩、念珠和持香兩位女菩薩。因此，一共有六位佛身在虹光中出現。

受蘊的內在淨性（平等性智）以黃光出現，晃耀閃爍並飾以大大小小的明點，極其明亮，非肉眼所能逼視，從寶生佛和佛母的心中流向你，穿透你的心，因此你的眼睛無法凝視它。

就在智慧光出現的同時，代表人道的暗藍光向你而來，穿透你的心。在傲慢驅使下，你將恐懼地逃離耀眼的黃光，卻喜歡人道的暗藍光，因而對它執著。

這時候，不要畏懼耀眼、明亮、穿透而逼人的黃光，卻要把它認證爲智慧。讓你的本覺安住在其中，放鬆、自在、寂靜。對它要有信心、恭敬和殷望。如果你認證它爲你自己的本覺的自然光，即使你沒有恭敬心，也沒有念祈請文，一切佛身和光將與你融爲一體，證得佛果。

如果你沒有把它認證爲你自己的本覺的自然光，那麼就要以恭敬心向它祈求，觀想「這是寶生佛的慈悲光。我皈依它。」因爲實際上它就是寶生佛，前來引導你通過中

陰的恐怖景象，它是寶生佛慈悲能量的光鉤，因此你要以全然的恭敬心對它。

　　不要愛上人道的暗藍光。這是你的貢高我慢累積而成的習氣之道。如果你對它執著，你將掉落人道，重受生、老、病、死之苦，失去出離塵世泥沼的機會。這個暗藍光是阻隔解脫之道的障礙，因此不要看它，卻須摒除傲慢！放棄它的習氣！不要執著（暗藍光）！不要渴望它！你要對那個耀眼、明亮的黃光恭敬和渴望，一心觀想寶生佛，如此祈禱：

　　啊！
我因貢高我慢而生死流轉，
唯願寶生佛領導我
走上「平等性智」光的光明大道，
唯願至高無上的佛母走在我後面；
唯願他們幫助我走過中陰的險道，
帶我進入圓滿的佛境。

　　以至誠恭敬心念完祈請文之後，你將溶入寶生佛和佛眼佛母心中的虹光，變成南方眾寶莊嚴佛土的報身佛。[5]

　　有關寶生佛示現的描述，最後是說明藉著上師或道友的這種「開示」，即使亡者的能力再小，都可以證得解脫。不過，《中陰聞教得度》說，雖然經過多次的「開示」，仍然有人因為惡業的緣故，無法認證和得到解脫。在貪婪和業障的干擾、各種聲光的驚嚇下，他們將逃避。因此，次「日」，下一尊阿彌陀佛，將偕同其眷屬諸尊，以光彩奪目的紅光示現，但同時顯

現的，還有暗淡、誘人的餓鬼道黃光，這是由貪婪和吝嗇造成的。因此，《中陰聞教得度》以相同的方式，逐一介紹喜樂部和忿怒部諸尊的出現。

常常有人問我：「諸聖尊會對西方人示現嗎？如果會，是以西方人所熟悉的形式嗎？」

法性中陰的顯現被稱爲「自發性呈現」。這表示它們是本具和自在無礙的，存在於我們所有的人。它們的生起，並不倚賴於我們可能會有的任何精神體悟；唯有認證它們才需要精神體悟。它們並非西藏人所獨有，它們是一種普遍而基本的經驗，但我們如何認知它們，則視個人的因緣而定。因爲它們在本質上是無限的，所以它們可以任何形式顯現。

因此，諸聖尊會以我們在世時最熟悉的形式顯現。譬如，對基督徒而言，諸聖尊可能以基督或聖母瑪利亞的形式示現。一般來說，諸佛示現的目的是爲了幫助我們，因此他們會以最適合也最能幫助我們的任何形式示現。但不論諸聖尊是以何種形式示現，我們必須明白他們的本性絕無任何差異。

認證

依據大圓滿法，一個人如果對於心性沒有真正的體悟，對於「力斷」法門也沒有穩定的經驗，就無法認證地光明；同理，如果對於「頓超」法門沒有穩定的經驗，就不可能認證法性中陰。一位有成就的「頓超」法門修行人，圓滿和穩定了心性的光明，在世時就已經能夠直接認識將在法性中陰中示現的諸聖尊。因此，這種能量和光都存在我們身上，雖然目前被隱藏起來。不過，當肉體和粗的心識死掉時，它們就自然被釋放出來，我們真性的聲、色、光乃往外散發。

　　不過，並非唯有透過「頓超」法門才能以法性中陰做爲解脫的機會。佛教密續的修行者，都會把法性中陰的顯現納入他們的修持中。在密續裡，諸聖尊原則上是一種溝通的方式。如果沒有形式或某種溝通的基礎，就很難想像覺悟能量的存在。諸聖尊應該被看成是一種人格化的隱喻，來表現諸佛智慧心的無邊能量和品質。把這些能量和品質以聖尊的形式表現出來，可以讓修行人認證和描述它們。在觀想的修持中，透過對於聖尊的取相和與聖尊融合爲一的訓練，他將體悟：認知聖尊的心和聖尊本身並不分離。

　　西藏佛教的修行者都要修**本尊法**（ yidam ），本尊是與他們有甚深因緣的某一尊佛或聖尊，是真理的化身，他們以啓請本尊爲修行重心。密續修行者不把法性的種種顯現視爲外在現象，反之，會把它們納入本尊修行法中，想辦法要與這些顯現結合。因爲他們在修行中已經把本尊認證爲覺悟心的自然光，所以他們能夠如此認證各種顯現，讓它們以聖尊的形式生起。有了這種清淨的認知，不管在中陰裡出現的是什麼，他們都會把它認證爲本尊的展現。因此，透過自己修行的力量和聖尊的加持，他將在法性中陰中證得解脫。

　　在西藏傳統中，對不熟悉本尊修行法的普通人和一般修行者都如此開示：不管出現的是什麼，都要立刻把它們當作觀世音菩薩、蓮花生大士或阿彌陀佛，看他們最熟悉哪一位聖尊。簡單地說，你在世時如何修，你就要以這種修法來認證法性中陰的各種顯現。

　　另外一種看待法性中陰的殊勝方法：它是二元最絕對純淨形式的表達。我們面對獲得解脫的方法，但同時也有習氣和本能在引誘我們。我們經驗到心的清淨能量，同時也經驗到它的

混亂狀態。這就好像我們被催促做決定，二者選一。然而，不用說，我們甚至是否有機會去選擇，都取決於在世時精神修行的程度和工夫。

第十八章

受生中陰

　　對大多數人而言，死亡的經驗是指在死亡過程的盡頭，進入一個湮沒消失的狀態。據說，內分解的三個階段，可以快到三彈指頃。父親的白菩提和母親的紅菩提在心輪會合，稱爲「完全證得」的黑暗經驗生起。地光明顯現，但我們卻沒有認證它，因而進入昏迷的無意識狀態。

　　誠如我前面說過的，這是第一次沒有認證出來，又稱爲第一階段的無明，藏文叫*Ma Rigpa*，是本覺的相反狀態。輪迴在死亡的瞬間稍爲中斷，而這個時候我們又開始了另一個輪迴。法性中陰隨即生起，一閃即逝，沒有被認證出來。這是第二次認證的失敗，也是第二階段的無明。

　　這時候我們所覺察到的第一件事是「如同天和地又分開了」，我們突然進入死和另一期新生命之間的中陰身。這稱爲**受生中陰**，藏文是*sipa bardo*，是死亡的第三期中陰。

　　由於沒有認證出地光明和法性中陰，我們一切習氣的種子受到刺激而重新甦醒過來。受生中陰介於這些種子的重新甦醒和進入下一世胚胎之間。

　　藏文*sipa bardo*中的*sipa*，翻譯成中文是「受生」或「有」，也有「可能性」和「存在」的意思。在受生中陰的階段，因爲心已經不再受到這一世肉身的限制或障礙，所以「受生」到不同境界的「機會」是無限的。這種中陰有外「存在」的意生身（mental body）和內「存在」的心。

　　受生中陰最顯著的特色是「心」扮演著最主要的角色，而法性中陰則是在本覺之內顯現，因此，在法性中陰之中，我們有光身；在受生中陰之中，我們有意生身。

　　在受生中陰的階段，心非常清明，也具有無限的活動力，但它所移動的方向，完全取決於過去業力的習氣。它稱爲

「業」的受生中陰，誠如卡盧仁波切所說的：「這完全是我們過去業力的自動或盲目的結果，此處所發生的一切全非意識的決定；我們被業力衝擊得東倒西歪。」[1]

這時候，心在它逐漸展現的過程中，已經到達下一個階段：從最純淨的狀態（地光明），經過它的光和能量（法性中陰的顯現），進入受生中陰階段，心展現出更具體的形式。在這個階段所發生的事，正好是分解過程的相反：風大再度出現，同時，與貪、瞋、癡有關的思想狀態伴隨著風大而來。然後，因爲過去業報身的記憶在我們的心中仍然歷歷如新，就會形成「意生身」。

意生身

受生中陰的意生身有許多特色。它具有一切知覺作用，它是相當輕靈、透明和活動的。它的知覺力，據說是我們活著時的七倍。它也具有最基本的清晰覺察力，那不是在意識控制下的覺察力，但意生身能閱讀別人的心識。

首先，這種意生身的形狀類似生前的肉身，但沒有任何缺點，而且是青壯期的俊美肉身。即使你在這一世殘廢或生病，在受生中陰階段仍然會有完美的意生身。

古代的一個大圓滿法門告訴我們，意生身大約像八到十歲孩童的大小。

由於概念性思考的力量（又稱「業氣」），意生身無法保持靜止不動，即使一剎那也辦不到。它不停地移動，只要一起念頭，就可以毫無障礙地隨意到任何地方。因爲意生身沒有肉體，所以能夠通過牆壁或高山之類的固體障礙物。[2]

意生身能夠看穿三度空間的物體。但由於缺少肉身的父親

白菩提和母親紅菩提，所以不再具有日月的光茫，只有一道微弱的光照亮跟前。意生身可以看見其他的中陰身生命，卻無法被活的生命看見，除非是那些由於精深禪定功夫而有天眼通的人。[3] 所以，我們可以和中陰世界裡的許多旅人、那些比我們早逝的人有短暫的會面和談話。

意生身因為有五大構成因素，所以我們會認為它似乎是固體的，而且還會感覺到飢餓的煎熬。中陰教法說，意生身以氣味為食，並從燃燒的供品攝取養分，但它只能享用特別以它的名字祭祀的供品。

意生身的心活動速度極快：念頭連續以高速度來到，我們同時可以做很多事。心不斷形成固定的模式和習慣，尤其是對於經驗的執著，以及認為經驗終究真實不虛的信念。

中陰身的經驗

在中陰身的頭幾個星期，還有自己是男人或女人的印象，一如我們的前世。我們不知道自己已經死了，我們回家去會見家人和親愛的人。我們試著對他們講話，摸他們的肩膀，但他們並不回答，也完全察覺不到我們的存在。儘管我們想盡辦法，還是不能引起他們的注意。當他們為了我們的死亡而哭泣，或傷心地呆坐時，我們只能無力地看著。我們試著使用自己的物品，卻一點用都沒有。飯桌上已經沒有我們的位子，而親友正在處理我們的物品。我們覺得憤怒、受傷和挫敗，《中陰聞教得度》說：「就像魚在熱砂中受苦。」

如果我們非常執著自己的肉體，甚至會嘗試重新進入肉體或在它的四周留連不去，結果卻徒然無功。在極端的例子裡，意生身會在它的物品或肉體旁邊徘徊好幾個星期或甚至好幾

年，竟然還未察覺自己已經死了。唯有在知道自己沒有身影，在鏡子裡面沒有反射，在地上不留下足跡時，才終於瞭解自己已經過世。承認已經去世所帶來的驚嚇，足以令我們昏厥過去。

在受生中陰裡，我們會重演過去世的一切經驗，重新經歷各種很久以前的生活細節，再度造訪所有的地方，甚至如同上師們所說「只不過吐過一口痰」的地方。每七天我們都會被迫再次經過死亡的痛苦經驗。如果是安詳去世的，就會重現安詳的心境；如果是痛苦去世的，也會重現痛苦的心境。請記住，這時候的意識是活著時的七倍強度，在受生中陰的快速階段中，前世的惡業全都以非常集中而混亂的方式回來了。

我們不安而孤獨地飄泊在中陰世界裡，就好像夢一般地狂烈，而且如同在夢中一般，相信自己有肉身，相信自己確實存在。但受生中陰的一切經驗都只是從我們的心中生起，由重現的業和習氣所創造的。

四大中的風大，再度吹起，誠如土庫烏金仁波切所說的：「我們聽到由地、水、火、風四大所造成的巨大聲響。有雪崩不斷掉下來的聲音、大河奔騰的聲音、熊熊烈火如火山爆發的聲音、暴風雨的聲音。」[4]據說，當我們試著在恐怖的黑暗中逃避這些聲音的時候，三個不同的深淵（白色、紅色、黑色），又深又可怕，在我們的面前裂開。《中陰聞教得度》告訴我們，這些深淵就是我們自己的貪、瞋、癡。我們被冰冷的大雨、膿和血的降雹所襲擊；聽到聲嘶力竭、嚇人的哭聲；被吃肉的魔鬼和猛獸所追趕。

我們被業風無情地吹得東倒西歪，無法固定在地面上。《中陰聞教得度》說：「這時候，可怕的、無法忍受的、強烈瀲

渦的、巨大的業的龍捲風，從背後驅動著你。」我們完全被恐懼所征服，就像蒲公英的種子在風中被吹來吹去，我們無助地在中陰的幽暗世界中游盪。我們又飢又渴，苦不堪言，到處尋找庇護所。我們心中的念頭分分秒秒都在改變，《中陰聞教得度》說，這些念頭把我們投射出去，「就像從彈弓射出一般」，進入集的境界。心中生起想要擁有肉身的渴望，卻找不到，使得我們更加痛苦。

這整個景象和環境都是由我們的業塑造而成，就好像中陰世界中，可以由我們的無明所產生的夢影像所居住。如果我們生前的習慣性行為是正面的，我們在中陰身的念頭和經驗就可以摻雜喜悅和快樂；反之，如果我們生前曾傷害到別人，我們在中陰身的經驗必然是痛苦、憂愁和恐懼。因此，西藏人說，漁夫、屠夫和獵人在中陰身時，會受到前世所殺害者的恐怖形象攻擊。

研究瀕死經驗細節，尤其是研究瀕死經驗中常見的「生命回顧」現象的人，曾經自問：「我們怎能想像毒梟、獨裁者或納粹暴徒在中陰身階段的恐怖經驗呢？」「生命回顧」似乎顯示，我們在死後會經驗到與我們直接或間接有關的「一切」痛苦。

受生中陰的長短

整個受生中陰期間，平均長達四十九天，最短是一個星期。情況各有不同，就好像現在有些人可以活一百歲，有些人年輕時就去世。有些人甚至會陷在其中，成為精靈或鬼魂。敦珠仁波切常常說，在中陰身的前二十一天，亡者會有強烈的前世印象，所以這是生者能夠幫助亡者的最重要時段。過了這個

階段，下一世就慢慢成形，變成主宰的影響力。

我們必須在中陰身等待，一直到與未來的父母親產生業緣。我有時候把中陰身想成過境室，在轉到下一世之前，你必須在過境室等待，有時會等上四十九天之久。但有兩種人不必在中陰身等待，因為他們的業力強度可以把他們立刻吹到下一世。第一種人生前過著大善和精進的生活，他們的心識在修行中已有良好的訓練，因此他們的證悟力可以把他們直接帶到善道轉生。第二種人生前過著大惡和墮落的生活，他們會迅速下墮到三惡道轉生。

審判

有關中陰身的某些記載，提到審判的場面，這是一種「生命回顧」的景象，類似世界上許多文化中的死後審判。你的善心，化成白色的守護天神，充當你的辯護顧問，重述著你生前的善行；你的壞心，則化成黑色的魔鬼，提出控訴的案子。善行和惡行分別用白色和黑色的石子來代表。主持審判的「死亡之神」就向業的鏡子諮詢，並做審判。[5]

我覺得這種審判的場景，和瀕死經驗的「生命回顧」有著有趣的雷同。*終極而言，一切審判都是發生在我們的心中。我們既是主持審判的人，也是接受審判的人。*雷蒙・穆帝說：「有趣的是在我所研究的個案中，審判並非來自全然接受並且愛這些人的『光之生命』，而是來自被審判的個人內心。」[6]

有過瀕死經驗的一位婦人，告訴肯尼斯・瑞林說：「你的一生在你面前重現，你自己在做審判……你是在審判你自己。你的一切罪惡都被寬恕了，但你能夠寬恕自己生前該做而未做，或某些小的欺騙行為嗎？你能夠寬恕自己嗎？這就是審

判。」[7]

審判的場景也顯示，分析到最後，真正重要的是每一個行動背後的動機，我們逃避不了過去的行爲、言語和思想所造成的影響，以及它們烙在我們心中的痕跡和習慣。這表示我們不僅在這一世，還要在來世爲自己的一切身口意業負全責。

心的力量

因爲我們的心在中陰身階段非常輕靈、自由流動和易受傷害，所以任何生起的念頭，不管好壞，都有巨大的力量和影響。由於沒有肉身可以固著，念頭就變得很實在。想像如果看到爲我們舉辦的喪禮是那麼漫不經心、敷衍了事，或看到貪婪的親人爭奪我們的財物，或看到我們所深愛，也認爲深愛我們的朋友，竟然以嘲謔、傷人或不屑的口吻談論我們，該會多麼傷心和憤怒啊！這種情境可能會很危險，因爲暴力反應會把我們直接驅向惡道轉生。

因此，念頭的巨大力量，是受生中陰的主要議題。在這個關鍵時刻，我們會完全暴露在種種主宰我們生命的習氣之下。如果你不在活著的此時注意這些習氣，不讓它們控制你的心，那麼在受生中陰的階段裡，你就會變成它們無助的犧牲品，被它們的力量衝擊得忽東忽西。譬如，在受生中陰的一點微細慍怒，就可能產生毀滅性的後果；因此，傳統上，爲你讀誦《中陰聞教得度》的人，必須是與你有好因緣的人，否則他們的聲音就可能激怒你，造成最不幸的後果。

中陰教法對於心在受生中陰階段的未成形狀態有很多描述，其中最驚人的是，受生中陰的心就像燒紅的鐵棒，可以隨意彎成你要的形狀，而在它開始冷卻時，就會以當時的形狀迅

速固體化。同理，在受生中陰階段，只要有一個正面的念頭都可以把我們直接帶入證悟，而一個負面的念頭，也足以把我們投入長期和極端的痛苦。《中陰聞教得度》對我們的警告再也沒有比下面這段話更強烈了：

> 現在已經到了往生善道或墮落惡道的時刻；現在已經到了只要稍微懈怠就會永遠受苦的時刻；現在已經到了只要稍微專注就可以永享安樂的時刻。專心一意，想辦法延長善業的果報！

《中陰聞教得度》嘗試喚回死者生前可能有過的修行回憶，它也鼓勵我們放下對人和財物的執著，放棄擁有肉身的渴望，不要對貪或瞋屈服，培養仁慈心而非敵意，甚至連負面的行動都不要想。它提醒死者沒有必要恐懼：一方面，它告訴死者那些恐怖的中陰影像只不過是自己無明的投射而已，本質上是空的；另一方面，他們自己只有「習氣的意生身」，因此他們也是空的。「所以，空傷害不了空。」

受生中陰變化無常的性質，也可以變成許多解脫機會的來源，而且此時心的感受性也可以用來幫助我們。我們唯一必須做的事就是記住一個教法；它唯一需要的，就是在心中生起正面的念頭。如果我們能夠回憶起任何曾經啟發我們認證心性的教法，如果我們有點想要修行，或與某種修行法門有深厚的因緣，就足以讓我們解脫。

在受生中陰階段，佛土並不像在法性中陰般地自發性現前。不過，只要記住它們，就可以藉助心力把你自己直接送到佛土去，踏上朝向覺悟的大道。如果你能夠啟請一尊佛，他立

刻就可以在你面前出現。但請記住，在這個中陰，雖然有無限的可能性，但是對於我們的心，至少要有某些控制才行；而這是極度困難的事，因為這時候的心是如此脆弱、零散和不安。

因此，在受生中陰中，每當你能夠突然覺醒時，即使只是一刹那，你都要立即憶起你和修行的因緣，記住你的上師或本尊，以你全部的力量啓請他們。如果生前每當事情遭遇困難、面臨重要關頭或失控時，你就能夠自然反射般地祈禱，那麼此時你就能夠當下啓請或憶起覺者，如佛陀、蓮花生大士、度母、觀音、基督或聖母瑪利亞。如果你能夠專心一意地恭敬啓請他們，那麼透過他們的加持力，你的心就可以獲得解脫，進入他們的智慧心的空間。祈禱在這一世也許只帶來很小的果，但它在中陰身的影響力，卻空前的強大。

有關中陰身的描述顯示，如果我們沒有先前的訓練，在這個時刻要把心集中起來是非常困難的。想想看，在睡夢或夢魘中，我們感覺多麼無能與無力，多麼難以記起祈禱詞啊！而在受生中陰的階段，要想集中心念，那是更加困難的。因此，《中陰聞教得度》一再重複的口令是：「心不要亂。」它說：

這裡是諸佛和眾生分開的界線……
「在一瞬間他們就分開了，在一瞬間就完全覺悟了。」

再生

在受生中陰之中，當再生的時間越來越接近時，你就越渴望肉身的支持，開始尋找可以去投生的對象。不同的徵兆會開始出現，預告你即將去投生哪一個「道」。各種顏色的光從六道射出，你會感覺被拉往其中的某一色光，這就取決於你心中

最強大的煩惱是什麼。你一旦被拉向其中的某一色光，就很難再回來。

然後，與各種「道」相關的影像和景象將生起。你對中陰教法越熟悉，你就越警覺它們真正的意義是什麼。不同教法對這些影像的描述稍有不同。有的說，如果你即將轉生爲神，就會看到、進入一個有許多層的天宮；如果你即將轉生爲阿修羅，就會覺得在一堆盤旋而上的烈火武器之中，或是進入戰場之中；如果你即將轉生爲畜生，就會發現你是在洞穴、地洞或萱草做的鳥巢之中；如果你看到樹、密林或織布，表示你即將轉生爲餓鬼；如果你即將轉生到地獄，就會感覺全身無力，正被帶往一片漆黑之中、暗路、蓋有黑色或紅色房子的幽暗地方或鐵城。

此外，還有許多其他徵象，譬如你凝視或移動的方式，就暗示你即將轉生的去處。如果你即將轉生到天道或人道，視線是向上的；如果你即將轉生到畜生道，就會像鳥一樣，往前直看；如果你即將轉生到餓鬼道或地獄道，就會往下看，好像正在潛水一般。

如果這些徵象的任何一種出現了，你就必須小心，不要掉入三惡道。

同時，你會有強烈的欲望，想要投生到某些道，而且本能地被拖往這些道。中陰教法警告我們，在這個時刻，存在著很大的危險性，由於你想要投生的強烈欲望，就會奔向任何似乎能提供安全感的地方。如果你的欲望遭遇挫折，由此所生起的瞋恨將使中陰身突然中斷，你就是被那個煩惱驅使去投生。所以，誠如你所見到的，你的來生是直接受到貪、瞋、癡的決定。

　　想像你正跑向一個庇護的地方，只為了逃避中陰經驗的屠殺。然後，害怕離開，你也許會變得執著起來，而有了轉生，不管到哪一道都可以，其目的只為了轉生。《中陰聞教得度》解釋說，你甚至會感到迷惑，把好的生處誤以為是壞的，或者把壞的生處誤以為是好處的。或者聽到你的親人在叫你，或迷人的歌聲，你就隨著這些聲音而去，最後發現你被引誘到三惡道去了。

　　你必須好好注意，不要盲目地進入三惡道。不過，最妙的是，當你覺察到自己的遭遇時，還是可以開始影響和改變你的命運。

　　在業風的席捲下，你將到達未來的父母親正在做愛的地方。看到他們，你的情緒就立刻被拉住了；由於過去的業緣，你開始自發性地感到強烈的執著或瞋恨。對母親的嚮往和喜愛，以及對父親的憎恨或嫉妒，將導致你轉生為男嬰；反之，則將轉生為女嬰。[8]如果你屈服於這種強烈的情緒之下，不僅將會轉生，可能還會因為那個情緒而被帶到三惡道去。

　　現在，我們有什麼辦法可以避免再生或選擇下一世嗎？中陰教法提出兩個特殊的法門，可以阻止再生，如果失敗了，就可以選擇好的再生。第一個是關閉再生之門的指南。

　　最好的方法是捨棄貪、瞋、癡等情緒，並且體認種種中陰經驗都沒有究竟的實體。如果你能夠體悟到這一點，然後把心安住在它的真實空性之中，就可以阻止再生。《中陰聞教得度》在這裡警告我們：

　　啊！父母、暴風、旋風、雷電、恐怖的投射及種種明顯的

現象，它們本性上全都是虛妄的。不管它們如何顯現，都
不是真實的。一切的事物全都是虛假的、不實的。它們像
幻影一般，它們不是恆常的，它們不是不變的。希求它們
又有什麼用呢？恐懼又有什麼用呢？這只不過是把不存在
的當作存在而已。……

《中陰聞教得度》繼續勸告我們：

「一切事物都是我的心，而這個心是空的、未生起的、不
受障礙的。」如此思維，保持心的自然和專注，溶於自性
之中，就好像將水倒進水中，維持本來面目，自在、開
放、放鬆。讓心自然自在地安住，你一定可以關閉所有轉
生的胎門。⁹

下一個阻止再生的最好方法，就是把可能成為你未來的父
母親觀想成佛、上師或本尊。至少你必須試著產生不被拖進貪
欲的捨離心，同時想到諸佛的清淨國土。這將阻止再生，並可
能讓你往生佛土。

如果你無法讓心穩定到足以做這種修習的程度，還有另一
個方法可以*選擇再生*，那就是辨認六道的地標和符號。如果你
必須轉生，或你有意轉生以便繼續修行利益其他眾生，則除了
人道之外，其他道都不可以進入。在六道之中，唯有人道才適
合修行。中陰教法告訴我們，如果你即將轉生到人道中的好環
境，你會感覺自己來到一座壯麗的房子，或來到城市，或在一
羣人當中，或看到一對男女在做愛。

在一般情況之下，我們毫無選擇的餘地，被拖向我們的出

生地,「就像小鳥被誘進籠子般,乾草著了火,或像一隻動物掉進泥沼裡一般地無能爲力。」《中陰聞教得度》說:「啊!覺悟家族的兒女,即使你不想去,都無法使得上力;你是無助的,被迫一定要去。」

是的,中陰教法總是這麼富有啓發性的提醒我們,永遠都有希望;現在就是祈禱的時刻了。即使是在這個時刻你才發願和攝心專注,仍然可以往生佛土,或者你可以發一個深切的大願,往生到可以聽聞佛法、修行解脫之道的家庭。如果你有强大的業會驅使你轉生某一道,你可能就沒有其他選擇;不過,你過去的發願和祈禱將幫助你重塑命運,因此,你的再生有一天將可以達到解脫的地步。

即使你已經投生進入胚胎了,還是可以繼續祈禱這件事將來會發生。即使是現在,你都可以把你自己觀想成任何覺悟的聖者,依上師們的說法,傳統上都是觀想成金剛薩埵[10],加持你所進入的胎是神聖的環境,「聖尊的宮殿」,然後繼續修行。

現在當受生中陰降臨在我身上,
我將攝心一意,
極力延伸善業的果報,
關閉再生之門,試著不要再生。
這是需要堅忍和清淨心的時刻。
捨棄煩惱,觀想上師。

終極而言,心想要前往某一個道的欲望,會驅使我們去再生,而心執著和固化的傾向,最後就表現於肉體的再生之上。在整個中陰過程中,這是下一個顯現的階段。

　　如果你能夠成功地把心導向於人道，便完整地走了一圈。
你再一次進入此生的自然中陰。當你看到父母親在交媾時，你
的心不由自主地被拉進去，入胎投生。這象徵受生中陰的結
束，而你的心將快速地重新經驗分解的過程和地光明的現前。
然後，完全證得的黑暗經驗再度生起，同時進入新的胚胎。

　　因此，生命結束於地光明，也開始於地光明。

第十九章

亡者超薦

在現代世界裡，當某人過世時，遺眷最大的痛苦，往往是以爲對親愛的亡者再也不能提供任何幫助。這個信念只會加深他們的痛苦和孤獨。其實，我們有很多方法可以幫助亡者，也幫助我們在他們過世後繼續活下去。佛教有一個很殊勝的特色，同時最能展現諸佛的智慧和慈悲，就是它有許多特別的法門可以幫助亡者，因此也就能夠安慰遺眷。西藏佛教的生死觀涵蓋一切，它清楚地告訴我們，在每一個我們想像得出來的情況下，都有許多方法可以幫助人們，因爲在我們所謂的「生」和我們所謂的「死」之間，並無任何區隔。慈悲心的力量和溫暖，可以伸展到任何中陰和六道，去幫助衆生。

何時幫助亡者

誠如前面所介紹的，受生中陰也許是一段很混亂而惱人的時間，不過，其中卻有很大的希望。在受生中陰的階段裡，讓意生身變得如此敏感（它的清明、活躍、敏銳和清晰覺察力）的因素，*使它特別容易接受生者的幫助*。它沒有肉身或依靠，使心變得很容易被引導。《中陰聞教得度》把意生身比喻爲很容易就可以用轡繩控制的馬，或固定在地上不動的大樹幹，一旦漂浮在水上，就可以輕鬆地導向你想要它去的地方。

爲亡者修法最有力的時間是在受生中陰的四十九天內，尤其是前二十一天。在這前三個星期內，亡者和「這」一世的關聯比較強，他們比較能夠接受我們的幫助。因此，在這段期間，修法最有可能影響他們的未來，讓他們有機會獲得解脫，或至少往生善道。我們必須運用各種可能的方法來幫助他們，因爲在死亡後的第二十一天到四十九天，開始逐漸決定他們下一世的肉身，那時候要有真正的改變，機會就很有限了。

不過，對於亡者的幫助，並不限於死後四十九天。**幫助過世的人絕對不會嫌晚，不管他們是多久以前去世的**。你要幫助的人也許已經過世了一百年，但爲他們修法仍然是有益的。敦珠仁波切常常說，即使某個人已經覺悟成佛，他在幫助別人的工作上，仍然需要協助。

如何幫助亡者

幫助死者最好和最容易的方法，就是我在第十三章〈對臨終者的精神幫助〉所介紹的，一聽到某個人已經過世了，就立刻爲他們修基本頗瓦法。

西藏人說，如同火會燃燒、水能止渴，諸佛就是一有人啓請，他們就立刻出現，幫助一切衆生的悲願是如此廣大無邊。千萬不要有片刻的猶豫，與其由你來啓請聖者幫助你死去的朋友，不如一位「修道者」爲他們祈禱。由於你接近亡者，所以你的愛心强度和你的因緣深度將增强你的啓請力量。歷代上師向我們保證：向諸佛啓請，他們會回答你。

蔣揚欽哲仁波切的夫人康卓・慈玲・秋瓏常常說，如果你真有善心，發心也純正，然後爲某個人祈禱，那麼祈禱的力量將會很大。因此，你要有信心，如果你深愛的人過世了，而你也以真愛和誠意爲他們祈禱，你的祈禱將非常有力。

修頗瓦法最好和最有效的時間，是在肉體被碰觸或移動之前。如果這一點辦不到，就在他過世的地方修頗瓦法，或至少在心中很清晰地觀想出那個地方。在亡者、過世的地方和過世的時間三者之間，有强力的關聯性，尤其是在巨大衝擊或不幸狀態下過世的人更是如此。

誠如我所說過的，在受生中陰中，亡者的心識每個星期都

會經歷死亡的經驗，而且都是在每個星期的同一天。因此，你必須在四十九天期間內的任何一天，而特別是在亡者過世後的每隔七天，爲他修頗瓦法或其他法門。

每當你想到過世的親友，每當他的名字被提到時，就把你的愛心送給他，然後專心修頗瓦法，隨你的願，多久和多少次都沒關係。

每當你想到亡者的時候，另一件你可以做的事就是立刻念觀世音菩薩的六字大明咒：唵嘛呢叭嚩吽（OM MANI PADME HUNG，西藏語發音爲 Om Mani Pémé Hung），可以淨化導致再生的每一個煩惱；'或者，你也可以念無量光阿彌陀佛的咒：唵阿嚩得瓦日（OM AMI DEWA HRIH），接著修頗瓦法。

但不管你是否對親愛的亡者修法，永遠不要忘記中陰身的心識特別銳利；只要把善念導向他們，就有最大的利益。

當你爲親愛的人祈禱時，如果你願意，可以在禱詞中擴張你的慈悲心至其他亡者：死於暴行、監獄、災難、饑荒的人。你甚至可以爲多年前過世的人，如你的祖父母、其他的家人，或在世界大戰中過世的人祈禱。觀想你的祈禱特別導向在極端痛苦、煩惱或憤怒中喪生的人。

那些死於**暴力或意外**的人特別需要幫助。被謀殺者、自殺者、意外事故死亡者或死於戰爭者，會很容易被他們的痛苦、怨懟或恐懼所征服，也許會被拘禁在實際的死亡經驗中，無法繼續再生的過程。因此你應該爲他們更強力地修頗瓦法，更強力、更熱忱地修法：

觀想從諸佛或聖者身上發出巨大的光，灑下他們的一切慈

悲和加持。觀想這道光流到亡者身上，整個淨化他們，把他們從死亡的混亂和痛苦中解脫出來，施給他們深度、持久的安詳。然後，全心全意觀想亡者化成光；同時，他已經被治癒和解脫一切痛苦的心識生起，永遠與諸佛的智慧心緊密地結合在一起。

　　許多訪問過西藏的西方人告訴我下面這個他們親眼目睹的事件。有一天，有一位走在路旁的西藏人被卡車撞倒而當場死亡。有一位碰巧路過的僧人很快走過去，坐在亡者的旁邊。他們看到那位僧人把身體靠近亡者耳邊念咒；突然，他們很訝異地發現亡者又甦醒過來。於是，僧人開始修法，他們認得出是意識轉換法，引導他平靜地死去。到底這是怎麼回事？很明顯的，僧人已經知道亡者的意外死亡讓他受到極度驚嚇，因此僧人迅速地修了法：首先是把亡者的心從焦慮中解脫出來，然後利用頗瓦法，把它轉到佛土或善道。對旁觀西方人而言，這位僧人只不過是普通人而已，但這個不尋常的故事顯示，實際上他是功夫上乘的修行人。

　　我們能夠對亡者幫助的不只是禪修和祈禱而已。我們可以用他們的名義布施，幫助病人和需要的人。我們可以把他們的財物布施給窮人，布施給醫院、救援計畫、臨終關懷或寺廟等機構。

　　我們也可以贊助同參道友的修行活動，或護持大師在菩提迦耶等聖地所舉行的法會。我們可以替亡者點燈，或支持與修行有關的藝術作品。在西藏和喜馬拉雅山還盛行放生活動。

　　記住要把這些慈善布施的功德迴向給亡者，甚至給一切的亡者，讓他們轉生善道，並在下一世有好的環境。

亡者的覺察力

記住，受生中陰意識的覺察力是生前的七倍。這可以帶給他們**極大的痛苦或利益**。

因此，在你所喜愛的人過世後，你應該儘量注意你所有的行爲，不要去干擾或傷害他們。因爲當亡者回到遺眷或受請來爲他們修法的人身旁時，他們不僅可以看到一切發生的事，還可以直接閱讀別人的心。如果親友只是在設計爭奪瓜分他們的財物，或只是在談論和思索對他們的貪戀或厭惡，而對亡者沒有真正的愛，就會讓他們產生盛怒、傷害或驚醒，然後被這些激盪的情緒趨向惡道。

譬如，如果亡者看到請來爲他做法事的修行人，心中並沒有真誠的心念爲他好，反而胡思亂想，死者就可能會失去曾經有過的信心。再設想，如果亡者看到自己所親愛的人悲傷無助、痛苦萬分，也可能會讓他掉入哀痛的深淵。又譬如，如果亡者發現親友從前對他表示的愛意，只是爲了他的錢，他就可能會痛苦地驚醒，變成鬼來找繼承財產的人。現在你可以發現，在人們過世之後，你的所做所思和所行都非常重要，對於亡者影響重大，遠超過你的想像。[2]

現在你知道，爲了亡者心靈的平靜，遺眷必須保持和諧，這是絕對重要的事。所以在西藏，當亡者的親友聚集，都會一起共修，儘可能持念唵嘛呢叭彌吽或其他的咒語。這件事每個西藏人都會，也都知道對亡者一定有所幫助，因而啓發他們熱心地來共修。

亡者在受生中陰階段的覺察力，也使得上師或有經驗的修

行人的修法對他特別有幫助。

　　上師所做的是，安住於本覺的原初狀態（心性）中，引發亡者在受生中陰漫遊的意生身。當意生身現前時，上師可以透過禪定力，指示本覺的基本性質。中陰身透過它的覺察力，可以直接看到上師的智慧心，因而當下獲得心性的介紹，證得解脫。

　　一樣的道理，普通的修行人，爲他死去的親摯友人修行，同樣會有很大的幫助。任何修行都可以。譬如，你可以依據《中陰聞教得度》修百位喜樂部和忿怒部聖尊法，或只是安住在慈悲的狀態中；尤其是如果這時你引請亡者進入修行的核心，更會對他產生很大的利益。

　　每當佛教修行人過世時，我們就會通知他們的上師、導師和道友，讓他們立刻爲亡者修法。通常我會將亡者的姓名，寄給在印度和喜馬拉雅山我所認識的大師。每隔幾個星期，他們就會把亡者包含在「淨化心識」的修法中，以及一年一度於寺院舉行的十日精進共修中。[3]

西藏佛教的亡者超薦法

1.讀誦《中陰聞教得度》

　　在西藏，一旦爲臨終者修完頗瓦法之後，就要反覆讀誦《中陰聞教得度》一書，並修持相關的法門。在西藏東部的傳統，是在人死後讀誦《中陰聞教得度》四十九天。透過讀誦，讓亡者知道他們正處於死亡過程中的哪一個階段，並給予他們所需要的啓發和引導。

　　西方人經常問我：過世的人怎麼可能聽到《中陰聞教得度》

呢？

簡單的回答是，亡者的心識，在受到祈禱的力量引發之後，能夠閱讀我們的心，能夠清楚地感覺我們的一切思想或念頭。因此，亡者可以毫無障礙地瞭解爲他們而讀誦的《中陰聞教得度》，或爲他們而修的任何法門，即使是以西藏語讀誦。對亡者而言，語言不構成隔閡，因此他可以充分而直接地瞭解書中的要義。

因此，修行人在修法時，應專心一意，而不只是照本宣科，這一點非常重要。同時，亡者是活在實際的經驗裡，比起我們，他也許更有能力瞭解《中陰聞教得度》的真理。

又有人問我：「如果亡者的意識已經陷入昏迷的狀態，那怎麼辦呢？」因爲我們不知道亡者停留在無意識的狀態下會有多久，會在什麼時候進入受生中陰，所以我們要反覆讀誦《中陰聞教得度》和修法，以涵蓋任何可能。

但對於那些不熟悉佛法或《中陰聞教得度》的亡者，我們應該讀誦這本書嗎？達賴喇嘛曾經做過清晰的開示：

> 不管你是否信仰宗教，臨終之際保持安詳的心態是很重要的。……從佛教的觀點來看，不管亡者是否相信再生，再生還是存在，因此，安詳的心（甚至只要是中性的心），在臨終之際是很重要的。如果亡者不相信，則讀誦《中陰聞教得度》就會激惱他的心……這就會產生瞋恨心，因此不但不會幫助他，反而會傷害到他。不過，如果亡者能接受，則咒語或諸佛名號可能會幫助他產生某種關聯，這就有所益處。因此，最重要的一件事，就是考慮亡者的態度。[4]

2.超薦法和懺摩法

配合著讀誦《中陰聞教得度》，上師還可以修超薦法（Né Dren）和懺摩法（Chang Chok），來引導亡者的神識轉生善道。

理想上，超薦法或懺摩法必須在一個人過世後立刻修，或至少要在四十九天之內修。如果遺體不在場，就要把亡者的神識迎請到芻像、牌位或甚至照片上。超薦法或懺摩法之所以有力量，是因為亡者在過世後不久，會有強烈的感覺去擁有前世的肉體。

透過上師的禪定力，亡者在中陰境界漫遊的神識就可以被召入代表亡者的牌位。然後，上師將他的神識淨化，清淨輪迴六道的業力種子，一如在世般授予亡者教法，並且介紹心性給亡者。最後，修頗瓦法，把亡者的神識導入某一個佛土。然後，焚燒代表亡者遺體的牌位，而其業力終於淨化。

3.六道淨化法

我的上師頂果仁波切常常說，「六道淨化法」是最能讓死去的修行者淨化的法門。

六道淨化法是在一個人活著時，運用觀想淨化六種主要的煩惱，因而淨化了它們所創造的六道。對於亡者這個法門也很有效，它淨化了業力的根，以及與輪迴的關聯，所以特別強而有力。這是很重要的，如果煩惱未淨化，就會把亡者帶入六道輪迴。

依據大圓滿密續，煩惱會在脈、氣、神的身心系統中累積，並在肉體的某些氣輪儲存。因此，地獄道的種子及其原因

（瞋）集中在腳板；餓鬼道的種子及其原因（貪）集中在軀幹的基部；畜生道的種子及其原因（癡）集中在臍輪，人道的種子及其原因（疑）集中在喉輪，天道的種子及其原因（慢）集中在頂輪。

在這種六道淨化法中，當每一道及其煩惱被淨化之後，行者就要觀想由某種煩惱所產生的一切業力全都消解，相關的身體各部位也都化成光。因此，當你在爲亡者修這種法時，在結束前，全心全意地觀想亡者的一切業力全都淨化了，而他們的身體和整個存在全都化解成光。⁵

4.百位喜樂部和忿怒部聖尊法

另一個幫助亡者的方法是「百位喜樂部和忿怒部聖尊法」（在第十七章〈內在光明〉說明過這些聖尊。）行者把他的全身觀想爲喜樂部和忿怒部聖尊的曼達拉；喜樂部聖尊住於心輪，忿怒部聖尊住於腦部。然後，行者觀想諸聖尊放出千道光芒，照向亡者，淨化他們的一切惡業。

行者所念誦的淨化咒是金剛薩埵咒；金剛薩埵是一切密續曼達拉的聖尊之主，也是百位喜樂部和忿怒部聖尊曼達拉的中心聖尊，啓請他，特別可以產生淨化和治療的力量。這就是「百字明咒」，它包括百位喜樂部和忿怒部聖尊的個別「種子字」。⁶

你可以念誦較短的金剛薩埵六字明咒：唵班雜薩埵吽（OM VAJRA SATTVA HUM，西藏語發音爲Om Benza Satto Hung）。這個咒的要義是「哦！金剛薩埵，透過你的力量，願你帶來淨化、治療和轉化。」我極力推薦這個咒，用來治療和淨化。

另一個出現於大圓滿法和《中陰聞教得度》修法的咒是「阿阿哈薩莎瑪」（A A HA SHA SA MA）。這個六字大明咒具有關閉六道輪迴之門的力量。

5. 火化

一般來講，在許多東方傳統裡，火化是處理屍體的方式。在西藏佛教中，也有特殊的火化修法。火葬場或火化柴堆被觀想成金剛薩埵或百位喜樂部和忿怒部聖尊的曼達拉，行者要仔細觀想諸聖尊，並啓請他們現前。亡者的屍體被看成是他的一切惡業和罪障。當屍體焚燒時，這些惡業和罪障被諸聖尊當作饗宴般消化掉，並轉化成他們的智慧性。觀想光芒從諸聖尊流出；觀想屍體完全化解成光，亡者的一切污染就在智慧的熊熊烈火中被淨化。當你在如此觀想時，你可以念誦百字明咒或金剛薩埵的六字大明咒。這個簡單的火化修法，是由敦珠仁波切和頂果欽哲仁波切所傳承和啓發的。

屍體和牌位火化後的灰，可以跟泥土混合起來，製成小偶像，稱爲喳喳（tsatsa）。用亡者的名義將這些喳喳予以加持和獻供，以創造轉生善道的良好因緣。

6. 做七

在西藏，死後每隔七天都要爲亡者定期修法，如果遺眷負擔得起的話，在四十九天內的每一天都要修法。僧侶，尤其是與遺眷接近，並與亡者有關係的喇嘛，都會應邀來修法。燈要持續點著，啓請文要持續念誦，尤其是在屍體被搬出房間的時刻。然後，以亡者的名義供養僧衆和道場，並濟助窮人。

做七法會被認爲是很重要的，因爲受生中陰的意生身每隔

七天就會重複死亡的經驗。如果亡者在世時有足夠的善業功德，那麼這些修法的利益就可以幫助他們往生淨土。嚴格說來，如果亡者是在星期三的中午前過去，頭七就要在下星期二做；如果死於午後，就要在下星期三做。

西藏人認爲死後第四週特別重要，因爲有些人說，大部分普通人的中陰身階段並不超過四個星期。第七週也被認爲是另一個關鍵時刻，因爲四十九天被認爲是中陰身能夠維持得最久的時間。因此，在這些場合裡，就要邀請上師和同修道友來家中，以較盛大的規模來修法、獻供和濟貧。

另一個供養法會在周年祭舉行，以紀念亡者的再生。大部分西藏人家庭都會在他們的上師、父母親、夫妻、兄弟、姊妹的周年祭舉行法會，並且在這些日子濟助窮人。

幫助遺族

在西藏人中，每當有人過世時，他們的親友就會自然聚集在一起，每個人都會以某種方式伸出援手。整個社區提供強大的精神、情緒和實際的支持，亡者的遺眷絕不會感到孤獨無助，或不知如何做才好。西藏社會的每一個人都知道，要儘可能替亡者做功德，遺眷也都瞭解如何接受和度過親人的死亡。

在現代社會裡，幾乎完全没有這種社區的支持，這是多麼不同啊！我常常想，喪親之痛往往持續很久，也帶來不必要的困境，而這種支持多麼能夠幫助人們改善啊！我有些學生在臨終關懷醫院裡擔任諮商工作，他們告訴我，遺眷最嚴重的痛苦來源是認爲他們自己或別人都無法爲親愛的亡者提供任何幫助。但誠如我一直說明的，其實每一個人都可以對亡者提供很多的幫助。

　　有一個安慰遺眷的方法，是鼓勵他們爲親愛的亡者做些事：在親人死後爲他們更充實地生活，爲他們修法，賦予他們的死亡更深的意義。在西藏，親戚甚至還爲亡者朝聖，在特殊的時刻和聖地，回憶親愛的亡者，爲他們而修法。西藏人絕不會忘記亡者：他們會以亡者的名義供養道場；他們會以亡者的名義贊助大法會；他們會以亡者的名義捐款支持修行計畫；每當他們遇到上師時，就會請求上師爲亡者特別修法。西藏人最大的慰藉就是知道上師在爲他們過世的親人修法。

　　因此，不要讓我們隨著親愛的人的過世而痛不欲生；讓我們在他們過世後，試著以更大的熱忱活下去，至少，讓我們以某種方式完成亡者的希望或願望，譬如把他的部分財物布施給慈善機構，或以他的名義贊助他特別喜愛的計畫。

　　西藏人常常寫安慰信給亡者的遺眷，內容大約如下：

　　一切都是無常的，都是會死的，你是知道的。令堂過世，這是很自然的事；老一代總是要先死的。她年老力衰，不會憎恨必須離開她的肉身。現在，因爲你能夠以她的名義贊助修行活動和做善事，她將會感到高興和自在。所以，請不要感到悲傷。

如果朋友的小孩過世，或其親人死得太早，我們就告訴他們：

　　現在，你的小孩已經過世了，而你的整個世界似乎被粉碎了。我知道這是如此地殘酷和無法理解的。我不能解釋令郎的死，但我知道這是他的業報的自然結果，我相信，也知道他的死已經淨化了你我無法瞭解的業債。你的痛苦就

是我的痛苦。但請記住，現在你我可以透過我們的修行、善行和愛心來幫助他；即使是現在，即使是他已經過世了，我們還是可以牽他的手，與他同行，幫助他找一個新的轉生和比較長壽的來世。

在其他的場合，我們也許可以這麼寫：

我知道你很痛苦，但當你傾向於要感到絕望時，只要想想你的朋友有上師爲他修法，福報是多麼大啊！也想想，在其他的時間和其他的地方，對亡者都不可能有這種精神上的幫助。想想，當你記住你親愛的人彌留時，世界上也有許多人正在面臨死亡，孤獨，被遺忘，被遺棄，得不到任何精神的支持。

也請記住，當失望困擾你時，如果你屈服於它，就只會打擾亡者。你的憂愁甚至會把他從往生善道的途中拉回。如果你被痛苦所侵蝕，你會戕害你自己，使你沒有能力幫助他。你越堅定，心境越積極，能夠給他的安慰就越多，你也越能夠讓他獲得解脫。

當你傷心時，要有勇氣對自己說：「不管我正在經歷什麼感覺，它們都會過去的：即使它們回來，也不能持久。」只要你不試著延長它們，一切的失落和悲傷都會自然消退。

不過，在我們的世界裡，我們甚至不知道還可以幫助亡者，也沒有認真地面對過死亡的事實，這種莊嚴明智的反省並不容易。首次遇到家人過世的人，也許會突然發現激盪、悲

傷、瞋恨、拒絕、退縮和罪惡感正在侵蝕著內心，因而痛苦不堪。幫助那些遭遇親人過世的人，需要你全部的耐心和敏感。你需要花時間陪他們，讓他們講話，靜靜地傾聽他們最私人的回憶，以及反覆述說死亡的細節。最重要的，當他們正在經歷一生中可能最悲痛的時刻，你要與他們在一起。請注意，讓你自己隨時出現在他們身邊，即使他們似乎沒有這個需要。一位名叫卡羅的寡婦，在丈夫過世後一年，接受錄影訪問談有關死亡的事，主持人問她：「當你回顧過去的一年，你認為誰幫助你最多？」她說：「即使在我說『不』的時候，還一直打電話給我和過來看我的人。」

受苦的人也是在經歷一種死亡。就好像臨終的人，也需要知道，他們所感受到的激動情緒，其實是很自然的事。他們也需要知道，喪親之痛是漫長而折磨的過程，憂傷會一再地回來。他們震驚、麻痺和不相信親人過世的想法將逐漸褪去，代之以對自己重大失落的一種深刻而往往是絕望的感受，然後再漸漸地達到痊癒和平衡。告訴他們：這種情形會歷經數月，一再重複，一切無法忍受的感覺和恐懼、無法像正常人一樣運作的無助感，其實是正常的現象。告訴他們：雖然也許需要一、兩年的時間才能治療創傷，但痛苦必將結束，也必然會被接受。

誠如茱迪‧泰德邦（Judy Tatelbaum）所說的：

悲傷是需要關注才能治癒的傷口。要想對治和超越悲傷，就須公開而誠實地面對我們的感覺，把我們的感覺充分表達和釋放出來。容忍和接受我們的感覺，不管多久，一直到傷口痊癒為止。我們恐懼一旦承認事實，悲傷就會擊倒

我們。事實上，悲傷的經驗會化解。沒有表達出來的悲傷，才會是永遠持續的悲傷。[7]

但可悲的是，遺眷的親友往往希望他們在幾個月內就「恢復正常」。這只會加強他們的迷惑和孤獨，使他們的悲傷持續下去，甚或加深。

誠如我前面所說的，在西藏，整個社區的親友，都會在亡者過世後的四十九天內，全心投入，提供亡者許多精神上的幫助。遺眷必然會哀傷，他們多少也會哭泣，這是很自然的事，然後當每一個人都離開了，房子就會變得空蕩蕩的。在這麼多微細、溫馨的方式下，四十九天的忙碌和支持已經幫助他們度過大部分的哀傷。

在現代社會裡，情況大不相同；因為我們都是單獨面對喪親之痛。尤其是在意外死亡或自殺的情況下，痛苦更大。往往使遺眷認為自己無力幫助過世的親友。意外死亡者的親友應該去看屍體，這是很重要的，否則他們不易體悟死亡確實發生了。可能的話，應該靜靜地坐在遺體旁邊，說他們需要說的話，表達他們的愛，並開始說再見。

如果做不到，就用亡者的照片，開始跟他說再見，細數往事，交待清楚，然後放下。鼓勵那些有親愛的人突遭事故死亡者這麼做，將可幫助他們接受新的、殘酷的死亡事實。

同時，也把我前面說過幫助亡者的方法告訴他們，用一些他們能用的簡單方法，而不只是無助地坐著，在寂靜的挫折和自責中，反覆經歷死亡的時刻。

遇到親人突然死亡，遺眷往往會對死因產生強烈而陌生的**憤怒**。這時候，要幫助他們表達那種憤怒，因為如果積壓在心

中，遲早會陷入長期的沮喪之中。幫助他們放下瞋恨，將瞋恨背後的深度痛苦顯現出來。然後，他們可以開始放下，雖然痛苦，但終究是具有療效的。

在很多情況下，當親愛的人過世之後，有些人會有強烈的**罪惡感**，心神不寧地回顧過去所犯的錯誤，或痛責自己應該可以做些什麼事來避免死亡的發生。這時候，要幫助他們談談他們的罪惡感，不管聽起來多麼非理性和瘋狂。慢慢的，這些感覺會減少，最後他們將能寬恕自己，繼續活下去。

中心的修行

現在我想介紹給你一個法門，讓你在極度憂傷時可以真正幫助自己。我的上師蔣揚欽哲仁波切，經常把這個法門教給那些遭遇情緒折磨或心理痛苦和崩潰的人，而我從自己的經驗中得知，它能夠帶來很大的紓解和慰藉。在今日的世界裡傳授教法，生活可不容易。當我年輕時，曾經有過許多危機和困難，我總是啓請蓮花生大士，觀想他等同我的所有上師，至今我依然如此。因此，我親自體會這個法門轉化的能力有多大，這就是爲什麼我的所有上師都說，當你在經歷困難的時候，蓮花生大士法是最有用的，因爲它最有力量來讓你面對並超越這個時代的混亂。

因此，每當你失望、痛苦或沮喪，每當你覺得無法再支持下去，或是當你感覺心碎，我勸你修這個法。修這個法門要有效，唯一的條件就是你必須全力去修，你必須祈求，誠心地祈求幫助。

即使你修習禪定，也會有情緒上的痛苦，許多從前世或今生所造成的事情也許會出現，讓你難以面對。你也許會發現在

你禪坐時，沒有那種智慧或定力來處理，而你光靠禪定功夫並
不夠。這時候你所需要的，就是我所謂的「中心的修行」。我
總是感到很遺憾，人們沒有這類的法門可以在絕望時幫助自
己，因爲如果你有的話，就會發現你擁有無限珍貴的東西，它
會變成轉化和持續力量的來源。

1.啓請

在你面前的天空，啓請最能啓發你的覺者出現，並把他觀
想成一切諸佛、菩薩和上師的化身。誠如我說過的，對我來
說，這位化身就是蓮花生大士。即使你無法在心眼中觀想出任
何覺者，只需要強烈感覺他的出現，並啓請他無限的力量、慈
悲和加持。

2.呼喊求助

打開你的心，以你所感受的一切痛苦來啓請他。如果你想
哭，就不要抑制：讓你的眼淚流出來，並真誠請求幫助。知道
有人一定會在那兒幫助你，有人會傾聽你，有人會以愛心和慈
悲來瞭解你，從來不曾批評你：他是終極的朋友。從你痛苦的
深處，請求他，呼喚他，並念誦蓮花生大士的咒：唵阿吽班雜
咕嚕叭嘛悉地吽（OM AH HUM VAJRA GURU PADMA
SIDDHI HUM）。多少個世紀以來，無數的衆生都以這個咒
做爲淨化和保護的治療泉源。

3.讓喜悅充滿心

現在想像，並確實瞭解你所呼喊求助的佛，以他的愛心、
慈悲、智慧和力量回應了。強烈的光芒從他身上流向你。觀想

光就是甘露，完全充滿你的心，並轉化一切的痛苦爲喜悅。

蓮花生大士顯現的一種方式是採取禪定坐姿，披著袈裟和法衣，流露出迷人的溫馨和安詳的感覺，臉上掛著慈愛的微笑。在這種化身中，他被稱爲「大樂」。他的手放鬆地擺在腿上，捧著一個由頭蓋骨所做成的杯子。杯中盛滿大樂的甘露，旋轉發光，是一切治療作用的根源。他安詳地坐在蓮花上，四周環繞著閃爍的光球。

想像他是無限的溫暖和慈愛，是喜樂、安適、安詳和治療的太陽。打開你的心，讓你的一切痛苦流出：呼喊出來求助。念誦他的咒：唵阿吽班雜咕嚕叭嘛悉地吽。

現在觀想有幾千道光芒從他身體或他的心流出：觀想杯中大樂的甘露喜悅地溢出來，撫慰的金色液體光不停地流遍你全身。它流入你的心，注滿你的心，把你的痛苦轉化成快樂。

這個從大樂蓮花生流出甘露的法門，是我的上師經常傳授的妙法：在真正需要的時刻，它永遠都能夠給予我極大的啓示和幫助。

4.幫助亡者

當你反覆修習這個法門時，念誦著咒語，並以喜樂注滿你的心，慢慢的，你的痛苦將在你心性的信心和安詳中化解。你將喜悅地發現，諸佛並不在你的身外，而是隨時跟你在一起，在你的心性之中。諸佛透過他們的加持，以你自己內在佛陀的信心，來爲你灌頂滋養你。

現在，以這個法門所給予你的一切力量和信心，觀想你正在把這種加持——開悟者的治療性慈悲光——送給你親愛的亡

者。在極大痛苦的死亡情況下，這個法門特別重要，因為它可以轉化他們的痛苦，為他們帶來安詳和喜樂。在過去，你也許會覺得痛苦無助，也無法幫助你的親友，但現在透過這個法門，你會覺得受到安慰、鼓勵和灌頂，足以幫助亡者。

保持心的開放

不要期待立即的效果或奇蹟。也許要過一段時間，在你不注意的時候，你的痛苦才能轉移。不要有任何它會馬上「有效」的期待，一勞永逸地結束你的痛苦。對你的痛苦開放，就像你在修行中對開悟者和諸佛開放一般。

奇妙地，你甚至會對痛苦感恩，因為它給予你這個克服和轉化的機會。沒有它，你永遠無法發現隱藏在痛苦的根源深處，就是喜樂的寶藏。你最受苦的時刻，可能變成你最開放的時刻，而你最脆弱的地方，可能蘊藏著你最大的力量。

因此，對你自己說：「我將不會逃避這個痛苦。我要盡我所能好好利用它，以便能夠更慈悲，更有利於別人。」畢竟，痛苦能夠教導我們慈悲。如果你受苦，你就可以知道別人受苦時的情形。而如果你是在幫助別人，受苦可以讓你能夠體諒並產生慈悲心來幫助別人。

因此，不管你做什麼，都不要逃避你的痛苦；接受痛苦，保持脆弱。不管多麼絕望，都要接受你的痛苦，因為事實上它是無價的禮物：讓你有機會透過修行，發現悲傷背後的真相。路米（Rumi）寫道：「憂傷，可以是慈悲的花園。」如果你能夠保持心的開放，面對一切事，在你一生追求愛和智慧的過程中，痛苦可以變成你最大的盟友。

企求免於痛苦是辦不到的，想要保護自己而避免痛苦，只

會更加痛苦，而且無法從經驗中去學習。這個事實我們不是早就知道得很清楚了嗎？我們不是也從經驗中學到很多嗎？誠如里爾克所寫的，被保護的心，「未曾失落，天真而安全，無法瞭解何謂溫柔；只有失而復得的心才能永遠滿足：透過它所放棄的一切，自由地爲它的自主而欣喜。」[8]

結束悲傷並從中學習

當你被痛苦征服時，試著用我在第五章〈把心帶回家〉中所介紹的各種禪修方法來啓發自己。我發現紓解痛苦最有力的方法，就是走到大自然中，尤其是站在瀑布邊冥想，讓你的眼淚和憂傷從心中傾洩而出，就像水從上流下，把你淨化。或者你也可以讀一段有關無常或悲傷的動人文章，讓它的智慧帶給你安慰。

接受並且結束憂傷，這是辦得到的事。許多人用過一個很有用的方法，跟我前面所提的「結束未完成的事」類似。不管你親愛的人死了多久，你將發現這個方法最有效。

觀想一切諸佛和覺者在你頭上和四周的天空出現，灑下他們的慈悲光芒，並給你支持和加持。在他們的面前，把你心中的一切全部掏出，盡情地發洩你的悲傷，並且對你親愛的亡者說出你想說的話。

觀想亡者注視著你，帶著比生前更多的愛和瞭解。知道亡者要你瞭解他是愛你的，能夠寬恕你所做的一切，並且他也要請求和得到你的寬恕。

讓你的心開放，並把你心中所鬱積的任何憤怒、受傷的感覺說出來，然後把它們整個放下。以你全部的心，讓你的寬恕投向亡者。告訴他，你已經寬恕了；告訴他，你爲你所引起的

一切痛苦感到遺憾。

　　現在以你整個人去感覺他的寬恕和愛正流向你。在你自己的內心深處知道，你是可愛的，值得寬恕的，並感覺你的悲傷已經消散了。

　　在修行的最後，問你自己是否真的能對亡者說再見，真的能放下他。觀想他轉過身離去，然後修頗瓦法或其他幫助亡者的法門。

　　這個法門將讓你有機會再度對亡者表達你的愛，對他做些幫助，並且完成和治療你心中和亡者的關係。

　　如果你放開自己的話，可以從喪親之痛中學到很多。親人的死亡會強迫你直接正視你的生命，強迫你去發現尚未發現的人生目的。在你親愛的人過世後，你會突然發現你很孤單，你可能會感覺獲得一個新的生命，好像有人在問你：「你要怎麼過這一個新生命？爲什麼你希望繼續活下去？」

　　喪親之痛也會尖銳地提醒你，在日常生活中，不願表達你的愛和感激，或請求寬恕的後果；如此可以讓你更關心那些目前還活著的親人。庫布勒羅斯說：「我試著教人們，當別人還聽得見的時候，要把這些話說出來。」[9]雷蒙・穆帝在畢生從事瀕死經驗的研究之後，寫道：「我開始瞭解，在日常生活當中，我們是多麼接近死亡啊！現在我會比從前更小心地讓每一個我所愛的人知道我的感覺。」[10]

　　因此，對於那些因爲親愛的人過世而深陷於悲傷和絕望的人，我衷心的忠告是祈求幫助、力量和恩典。祈禱你要活下去，並從你現在所處的新生命中發掘最豐富的意義。不要佯裝堅強，要能接受憂傷，要有勇氣，要有耐心。總之，透視你的生命，去發現你能夠把你的愛更深刻地與別人分享的方法。

第二十章

瀕死經驗：
上天堂的階梯？

在西方，我們已經非常熟悉瀕死經驗，這是從死亡邊緣活過來的人所報導的各種經驗。人類自有歷史以來，一直都有瀕死經驗的報導，包括在所有的神祕傳統和薩滿教（Shamanic）中，以及作家和哲學家們，包括柏拉圖、教皇格雷格里、若干蘇菲教大師、托爾斯泰和容格。我最喜歡第八世紀英國大歷史學家貝德（Bede）神父所説的故事。

大約此時，在英國發生一個值得注意的奇蹟，類似古代的奇蹟。爲了喚醒活人免於精神上的死亡，一個已經死去的人又復活過來，述説了許多他見過而值得注意的事情，其中有些我認爲值得在這裡簡單引用。在諾森布里安（Northumbrians）有一個人名叫康寧漢（Cunningham），他與一家人過著虔誠的生活。後來，他生病了，病情持續惡化，終於在一個晚上的初夜時分過世。但在第二天破曉時，他又復活過來，突然坐起來，在身邊哭泣的人大爲吃驚，紛紛跑掉；只有愛他的妻子還留下來，卻渾身顫抖恐懼萬分。這個人再三向她保證説：「不要怕，因爲我確實已經從死亡的掌握中回來，我獲准再度活在人間。但今後我卻不可以像過去一般地過日子，我必須過一種非常不同的生活方式。」……不久之後，他放下所有的世俗牽掛，進入梅爾羅斯（Melrose）修道院……

貝德繼續寫道：

他常常敍述的經驗是：「我的嚮導是一位穿著亮麗長袍的俊美男子，我們靜靜走著，似乎是往東北方向。當再往前

走時，我們到達一個寬廣的深谷……他很快就領著我走出黑暗，進入一個有亮光的地方，當他領著我在亮光下前進時，我看到前面有一道巨大的牆，其長度和高度似乎往四面八方無止盡地延伸。因爲看不到大門、窗子或入口，我開始懷疑爲什麼我們要走向牆壁。當我們抵達牆壁時，一瞬間（我不知道是什麼方法）我們就到了牆壁的頂端。裡面是一片廣闊悅目的草原……由於這整個地方充滿了光，使得它似乎比白天或中午的太陽光還要亮。……

「嚮導說：『你現在必須回到你的肉體去，再一次活在人間；如果將來你能夠對你的所作所爲更細心，並且學習讓你的一言一行都善良而簡單，那麼當你過世時，你將像你所看到的，像這些快樂的靈魂一般住在這裡。剛才我離開你一會兒，去瞭解你的未來會是什麼樣子。』當他這麼告訴我的時候，我非常不願意回到我的肉體；因爲我所看到的地方，還有我在那兒所看到的同伴，是那麼舒適美麗，令我非常著迷。但我不敢質疑我的嚮導，同時我也不知道爲什麼，突然間我發現自己又活了過來。」

貝德結束他的描述：

這位上帝的子民，不願意向任何冷漠或不在乎的人們討論他所看到的一切，他只向那些……願意相信他的話並增加神聖信心的人述説。¹

現代醫學科技對瀕死經驗增加了嶄新而令人興奮的面向；許多人從意外事件、心臟病、各種重病、手術或戰鬥的「死

亡」中復活。瀕死經驗一直是科學研究和哲學思考的重要主
題。根據一項一九八二年權威性的蓋洛普民意測驗顯示，至少
有過一次瀕死經驗的美國人高達八百萬人，佔總人口的百分之
五。²

　　雖然沒有兩個人的瀕死經驗完全相同，就好像沒有兩個人
的中陰經驗相同一般，但在瀕死經驗中，卻有類似模式的過
程，一種如下的「核心經驗」：

　　1.他們經驗到一種不同的感覺，安詳而充滿幸福，沒有痛
苦、身體感官的覺受或恐懼。

　　2.有的會覺察到嗡嗡聲或急流聲，並發現自己離開了身
體。這就是所謂「離身經驗」。他們能夠看到肉體，常常是從
肉體上方的某一點來看；視覺和聽覺加強了；意識清晰而非常
靈敏，甚至能夠通過牆壁。

　　3.他們覺察到另一種實相，進入黑暗之中，在漫無涯際的
空間飄浮，然後迅速通過一個隧道。

　　4.他們看到光，最先是遠遠的一點，而後像被磁鐵吸住一
般往那一點靠近，最後被包裹在光和愛之中。這個光明亮得足
以奪人眼目，而且非常美麗，但眼睛卻不受到傷害。有些人說
碰到「光之生命」，這是一種光明的、似乎全知的呈現，有些
人稱為神或基督，是慈悲而有愛心的。有時候在這種呈現中，
他們會回顧生命，看到他們活著時所做的一切，包括好的和壞
的。他們以精神感應和那個「光之生命」溝通，發現自己處於
一個永恆而快樂的面向裡，置身其中，所有的時空概念都毫無
意義。即使這種經驗只持續一、二分鐘，都是多采多姿、非常
豐富的。

5.有些人看到有著超自然美的內在世界，天堂般的景色和建築，還聽到天樂，他們有一體的感覺。只有很少數的人說見到恐怖的地獄景象。

6.他們也許會抵達一個不能超過的邊界；有些人碰到過世的親戚朋友，還對他們說話。他們（常常是勉強地）決定或被告知要回到肉體和這一世來，有的是負有任務和使命，有的是要保護和照顧他們的家人，有的只是為了完成未完成的生命目的。

誠如文獻中一再報導的，有瀕死經驗的人，常常因而完全轉化了生命的態度和人際關係。他們也許仍然害怕臨終的痛苦，但卻不再對死亡本身產生恐懼；他們變得比較寬容和有愛心，對精神價值或智慧之道也變得比較感興趣，而且通常是對共通的精神價值，而非任何一種宗教的教條感興趣。

然而，瀕死經驗應該如何詮釋呢？有些讀過《中陰聞教得度》這本書的西方人，認為這些經驗就是西藏傳統中所談的中陰經驗。乍看之下，兩者之間似乎相當雷同，但瀕死經驗的細節與中陰教法所說的有多少關聯？我覺得需要做特別研究，並非本書所能涵蓋的，但我們可以看到兩者的確有不少的相似和相異點。

黑暗與隧道

你應該還記得，臨終中陰最後一個階段的分解過程是：「完全證得」的黑暗經驗降臨，「就像虛空籠罩在全然的黑暗中」。在這個時候，中陰教法提到一個喜悅和幸福的時刻。瀕死經驗有一個主要特色就是：記得「以極快速度」移動和「感

覺輕飄飄地」通過黑暗的空間，「一種全然的、安詳的、美妙的黑暗」，走進一條「漫長、黑暗的隧道」。

一位女士告訴肯尼斯‧瑞林：「這就好像一個虛無，空無一物，但感覺非常安詳、愉悅，讓你持續前進。它是一種全然的黑暗，一點覺受都沒有，毫無感覺……就像黑暗的隧道。只是飄浮，就像在半空中。」[3]

另一位女士告訴他：

> 我記得的第一件事，就是巨大的急流聲，非常巨大……我很難找到適當的字眼來描述它。我最可能聯想得到的，可能就是颶風聲──一種巨大的強風，幾乎把我拉走。我從廣闊的地方被拉進狹窄的一點。[4]

一位女士告訴瑪格‧葛雷（Margot Grey）：

> 感覺就像在外太空，黑漆漆的一片；然後我被拉向一個出口，就像在隧道的尾端。我察覺這一點，因為我可以看到尾端的光；我知道它絕不是夢，因為夢不是那種樣子。我從來沒有想像過它是夢。[5]

光

在死亡的剎那，地光明或明光燦爛地出現。《中陰聞教得度》說：「啊！覺悟家族的兒女……你的本覺是不可分離的光明和空，它以非常寬廣的光呈現；事實上，它是超越生死的常寂光佛。」

對兒童瀕死經驗有專門研究的墨文‧摩斯(Melvin Morse)

說：「幾乎每個兒童和四分之一成人的瀕死經驗都見到光。他們都說，光出現在瀕死經驗的最後階段，在他們的離身經驗或走完隧道之後。」[6]

有關接近光的最佳描述來自瑪格・葛雷：

然後你漸漸瞭解那條路，在遠方，距離遠得無可測度，好像在隧道的尾端，可以看到白色的光，但它離得很遠，我只能把它比喻爲如同仰望天空，遠遠地看到一顆孤星一般。但在視覺上，必須記住，你是透過隧道在看，而這個光充滿著隧道的尾端。你專注在這個光點上，因爲當你被往前推時，你期待著抵達這個光。

漸漸的，當你以極快速度向它移動時，它變得越來越大。整個過程似乎只花一分鐘左右。當你漸漸接近這個異常明亮的光時，並沒有突然到達隧道尾端的感覺，而比較是直接溶入這個光。現在，隧道已經在你背後，而這個莊嚴、美麗的藍白色光就在你前面。光非常明亮，比起瞬間就可以讓你瞎眼的光還要亮，但它絕對不會傷害你。[7]

許多瀕死經驗如此描述光：

我對於光的描述——它不是光，而是完完全全沒有黑暗——當你想到光，你會想像強光照在事物上，形成影子那種樣子。這個光確實沒有黑暗。我們不習慣那種觀念，因爲有光就會有影子，除非光是在我們的四周圍。但這個光是如此完整，你不能看見光，你就在光之中。[8]

有一個人告訴肯尼斯·瑞林：「它並不亮，像一盞有燈罩的燈，但它不是那種你從燈所得到的光。你知道它像什麼嗎？它像有人用罩子罩住太陽一般，使我覺得非常安詳。我不再恐懼，一切都很好。」[9]

一位女士告訴瑪格·葛雷：「這個光比你所能想像的還要亮，沒有語言可以描述。我是如此高興，簡直無法說明。那是一種如此寧靜、棒極了的感覺、在一般情況下，這麼亮的光會讓你瞎眼，但它卻一點也不會傷害到眼睛。」

其他人提到他們不僅見到光，而且直接進入光，他們感覺到：「我不覺得有另一個實體，我就是光，光就是我。」[10]

在兩天內動過兩次手術的一位女士告訴瑪格·葛雷：「我只感覺到我的本質。時間不再重要，而空間充滿喜樂。我沐浴在強光之中，沈浸在彩虹的光暈之中。一切都融合在一起。聲音有新的秩序，和諧的、無名的（現在我稱它爲音樂）。」[11]

另一個男士經驗到進入光，他如此描述：

下面一連串的事件，似乎都是同時發生的，但在描述時，我必須分開說明。感覺是有某種生命，更像是能量，不像是另一個人，而是可以與它溝通的一種智慧。再者，就大小而言，它涵蓋你前面的整個視線。它整個包含一切，你覺得被包裹起來。

　　在刹那之間的感應中，光立刻與你溝通，不管你使用那種語言，你的念波很快被瞭解。完全沒有疑問存在。我收到的第一個訊息是：「放鬆，一切都是美麗的，一切都沒有問題，你沒有什麼好害怕的。」我立即就感到絕對的輕鬆。在過去，如果醫生對你說：「沒有問題，沒什麼好

怕的，這不會傷害到你。」通常你還是怕，你不會相信他。

　　但這是我所知道最美的感覺，它是絕對純粹的愛。每種感覺、每種情緒都那麼完美。你感到溫暖，但它和溫度無關。每一種東西都是絕對鮮活清晰的。光對你所傳達的是一種真誠、純淨的愛的感覺。你第一次有這種經驗。你不能把它比喻爲妻子的愛、兒子的愛或性愛。即使這些愛都加在一起，還是不能和你從這個光所得到的愛相比。[12]

一位在十四歲幾乎溺斃的男士回憶：

當我抵達光的源頭時，我可以看進去。我無法以我曾經有過的感覺來描述我所見到的一切。它是充滿寧靜、愛、能量和美的無限巨大的世界。與它相比，人生似乎顯得毫不重要。它強調人生的重要性，但同時也鼓吹死亡是達到不同而較好生活的方式。對一切存在而言，它是全然的生命、全然的美、全然的意義。它蘊涵宇宙全部的能量。[13]

　　墨文‧摩斯生動地描寫兒童的瀕死經驗，提到他們如何以簡單的言語描述光：「我有一個美妙的祕密要告訴你。我爬上了通往天堂的階梯。」「我就是想到達那個光。忘掉我的身體，忘掉一切。我就是想到達那個光。」「有一道美麗的光，所有的好東西都在裡頭。差不多整個星期中，我到處都看到那個光的火花。」「當我在醫院裡從昏迷中甦醒過來，我張開眼睛，到處都看到一片一片的光。我可以看到世界上所有的東西是怎麼拼湊起來的。」[14]

與受生中陰相同的經驗

在瀕死經驗中，心暫時從身體解放出來，然後通過許多與受生中陰的意生身類似的經驗。

1. 離身經驗

瀕死經驗往往從離身經驗開始：他們能夠看到自己的身體與四周的環境。這種經驗和《中陰聞教得度》所說的吻合：

「我記得當我從麻醉中醒過來後，就漂浮起來，發現自己離開了身體，在病床上方往下看自己的軀體。我只覺察到一個頭腦和眼睛，我不記得有身體。」[15]

有一位患有心臟病的男士告訴肯尼斯・瑞林：「我似乎就在空中，只有我的心是活動的。沒有身體的感覺，我的腦似乎就在空中，我只有心，沒有重量，我什麼都沒有。」[16]

2. 無助地看著親戚

我在前面提過，在受生中陰的階段，亡者能夠看到和聽到他們還活著的親戚，卻又沮喪地不能與他們溝通。一位來自美國佛羅里達的女士告訴麥可・沙邦（Michael Sabom），她如何從靠近天花板的地方往下看他的母親：「我印象最深的事，就是感覺非常悲傷，因為我不能讓她知道我很好。我知道自己很好，卻不知道如何告訴她，……」[17]

「我記得看到他們在走廊裡……我的妻子、長子、長女和醫生……我不知道他們為什麼在哭。」[18]

一位女士告訴麥可・沙邦：「我坐在半空中，看著自己在痙攣，我的母親和佣人又叫又喊，因為她們以為我已經死了。

我對他們感到抱歉……深深的悲傷。但我覺得我在空中自由自在，沒有受苦的理由。」[19]

3.完美的形體和清晰的覺察力

《中陰聞教得度》描述受生中陰的意生身「像黃金年代的身體」，幾乎有超自然的機動性和清晰的覺察力。瀕死經驗者也發現他們擁有的形體是完美的，而且處於人生的顛峯階段。

「我在漂浮，比實際的年齡年輕很多，……我所得到的印象是我可以透過反映看到自己，而我比實際年齡年輕二十歲。」[20]

他們也發現，他們能夠藉思想的力量隨時隨地移動。一位越南老兵告訴麥可·沙邦：

「我感覺只要想到哪個地方，立刻就可以如願，……這個能力讓我高興不已。我想做什麼就做什麼……它比這裡還真實，非常真實。」[21]

「我記得我突然回到我所迷失的戰場，……這幾乎就像你想到哪裡，立刻就可以到達那裡。就像眨個眼一般。」[22]

許多瀕死經驗者也說到，「從時間的開始到終了」[23]，具有全知的覺察能力。一位女士告訴雷蒙·穆帝：「我突然變聰明了，瞭解所有年代的歷史事件，宇宙、星辰、月亮的所有知識。」[24]

「這只是一剎那的工夫，嗯，它是無法形容的，就好像我知道所有的一切。……當下，好像不須什麼溝通。我覺得，不管我想知道什麼，立刻就可以知道。」[25]

「我覺得自己開悟和淨化了。我可以看到及瞭解一切事物的要點。一切都對，都有道理，即使是在黑暗的時刻。它就好

像是碎片全部重新組合起來了。」[26]

4.遇到他人

在西藏教法中，受生中陰的意生身會遇到其他生命。同樣情形，瀕死經驗者常常可以和其他過世的人談話。前面提到的越南老兵説，當他毫無意識地躺在戰場時，他看到自己的身體：

> 前一天被殺死而後被我裝入塑膠袋裡的那十三個傢伙，跟我在一起。不僅如此，在那個五月裡，我那一營死了四十二人，他們全在那兒。他們不是呈現人的形狀……但我知道他們就在那兒。我感覺到他們在場。我們互相溝通，雖然不是以聲音説話。[27]

在拔牙時因麻醉劑而心跳停止的一位女士説：

> 我發現自己在一個美麗的景色裡，草比地球上所見到的任何東西還要綠，它有一種特別的光或光芒。顏色是無法描述的，比較之下，這裡的顏色是那麼單調。……在這個地方，我見到已經過世的熟人。雖然沒有説話，但我似乎知道他們在想些什麼，同時我也知道他們知道我在想些什麼。[28]

5.六道

在受生中陰及其他許多景象中，意生身可以看到六道的景象。少數有過瀕死經驗的人報導他們見到內心世界、天堂、光

之城，也聽到天樂。

一位女士告訴雷蒙‧穆帝：

在遠方……我可以看到一座城市。那兒有建築物……一棟
一棟的建築物。它們閃閃發光，裡面的人顯得很快樂。那
兒有波光瀲灩的水、噴泉……我認爲「光之城」是比較合
適的稱呼。……太美妙了。那裡有悅耳的音樂。一切都在
發光，美妙得很……但如果我進去了，我想我是永遠不會
回來的……我被告知如果我到了那兒，就不能回來……決
定權操之在我。**29**

另一個人告訴瑪格‧葛雷：

我發現自己在某種建築物內，但我不記得曾經走過路。唯
有這種瀰漫一切的美麗的金黃色光……我注意到許多人似
乎是在走路或轉來轉去；他們甚至不像在走路，卻像在滑
行。我一點也不覺得與他們分離；記憶中，我對他們最深
刻的感覺，就是和諧的感覺，我與周遭的一切融爲一體。**30**

6.地獄景象

不過，正如我們在西藏教法中所提及的，並非所有的瀕死
經驗都是正面的。有些人報導他們有過恐懼、痛苦、孤獨、蒼
涼和陰沈的經驗，顯然是受生中陰的描述。瑪格‧葛雷報導有
一個人說被吸進「一個巨大的黑漩渦」，那些有負面經驗的
人，就像在受生中陰裡要轉生三惡道的人，似乎都會感覺他們
是在往下走，而非往上：

我沿著一條聲音的河流（人們的吵雜聲）移動……我覺得
自己正沈入那條河流中，變成它的一部分，慢慢的，我被
淹沒。我整個人籠罩在巨大的恐懼中，我好像知道，一旦
被這個越來越強的吵雜聲所征服，我就會整個迷失。[31]

我往下看到一個大黑洞，裡面全是翻騰的灰色霧氣，
很多手往上伸，想把我抓進去。有恐怖的哭泣聲，絕望無
助。[32]

還有一些人經驗了我們只能稱之為地獄的景象，譬如，極
度的寒冷或難耐的酷熱，或聽到受折磨時的哀號聲，以及獸鳴
的嘈雜聲。瑪格·葛雷聽一位女士說：

我發現自己就在一團迷霧之中，好像是在地獄之中，有一
個大洞，水蒸氣從裡面湧出來，很多手伸出來想要抓我
……我很害怕被這些手抓到，拖進洞裡去……一頭巨大無
比的獅子從另一邊向我撲來，我發出尖叫聲。我並不怕獅
子，但我覺得牠似乎會把我推進那個可怕的洞。……下面
非常熱，水蒸氣不停地湧出。[33]

一位有心臟病的人報導：「我往下沈，掉入很深的地裡。
我很生氣，感覺得到這種可怕的恐懼。一切東西都是灰色的，
有可怕的吵雜聲，就像發瘋的野獸，咬牙切齒，發出咆哮和碎
裂聲。」[34]

雷蒙·穆帝寫道，有些人聲稱看到其他人因無法放下對世
間人、物或習氣的執著而痛苦不堪。一位女士提到這些「迷惑
的人」：

　　他們似乎永遠都在動，不是坐著，但沒有特別的方向。一開始往前走，然後轉向左邊，走了幾步路，又轉回右邊。他們什麼事也沒做，只是在尋找，但到底尋找什麼，我完全不知道。

　　當我走過他們身旁時，他們甚至都不抬頭來看到底發生什麼事。他們似乎在想：「嗯，一切都完了。我在做什麼呢？這到底是怎麼一回事呢？」只有這種被壓碎的、絕望的臉色──全然不知道該做什麼，往哪裡去，自己是誰。

　　他們似乎永遠都在動，不是坐著，但沒有特別的方向。一開始往前走，然後轉向左邊，走了幾步路，又轉回右邊。他們什麼事也沒做，只是在尋找，但到底尋找什麼，我完全不知道。*35*

　　在現有的瀕死經驗記載中，偶爾會見到邊界──一超過就不能回頭的點。一到這個邊界，他會選擇（或被要求）回到陽間，有些時候是因爲光出現。當然，西藏中陰教法並沒有類似的記載，因爲它們只描述確實已經去世的人的遭遇。不過，在西藏有一羣人稱爲*déloks*（*回陽人*），他們有類似的瀕死經驗，説法也相當雷同。

回陽人：西藏人的瀕死經驗

　　回陽人是一個很有趣的現象，雖然在西方鮮爲人知，但西藏人卻耳熟能詳。藏文*délok*的意思是「從死亡回來」；傳統上，「回陽人」指那些因病而似乎「去世」的人，他們發現自己在中陰境界裡漫遊。有些人去過地獄，見到死者的審判和地

獄的苦，有時候他們也去天堂和佛土。有些人有聖尊陪伴、保護，並説明沿途發生的事。一個星期後，他們被送回肉體，帶著死神給活人的訊息，催促他們要修行，要過有意義的生活。回陽人經常難以讓人們相信他們的故事，他們會把餘生用來對別人複述他們的經驗，以便把人們帶往智慧之路。若干比較聞名的回陽人都留有傳記，被遊唱詩人在西藏各地吟誦。

許多回陽人的經驗，不僅吻合《中陰聞教得度》之類的中陰教法，也與瀕死經驗雷同。

林薩秋吉（Lingza Chökyi）是一位知名的十六世紀回陽人，她來自我的家鄉。在她的傳記裡，談到她先是不知道自己已經死了，然後發現自己離開了肉體，看到一頭豬的屍體躺在她的床上，穿著她的衣服。她想盡一切辦法與家人溝通，不要家人去料理後事，卻束手無策。他們沒有注意到她的存在，也不給她食物，她非常生氣。當她的兒女哭泣時，她感覺「有膿和血的雹」降下來，引起她劇烈的痛苦。她告訴我們，每次修法結束時，她就會覺得快樂；最後當她來到一位爲她修法的上師面前，這位上師安住於心性之中，她感到無比的快樂，她的心和上師的心融合爲一。

不一會兒，她似乎聽到父親在喊她的名字，於是她就跟著他走。她來到中陰界，那兒像是一個國家，有一座橋通往地獄，以及審判亡者善惡的死神。在這個地獄界裡，她遇見各式各樣的人在回憶往事，她也見到一位大瑜伽行者，爲了解脫衆生而來到地獄界。

最後，林薩秋吉被送回世間，因爲她的名字被搞錯了，她的死亡時刻還沒有到。她帶著死神給活人的訊息回到肉體，甦醒過來，以她的餘生來述説她的種種經歷。

　　回陽人的現象不只在古代才有，最近在西藏也發生過。有時候，回陽人會離開肉體一個星期，碰到已經去世的親人，或不認識的人，他會被要求捎回訊息給在世的親戚，請親戚爲他們修某些法。然後，回陽人就會回到肉體，轉達他們的訊息。在西藏，這是被大家接受的事實，西藏人同時發展出一套嚴密的方法，可以鑑定回陽人是否作假。頂果欽哲仁波切的女兒告訴法蘭西斯・波瑪瑞（Francoise Pommaret，一位撰寫過有關回陽人故事的作家）說，在西藏當回陽人在進行他的經驗時，身體上的孔穴要用牛油塞住，並用燕麥糊塗滿他的臉。[36]如果牛油沒有流下來，面具也沒有龜裂，回陽人就被認爲是真的。

　　在今日的西藏喜馬拉雅山區域，回陽人的傳統仍然持續著。這些回陽人是十分普通的人，常常是婦女，她們非常虔誠，而且信仰堅定。她們在佛教的特殊日子裡「去世」幾個小時，主要的功能是擔任生者和亡者之間的信差。

瀕死經驗的訊息

　　誠如我們所見到的，在瀕死經驗和中陰教法之間有顯著的雷同，也有顯著的差異。當然，最大的差異是瀕死經驗並沒有真正的死，而中陰教法則是描述人們死亡的歷程，從臨終、肉體實際死亡到轉生。瀕死經驗者並未步入死亡的階段（有些人只「死」一分鐘），因此似乎有必要說明兩者可能的差異。

　　有些作者認爲瀕死經驗代表臨終中陰的分解過程。我覺得，把瀕死經驗當作臨終中陰，還言之過早，因爲有過瀕死經驗的人，從字面意義來說，只不過是「接近死亡」而已。我把瀕死經驗的性質對我的上師頂果欽哲仁波切說明，他說這屬於

此生自然中陰的現象，因爲意識只不過是離開「去世」者的肉體，暫時在六道漫遊而已。

頂果欽哲仁波切指出，瀕死經驗者是在此生的自然中陰中經歷臨床上的死亡。也許他們是站在兩個中陰的門檻上，但並未實際進入臨終中陰就回來了。他們所有的經驗，還是在此生的自然中陰中。他們對光的經驗是否類似地光明的現前呢？有沒有可能是好比太陽昇起之前，他們瞥見的第一道光呢？

不論瀕死經驗的細節到底有什麼終極意義，我仍然深受許多我曾聽過或讀過的記錄所感動，尤其訝異於某些瀕死經驗者的態度，相當豐富地反映了佛教的觀點。其中有兩點我在前面已經提過，一是深度的轉化和精神覺醒；一是「生命回顧」對人生的啓示。生命回顧在瀕死經驗中反覆發生，如此清晰地顯示業報不可逃，而我們的一切身口意造作都具有深遠和強大的影響力。瀕死經驗者從他們與死亡的接觸或「光之生命」的出現所帶回的中心訊息，和佛陀及中陰教法所說的完全一樣，那就是：生命最基本、最重要的品質是愛和知識、慈悲和智慧。

他們確實開始看到中陰教法所告訴我們的：生和死都在心中。經歷這個經驗之後所獲得的信心，反映出這個對於心的深刻瞭解。

瀕死經驗及其結果，跟意識的神祕狀態及禪定狀態之間，也有某些迷人的雷同。譬如，瀕死經驗者報導了許多超常現象。有些人能預知或預言宇宙星象，或者是看到後來都應驗的「生命預告」；在瀕死經驗之後，有些人似乎經驗到*拙火*（*kundalini*）*37*的能量；另外有些人發現他們擁有確實而驚人的覺察能力，或身心的治療能力。

許多接近過死亡的人，常以親切而極具說明力的方式，提

到他們充滿美妙、愛心、安詳、快樂和智慧的經驗。對我來說，這似乎表示他們瞥見了心性的光芒，自然會一次又一次地引導真正的精神轉化。不過，誠如瑪格·葛雷所指出的：「我們不必瀕死才能經驗到高層次的精神實體。」³⁸ 只要我們能夠發現它，能夠進入其中，那個高層次的精神實體就在此時此地的生命中。

我想特別提醒各位：雖然這種瀕死經驗的描述如此具有啓發性，你千萬不要誤以爲只要死，就可以安住在安詳快樂的境界裡。事情不是也不可能那麼簡單。

有些人在經歷痛苦之際，會覺得難以忍受；可以想像得到的，聽到瀕死的故事後，可能會引誘他們自殺以結束一切痛苦。自殺似乎是一個簡單的解決方法，但它忽略了一個事實：不管我們經歷什麼，都是生命的一部分。逃避是不可能的。如果你逃避了，往後你將變得更加痛苦。

此外，目前蒐集到的瀕死經驗固然大都是好的經驗，但仍然有人懷疑負面的、可怕的經驗是否真的那麼少，或者只是因爲難以回憶而已。人們在意識上也許不要或不能記住黑暗或恐怖的經驗。同時，瀕死經驗者自己也強調，他們所學習到的就是在我們*還活著時*，當下轉化生命的重要性，他們說：「因爲活著的時候，負有一個更重要的使命。」³⁹

這個生命的轉化，是迫切而重要的。生命本質上是神聖的，必須以神聖的內涵和目的來活，這是瀕死經驗給我們的重要訊息。如果不認識這個重要訊息而迷失在死亡的浪漫幻想裡，不是一種悲劇嗎？許多人不尊重我們對自己及世界所擔負的責任，這種態度正威脅著地球的生存；如果對於死亡存有幼稚的幻想，會更加深這種不尊重，那不是更大的悲劇嗎？

瀕死經驗的意義

不可避免的，有些人認為瀕死經驗與精神無關；針對精神的經驗，約減主義科學家試著只以生理、神經、化學或心理的影響來解釋它。不過，瀕死經驗的研究者，本身都是醫生和科學家，卻一再清楚地反駁，堅持它們無法解釋瀕死經驗的全部。誠如墨文‧摩斯在他的鉅著《接近光：兒童瀕死經驗的教訓》結尾時所寫的：

> 瀕死經驗似乎是各種事件的集合，因此，我們不可能只看它的各種片段就瞭解它的整體。就如同我們不可能只研究產生聲調的音頻就瞭解音樂，也不可能只瞭解聲音物理學就會欣賞莫札特。瀕死經驗到目前為止，還是個祕密。[40]

墨文‧摩斯又說：

> 我覺得要癒合自牛頓以降，三百多年來，科學和宗教之間的鴻溝，瞭解瀕死經驗應該是第一步。教育醫生、護士和我們自己去認識人生最後幾個小時的經驗，將可粉碎我們對於醫藥和生命的偏見。[41]

換句話說，在醫學科技進步的同時，也促成本身的革命。墨文‧摩斯說：

> 我發現這是一件很諷刺的事：醫學科技造成這種瀕死經驗

的氾濫……在人類歷史上一直都有瀕死經驗，但一直要到最近二十年，才有技術讓病人甦醒過來。現在他們把經驗告訴我們，就讓我們傾聽吧！對我來說，這是對社會的一項挑戰，……我認爲，瀕死經驗是與死亡相關的自然心理過程。我要大膽地預測，如果我們能夠把這種知識在社會中落實推廣，不僅對臨終病人有所幫助，也有助於社會全體。我看到今日的醫學毫無精神可言……爲什麼科技和精神層面不能相輔相成，這是沒有道理的。*42*

　　我撰寫本書的理由之一是要表達我贊同墨文‧摩斯的看法：如果要發展人類最完整的潛能，則科技和精神是可以也必須相輔相成的。一個完整而有用的人類科學，難道沒有勇氣去擁抱和探索由瀕死經驗和本書所透露的許多神祕的死亡和臨終的事實嗎？

　　執瀕死研究牛耳的布魯斯‧格雷遜（Bruce Greyson）說：

科學必須嘗試說明瀕死經驗，因爲其中藏有科學成長之鑰，……歷史告訴我們，唯有嘗試解釋目前超越我們能力的現象，才可以使科學發展出新方法。我相信瀕死經驗就是促使科學家發展出新科學方法的一個謎，這個謎需要整合所有的知識，不只是理性的邏輯歸納、物理的實驗觀察，同時也需要神祕界的直接經驗。*43*

　　布魯斯‧格雷遜也說他相信瀕死經驗的發生有一個原因：「基於多年來對瀕死經驗的觀察，我們之所以有這些經驗，目

的就是爲了學習如何去幫助別人。」

肯尼斯‧瑞林認爲瀕死經驗還有另一個非比尋常的可能性和意義。他問爲什麼這麼多人在這個時代有這種經驗，同時產生精神上的轉化。多年來，在這個研究領域裡，他一直是最大膽的先驅，他把瀕死經驗者看成是「希望的信差」，他們訴說一個較高層次而神聖的存在，急切地呼籲我們去改變現在的生活方式，結束所有的戰爭，結束所有不同宗教和種族之間的分離，而且保護並拯救環境：

> 我相信……人類整體正在共同奮鬥，以喚起一個嶄新而更崇高的意識模式……瀕死經驗可以視爲一項革命性的設計，多年來，在幾百萬人身上產生這種轉化。[44]

他的話能否成真，決定於大家：我們是否真有勇氣面對瀕死經驗和中陰教法的意義，是否願意以轉化自己來轉化周遭的世界，並因而逐步轉化人類的未來。

【第四篇】

結　論

第二十一章

共通的歷程

　　文化大革命期間，西藏發生許多恐怖暴行。上師和僧尼是首要目標，因爲紅衛兵要剷除一切宗教的痕跡，來摧毀人們的精神生活。這些年來，我聽了許多異常而感人的死亡故事，都是發生在最壞的情況下，這些故事正好見證和發揚了紅衛兵亟欲摧毀的真理。

　　在我家鄉，西藏的康省，有一位老**堪布**（khenpo，住持），在山裡閉關修行了好多年。紅衛兵宣布要「處罰」他（大家都知道「處罰」就是酷刑和死亡），於是派了一分隊的紅衛兵到閉關房逮捕他。堪布老邁得無法走路，紅衛兵就找了一匹老而病的馬讓他騎。他們把他綁上馬背，再拉著馬回營。一上路，堪布開始唱歌，紅衛兵聽不懂歌詞的內容，但和他一起被逮捕的僧侶後來說他是在唱「經驗之歌」，這悅耳的歌是從他證悟的深處和喜悅中油然而生。這一隊人從山上慢慢蜿蜒而下，紅衛兵默不作聲，許多僧侶開始啜泣，但堪布卻一路唱歌。

　　這一隊人抵達營區前不久，他停止唱歌，閉起眼睛，於是一隊人默默前進。當他們跨入營區大門時，發現堪布已經圓寂了。他已經靜靜地離開了肉體。

　　到底是什麼讓他在面對死亡時，還能如此地平靜呢？到底是什麼讓他在生命的最後時刻，還能喜悅而無懼地歌唱呢？也許他唱的歌就像十四世紀大圓滿大師龍清巴的最後遺言〈純淨之光〉：

　　在一個無雲的夜空，
　　「衆星之主」的滿月即將升起……
　　蓮花生大士，我慈悲之主的臉

引我靠近，發射出溫柔的歡迎。

我對於死亡的喜悅，遠遠大於
商家在海上大發利市的喜悅，
或眾神吹噓沙場凱旋的喜悅，
或聖人深入禪定的喜樂。
因此，有如一位在時間來到時就踏上征程的旅人，
我將不再留在這個世間，
我將安住於涅槃的極樂堡壘中。

我的這一世已盡，
我的業已消，
祈禱所能帶來的利益已經用罄，
世間的事業已經完成，
這一世的表演已經結束。
在一瞬間，我即將在純淨、廣袤的中陰境界中，
認證出我心性的顯現；

現在我很快就要登上本初圓滿基礎地的位子。
在我身上所發現的財富，已經使很多人的心快樂，
我利用了這一世的福報，體悟了解脫之島的一切利益；
我高貴的弟子們，這段時間我一直跟你們在一起，
分享真理的喜悅已經瀰漫我全身，讓我心滿意足。

現在我們這一世的一切因緣即將結束，
我是一個毫無目標的乞丐，即將隨其意願離開人間，

不必爲我悲傷，反而要繼續不斷祈禱。
這些是我心裡的話，説出來幫助你；
想像它們如蓮花之雲，而你在恭敬心中，
如同蜜蜂鑽進其中，吸吮超越的喜悅。

願輪迴六道的一切衆生，
透過這些話的大利益，
在本初圓滿的基礎地中，證悟涅槃。

毫無疑問的，這些話一定是出自獲得最高證悟的修行者，
覺悟帶給他喜悅、無懼、自由和智慧，這也正是教法和人生的
目標。我想到龍清巴等大師，我也想到我的上師蔣揚欽哲仁波
切、敦珠仁波切、頂果欽哲仁波切，我想像這些獲得最深證悟
的大師如莊嚴的高山之鷹，翔翔於生死之上，看到生死的本來
面目，了悟了生死神祕而複雜的相互關係。

透過高山之鷹的眼睛，也就是證悟的觀點來看，往下俯視
的景色，原先我們想像存在於生和死之間的界線，都已經交融
而消失了。物理學者大衛‧波姆把實相描述爲「在流動的運動
中未破損的整體」。因此，大師們所見，就是那個流動的運動
和那個未破損的整體。我們以無明所稱呼的「生」，以無明所
稱呼的「死」，都只不過是那個整體和那個運動的不同層面而
已。這是中陰教法所展現給我們的廣大而具有轉化作用的見
地，也呈現在無上大師們的生命之中。

中陰的顯露

因此，透過證悟的眼睛來看死亡，就是把死亡放在這個整

體的脈絡中來看,把它看成是這個無始無終的運動中的一部分,而且只是一部分而已。中陰教法的殊勝和力量,就是徹底而清楚地顯示死亡的實際過程,也同時顯示生命的實際過程。

現在讓我們再看看一個人在死亡的三個主要階段中,到底發生了什麼事:

1. 在四大、五根和意念分解之後,也就是在死亡過程的終點時,最終的心性(地光明)會赤裸裸呈現片刻。

2. 然後,很快的,心性的光芒就展現出來,發出聲音、顏色和光。

3. 接著,死者的意識甦醒過來,進入受生中陰;他的凡夫心回來,然後以意生身的形式顯現,它會受過去的業和習氣的主宰。這些會驅使凡夫心去執著虛幻的中陰經驗,以為是真實的東西。

中陰教法告訴我們死亡是什麼呢?無非是心的三階段逐漸顯現:從最基本心性的純淨狀態,到光和能量(心性放出的光芒),最後逐漸具體化到一個意生身形式。教法清楚地告訴我們,臨終中陰、法性中陰和受生中陰是三階段的展現過程:第一,往內收攝導致裸露;第二,自然發出光芒;第三,具體化和顯現。

中陰教法引導我們更進一步。事實上,我認為這個過程告訴我們的是一個全新的智慧,如果我們能夠瞭解,就可以改變對每一件事的看法。這三階段顯現的模式,不僅在臨終和死亡的過程顯露,也在目前顯露,*在這一刻,在每一刻*,在我們的心中,在我們的念頭和情緒中,在我們意識經驗的每一個層次中顯露。

中陰教法還告訴我們瞭解這個過程的另一個方法,就是看

看每一個臨終和死亡階段*所顯露的*。中陰教法提到三個層次的存在，梵文稱之爲「迦耶」（kaya），字面意思是「身」，但在這裡有層面、場域或基礎的意思。

現在讓我們從這個角度來看這三個過程：

1. 在死亡的那一刻，從地光明中所顯露的絕對真性，稱爲「法身」（Dharmakaya），這是「空」、絕對真理的層面。在這個層面，幻相、無明和任何概念都不曾進入。

2. 能量和光本身的光芒，在法性中陰自然顯現出來的，稱爲「報身」（Sambhogakaya），這是全然愉悅的層面、完全豐富的場域，一切具足，超越一切對立的限制，超越空間或時間。

3. 在受生中陰所顯露的具體成形的範圍，稱爲「化身」（Nirmanakaya），這是持續顯現的層面。

一、如天空般的*空性*，浩瀚無邊，了無一物；二、閃耀的*光明性*，晃耀遍照；三、無礙、無所不在、慈悲的*能量*。這三個性質在本覺之中同時呈現，並且融合爲一。蓮花生大士如此描述：

> 在這個本覺之中，三身不可分離，完全呈現爲一體；
> 因爲它是空的，不在任何地方以任何方式創造的，
> 所以它是法身，
> 因爲它的光明清澈代表空性本有的透明光芒，
> 所以它是報身，
> 因爲它的生起絕不受阻礙或中斷，
> 所以它是化身。
> 完整無缺融合爲一呈現的這三身，是它的本質。'

因此，三身和覺悟心的三個本具層面有關聯，當然也和我們認知的不同能力有關聯。絕大多數人的視野都有限，只能認知到化身層面的形象和顯現。因此，大多數人的死亡時刻都只是一片空白，因爲我們從來沒有經驗也沒有學過，在地光明生起時去認證法身。當報身在法性中陰出現時，我們也沒有認證的希望。因爲我們一生都是在化身的不清淨認知境界裡度過的，所以在死亡的那一刻，我們就直接被送回那個層面；我們在受生中陰的意生身中甦醒過來，如同我們在前世一般，瘋狂而散亂地把虛幻的經驗當成是真實的，在過去業力的驅迫下，無助地跟蹌，邁向轉生。

不過，證悟很高的聖人，心中喚醒了和我們完全不同的認知，那是一種清淨的、進化的和精緻的認知，即使在他們還有人身時，就能用完全清淨的形式來認知實相，洞察實相一切無限的層面。誠如我們已經見過的，他們對於死亡的經驗毫無恐懼或訝異；事實上，他們擁抱死亡，把它當作終極解脫的機會。

睡夢的過程

死亡過程中所展現的三種中陰境界，也可以從在世時其他的意識層次來認知。我們可以從睡夢的角度來看它們：

1.當我們入睡時，五官知覺和粗意識消失了，而絕對的心性（我們可以稱爲地光明）會短暫地裸露。

2.接著會有一個意識層面，可以比喻爲法性中陰，它微細得讓我們幾乎覺察不到它的存在。畢竟，有多少人能夠覺察到自己入睡後、做夢前的時刻呢？

3.對大多數人來說，覺察到的只是下一個階段，此時我們

的心又開始活動起來，進入類似受生中陰的睡夢世界。這時候，我們有了「夢生身」，通過各種夢經驗，這些都是由清醒時的習性和行爲所影響和塑造的，我們把它們當作是具體真實的，而不知道是在做夢。

意念和情緒的過程

在意念和情緒的作用中，也可以看到完全相同的過程，它們生起的方式是：

1.地光明（絕對的心性），是心性的本初狀態，存在於任何意念或情緒產生之前。

2.在地光明的無限空間中，一種基本能量開始攪動，本覺的自然光芒開始昇起，成爲情緒的基礎、潛力和燃料。

3.這種能量於是變成情緒和意念的形式，然後驅使我們行動，讓我們累積業。

當我們能夠熟悉禪修時，就可以清晰地看到這個過程：

1.當意念和情緒逐漸安靜下來、消失和溶入心性時，我們也許可以短暫瞥見心性（本覺）的本初狀態。

2.然後，我們覺察到從心性的寂靜安寧中，會有動作和能量展開，這是它的自我光芒。

3.如果對那個能量的產生引起任何執著時，能量必然凝結成意念形式，又把我們帶回概念和心智的活動。

日常生活的過程

現在我們已經知道這個過程如何在睡夢中進行，如何形成念頭和情緒，再讓我們看看它如何在日常生活的經驗中運作。

最好的方式，就是仔細觀察一個喜悅或憤怒的動作。檢視

那個動作之後，你將發現在任何情緒生起之前，總是有一個空間或缺口。在情緒的能量有機會生起之前的孕育時刻，是一個清淨、本初覺醒的時刻，如果我們能夠的話，就可以在此刻瞥見真正的心性。若能如此，在一瞬間，無明的符咒就會被破解，我們完全解脫了執著的任何需要或可能，甚至連「執著」的觀念都變成是荒謬多餘的。在那個缺口的「空白」中，可以發現卸下任何觀念、架構或概念後的喜悅。然而我們卻逃避它，反而在根深柢固的習氣驅策下，接受熟悉的、具有安慰作用的情緒發作，執著於這種不可靠的安全感。因此，這就是從心性生起原本清淨的能量凝結成情緒形式的過程，而它本具的清淨性就被我們的輪迴觀所污染和曲解，形成持續不斷的日常散亂和迷惑。

誠如我所指出的，如果確實檢視生命中的各個層面，就可以發現我們在睡夢中，或在意念和情緒中，如何一再重複與各種中陰相同的過程。不管是生是死，在意識的各種層次中，我們一次又一次地歷經各種中陰境界的過程。而中陰教法告訴我們，正是這個事實提供了我們無限解脫的機會。教法顯示，中陰的特性、形式和獨特的過程，提供給我們的，不是解脫的機會，就是繼續迷惑的可能。因為整個過程的每一部分，同時交給我們解脫的機會和迷惑的機會。

中陰教法為我們打開一道門，告訴我們如何走出那無盡的生死輪迴、那生生世世反覆不已的無明。更告訴我們，在這個生死不已的中陰過程裡，只要能夠認證並安住於心性之中，或甚至只要能夠對我們的心有某種程度的控制，就能夠通過那道門，走向解脫。根據你所處的中陰階段，根據你對心性「見」

的熟悉程度，以及你對自己的心、念頭和情緒的瞭解深度，解
脫的方式也會不同。

不過，中陰教法也告訴我們，心在我們活著時所發生的情
況，也正是死亡時在中陰境界會發生的狀況，因為基本上生和
死並沒有差別；因為在「未破損的整體」和「流動的運動」
中，生和死是一體的。因此，十七世紀最有成就的西藏大師澤
理納哲朗措（Tsele Natsok Rangdrol）就以我們目前對於意
念、情緒、心和認知的瞭解，來說明四種中陰（此生、臨終、
法性和受生）的修行法要：

把這些無數的不同面貌看成是夢，
是你的心的投射，虛幻而不真實。
不要執著任何事情，安住在本覺的智慧中，
超越一切的概念：
這是此生中陰的修行法要。

你很快就會死的，那時候一切都不能真正幫助你。
你在死亡中所經驗的，只是你自己的概念思考。
不要建構任何意念，讓它們消失，
溶入你廣袤的大覺自我覺察中：
這就是臨終中陰的修行法要。

對於任何現象的生滅或好壞的執著，都是你的心。
這個心不管生起什麼意念，本身就是法身的自我光芒。
不要執著意念的生起，
不要由此形成概念，不要接受或拒絕它們：

這就是法性中陰的修行法要。

輪迴是你的心，涅槃也是你的心，
一切苦樂和一切無明都只存在於你的心。
必須控制你自己的心；
這就是受生中陰的修行法要。

現在可以仔細地探討某一個中陰，來看看我們的禪定修行、我們對於情緒和意念的瞭解，以及我們在那個中陰的經驗是如何密切相關，同時也可以看看在那個中陰的經驗如何反映到日常生活中。也許法性中陰最值得研究。在這個中陰，即將變成情緒的純淨能量，以心性的本具光芒自然地開展出來。而情緒，就是現代人主要的、幾乎揮之不去的執著。真正瞭解情緒的本質，就能在解脫大道上有長足的進步。

禪定的最深目標，是為了能夠安住在本覺的狀態中，藉以體悟不管心中生起什麼意念都只不過是本覺的展現，如同太陽和它的百萬光芒是一體而不可分離的。誠如澤理納哲朗措對於法性中陰的描述：「對於任何現象的生滅或好壞的執著，都是你的心。這個心……本身就是法身的自我光芒。」

因此，當你在本覺的狀態中時，當意念和情緒生起時，你要正確地認證它們的本來面目和來源；如此，則不管生起的是什麼，都是那個智慧的自我光芒。不過，如果你失去了本覺原始的、純淨的覺察力，而無法認證生起的一切，它就跟你分開，有所區隔了。它會繼續形成我們所謂的「念頭」或情緒，這就是二元對立的產生。為了避免這一點及其結果，就要像澤理納哲朗措所說的：「不要執著意念的生起，不要由此形成概

念，不要接受或拒絕它們：這就是法性中陰的修行法要。」

你和你心中意念之間的區隔，以及產生的對立，在死後會特別顯著。這說明了心中生起的念頭，如果我們對它的真實性質沒有認證，那麼在法性中陰所顯現的聲音、光和光線，就會變成客觀存在的、令人驚嚇的、外來的現象。因此，在這種情境下，你除了逃離喜樂部和忿怒部聖尊的燦爛光明，逃入陰暗的、誘人的六道習氣光，還能夠做什麼呢？因此，在法性中陰階段，最重要的，就是認證那是心的智慧能量：諸佛和智慧光就是你自己的智慧能量，絕對與你是一體的。證悟了這一點，就是不二的經驗；進入這種經驗，就是解脫。

死亡時法性中陰所發生的事，與我們活著時在心中產生的情緒，是同一個自然的過程。問題是我們有沒有認證出這些情緒的真實性質。如果能夠認證情緒生起的本來面目──只不過是吾人心性的自然能量而已，那麼我們就可以免於情緒的負面影響或傷害，讓它分解，溶入廣袤的本覺本初清淨中。

這種認證，和它所帶來的解脫，一定要靠多年的精進禪修才能達成，因爲它需要對本覺有長期的熟悉和穩定。除此之外，我們無法達成大家所期盼的目標──從自己的習氣和煩惱之中獲得解脫。中陰教法也許告訴我們這種解脫並不容易獲得，但它的確實存在，就是希望和啓示的巨大來源。有一個方法可以完全瞭解意念和情緒、心和心的性質、生和死，那就是達成證悟。誠如我說過的，覺者視生死如掌中物。借用澤理納哲朗措的話來說，因爲他們知道「輪迴是你的心，涅槃也是你的心；一切苦樂和一切無明都只存在於你的心。」這種清晰的認證，是透過長期修行而獲得穩定的，如果能溶入日常生活的每一個動作、每一個意念和每一個情緒之中，就可以讓他們獲

得解脫。敦珠仁波切說：「淨化了大無明、心中的黑暗之後，太陽的燦爛光明便持續地生起。」

喜悅的能量

我常想到敦珠仁波切的話：「心性（心的本性）就是一切事物的本性。」我懷疑中陰境界所顯露的三階段的過程，不只如我們所發現的，可以適用於生或死的不同意識層次和不同意識經驗，還可能適用於宇宙本身的真實性質。

我越思考三身和中陰的三階段，就越發現其他精神傳統的心要和許多看似不同的人類成就，也有同樣豐富的旨趣。我想到基督教以三位一體來代表神的屬性和作為，從聖父的基礎地，透過聖靈的微細媒介，以人身示現化身為聖子基督。如果我們把基督看成化身，聖靈看成報身，把兩者的絕對基礎地（聖父）看成法身，是否也可以啟發出一些想法呢？在西藏佛教裡，轉世的**土庫**（tulku），本來的意思就是化身，他是慈悲、覺悟的能量重複出現的象徵和活動。這種瞭解不是類似基督教中「耶穌化為人」的觀念嗎？

我也想到印度教把神的性質分為三個層面：顯現、心識和妙樂，在梵文中叫*satcitananda*。印度教認為神是這三種力量同步、極樂的爆發。它們與三身也有很有趣的對比：報身也許可以比喻為神性中的**妙樂能量**（ananda），化身為神性中的**顯現**（sat），法身為神性中的**心識**（cit）。印度艾勒芳達石窟（the caves of Elephanta）的巨大濕婆神（Shiva）雕像，有三個臉代表神的三個臉，看過的人將可略知印度教對神的榮耀和莊嚴的想法。

這兩種精神傳統對於神的本體、屬性和作為的看法，與佛

教對於各個彼此重疊的生命層次的看法有所不同，卻又有類似的聯想。這兩種不同的神祕傳統，雖然從它們自己的特殊觀點來看實相，但在它們的中心都出現這種三階段過程，這難道不值得我們深思嗎？

　　由於思考顯現（manifestation）的本質，以及瞭解它的各種途徑，自然引導我去思考人類創造力的本質，也就是由人性的內在世界顯現出來的形式。這些年來，我常常思索三身和三種中陰的展現，能否說明藝術表現的整個過程，並且瞭解它的本質和隱含的目標。創造力的每一個作爲和表現，不管它是在音樂、藝術或詩詞，或甚至如許多科學家所描述的，在科學發現的時刻和開展中，都是源自一個神祕的靈感基礎，然後透過翻譯和溝通的能量轉化爲形式。從藝術的創作中，我們不是又看到這種連續的三階段過程，如同中陰的過程嗎？是否因爲如此，某些詩、音樂或科學發現，才具有無限的意義和重要性？是否這可以解釋，這些創作引導我們冥想，帶給我們喜悅的能力，是因爲顯示出我們和實相本質的某些根本的祕密呢？布萊克這首詩的靈感又是怎樣來的呢？

　　　　在一粒細沙中看到一世界，
　　　　在一朵野花中看到一天堂，
　　　　在你的手掌中把握住無限，
　　　　在一個小時中掌握住永恆。[2]

　　在西藏佛教中，化身被看成是覺悟以無數的形式和方法在現實世界中的顯現。傳統上有三種定義。第一，完全證悟的佛，如喬達摩悉達多太子他出生在世界上教化衆生。第二，外

表看來是普通的眾生，卻具有特殊能力可以利益別人，如轉世
土庫。第三，實際上，化身就是一個普通人，他藉由各種藝
術、技藝和科學，傳達某種程度的覺悟力量，來利益和啓發別
人。在第三種化身中，誠如卡盧仁波切所說的，他們的覺悟力
是「一種自發性的表現，就好像光是從太陽自發性放射出來，
並不需要太陽發出指令或產生任何發光的意念。有太陽，就會
發光。」[3] 因此，我們能不能解釋，藝術天才的能力和本質，
他們的最終啓發，是來自真理的層面？

這並不表示偉大的藝術家全是覺者；從他們的生活看來，
很明顯的，他們並非如此。不過，這也是一個明顯的事實，在
某些關鍵的時段和某種特殊的情況下，他們能夠發揮和傳達覺
悟的能量。任何人只要認真傾聽貝多芬或莫札特的偉大作品，
就無法否認他們的作品有時似乎正在呈現另一個層面，不是
嗎？任何人只要看到中古世紀歐洲的大教堂、伊斯法汗
（Isfahan）的清真寺、安哥窟（Angkor）的雕刻或印度艾羅
拉（Ellora）石窟的美麗和豐富，就必然承認那些藝術家是直
接受到萬物之源的能量所啓發，不是嗎？

偉大的藝術創作，就像夜空中的明月；它照亮了世界，但
它的光卻不是自己的，而是借自隱藏在背後、代表絕對的太
陽。藝術幫助過很多人瞥見精神的本質。藝術有看不見的神聖
來源和神聖目的：它讓人們看見自己的真性和在宇宙中的定
位，並幫助人們重新獲得那永遠清新的生命價值和意義，以及
無限的可能性。但很多現代藝術卻喪失了這種認識，因而有其
局限性，不是嗎？報身是持續、光明、快樂的能量層面，是里
爾克所謂「長了翅膀的喜悅能量」層面，是一種光芒，它把絕
對世界的清淨和無限的意義，轉化到有限和相對的世界，易言

之，從法身到化身，就是偉大藝術創作的真正意義，不是嗎？

不斷開展的整體性

　　達賴喇嘛的典範啓發我很多，其中之一是他對於現代科學的各種層面和發現，永遠保持好奇心和開放態度[4]。佛教常常被稱爲「心的科學」，每當我思索中陰教法時，不斷地讓我感到驚訝和感激的，就是它的準確、寬廣和清晰。如果佛教是心的科學，那麼我認爲大圓滿法和中陰教法代表了這個科學的心要，猶如一粒深觀而實用的種子，它所生長出來的證悟大樹，已經花繁葉茂，而且將在人類不斷的進化中，以無法想像的方式繼續開花。

　　這些年來，我和各種科學家有過許多交換意見的機會，越來越感到驚訝，佛法和現代物理的發現竟然如此類似！很幸運的，西方許多主要的哲學和科學先驅也已經注意到這點，正努力研究；他們覺得，從神祕主義——心和意識的科學——和各種物質科學兩者間的對話，就可能會產生新的宇宙觀和責任觀。我越來越相信，中陰教法三階段展現的過程，對於這種對話會有殊勝的貢獻。

　　在各種看法中，我想介紹一個特別吸引我的科學見解，那是由物理學家大衛・波姆所提出的。他提出一個新的理解實相的方法，雖然引起爭議，但也獲得許多不同學科研究者的共鳴，包括物理、醫學、生理學、數學、神經學、精神治療、藝術和哲學家。如同中陰教法一樣，大衛・波姆瞭解實相的新科學方法，是把存在看成是一個整體，一個沒有斷裂和沒有際縫的整體。

　　他認爲在宇宙間運作的多面向、動態的次序主要有三個層

面。最明顯的是三度空間的世界，包括物質、空間和時間，他稱爲*明顯的或開展的次序*。這個次序是從哪裡開展出來的呢？他認爲是從一個普遍的、整體的場域，「一個超越時間的基礎」，他稱爲*隱含的或包藏的次序*，它是全然涵蓋整體經驗的背景。他看到這兩個次序之間的關係是一個連續的過程，在「明顯的次序」中所開展的，又會再度包藏回到「隱含的次序」中。至於把這種過程組織成各種結構的原動力，他「主張」（這是他喜歡用的字眼，因爲他的整個哲學認爲觀念必須經由自由對話才能產生，而且可以常常改變）是一個*超隱含的次序*，這是一個更微細而無限的面向。

在這三個次序與三身和四種中陰之間，不正是鮮明的對比嗎？誠如大衛・波姆所説的：「首先，『隱含的次序』的整個概念，是藉由無形經過明顯化或開展的過程，來討論有形的來源的一種方法。」[5]

大衛・波姆把量子物理學探討物質的方法，擴展到對意識的研究上，我也受到這種想像力的啓發。當科學更開放和進化時，我認爲這一步會是越來越需要的。「心，」他説，「可能有一個類似宇宙的結構，在我們稱爲*空的空間*的基本動作中，實際上有一股巨大的能量、一個運動。在心中出現的特殊形狀也許可以比喻爲微粒子，而深入心的根本，也許可以被感覺爲光。」[6]

除了「隱含的和明顯的次序」外，大衛・波姆也提出看待心理和實物理、心和物之間關係的方法，稱作*身—義*（*Soma-significance*）。他寫道：「『身—義』的觀念，是指身（即物理的）和它的意義（即心理的）絕非分別存在的，它們是一個整體實相的兩面。」[7]

　　大衛・波姆認為，宇宙以三個互相包藏的層面顯現：物質、能量和意義。

　　從「隱含的次序」的觀點來看，能量和物質都涵藏著某種意義，而意義給予它們全部的活動某種形式，也給予從活動中所產生的物質某種形式。心和腦部物質的能量，也都涵藏著某種意義，而這種意義將賦予全部活動某種形式。因此，很顯然的，能量隱藏著物質和意義，而物質隱藏著能量和意義……但意義也隱藏著物質和能量……所以，這三個基本觀念中的任何一個都隱藏著其他兩個。[8]

　　把大衛・波姆這個非常微妙而精緻的觀點加以簡化，你可以說，大衛・波姆認為意義有著特殊而廣泛的重要性。他說：「跟一般見解不同的是，意義是整體實相本有而基本的部分，而不是只存在於我們心中的，純粹抽象和虛無的性質而已。換言之，概略地說，在人生中，意義就是存有……。」在詮釋宇宙的同時，事實上我們是在創造宇宙：「在某個程度上，可以說我們是自己意義的整體。」[9]

　　如果把大衛・波姆的宇宙觀和三身做個對比，不也很有幫助嗎？把大衛・波姆的觀念做比較深入的探討，也許可以發現意義、能量和物質之間的關係，類似三身之間的關係。就他的解釋來看，*意義*的角色類似法身，那是一個無限可能、完全自由的整體，一切萬物都是由它生長出來的。意義和物質透過能量來相互作用，*能量*類似報身，它從空性的基礎上，自發、持續地發出。而*物質*的創造，就大衛・波姆的觀點來說，類似化身，因為化身就是能量持續具體化的形式和顯現。

　　想到大衛・波姆對於實相的精彩說明，就不禁會想像，如果一位偉大的科學家，同時也是一位經上師調教的成就者，那麼他會有什麼樣的發現呢？一個人如果既是科學家又是聖人，也就是融合龍清巴和愛因斯坦於一身的人，會如何解釋實相的本質呢？中陰教法這棵大樹未來盛開的花朵，也許有一朵就是科學和神祕經驗的對談，這是在目前我們只能想像，卻又似乎即將來臨的事，不是嗎？這會對人類產生什麼樣的意義呢？

　　大衛・波姆的觀念和中陰教法之間，最類似的一點就是它們都從整體的觀點出發。這個觀點如果能夠激起人們轉化意識，進而影響社會，將可讓我們的世界重建目前所亟需的生命共同體和意義。

　　我在這裡想要說明的是，人對整體的觀念，也就是他的世界觀，對人心的整個次序影響甚大。如果他認爲整體是由獨立的片斷所組成，那麼他的心就會做類似的思考；但如果他能夠把一切事物都緊密而和諧地包含在不分割、不斷裂和無界線的整體內，他的心也會做類似的思考，從這裡將可在整體內產生有秩序的行動。[10]

偉大的上師們，應該都會完全同意大衛・波姆的看法：

　　如果想從政治、經濟和社會方面來改變這個世界，就必須先改變意義。但那種改變必須從個人開始；意義必須爲他而改變……如果意義是實相的主要部分，那麼只要社會、個人和人際關係被視爲具有不同的意義，一種基本的改變就會發生。[11]

　　終極而言，中陰教法的觀點，以及對於藝術和科學深刻的瞭解，都以一個事實爲中心：我們對自己的責任和爲自己所承擔的責任；同時，必須以最急迫和影響深遠的方式來運用這個責任感：轉化我們自己、我們的生命意義、我們四周的世界。

　　誠如佛陀所說的：「我已經爲你指出解脫之道，現在你必須爲自己修行了。」

第二十二章

和平的僕人

　　我有一位老學生，這些年來看著我寫書的過程，不久前問我：「當這本書出版之後，透過它你有什麼期待？」我心中立刻浮現左頓喇嘛的影子，我在孩提時代看到他過世的情形，是那麼寧靜、溫和、有尊嚴。我回答我的學生說：「我希望每個人既不怕死，也不怕活；我希望每個人死得安詳，死亡時能夠得到最有智慧、最清明和最溫柔的關懷；我希望每個人透過心性和實相的瞭解，找到終極的快樂。」

　　湯瑪斯‧墨頓（Thomas Merton）寫道：「如果我們不能夠跨越隔離人類和自己本性的深淵，航向月球又能得到什麼？在一切發現之旅中，這是最重要的，沒有它，其餘的不僅變得沒有用，還會帶來災禍。」人類花費幾百萬美金在炸彈、飛機和飛彈上，並訓練人們互相殺戮和破壞。相較之下，人類幾乎沒有花什麼心力來教導人們認識生和死的本質，在他們抵達人生終點時，幫助他們面對和瞭解即將發生的事實。這是多可怕、多令人傷心的事啊！這充分表現我們的無知，對自己和別人缺少真正的愛。寫這本書，我最期盼它能略盡棉薄之力，來改善這種情況，幫助更多人覺醒，瞭解精神轉化的重要性，以及對自己和他人負責的迫切性。我們都是潛在的佛，我們都希望活得安詳，死得安詳。什麼時候人類才能真正瞭解，並且讓我們的社會可以處處反映這個簡單、神聖的真理呢？否則，生命價值何在？否則，我們怎能死得安詳？

　　重要的是，我們必須在各階段教育中，介紹死亡和臨終的覺悟見解。我們不應該「保護」孩子們不去接觸死亡，反而要趁他們年輕時，讓他們認識死亡的真性質，從死亡中學習。為什麼不以最簡單的形式，把這種見解介紹給所有年齡層呢？我們必須讓社會所有階層都認識死亡、知道如何幫助臨終者，以

及瞭解死亡和臨終的精神性質；這些知識必須在所有學校、學院和大學中，以深入而具有想像力的方式來傳授；特別重要的是，必須在教學醫院裡教授給臨終關懷者，以及責任重大的護士和醫生。

如果你對死亡的真理沒有起碼的瞭解，也不知道如何在精神上真正關懷臨終病人，你怎麼能夠做一位真正的好醫生呢？如果你還沒有開始面對自己對於死亡的恐懼，也不知道對那些尋求幫助的臨終者說些什麼，你怎麼能夠做一位真正的好護士呢？我認識許多心地善良的醫生和護士，他們對於新觀念和新方法都有最真誠的開放心胸。我祈禱本書能夠給予他們勇氣和力量，去幫助他們的機構來吸收和應用中陰教法的教導。現在不就是醫學界瞭解追求生死真理和從事醫療工作是不可分的時候嗎？我希望這本書能夠引起大家的討論，想想我們能夠為臨終者做什麼、怎麼做最恰當。從醫護照顧及臨終關懷的觀點，亟需在醫生和護士的訓練上，做精神和實務的革命，希望本書能提供微薄的貢獻。

對於臨終關懷運動所做的先驅工作，我一再表達敬佩之意。從中，我們終於看到臨終者得到他們應有的尊重及對待。在這裡，我要鄭重呼籲各國政府，鼓勵設立臨終關懷醫院，並且盡力提供資金協助。期待本書能夠成為各種訓練課程的基礎，對象包括各種背景的專業人士，特別是與臨終關懷者有關的家人、醫生、護士、宗教人士、諮商人員、精神醫生和心理學家。

就有關這個時代的疾病而言，西藏佛教和蓮花生大士的預言有完整、豐富卻鮮為人知的醫學知識。我要在這裡大聲呼籲大家提供資金，對這些殊勝的教法進行認真的研究。誰能說具

有療效的發現不可能被研究出來？誰能說癌症、愛滋病及其他
尚未顯現的絕症的痛苦不能減輕呢？

　　對於本書，我有什麼期待呢？我希望人們對於死亡的看
法，對於臨終者的關懷，乃至於對生命的整個看法，以及對於
生者的關懷，能夠因此而產生一個寧靜的革命。

　　在本書的撰寫過程中，我偉大的上師頂果欽哲仁波切，於
一九九一年九月二十七日，在不丹的滇普（Thimphu）圓
寂，享年八十二歲。見過他的人，沒有人會忘記他像一座高
大、莊嚴的山，從他身上散發出最深厚的溫柔寧靜，以及自然
豐富的幽默感，使得他雖然高大，卻不會令人生畏。那種安詳
和喜樂正是最高體悟的象徵。對於我和其他人而言，他是一位
最有成就的上師，他的偉大和榮耀不下於密勒日巴、龍清巴、
蓮花生大士，甚至佛陀本人。他的圓寂，好像太陽從天空消
失，世界突然一片黑暗，西藏精神傳統的光輝時代也隨之結
束。不管未來如何，我確信沒有人會再像他一般。我相信，只
要見過他的人都會在心中播下解脫的種子，它是不會被毀滅
的，有一天，必然會綻放燦爛的花朵。

　　在頂果欽哲仁波切圓寂的前後，有許多奇異的徵象，證明
他的偉大，但最令我震驚和感動的事，發生在四千多哩外的法
國南部，一個靠近蒙貝里葉（Montpellier）的地方名叫里拉
林（Lerab Ling），這個地方即將在他的加持下成爲禪修中
心。我有一個住在那裡工作的學生，讓他來告訴大家這個故事
吧！

　　那天早上，天亮得比平常晚，晨曦的第一個徵象是遠方地

平線上的一道深紅光。我們正在前往鎮上的途中；當我們
走近路的高處，供奉佛龕而位於未來道場所在地的帳篷，
出現在我們右方的山丘上。突然間，一道日光穿透微曦，
直接落在白色的佛龕帳篷上，讓它在清晨顯得格外明亮。
我們繼續前進，當抵達通往城鎮的轉彎處時，某種突然的
直覺，讓我們回頭看那個帳篷。我們大吃一驚。一道明亮
的彩虹橫跨整個山谷，顏色如此明亮生動，好像伸手可觸
一般。神奇的是當時並沒有下一滴雨，卻有鮮明燦爛的彩
虹，與廣大、清朗的天空輝映成趣。直到那天晚上，我們
才聽說頂果欽哲仁波切已經在當天圓寂於不丹。我們都確
信，那道彩虹是他對我們和里拉林加持的象徵。

　　當佛陀入滅前，在拘尸那（Kushinagara）的樹林裡，五
百位弟子圍繞在他四周，他對弟子做最後的叮嚀：「凡是因緣
和合的東西，自然會再分解。以你們的生命證取圓滿吧！」自
從頂果欽哲仁波切圓寂後，這句話經常浮現在我的腦際。如此
偉大的上師，就像世界的軸心。還有什麼比他的去世更令人痛
切地體悟無常的教法呢？他的圓寂使我們這些弟子覺得孤單，
頓時無依無靠。現在，唯有靠大家繼續前進，盡全力發揚他所
代表的傳統。當他的光輝從世間消失時，唯有靠我們效法佛陀
的弟子：「以我們的生命證取圓滿。」
　　我覺得，橫過法國晨空和里拉林山谷的彩虹，是頂果欽哲
仁波切正在加持，也將持續加持整個世界的象徵。現在他已經
從肉身獲得解脫，住在非因緣生、無始無終的法身光輝裡，擁
有一切已證悟者的力量，足以超越時間和空間的限制來幫助眾
生。相信他的證悟，全心向他祈求，你將發現他立刻與你在一

起。以如此完美的愛心熱愛一切衆生的他，怎麼可能放棄我們呢？已經與一切萬物合爲一體的他，又會到哪裡呢？

我們有這麼一位代表西藏所有傳統的上師，在喜馬拉雅山、印度、歐洲、亞洲、美國傳法三十年，是多有福報的事啊！我們擁有幾百個小時的錄音帶，錄下他的聲音和教法，還有許多錄影帶留下他莊嚴的法相，更有從他智慧心流露出的豐富開示，部分被譯成英文和其他文字，這是多有福報的事啊！我特別記得他在生命的最後一年，在法國南部格雷諾貝（Grenoble）附近所做的開示，當時他往外凝視山谷和高山，其景色幾乎像西藏一般莊嚴，他把最重要的大圓滿法傳給一千五百位學生，令我特別高興的是，其中有許多是我來自全球的學生。在場的不少上師覺得，透過他在生命最後一年的行動，頂果欽哲仁波切肯定已經授記將這些教法傳到西方，並以累世禪修所積聚的力量加持西方。至於我，則非常感恩他爲我多年來想在西方推動的弘法工作賜予的加持。

想到頂果欽哲仁波切和他爲人類所做的奉獻，就可以發現在他的身上，聚集和展現了西藏送給世界的禮物之偉大。

人類的未來，有一大部分也許要倚賴西藏的重建，讓西藏成爲各類尋道者和各種信仰的庇護所；進化世界的智慧中心；最高智慧和神聖技術可以在其中試驗、改善和重新執行的實驗室。許多世紀以來，它一直都在扮演這個角色，目前全人類處於危險時刻之際，它也可以繼續提供啓示和幫助。在我們的世界，很難找到完美的環境以開發這種智慧；一個由悲劇所淨化，並由全體受難者重新下決心所恢復的西藏，將是那種環境，而且對於人類的進化關係至爲重大。

我願把本書獻給西藏所有在文化大革命中受難的人，他們

見證了他們的信仰和佛法的殊勝景象被摧毀；我也要把本書獻給本世紀死於類似恐怖情境的人類：猶太人、高棉人、俄羅斯人、兩次世界大戰的犧牲者、所有被遺棄和被遺忘的死者、所有被剝奪修行機會的人。

　　許多上師相信，西藏教法正進入一個嶄新的時代；蓮花生大士和其他有遠見的上師，曾做過許多佛法將傳到西方的預言。現在，這個時刻已經到來，我知道佛法將展現它的新生命。這種新生命必須有所調整，但我相信任何改變都必須以非常深入的瞭解為基礎，以免違背佛法的純淨、力量及其真理的永恆性。對於傳統佛法的深刻認識，如果能夠配合對於現代問題和挑戰的真正瞭解，則各種調整將會加強、擴大和豐富這個傳統，顯露佛法的更深層意義，使佛法能夠更有效地處理這個時代的難題。

　　過去三十年來，許多訪問過西方的西藏大師都已圓寂了，我確信他們生前都曾祈禱，希望佛法不只利益西藏人，不只利益佛教徒，而是利益全世界。我相信他們很清楚地瞭解，當現代世界準備好接受佛法時，佛法會是如何的珍貴和具有啟示性。我想到敦珠仁波切和大寶法王，他們選擇在西方圓寂，好像在以他們的覺悟力量來加持西方。願他們轉化世界和點亮人心的祈禱能夠實現！願受持他們教法的我們負起責任，全力體現。

　　像佛教這種精神教法，要從古代環境過渡到西方的過程中，所面臨的最大挑戰就是：學習這些教法的學生，如何在一個混亂、快速變動和紛擾不安的世界裡，找出證悟真理所需要的安詳而穩定的修行方法。精神修行畢竟是最高而又最嚴謹的教育形式，和其他訓練一樣，必須以奉獻和系統化的方式進

行。訓練醫生需要多年的研究和實習，而生命中的精神之路怎能只是偶爾接受加持、灌頂和會見不同上師呢？過去，修行人終生停留在一個地方，親近一位上師學習。想想密勒日巴，在他服侍上師瑪爾巴許多年，修行到相當功夫之後，才拜別上師，獨自修行。修行需要持續的傳承，與上師一起工作和學習，以熱忱和善巧親近他。佛法在現代世界中的主要問題是：如何幫助和啓發修行人，讓他們發現適當的內在和外在環境，從而充分地修習，持受佛法，最後證悟和體現佛法的精髓。

世界上所有神祕之道的教法都説得很清楚，我們心中有一個儲存力量的寶庫，蘊藏著智慧和慈悲的力量，這力量就是基督所稱天國的力量。如果我們學會如何應用這個力量，不僅可以轉化自己，還可以轉化周遭的世界，這也就是追求覺悟的目的。有哪一個時代比今天還迫切需要清楚地運用這種神聖的力量呢？有哪一個時代比今天還需要對於這個純淨力量的性質加以瞭解、導引和用來解救這個世界呢？我祈禱本書的讀者都能瞭解並相信覺悟的力量，都能認證自己的心性，因爲認證心性就可以在你生命的基礎地上產生一種智慧，改變你的世界觀，自然而然地，幫助你發現和發展服務眾生的慈悲大願，並啓發你的智慧，不管在任何環境下，以你所擁有的任何善巧方便或能力來利益眾生。我祈禱你因而能夠知道，在你的生命核心中，就有紐舒堪布所説的活生生的真理：

你會對一切還沒有證悟真性的眾生，自然地生起慈悲心。它是如此的無邊無際，如果眼淚可以表達的話，你會不停地哭泣。當你證悟心性時，不僅會生起慈悲，而且會生起許多善巧方便。而且，你將自然地解除一切痛苦和恐懼，

諸如對於生、死和中陰身的恐懼。如果你想描述這種從證悟所產生的喜樂時，誠如諸佛所說的，即使你將世界上的一切光榮、喜悅、快樂和幸福都聚集在一起，還不及你證悟心性時所經驗到的喜樂的千萬分之一。

結合智慧和慈悲的動力來服務世界，將是保存地球最有效的方法。如今，世界上一切宗教的大師都知道，修行不僅僅是僧尼的要務，也是所有人類所亟需，不管他們的信仰或生活方式如何。我在本書中所要顯示的是：精神發展的可行性、機動性和有效性。誠如一個著名的西藏教法所說的：「當世界充滿罪惡感時，所有的苦難都必須加以轉化成覺悟之道。」今日世人所共處的危機，不允許我們把精神發展視爲奢侈品，而是生存的必需品。

現在讓我們大膽地想像，如果我們生存的世界是：很多人有因緣聽聞佛法，把他們的部分生命用來精進修行，認證他們的心性，因而可以藉著死亡機會接近佛性，並以服務和利益別人的目標重回人間。這樣的世界該是多麼美好啊！

本書獻給你一個神聖的技術，藉著它，你不僅可以轉化這一生，不僅可以轉化你的臨終和死亡，還可以轉化你的來生，乃至於人類的未來。我的上師和我希望能啓發的，就是人類意識進化的大躍進。學習如何死就是學習如何活；學習如何活就是學習不僅在這一世，還有在未來世該如何做。真正轉化你自己，並學習如何以轉化的生命重生來幫助別人，是幫助世界真正最有力的方法。

西藏傳統中最慈悲的智慧，及其對人類精神最崇高的貢獻，就是它對菩薩理想的瞭解和反覆實踐。所謂菩薩，就是承

擔一切眾生苦難的人，他踏上解脫之旅，不只是為了自己，還為了幫助其他眾生，他在證得解脫之後，並不就此融入絕對的境界或逃避娑婆世界的痛苦，反而選擇一再地回到世間，奉獻他的智慧和慈悲，來服務世界。全世界最需要的，莫過於這些活躍的和平使者，誠如龍清巴尊者所說的，他們「披戴堅忍的盔甲」，致力於宣揚他們的菩薩理念，並把智慧傳布到我們經驗中的每一個層面。我們需要菩薩律師、菩薩藝術家、菩薩政治家、菩薩醫生、菩薩經濟學家、菩薩教師、菩薩科學家、菩薩科技專家和菩薩工程師，我們需要隨處示現的菩薩，他們在社會的每一種狀況和每一個角落，積極地充當慈悲和智慧的通路，轉化他們及別人的心識和行為，不厭不倦地弘傳諸佛和其他覺悟者的知識，以保存我們的世界，並創造更有慈悲心的未來。誠如德哈・戴夏汀（Teilhard de Chardin）所說的：「在我們主宰風、浪、潮水和地心引力之後，有一天……我們將掌握……愛的能量。然後，在世界史上，人們將第二次發現火。」路米的美妙禱詞說：

> 啊！愛。啊！純淨的深愛，願示現於此地、此時，
> 願成為一切；世界溶化在你無瑕無盡的光輝裡，
> 脆弱的活葉與你一起燃燒，光亮勝過寒星：
> 讓我成為你的僕人、你的呼吸、你的核心。

我對本書有一個最深的期望，那就是：對每一個選擇行菩薩道的人，它能夠成為有效而忠誠的伴侶；對於能夠真正面對時代挑戰，並為眾生發慈悲心而踏上覺悟之旅的人，它能夠成為指引和啟發的源頭。願他們永遠不會疲厭、失望；願他們不

管遭遇何種恐怖、困難和障礙，都不放棄希望。願這些障礙只
會啓示他們產生更強的決心。願他們對一直在加持地球的所有
覺悟者的永恆愛心和力量有信心；願他們能夠像我一樣，從諸
位大師的風範獲得精神鼓舞，這些大師都像平凡男女，卻以無
比的勇氣，謹守佛陀入滅前的叮嚀，以整個生命證取圓滿的覺
悟。願一切宗教所希望的：未來世界免於殘酷和恐怖，人類得
以生活在心性的終極快樂，透過我們的努力而獲得實現。願我
們大家先以寂天，次以聖法蘭西斯的祈禱，共同祈求一個更好
的世界：

> 只要虛空存在，
> 眾生仍然受苦，
> 就要長留世間，
> 除盡一切苦難。

> 主，讓我變成和平的工具，
> 在仇恨的地方播下愛；
> 在傷痛的地方播下寬恕；
> 在懷疑的地方播下信心；
> 在失望的地方播下希望；
> 在黑暗的地方播下光明；
> 在悲傷的地方播下喜悅；
> 啊！神聖的主，祈求你
> 成全我的願望，
> 讓我安慰別人，而不求被安慰；
> 讓我瞭解別人，而不求被瞭解；

讓我愛別人，而不求被人愛；
我們因付出而領受，
我們因寬恕而獲得寬恕，
我們因死亡而獲得永生。

謹以本書獻給我所有的上師：已過世者，願他們的願望圓滿；還在世者，願他們延年益壽，願他們的偉大和神聖事業越來越成功，願他們的教法啓發、鼓勵和振作一切眾生。我至心祈求敦珠仁波切和頂果欽哲仁波切早日獲得強有力而完全覺悟的轉世，以幫助我們度過這個時代的危機！

我也要以本書獻給那些你在書中讀到已經過世的一切賢哲：喇嘛左頓、喇嘛卓登、桑騰、阿妮貝露、阿妮麗露、阿貝多杰。在你祈禱時請記住他們，也請記住我已經過世或正在面臨死亡的所有學生，他們的虔誠和勇氣對我啓發相當多。

謹以本書獻給活著、正在面臨死亡或已經去世的一切眾生。目前正在度過臨終過程的眾生，願他們的死亡安詳、無痛苦、無恐懼。目前正在轉世和正在這一世掙扎的眾生，願他們獲得諸佛加持力的滋潤，願他們得遇佛法，願他們實踐智慧之道。願他們的生命快樂、有成果，而沒有煩惱。願本書所有讀者能夠獲得豐富而無止盡的利益，願這些教法轉化他們的心。

這是我的禱詞：
願六道的每一眾生都能證得本初圓滿的基礎地！

附錄一　# 我的上師們

蔣揚‧欽哲‧秋吉‧羅卓（1893～1959）是本世紀西藏最偉
大的上師。他是所有傳統的權威，所有傳承的持有者；也是西
藏佛教「宗派融合」運動的中心人物。

敦珠仁波切（1904-1987）是西藏很重要的瑜伽士、學者和禪
定大師之一。被認爲是蓮花生大士的代表，他是一位多產的作
家，也是一位「伏藏」（treasures）的發現者，發掘出許多
蓮花生大士所藏的教法。（Arnaud Desjardins攝影）

頂果欽哲仁波切（1910-1991）被公認爲大圓滿敎法最偉大的
上師，也是蓮花生大士精神寶藏的發現者。他是蔣揚・欽哲・
秋吉・羅卓最有成就的弟子，也是達賴喇嘛等許多重要喇嘛的
上師。（Julian Englesman攝影）

康卓‧慈玲‧秋瓏是蔣揚‧欽哲‧秋吉‧羅卓的夫人，被認為是西藏佛教很重要的女性上師。（ Mark B. Tracy攝影 ）

紐舒仁波切（1932～）跟從謝竹・田貝・寧瑪仁波切修得大
圓滿教法的眞傳。並精通龍清巴教法，是當今最重要的大圓滿
法代言人。曾在歐美、亞洲等地講學。1996年完成《藍寶石的
飾環》一書，這是一本有關大圓滿傳承上師歷史的鉅著。

附錄二

有關死亡的問題

　　醫學技術和醫藥科技的進步，有助於解救無數的生命和舒緩無可言說的痛苦。不過，在這同時，它們也對臨終者、臨終者的家人和醫生構成許多倫理道德上的兩難，這些問題非常複雜，有時候又難以解決。譬如，我們應該讓臨終的親友接上維生系統呢？還是拔掉呢？那些自己覺得受罪且必須死得漫長而痛苦的人，應該同意或甚至幫助他們自殺嗎？經常有人問我這些死亡和臨終的問題，我願意在這裡略述一二。

維生

　　約四十年前，大多數人都是在家裡過世的，但現在多半是死在醫院或安養中心。因此，藉機器來維持生命是一件真實而令人害怕的事實。人們於是問自己，到底要怎麼做才能保證有人道、有尊嚴的死亡，而不要讓生命做沒有必要的延長。這是一個非常複雜的問題。譬如，在嚴重的意外事故之後，我們如何決定是否提供維生系統給當事人呢？如果有人昏迷不醒，不能說話，或由於變性疾病而被認定腦死時，該怎麼辦呢？如果是一個嚴重畸型和腦部受傷的嬰兒，又該怎麼處理呢？

　　回答這類問題並不容易，但有幾個原則卻可以用來指導我們。依據佛陀的教法，一切生命都是神聖的；一切眾生都有佛性，誠如我們所看到的，生命提供給眾生覺悟的可能性。不殺生被認為是人類行為的第一原則。不過，佛陀也非常反對教條主義，我相信我們不應該固守一種觀點，或「官方的」立場，或針對這些問題做成規定。唯有根據自己的智慧，依據每一個情境來行動。

是否有必要以人工方式維持生命呢？達賴喇嘛指出一個重要的考慮因素——臨終者的心境：「從佛教的觀點來看，如果臨終者有機會可以擁有正的、善的思想，那麼讓他們甚至只多活幾分鐘都是很重要的，而且也有目的在。」他特別提到家人在這種情境下所受到的壓力：「如果沒有機會讓臨終者擁有正面思想，而花費大筆金錢，只爲了讓某人活著，那就似乎沒有什麼道理了。但每個案例都必須個別處理，很難訂出通則。」

在死亡的關頭，維生系統或使用復甦器可能會成爲擾亂、煩惱和分心的原因。我們從佛法和瀕死經驗的證據中得知，即使在昏迷狀態中，臨終者對於周遭所發生的每一件事情仍然非常清楚。在死亡前瞬間、死亡時、肉體和意識終於分離時所發生的事，對於任何人，尤其是對於尋求修法或安住於心性的精神修練者來說，都是非常重要的時刻。

一般說來，延長死亡過程的維生系統，只會引起臨終者不必要的執著、瞋恨和挫折，特別在這不是出自臨終者本人的意願時。臨終者的親人在面臨這項困難的決定時，應該思考如果確實沒有復原的機會，那麼他們所愛的人在生命最後幾天或幾小時的品質，也許比起只是讓他活著來得重要。此外，因爲無法真正瞭解神識是否仍在體內，我們甚至會弄巧成拙地把他們禁錮在無用的肉體上。

頂果欽哲仁波切說：

當一個人沒有痊癒的機會時，使用維生系統是無意義的。讓他們在安詳的氣氛下自然去世，並代替他們採取正面的行動，是一件很好的事。當裝上維生系統，卻沒有一點希望時，那麼停止機器就不是罪惡，因爲沒有方法可以讓患者活下去，你只是以人工方式「維持」他們的生命而已。

對臨終者進行復甦的急救，有時也是多餘的，同時是不必要的干擾。一位醫生寫道：

　　醫院突然變成一陣忙亂，幾十個人衝到病床邊，做最後一線
希望的急救。實質上，已經去世的病人，被灌進一肚子的
藥，插了幾十根針，並接受心臟電擊。我們臨終過程的心跳
速度、血氣值、腦波圖等被詳細的記錄下來。最後，當醫生
都試過了，這種慌亂的急救才告一段落。²

　　也許你不希望有維生系統或復甦急救，也許你希望在死亡之
後，有一段時間不被干擾。你希望能夠像上師所推薦的，臨終時有
安詳的環境，但怎麼能肯定你的願望會受到尊敬呢？

　　即使你說出你的願望，不要在醫院接受治療，你的要求也不一
定會受到尊重。如果你的親人不同意你的願望，即使你還能清醒地
說話，他們也可能會要求醫院做某種治療。不幸的是，醫生常常是
順從家人，而非臨終者的願望。當你臨終時，如果想控制你的醫療
照顧，最好的方法就是在家裡過世。

　　在某些地區，你可以透過「預囑」之類的文件，來表明一旦你
無法為自己的未來做決定時，你希望接受什麼樣的治療。這是一種
明智的預防措施，可以幫助醫生在碰到兩難情境時做決定。不過，
這種文件並不具有法律的約束力，也不能預測疾病的複雜性。在美
國，你可以與律師簽署「醫療照顧永久授權書」，這是陳述你的選
擇的最有效方式，也可以儘量確保你的選擇會受到尊重。在這項文
件上，你可以指定一位瞭解你的態度和願望的代理人或法律代言
人，他可以針對你的特殊病情做反應，並代表你做重大決定。

　　誠如我在第十一章所說的，我建議你要瞭解你的醫生是否樂於
尊重你的願望，尤其是當你希望拿掉維生系統時，當你的心跳停止
不想做復甦急救時。你要確定你的醫生告訴過醫院職員，也讓你的
願望寫進診療書上。你要與親戚討論你的臨終問題。你要請家人或
朋友在你的臨終過程開始時，就請職員拔掉任何監視器和靜脈注射
導管，如果可能的話，把你從加護病房移到私人病房，試圖讓你周
圍的氣氛變得寧靜、安詳，儘可能不要恐慌。

允許死亡的發生

　　一九八六年，美國醫學協會決定，醫生從即將去世的末期病患和可能會昏迷不醒的人身上除去維生系統，是合乎倫理的。四年後，一項蓋洛普民意測驗顯示：百分之八十四的美國人表示，如果他們依賴維生系統，又沒有痊癒的希望時，寧可不接受治療。[3]

　　限制或除去維生治療的決定，通常稱爲「被動的安樂死」。在病入膏肓的情況下，中止僅能延長幾小時或幾天生命的醫療干預或拯救措施，讓死亡自然發生，這是可以被接受的做法。這包括中止侵略性治療、維生機器、靜脈營養注射以及心臟復甦器。有時候家人和醫生選擇不處理會導致死亡的衍生情況時，也是一種被動的安樂死形式。例如：骨癌末期的病人也許會衍生肺炎，如果不醫治肺炎的話，可能讓病人死得比較安詳、較少痛苦，而不拖延死亡。

　　那些已到疾病末期而決定自己拿掉維生系統的人，又如何呢？他們自己結束生命，是否就造了惡業？卡盧仁波切很明白地回答了這個問題：

> 人們如果自己認爲受了夠多的痛苦，希望獲准死亡時，就是處在不能稱爲善或不善的情況下。我們絕對不能責怪任何人做了那個決定。這不是一種惡業，它只是希望避免痛苦而已，這正是一切眾生的基本願望。另方面，這也不是特別善的業，……這不能算是結束生命的願望，而是結束痛苦的願望。因此，它是無記業（中性的行爲）。

　　如果我們所照顧的臨終者，要求我們拿掉維生系統，我們該怎麼辦？卡盧仁波切說：

> 我們也許無法挽救病人的生命，我們也許無法解除他的痛苦，但我們要以最清淨的心，盡我們最大的力量。不管我們做什麼，即使最後沒有成功，都不能被看成是惡業。

　　如果病人要求治療者拿掉維生系統時，會讓治療者處在困難的地位，因爲直覺也許會告訴他們：「如果這個人還裝上維生系統，他就可以活下去。如果拿掉，他就會死。」業報決定於治療者的動機，因爲治療者是在剝奪某一個人繼續活下去的方法，即使那是病人叫我們這麼做的。如果治療者的基本動機一直是要幫助和利益那個人，並解除他的痛苦，那麼這種心態似乎不會產生什麼惡業。[4]

選擇死亡

　　前面引用過的一九九〇年蓋洛普民意測驗顯示，百分之六十六的美國人相信，一個人如果處在極端痛苦的情況下，又「沒有改善的希望」，就有自己結束生命的道德權利。在荷蘭，據估計每年就有一萬人選擇安樂死。幫助他們死亡的醫生，必須證明這是病人所同意的，他與病人充分討論過各種方案，並且曾經諮商另一位醫生，提供其意見。在美國，這個題目很熱門，有一本書清楚地描述當人們到了疾病的末期時，有什麼方法可以自殺，這本書頓時成爲暢銷書，也有人開始推動「主動安樂死」或「協助死亡」的合法化。

　　如果安樂死合法化，會有什麼事發生呢？許多人擔心，被視爲末期的病人，特別是極端痛苦的人，也許會選擇死亡，即使他們的痛苦也許有辦法處理，他們的生命也許可以長一些。另一些人擔心，老年人也許會覺得他們有死的責任，因爲選擇死可以減輕家人的壓力，節省家人的金錢。

　　許多爲臨終者工作的人覺得，高水準的臨終關懷可以回答安樂死的請求。當她被問到立法中的安樂死問題時，羅斯醫師回答：「我覺得，制定這種法律實在是一件令人傷心的事。我認爲，每個人應該運用自己的判斷，克服對死亡的恐懼。然後，我們就能夠尊重病人的需要，傾聽他們的意見。」[5]

　　人們對死亡的恐懼是難以忍受的，心神慌亂的，這是毫無意義。佛法提供對死亡的不同態度，而且賦予它目的。達賴喇嘛指

出：

> 你的痛苦來自你的業，無論如何，你都必須在這一世或其他
> 世承受業果，除非你能找出淨化業力的方法。因此，佛教認
> 爲這一世你幸得人身，有能力以比較好的方式來承擔，你就
> 應該去經驗業報；這勝於輪迴到無助的道（如畜生）時再來
> 承受，那時候的痛苦可要大得多。

依據佛法，我們必須盡一切可能來幫助臨終者處理他們面對的
衰竭、痛苦和恐懼，並提供愛的支持，讓生命的結束變得有意義。
倫敦聖克里斯多福臨終關懷醫院（St. Christopher's Hospice）的
創辦人桑德斯說：「在我們的病人中如果有人要求安樂死，那就表
示我們沒有盡到責任。」她反駁安樂死合法化：

> 我們的社會還不致於窮到不能提供時間、愛和金錢來幫助人
> 們安然去世。對於那些身陷恐懼和憂愁之苦，而我們又可以
> 解除其痛苦的人們，我們虧欠他們這一切。爲了做到這點，
> 我們不需要殺他們……讓自願性的（主動）安樂死合法化，
> 將是一種不負責任的行動，它會妨礙我們對於老弱、殘障和
> 臨終者的真正尊敬和責任」。[6]

其他的疑問

*在出生前或嬰兒期去世的人，他們的神識會有什麼發展？父母
親能夠給予什麼幫助？*

頂果欽哲仁波切解釋道：

> 在出生前、出生時或嬰兒期去世的人，他們的神識會再度歷
> 經各個中陰階段，然後轉世。爲一般死者所做的功德法事，
> 也可以替他們做，例如：金剛薩埵的淨化法門和持咒、點光
> 明燈、骨灰淨化等等。

在墮胎的案例中，除了這些修法外，如果父母親覺得懊悔，他們可以發露懺悔，祈求寬恕，虔誠修持金剛薩埵的淨化法，這對他們有所幫助。父母親也可以供燈、放生、幫助別人、贊助慈善或修行計畫，把所有功德迴向給嬰兒神識的安樂和未來覺悟。

自殺者的神識會發生什麼變化？
頂果欽哲仁波切說：

當一個人選擇自殺時，神識除了跟隨它的惡業之外，別無選擇，很可能會有厲鬼控制和擁有它的生命力。在自殺的案例裡，法力強大的上師必須修特別的法門，如火供和其他儀式，才能解脫亡者的神識。

當我們死亡時，可以捐贈器官嗎？如果器官必須在血液還在循環，或在死亡過程完畢之前就摘除，該怎麼辦？難道這不會干擾或傷害死亡前的神識嗎？
曾經被我請示過這個問題的上師都同意，器官捐贈是極大的善行，因為它出自真誠想利益他人的慈悲心。因此，只要這確實是臨終者的願望，就絕對不會傷害到正在離開肉體的神識。反之，這個最後的布施行為可以累積善業。另一位上師說，在布施器官時所受的痛苦，以及每一個心散亂的時刻，都會轉成善業。

頂果欽哲仁波切解釋：「如果一個人確實很快就將去世，也表達了捐贈器官的願望。他的心充滿慈悲，就算在心臟停止跳動之前，他的器官都可以摘除。」

把一個人的身體或頭部冷凍起來，等到有一天醫學進步可以使之復甦，該如何看待這種器官冷凍術呢？
頂果欽哲仁波切說這是毫無意義的。人在確實死亡後，他的神識就不能再回到肉體。把屍體保存下來以便將來復活之用，這種想法明顯地在誘引一個人的神識悲劇性地增加對肉體的執著，因此會

更加痛苦，並且阻礙轉世。一位上師把這種器官冷凍術比喻爲直接進入寒冰地獄，甚至沒有經過中陰境界。

對於退化或得了癡呆症的老邁父母，我們能做些什麼呢？

這時候，開示佛法可能沒有用，但在他的面前靜靜地修行，或念咒，或念諸佛名號仍然可以幫助他。卡盧仁波切解釋：

> 你是在播種。你的發願和對他的愛心關懷，是很重要的。在這種情境下，你必須發自最誠摯的心意，真正關懷他們的利益和幸福。……父母親和兒女的緣非常強，由於這份緣，如果我們對待父母的方式，能夠出自慈悲和關懷，而我們的修行不只是爲了父母，還爲了其他衆生的利益，那麼就可以在細微的層次上得到許多殊勝的利益。[7]

附錄三

兩個故事

　　我在西方的學生和朋友們告訴過我很多發人深省的故事，關於他們認識的人在死亡時，如何受到佛法幫助的過程。讓我告訴你兩位學生面對死亡的故事。

桃樂絲

　　桃樂絲因癌症死於倫敦聖克里斯多福醫院的臨終關懷病房。她生前才華橫溢，是一位藝術家、刺繡專家、藝術史學家、導遊，同時也是顏色治療師。她的父親也是一位治療師，她對各種宗教和精神傳統都很尊重。她在生命的晚期才接觸到佛教，而且如她所說，「迷上了」佛教。她說佛法對於實相的本質，給了她最強有力、最完整的看法。讓我們聽聽在臨終前照顧她的同修道友們，描述佛法如何幫助她面對死亡：

　　桃樂絲的死亡對所有人都非常具有啟發性。她死得非常優雅而莊嚴，每一個和她接觸過的人都感受到她的力量，不管是醫生、護士、助理、其他病人或同修道友們，這些人有幸地在她生命的最後幾週能與她共處。

　　在桃樂絲住院前，我們去家裡探望她時，就知道癌細胞到處蔓延，她的內臟器官已經不行了。一年多來，她服用嗎啡止痛，現在她幾乎無法吃或喝任何東西；然而她從不抱怨，所以也看不出她的痛苦。她變得很瘦，而且很容易疲倦；但當有人來探望時，她就會熱誠歡迎，跟他們聊天，散發出愉悅、安詳而親切的氣氛。她最喜歡躺在沙發上，聆聽索甲仁波切開示的錄音帶，當仁波切從巴黎寄

來一些對她有特別意義的帶子時，她往往欣喜萬分。

桃樂絲對自己的死亡作了仔細的準備和規劃。她不希望有任何未了的事情讓別人去處理，所以她花了幾個月時間處理這些事務。她似乎對死亡沒有恐懼，只想把所有事情處理完，然後可以專心地面對死亡。她對自己這一生沒有真正的傷害過別人而甚感安慰，而且她也信受奉行教法，如她所說「我已做了我的功課」。

當時間到來，桃樂絲必須到病房，而要離開那曾經充滿多年收藏的家，她只帶了隨身的一些東西，頭也不回就離開了。她把大部分的東西都送人了，只帶了一張仁波切的照片，以及一本談禪坐的小書。她將生命簡化到一個小包包裡，如她所說：「輕裝簡行」。她把離開這件事視為理所當然，如同只是外出購物而已。只說「再見，我的家。」揮揮手，就走出門了。

她在醫院的病房變成一個很特別的地方。床邊的小桌上，擺放仁波切的照片，照片前，一直點著蠟燭。當有人問她是否要和仁波切說話時，她笑笑，看著照片，然後說，「不用了，他一直在這裡啊！」她常常提到仁波切所說的，創造一個「恰當的環境」，所以她在牆上掛了一幅有彩虹的美麗圖畫，正對著她，房間裡也永遠有很多朋友送她的花。

桃樂絲一直到最後都能控制各種狀況，而且她對教法的信仰堅定不移。整個過程反而似乎是她在幫助我們，而不是我們在幫助她。她一直很愉快、有信心、而且幽默，從她的勇氣和自信中，有一種莊嚴顯現出來。她永遠愉悅地歡迎我們，讓我們瞭解到死亡並不一定是陰鬱可怕的。這是她給我們的禮物，我們也覺得能跟她在一起是很榮幸的事。

我們反而幾乎都依賴桃樂絲的力量了，所以當知道她需要我們的支持時，突然覺得很不好意思。當她在計畫喪禮的細節時，我們突然瞭解，在關心所有的人之後，她現在需要的就是解決這些事情，然後可以專心面對自己。她也需要我們容許她這麼做。

她的死亡過程很困難也很痛苦，而桃樂絲像一位戰士一般。她儘可能自己處理這些痛苦，不去麻煩護士，直到她的身體完全撐不

住爲止。有一次，她還能起床時，護士輕輕問她要不要用坐式的便器。她掙扎起來，然後笑著說「看看這個身體！」我們看見她只剩下皮包骨了。她的身體雖然越來越衰敗，可是精神卻越來越散發出光芒。她似乎瞭解到身體已經完成任務了：已經不再屬於她，只是暫時居住而要隨時丟棄的東西。

雖然環繞著輕鬆和愉悅的氣息，桃樂絲的死事實上是很辛苦的。她也經過了很多陰鬱和痛苦，但都以極度的安詳和毅力來克服。在一次昏迷而痛苦的夜晚之後，她擔心自己可能隨時都會死亡而無人陪伴，所以要求我們隨時有人陪她。我們就開始了二十四小時的輪流看守。

桃樂絲每天都修行，她最喜歡的是金剛薩埵的淨化法門。仁波切建議她讀有關死亡的教法，包括基本頗瓦法。有時候我們坐在一起，大聲讀給她聽；有時候我們唱誦蓮花生大士的咒語；有時候我們只是靜坐。她有時會打盹，醒來後說「噢，好棒啊！」當她精神較好而且有意願時，我們就讀些中陰教法的段落給她聽，幫助她記得她將會經歷的各種階段。我們對她的清明程度都很驚訝，但她只想用最基本、最簡單的方法修行。當我們來換班時，都會被病房中安詳的氣氛感動。桃樂絲躺在那兒，眼睛睜大，凝視虛空，甚至連她睡覺時都如此。照顧她的人則在一旁輕輕地念著咒。

仁波切不時會打電話來探問病情，他們相當自在地談論距死亡還有多遠。桃樂絲會坦誠地詢問自己的狀況，比如「還有幾天就結束了」。有一天護士把電話推車推進來，說：「阿姆斯特丹來的長途電話」，桃樂絲眼中充滿光芒及喜悅地和仁波切談話。掛上電話後，她告訴我們仁波切要她現在不必再讀了，只要「安住在心性中，安住在光明中。」當她瀕臨死亡前，最後一次接到仁波切的電話，她說仁波切告訴她：「不要忘了我們，有空來看我們！」

有一次醫生來查房及調整藥劑，她用一種非常簡單而直截了當的方式解釋道：「你知道，我是佛家弟子，而我們相信死亡的時候，會看到很多的光。我相信我已經開始看到一些閃爍的光，但我想我還沒真正看到。」醫生們都很驚訝她的清醒和活力，他們說，

一般像她這種病情，通常是不醒人事的。

當死亡接近時，桃樂絲漸漸分不清日夜，也越來越深深地沈入她自己。我們約略可以看到四大分解的徵象，她的臉色開始改變，清醒的時刻也變少了。桃樂絲已經準備好要走，但她的身體仍未放棄，因爲她的心臟還很有力，所以每個夜晚都是一個考驗，隔天早上醒來她通常很驚訝又活過了一天。她從不抱怨，但我們可以瞭解她受了許多苦。我們盡全力讓她舒服一些，當她不再能喝水時，我們就以水潤溼她的嘴唇。一直到最後三十六小時，她婉拒任何讓她維持清醒的藥物。

桃樂絲接近死亡之前，護士們移動她的身體。她捲曲成胎兒的姿勢。她的身體枯槁，沒有力氣移動或說話，她的眼睛仍然有神而張開，凝視前方，從她躺著的地方看著窗外的天空。就在死前最後一刻，她輕輕地動了一下，望著黛比的眼睛，用一種堅定的眼神溝通了一個訊息，好像在說：「時候到了」，帶著輕輕的微笑，然後回望虛空，呼吸了一、二下，就走了。黛比輕輕放下桃樂絲的手，讓她不受干擾地繼續內在的分解。

臨終病房的工作人員都說，他們沒有見過像桃樂絲對死亡做這麼充分準備的人。事隔一年，她的神情和啓發仍然讓所有的人難以忘懷。

瑞克

瑞克住在奧瑞崗，患有愛滋病。他曾是一名電腦操作員。前幾年，他四十五歲時，來參加我在美國舉行的暑期閉關，對我們說起有關死亡、生命，以及疾病對他的意義。我很驚訝瑞克才跟我學了二年的佛學，竟然有如此的了悟。在這段短短的時間裡，他以自己的方式，掌握了教法的精髓：恭敬心、慈悲心、心性的「見」，並且將這些溶入他的生命中。瑞克坐在椅子上，面對我們，說出他對死亡的感覺。藉著這些話語，希望可以傳達這次感人的場面：

二年前，當我知道我即將死亡時，我做了很自然的反應：哭

喊。而我也得到了回答。在好幾個星期的高燒中，好幾次半夜裡我感覺到自己就要走了，而它幫助我渡過了這一段日子……這恭敬心，這哭喊……當這是你僅能做的，我們有蓮花生大士的許諾，他會在那兒幫助大家。他也未食言，他對我證實了好幾次。

如果不是蓮花生大士──仁波切說他就在我們的心性中，也就是我們的佛性；如果不是那個莊嚴光輝的現前，我不可能承受我所經過的。我知道我絕對沒辦法。

我瞭解的第一件事，就是必須對自己負責任。我面臨死亡的原因，是因為我得了愛滋病。那是我自己的責任，不能責怪任何人；事實上甚至連自己都不能責怪。我承擔了這個責任。

在尚未接觸佛教之前，我對自己以及可能有的各種神明發誓，我要快快樂樂地過日子。做了這個決定之後，我就堅持去追求。這在任何一種訓練心的方法中是很重要的；你必須先下定決心要改變，如果不想改變，任何人也無法替你改變。

我們的任務……就是要處理日常的各種狀況。首先要感激你在這個身體裡，在這個地球上。這是我的開始──感激地球、感激眾生。現在我感覺到身旁的事事物物漸漸在流失，我對每個人和每件事更加感恩。所以我現在的修行專注在感恩上，不斷奉獻出對生命的讚嘆，對無所不在的蓮花生大士的讚嘆。

不要像我多年的老毛病一樣，誤以為「修行」只是端坐和念咒而已。修行遠遠超過這些。修行是如何面對每一個你碰見的人，修行是如何處理針對你而來的惡言。

當你從靜坐的位置站起來時，才是你修行的開始。在生活中如何應用修行，需要藝術和創造性的想法。在生活中有一些可以用來幫助修行的事物。譬如，我頭太昏，無法觀想金剛薩埵，就站起來去洗盤子，想像手中的盤子就是整個世界和受苦的眾生，並且持咒……唵班雜薩埵吽……，想幫助眾生洗掉苦難；當我沖澡時，想像金剛薩埵的光芒像水一樣沖掉我身上的罪惡；當我走到戶外時，陽光就好像金剛薩埵身上的光芒照射下來，進入我的身體；當我看到一個美貌的女人走在街上時，一開始也許會想「多美妙的女人

啊！」可是我馬上會誠心地供奉給蓮花生大士，然後放下。我們必須在日常生活裡修行，否則只是空有信念，「有一天我會到天堂；有一天我會成佛。」但是，不是有一天你會成佛，因爲你現在就是佛；你修行，就是在練習做本來的你……。

利用日常生活中的情況來修行是很重要的。如同仁波切常説的，如果你們修習了懇求和祈請幫助，那麼在中陰階段你會很自然去地照做……。我將敦珠仁波切的話編成一個咒：「無法回報的大慈悲上師啊！我永遠記得您。」有些時候，我只能想到這句話，是我當時僅能做的修習，但它很有用。

所以……快樂，負責，感恩……，不要將生硬、儀式化的修行和生動、多變、流動、開放、榮耀的修行混淆。經驗告訴我——雖然聽起來像是説説而已，但事實上不是——我到處看到蓮花生大士，那就是我的修行。每一個人，尤其是那些麻煩的人，那些讓周遭人活得不愉快、痛苦的人，對我而言，都是上師的加持。後來我也認爲，這個病是上師的加持，它是福報的。這麼大的榮耀，我可以細細地體會。

我刻意訓練自己才能做到這樣。以前，我常常喜歡批判事情，批評別人；也愛抱怨這，抱怨那的。決定開始訓練自己的初期，心中也常有持續不斷的評語出現；我決定改變，在冰箱門上貼小紙條，告訴自己「不要批評！」

如果你的心老是在分別：「這是好的……這是不好的，我不要……」，老是在期望和恐懼之間，在愛恨之間，在高興和悲傷之間徘徊，當你執著這些極端時，你的心就被攪亂了。有一位禪師説過：「至道無難，唯嫌揀擇。」意思是説你的佛性在哪兒，快樂就在哪兒。

所以，我開始處理我的概念心。一開始好像是不可能的事，但我越修就越發現：如果你讓念頭留在原處，不去執著，就不會產生問題。只要跟它們和諧相處，維持快樂的心情，因爲你知道你本身就有佛性。

不用去感覺你是否有佛性，這不是重點。重點在信任，在信

心；重點是恭敬心，就是完全信服。如果你對上師有信心，肯用功，並且在遇到困難的時候，想辦法將教法帶給自己，訓練自己的心不要重蹈過去的習氣，如果你能和正在發生的事安然相處，不要過分注意，過一陣子你會發現任何事情都不會持續太久的；煩惱也是如此。尤其是我們的肉體，所有的事物都會改變，如果你就讓它們去，它們就會自然解脫。

像我目前的狀況，當恐懼如此明顯地籠罩著我，而我覺得好像快要被它吞噬時，我必須掌握自己的心。我瞭解到恐懼不會殺死我，它只是某個經過心裡的念頭而已，只要我不去碰它，這個念頭會自己解脫。我同時瞭解到中陰境界是一樣的，當你看到衝著你來的某種可怕情境時，事實上不是從別處而來，而是來自於你自己的心中！是我們所有壓抑在身體裡面的能量釋放出來的。

當我在訓練我的心時，我發現，有一個點，有一個界線你要劃清，不能讓自己超過它。如果超過了，你就可能產生心理問題，你會變得抑鬱，或意志消沈，或者更嚴重，甚至發瘋。有些人以為心告訴他們的是事實，結果變得不平衡，甚至瘋狂。我們都有這種經驗，但超過某一條界線你就不能再走下去……我曾有過恐慌的打擊，就好像面前的地上有個大黑洞似的。但當我提醒自己不要這樣想，並且隨時保持快樂後，我就不再看到黑洞了。

有些人對我而言比家人還親。因為你們用另外一種方式讓蓮花生大士來到我面前，經由關懷、關心及愛。你們似乎不在意我罹患愛滋病，沒有人問過：「嘿，你到底怎麼感染的？」從來沒有人把它看作是對我的咀咒而鄙視我。只有一位老朋友前幾天在電話上問我：「你不怕這會是上帝對你的懲罰嗎？」我大笑，跟他說：「你認為上帝咀咒了世界，而人是罪惡的。我卻相信（神的）用意是祝福，不是咀咒。」從無始以來，所有的事物都是圓滿、純淨和完美的。

所以我現在只安住在光芒之中。它充滿各處，你根本離不開它。它是如此美妙，有時我覺得好像飄浮在光芒之中。當蓮花生大士飛翔在心的天空時，我讓他把我帶走。

　　如果我是聽眾，也許我會問：「好啊！可是爲什麼你的病治不好呢？」有人問過我同樣的問題。並不是我不嘗試去治療，我已經盡力了。現在我已經不再問自己這個問題了，我認爲那會變成去強迫操縱，或干擾一個已經開始的過程；這個過程對我很有淨化的作用，從中我體會到有很多惡業正在消除。我把福報迴向給我母親，她受了很多苦，期待能消除她的惡業；我也迴向給一些情如手足正在受苦的道友。我和蓮花生大士有個約定：如果我留在這兒所受的苦，有一部分可以淨化給親友，那麼這是多大的福報！這就是我的禱詞。我可以向你保證，我絕不是一個喜歡受苦的人！但我感受到那個莊嚴，那個福報，輕輕地推我去受苦。

　　就在這個時刻，我從仁波切那兒認識了中陰教法，瞭解到死亡並不是敵人；就如同不要把念頭看成敵人一般。生命不是敵人，生命是榮耀的，因爲在這一生我們可以覺醒，瞭解真正的本性。

　　我誠心誠意地提醒你們，當你們還相當健康的時候，不要浪費機會，照著仁波切教你們的方法去做……，他會教導你們大圓滿法，他也會帶領你們到那個境界。這是非常重要的，尤其當你面臨死亡時。

　　我在這兒跟大家說再見了。我知道我大概活不過六個月。所以，我把你們都放在我心中，而我看到的你們都是光明燦爛的。那裡沒有黑暗，只有蓮花生大士心中的光，照耀著大家。謝謝上師的加持。

附錄四

兩種咒

　　西藏最有名的咒有兩種：第一種是蓮花生大士咒，稱爲金剛上師咒，唵阿吽班雜咕嚕叭嘛悉地吽（OM AH HUM VAJRA GURU PADMA SIDDHI HUM）。第二種是大悲觀世音菩薩咒，唵嘛呢叭嚼吽（OM MANI PADME HUM）。像大多數的咒一樣，它們是以印度古老神聖的語文——梵文寫的。

金剛上師咒

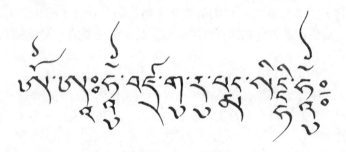

　　金剛上師咒，唵阿吽班雜咕嚕叭嘛悉地吽，西藏語發音爲 Om Ah Hung Benza Guru Péma Siddhi Hung，我以敦珠仁波切和頂果欽哲仁波切的解說爲基礎，來探討它的意義。

唵阿吽

　　唵阿吽（OM AH HUM）有外、內、「密」三義。不過，在這三個層次上唵代表身，阿代表語，吽代表意。它們代表一切諸佛的身語意轉化功能的加持。

就外在意義而言，唵淨化一切身惡業，阿淨化一切語惡業，吽淨化一切意惡業。[1]由於淨化你的身、語、意，唵阿吽提供諸佛的身語意加持。

唵也是形色的精華，阿是聲音的精華，吽是心的精華。念這個咒，你就是在淨化環境、你自己和其他一切衆生。唵淨化一切認知，阿淨化一切聲音，吽淨化心及其思想、情緒。

就內在意義而言，唵淨化脈，阿淨化氣，吽淨化明點。[2]

在較深的層次裡，唵阿吽代表蓮花部諸佛的三身。唵是法身，阿彌陀佛；阿是報身，大悲觀世音菩薩；吽是化身，蓮花生大士。這個咒象徵三身體現於蓮花生大士。

就祕密的意義而言，唵阿吽帶來心性三個層面的證悟：唵帶來它源源不斷的能量和慈悲的證悟，阿帶來它光輝的自性證悟，吽帶來它虛空般的明點的證悟。

班雜咕嚕叭嘛

班雜（VAJRA）比喻爲金剛鑽，這是石頭中最堅硬和最珍貴的。就好像金剛鑽能夠切割萬物，本身卻不容易被摧毀；同理諸佛的永恆、不二，絕對不會受到無明的傷害或摧毀，反而能夠斬斷一切愚癡和業障。諸佛身、語和智慧心的聖性和作爲，有如金剛鑽般能夠穿透萬物而不受阻礙的力量，可以利益衆生。像金剛鑽一般，班雜沒有瑕疵；它的巨大力量來自證悟實相的法身性、阿彌陀佛的自性。

咕嚕（GURU）的意思是「有力的」，指具有非常殊勝德行的人，他象徵智慧、知識、慈悲和方便。就好像黃金是最重最貴的金屬一般，咕嚕（上師）具有不可思議、毫無瑕疵的品質，使他變成無可超越，殊勝無比。咕嚕比喻報身和大悲觀世音菩薩。同時，因爲蓮花生大士教導密續之道（以「班雜」爲象徵），而且透過密續的修行得到最高證悟，所以他被稱爲「班雜咕嚕」（金剛上師）。

叭嘛（PADMA）的意思是蓮花，象徵蓮花部諸佛，特別是他

們覺悟的話語。蓮花部是人類所屬的佛部。阿彌陀佛是蓮花部的本初佛,蓮花生大士則是阿彌陀佛的化身,因此他被稱爲「叭嘛」。事實上,「蓮花生」是指他在盛開的蓮花中出生的故事。

當「班雜咕嚕叭嘛」七個字母在一起時,也象徵見、定、行的本性和加持,「班雜」義爲不變的真理、金剛鑽般、不可摧毀的本性,我們祈求在「見」中證悟它。「咕嚕」代表覺悟的光明本性和神聖品質,我們祈求在我們的「定」中證悟它,「叭嘛」代表慈悲,我們祈求在我們的「行」中成就它。

因此,透過誦念這個咒,我們可以獲得蓮花生大士和一切佛的智慧心、神聖品質和慈悲的加持。

悉地吽

悉地(SIDDHI)的意思是「真正成就」、「證得」、「加持」和「證悟」。悉地有兩種:一般的和無上的。透過接受一般悉地的加持,我們生命中的一切障礙(如健康不佳)可以全部清除,我們的一切願望可以滿足,諸如財富、地位、長壽自然會增加,生命中的各種環境也會變得吉祥,並有助於修行和覺悟。

無上悉地的成就可以產生覺悟,這是蓮花生大士的圓滿證悟境界,能利益自己和一切眾生。因此,憶想和祈求蓮花生大士的身、口、意、聖性和作爲,可以讓我們證得一般和無上悉地。

*悉地吽*可以如磁鐵吸引鐵屑般地吸進一切悉地。

*吽*代表諸佛的智慧心,是咒的神聖催化劑。它好像是在宣布它的力量和真理:「它就是了。」

這個咒的重要意義是:「我啓請你,金剛上師,蓮花生大士,以你的加持力賜給我們一般和無上的成就。」

頂果欽哲仁波切解釋:

據說,唵阿吽班雜咕嚕叭嘛悉地吽,這十二個字母帶著佛陀說法十二部(八萬四千法門的精華)的整個加持,因此念金剛上師咒就等於念誦或修持佛陀全部教法的加持。十二部教

法是解藥，可以讓我們從『十二因緣』解脫出來，而使得我們輪迴六道的正是這十二因緣：無明、行、識、名色、六入、觸、受、愛、取、有、生、老死。這十二因緣是輪迴的機制，讓輪迴不斷進行。透過念誦金剛上師咒的十二個字母，十二因緣就被淨化，你就可以完全驅除和淨化煩惱，從輪迴中獲得解脫。

　　雖然我們無法看到蓮花生大士本人，但他的智慧心已經顯現在咒的形式上，這十二個字母事實上是他的智慧心的發射，具有他的加持。金剛上師咒是蓮花生大士的聲音顯現。因此當你以念誦十二個字母來啓請他時，你將獲得巨大的加持和功德。在當前的困難時代裡，我們所能啓請與皈依的，以蓮花生大士最殊勝，所以，金剛上師咒最適合這個時代。

大悲咒

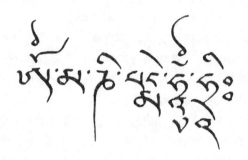

　　*唵嘛呢叭嚼吽*大悲咒，西藏人念成：Om Mani Pémé Hung。它象徵一切諸菩薩的慈悲和加持，特別啓請大悲觀世音菩薩的加持。觀世音是佛的報身，他的咒被認爲是佛陀對一切眾生慈悲的精髓。正如蓮花生大士是西藏人最重要的*上師*，觀世音菩薩則是他們最重要的佛和消業*本尊*。西藏有一句名言說，大悲觀世音菩薩已經深深烙在西藏人的意識裡，因此任何小孩只要會叫「媽」，就會念「唵嘛呢叭嚼吽」。

　　據說，在無量劫以前，有一千位王子誓願成佛；其中一位如願

成佛，他就是我們所熟知的釋迦牟尼；但觀世音卻發願在其他王子未成佛之前絕不成佛。在他的無盡慈悲中，他也發願要把一切眾生從六道輪迴的痛苦中解脫出來。他在十方諸佛的面前祈禱：「我發願幫助一切眾生，如果我對這項偉大的工作有所厭倦，我的身體將碎成千片。」據說，他首先下降到地獄道，然後逐漸上升到餓鬼道，最後是天道。他從天道往下看，嚇了一跳，雖然他已經從地獄道救出無數眾生，卻仍有無數眾生不斷投入。這種景象令他十分悲慟，片刻之間，他對自己所發的神聖誓願失去信心，於是身體爆炸成千片。他在絕望之中，向一切諸佛呼喊求救，一切諸佛從十面八方來幫助他，誠如某一本書所說的，像溫柔的雪花飄然而至。諸佛以他們的大威力讓他復合，從那時候起，觀世音便有十一個頭和一千隻手，每一個手掌上都有一隻眼睛，象徵智慧和善巧的結合，這是真慈悲的標記。他的這個法相比以前要燦爛亮麗和威武有力，可以幫助一切眾生，當他在諸佛前發願時，他的慈悲就越來越大，他發的願是：「一切眾生未覺悟，誓不成佛。」

據說，在他為輪迴之苦而感到憂傷時，兩滴淚珠從眼睛掉了下來，透過諸佛的加持，變成兩尊度母。一尊現綠色，是慈悲的活動力量；另一尊現白色，是慈悲的母性層面。「度母」的意思是「解脫者」：她載著眾生渡過輪迴的大海。

大乘經典記載，觀世音把他的咒獻給佛陀本人，佛陀則反過來賦予他特別而神聖的工作：幫助宇宙間一切眾生成佛。在這個時刻，一切天神把鮮花如雨般地灑落在他們身上，大地震動，天空響起唵嘛呢叭彌吽哩（OM MANI PADME HUM HRIH）。

把這些字寫成詩歌就是：

觀世音如同月亮，
他清涼的光熄滅輪迴的熊熊烈火，
慈悲的蓮花，
在它的光芒中綻放。

佛法說明「唵嘛呢叭彌吽」六字大明咒，在我們生命的各個層次，具有特別而強大的力量可以轉化我們。六個種子字可以完全淨化六種有毒的煩惱，這些煩惱都是無明的顯現，會使我們造身口意惡業，因而形成六道輪迴，讓我們在其中受苦。透過六字大明咒，貪、瞋、癡、慢、嫉、愛，被轉化成它們的真性，六部佛的智慧在覺悟心中展現。[3]

因此，當我們念六字大明咒時，六道輪迴中的六種煩惱無形中就被淨化了。因此，誦念六字大明咒可以防止再生於六道之中，也可以驅除六道本具的痛苦。同時，誦念六字大明咒可以完全淨化五蘊，圓滿智慧心的修行——六度：布施、持戒、忍辱、精進、禪定、般若。六字大明咒也可以強力保護我們免受傷害和各種疾病。

觀世音菩薩的「種子字」哩，通常被加在六字大明咒的後面，變成唵嘛呢叭彌吽哩。「哩」是一切諸佛慈悲的精要，是發動諸佛的慈悲心，把我們的煩惱轉化成他們的智慧性的催化劑。

卡盧仁波切寫道：

> 另一個詮釋六字大明咒的方法是：*唵*是覺悟身的精要；中間四個字母*嘛呢叭彌*代表覺悟的語；最後一個字母*吽*代表覺悟的意。一切諸佛菩薩的身語意都含攝在這個咒的音上。它可以淨化身語意的業障，帶領眾生進入證悟的境界。當它跟我們的信心、禪修和誦念相結合時，六字大明咒的轉化力量就生起和發展。它確實可以如此淨化人心。[4]

對於那些熟悉六字大明咒，並且已經在一切世熱忱和信心誦念它的人，《中陰聞教得度》祈禱，在中陰境界：「當法性的聲音像千雷響起時，願它變成六字大明咒的聲音。」同樣情形，我們也在《首楞嚴經》讀到：

> 妙音觀世音，梵音海潮音，
> 救世悉安寧，出世獲常住。

註解

自序

1. 仁波切，在西藏對偉大的上師的尊稱，意爲「珍貴的人」。在西藏中部使用得很普遍，而在藏東地帶只用在最受尊重、成就最高的上師。

2. 菩薩的唯一願望就是利益眾生，因此他們將整個生命、工作及精神修行奉獻給獲得證悟，以便以最大的可能來幫助眾生。

3. 蔣揚欽哲同時也是一位啓發精神改造運動的領導者。他做的每一件事，都在促進和諧及團結。他在寺院有困難的時候支持它們；他去發現不爲人知的偉大修行者；有一些上師，雖然屬於較不爲人知的傳承，他也支持他們，讓他們在團體中有一席之地。他有偉大的魅力，就如同一個活的精神中心。當有任何工作需要完成時，他就能找到最好的專家和工匠去完成。上自王公貴族，下至販夫走卒，他都毫不保留地給予親身的關注。每一個見過他的人，都會有關於蔣揚欽哲的故事要說。

第一章 在死亡的鏡子中

1. 拉卡這個名字是在十四世紀由西藏偉大的聖者宗喀巴賜給的。當時他從西藏東北往衛藏的途中，停駐在我們家族的家中。

2. Chagdud Tulku Rinpoche, Life in Relation to Death (Cottage Grove, OR: Padma Publishing, 1987), 7.

3. Jose Antonio Lutzenberger quoted in the London Sunday Times, March 1991.

4. Robert A. F. Thurman in "MindScience" An East−West Dialogue (Boston: Wisdom, 1991), 55.

5. 輪迴是無法控制的生死流轉，眾生由於不善巧的行為和破壞性的情緒，反覆地陷於痛苦之中。涅槃是解脫痛苦的境界，對絕對實相或佛性的認悟，頂果欽哲仁波切說：「當認證了心性，就叫涅槃；當它被無明蒙蔽了，就叫輪迴。」

第二章　無常

1. Michel de Montaigne, The Essays of Michel de Montaigne, translated and edited by M. A. Screech (London: Allen Lane, 1991), 95.

2. Milarepa, The Hundred Thousand Songs of Milarepa, vol. 2, translated by Garma C. C. Chang (Boston: Shambhala, 1984), 634.

3. Songs of Spiritual Change: Selected Works of the Seventh Dalai Lama, translated by Glenn H. Mullin (Ithaca, NY: Snow Lion, 1982), 61.

4. Kenneth Ring, Heading Towards Omega In Search of the Meaning of the Near－Death Experience (New York: Quill, 1985), 69.

5. Raymond Moody, Jr, M.D., Life After Life (New York: Bantam, 1976), 65-67.

6. Ring, Heading Towards Omega, 67.

7. 在大般涅槃經中。

8. Gary Zukav, The Dancing Wu Li Masters (New York: Bantam, 1980), 197.

第三章　反省與改變

1. Kenneth Ring, Heading Towards Omega: In Search of the Meaning of the Near－Death Experience (New York: Quill, 1985), 99.

2. Margot Grey, Return from Death An Exploration of the Near

−Death Experience. (London: Arkana, 1985), 97.

3. DL R. G. Owens and Freda Naylor, G.P., Living While Dying (Wellingborough, England: Thorsons, 1987), 59.

4. 西藏有自己的自然醫學傳統以及對疾病特殊的認知。西藏醫生瞭解某些疾病不能只用藥物來治療，因此會建議以精神修行配合。病人根據這種方式醫療，在很多狀況下都能完全治癒；至少他們會更能吸收藥物的療效。

5. Nyoshul Khen Rinpoche （紐舒仁波切），Rest in Natural Great Peace Songs of Experience (London: Rigpa, 1987), 27. 紐舒仁波切（Nyoshol Khen Rinpoche），原名蔣揚・多傑（Jamyang Dorje），1932 年生於西藏東部康省德格一地。追隨二十五位偉大的老師學習經律，並跟從他的上師謝竹・田貝・寧瑪，獲得大圓滿教法的眞傳。他的上師是紐舒・隆多・田貝・寧瑪的轉世，也是雅瓊堪布（Kenpo Ngakchung）的貼身弟子。在印度期間，他也追隨敦珠仁波切，頂果欽哲仁波切以及其他上師，並且把他特有的大圓滿「心要」口授傳承，傳授給現今許多主要的上師。他是索甲仁波切的主要上師之一，曾在歐洲、北美洲及亞洲各地講學。紐舒仁波切精通龍清巴教法，是當今最重要的大圓滿法代言人。1996 年，他出版了《藍寶石的飾環》（A Garland of Sapphire Gems）一書，這是大家等待已久的二册有關大圓滿傳承上師歷史的鉅著。

6. Portia Nelson, quoted in Charles L. Whitfield, M.D., Healing the Child Within (Orlando, FL: Health Communications, 1989).

7. "Eternity" in Blake Complete Writings, edited by Geoffrey Keynes (Oxford and New York: OUP, 1972), 179.

8. Alexandra David−Neel and Lama Yongden, The Superhuman Life of Gesar of Ling (Boston: Shambhala, 1987), Introduction.

9. In the Samadhirajasutra （三眛王經），quoted in Ancient Futures Learning from Ladakh, Helena Norbert-Hodge (London: Rider, 1991), 72.

10. Chagdud Tulku Rinpoche, Life in Relation to Death (Cottage Grove, OR: Padma Publishing, 1987), 28.

11. His Holiness the Dalai Lama, A Policy of Kindness: An Anthology of Writings by and about the Dalai Lama (Ithaca, NY: Snow Lion, 1990), 113-14。

12. In Letters to a young Poet, Rainer Maria Rilke, translated by Stephen Mitchell (New York: Vintage Books, 1986), 92.

13. 一首密勒日巴有名的歌，貝珠仁波切在「我的完美老師的話」（Kunzang Lame Shyalung）中引用。

第四章　心性

1. Dudjom Rinpoche （敦珠仁波切），Calling the Lama from Afar (London: Rigpa, 1980).

2. Chogyam Trungpa, The Heart of the Buddha (Boston: Shambhala, 1991), 23.

3. 在本書中，凡夫心（藏文叫sem）稱爲「心」。而根本內在的純淨覺醒「本覺」，則稱爲「心性」。

4. Nyoshul Khen Rinpoche (Nyoshul Khenpo) （紐舒仁波切），Rest in Natural Great Peace: Songs of Experience (London: Rigpa, 1989), 4.

5. John Myrdhin Reynolds, Self-Liberation through Seeing the Naked Awareness (New York: Station Hill, 1989), 10.

第五章　把心帶回家

1. Thich Nhat Hanh （一行禪師），Old Path, White Clouds (Berkeley, CA: Parallax Press, 1991), 121.

2. 古代，恐怖的野獸對人的威脅，在今天已經被我們狂亂而無法控制的情緒所取代了。

3. Marion L. Matics, Entering the Path of Enlightenment: The Bodhicarya vatara of the Buddhist Poet Shanlideva (London: George, Allen and Unwin, 1971), 162.

4. 止和觀是佛教傳統裡的兩個主要的修行。在梵文中稱為「奢摩他」（Shamatha）和「毗婆舍那」（Vipashyana），在西藏文稱Shyiné和Lhaktong。深入並發展這種基本的禪定修行，就可以延續到和大手印及大圓滿的更深禪定修行（詳見〈第十章心要〉），我希望未來寫一本書，深入探討由止和觀一直到大圓滿的禪修之路。

5. 未來佛，彌勒菩薩的圖像就是坐在椅子上的。

6. 你現在也許還用不到這個修習，但保持眼睛張開對你在將來的修行很有幫助。詳見〈第十章心要〉。

7. 咒的解釋，詳見〈附錄四〉。

8. 雖然我已將禪坐的方法在書中完全敍述了，但請注意光靠書本是無法真正學習禪坐的。一定要有具格的老師指導才行。

9. Rainer Maria Rilke in Duino Elegies.

10. Lewis Thompson, Mirror to the Light (Coventure).

第六章　演化、業與輪迴

1. Adapted from the "Middle Length Sayings,"（南傳中部徑），quoted in H. W. Schumann, The Historical Buddha (London: Arkana, 1989), 54-55.

2. Quoted in Hans TenDam, Exploring Reincarnation (London: Arkana, 1990)。在現代西方世界相信轉世再生的有：歌德、席勒（Schiller）、史溫登柏格（Swedenborg）、托爾斯泰、高更、馬勒、杜爾（Arthur Conan Doyle）、洛依喬治（David Lloyd George）、吉卜林（Kipling）、西貝流士，以及巴頓將軍。

3. 有些佛學者較喜歡用 re－birth（再生），而不用 re－incarnation。因為後者意涵有一個「靈魂」在轉世，而這在佛教

不太適用。在美國相信轉世再生的數據資料見：George Gallup
Jr., with William Proctor, Adventures in Immortality A Look
Beyond the Threshold of Death (London: Souvenir, 1983)。
1979年4月15日倫敦周日電報的調查，顯示百分之二十八的英國
人相信轉世再生。

4. Joan Forman, The Golden Shore (London: Futura, 1989), 159
－63.

5. Ian Stevenson, Twenty Cases Suggestive of Reincarnation
(Charlottesville: Univ. Press of Virginia, 1974); Cases of the
Reincarnation Type, vols. 1－4 (Charlottesville: Univ. Press of
Virginia, 1975 － 1983); Children Who Remember Previous
Lives (Charlottesville: University of Virginia Press, 1987).

6. Kalsang Yeshi, "Kamaljit Kour: Remembering a Past Life," in
Dreloma, no. 12 (New Delhi, June 1984): 25－31.

7. Raymond A. Moody, Jr., Life After Life (New York: Bantam,
1986), 94.

8. Margot Grey, Return from Death An Exploration of the Near
－Death Experience (Boston and London: Arkana, 1985), 105.

9. Kenneth Ring, Heading Towards Omega In Search of the
Meaning of the Near－Death Experience (New York: Quill,
1985), 156.

10. 有趣的是，莫札特在一封給他父親的信中，提到死亡如同「人
性最眞實及最好的朋友……是開啓引導我們到達眞正快樂的鑰
匙」他寫到，「雖然我還年輕，可是在夜晚，當我躺在床上
時，總會想到也許我不能活著再見到明天。然而跟我交往的人
都並不認爲我是頑固或陰鬱的，而我每天感謝我的創造者，給
予我這個快樂的泉源，而我也眞心地祈求我的同類得到同樣的
快樂。」莫札特信函，圖文版（Mozart's Letters），安德生
（Emily Anderson）譯（London: Barrie and Jenkins,
1990）。

11. Plato's Republic, translated by F. M. Cornford (Oxford: Oxford University Press, 1966), 350.

12. 達賴喇嘛在紐約的一次開示中解釋，1991年10月。

13. His Holiness the Dalai Lama, in a dialogue with David Bohm, in Dialogues with Scientists and Sages: The Search for Unity, edited by Renee Weber (London: Routledge and Kegan Paul, 1986), 237.

14. H. W. Schumann, The Historical Buddha (London: Arkana, 1989), 139.

15. Schumann, The Historical Buddha, 55.

16. Shantideva, (寂天), A Guide to the Bodhisattva's Way of Life (Bodhicaryavatara), translated by Stephen Batchelor (Dharamsala: Library of Tibetan Works and Archives, 1979), 120. 中譯本：《入菩提行論》，施護譯。

17. His Holiness the Dalai Lama, A Policy of Kindness An Anthology of Writings by and about the Dalai Lama (Ithaca, NY: Snow Lion, 1990), 58.

18. Saddharmapundarika Sutra, （妙法蓮華經）, quoted in Tulku Thondup, Buddha Mind (Ithaca, NY: Snow Lion, 1989), 215.

19. David Lorimer treats this topic in depth in his Whole in One: The Near - Death Experience and the Ethic of Interconnectedness (London: Arkana, 1990).

20. Raymond A. Moody, Jr., Reflections on Life After Life (London: Corgi, 1978), 35.

21. Ring, Heading Towards Omega, 71.

22. Raymond A. Moody, Jr., The Light Beyond (London: Pan, 1989), 38.

23. P. M. H. Atwater, Coming Back to Life (New York: Dodd, Bead, 1988), 36.

24. From Albert Einstein, Ideas and Opinions, translated by

Sonja Bargmann (New York: Crown Publishers, 1954), quoted in Weber, ed., Dialogues with Scientists and Sages, 203.

25. His Holiness the Dalai Lama, My Land and My People: The Auto-biography of the Dalai Lama (London: Panther, 1964), 24。

第七章　中陰與其他實相

1. 《埃及死亡經》這個書名是譯者E. A. Wallis Budge自己創造的。這個書名跟隨《阿拉伯死亡經》而來，可是跟原書名《走向白天》（Coming Forth into the Day）關係很小。

2. 詳見〈第十章心要〉有關大圓滿法門。大圓滿密續是由第一個人類大圓滿上師Garab Dorje將原始教法集結而成。

3. 西藏的上師通常不會炫耀他們的成就。他們可能有很大的超自然能力，但幾乎都不顯現出來，這是傳統的要求。真正的上師在任何狀況下，絕對不會用他們的能力來自我膨脹。他們只在真正對他人有利益時，才會利用這種能力；或在特別的環境，特別的狀況中，讓一些少數最親近的弟子目睹。

第八章　這一世：自然中陰

1. Tulku Thondup, Buddha Mind (Ithaca, NY: Snow Lion, 1989), 211.

2. Kalu Rinpoche, Essence of the Dharma (Delhi, India: Tibet House), 206.

3. From "The Marriage of Heaven and Hell," Blake: Complete Writings (Oxford and New York: OUP, 1972), 154.

4. 三身是在第四章中所描述真實心性的三個層面：它的空性，光芒的自性，以及遍布一切的能量；〈第二十一章共通的過程〉中有描述。

5. Shunryu Suzuki, Zen Mind, Beginner's Mind (New York:

Weatherhill, 1973), 21。

第九章　精神之路

1. 密續是有關佛教金剛乘修行的教法和論著。在西藏佛教中，主要皆爲金剛乘。密續教法主要爲經由身、口、意的修行，將不純淨的景象轉化爲純淨的爲原則。密續通常描述曼陀羅及禪坐修行，並與特定的覺者或聖尊結合在一起的根據。雖然都稱爲密續，但大圓滿密續是屬於大圓滿教法特別的一支。它不是轉化，而是自我解脫。詳見〈第十章心要〉。

2. Dilgo Khyentse, The Wish−Fulfilling Jewel: The Practice of Guru yoga According to the Longchen Nyingthig Tradition（頂果仁波切，如意寶珠：根據龍欽心要傳統的上師相應法修行）(London and Boston: Shambhala, 1988), 51.

3. 空行母是覺悟能量的女性化身。

4. 浮屠是象徵佛心的建築構造。通常裡面放置偉大上師的遺物。

5. 頂果仁波切，如意寶珠，11頁。這段話包含許多傳統的說法，對上師相似的讚美詞也可以在貝珠仁波切的文章中找到。

6. 馬太福音，第七章七節。

7. Dilgo Khyentse, The Wish−Fulfilling Jewel, 3.

8. 引自吉美林巴的大圓滿教法中有名的加行法：龍清心要。

9. Dilgo Khyentse, The Wish−Fulfilling Jewel, 83.

第十章　心要

1. 加行法（Ngondro）傳統上分爲兩部分。外加行法，從啓請上師開始，包括觀照人身難得、無常、業報及輪迴之苦。內加行法包括皈依、發起菩提心（覺悟心的心要）、金剛薩埵淨化法門、供養曼達拉、上師相應法、頗瓦法（意識轉換），然後是迴向。

2. 在這兒不詳細描述這些加行法的細節。我希望將來可以出版一本書，對加行法有完整的解釋，以供有興趣修行的人使用。

3. 佐欽（大圓滿）寺院（Dzogchen Monastery），是一所寺院大

學，十七世紀時在西藏東部康省成立。一直是蓮花生大士和大圓
滿傳承最大、最具影響力的中心之一。它有一個聞名的學院，成
就了許多偉大的學者和上師，如貝珠仁波切（1808-87），米方
（1846-1912）等。由於達賴喇嘛的加持，佐欽寺在第七世佐欽
仁波切主持下，在印度南部買索（Mysore）一地流亡重建。

4. Quoted in Tulku Thondup Rinpoche, Buddha Mind, 128.

5. 曼達拉通常意指佛、菩薩或聖尊居住的神聖環境，在密續修行
中，修行者觀想之。

6. 我自己發現的一個方法，來確定你是否在本覺的狀態中：天空般
的本質，光芒的本性，毫無阻礙的慈悲能量之現前，五種智慧，
及其開放、準確、廣袤、明辨，及自然的成就。請見本章〈見〉
中所談到的內容。

7. 經由「頓超」的修習，有成就的修行人可以在一世中證悟三身
（詳見〈第二十一章共通的過程〉）。這就是大圓滿的果報。

8. From a teaching given in Helsinki, Finland, in 1988.

第十一章　對臨終關懷者的叮嚀

1. Elisabeth Kubler-Ross, On Death and Dying (New York Col-
lier, 1970), 50.

2. Dame Cicely Saunders, "I Was Sick and You Visited Me,"
Christian Nurse Inurnational, 3, no. 4 (1987).

3. Dame Cicely Saunders, "Spiritual Pain," a paper presented at
St. Christopher's Hospice Fourth International Conference,
London 1987, published in Hospital Chaplain (March 1988).

4. Kubler-Ross, On Death and Dying, 36.

5. 我鄭重推薦她將出版的書《Facing Death and Finding Hope》，
內容有如何照顧臨終者的種種細節。

第十二章　慈悲：如意寶珠

1. 人們常問我，「這是不是說我們照顧自己，關心自己的需要就是

不對的？」我要一再强調的是，被慈悲心所摧毀的我愛，是對一
個虛妄的自我的執著，如同在第八章中所述。我愛是所有傷害的
根源，但對自己仁慈並不就是自私或錯誤的，也不要以為只要去
想到別人，我們自己的問題就會自動消失。誠如我在第五章說明
的，對自己寬大，與自己為友，發掘自己的仁慈和信心，都是教
法的中心和意涵。我們發掘自己的善心，最根本的善，我們去認
同並發揮這一部分的自我。在本章稍後我們會瞭解，在施受法
（Tonglen）中，與自己相處，强化自己的慈悲是很重要的。否
則我們的「幫助」終究會有一些自私的成分；它可能會成為別人
的負擔；或讓別人依賴我們，使他們無法掌握可以自己發展並承
擔責任的機會。

　　心理治療師也說，對病人的主要工作，在於發展自我尊重和
積極的自我認識，以便醫治他們內在匱乏的感覺，並且讓他們經
驗到幸福健康，這在人的發展上是很重要的一部分。

2. Shantideva, A Guide to the Bodhisattva's Way of Life (Bodhi-
caryavatara), translated by Stephen Batchelor (Dharamsala:
Library of Tibetan Works and Archives, 1979), 120-21.

3. The Dalai Lama, A Policy of Kindness: An Anthology of
Writings by and about the Dalai Lama (Ithaca, NY: Snow
Lion, 1990), 53.

4. Quoted in Acquainted with the Night: A year on the Fron-
tiers of Death, Allegra Taylor (London: Fontana, 1989), 145.

5. Shantideva, A Guide to the Bodhisattva's Way of Life, 34.

6. 在〈第十三章給臨終者的精神幫助〉中，我將會解釋臨終者如何
修習施受法。

7. Shantideva, A Guide to the Bodhisattva's Way of Life, 119.

第十三章　給臨終者的精神幫助

1. Dame Cicely Saunders, "Spiritual Pain," a paper presented at
St. Christopher's Hospice Fourth International Conference,

London 1987, published in Hospital Chaplain (March 1988).

2. Stephen Levine, interviewed by Peggy Roggenbuck, New Age Magazine, September 1979, 50.

3. 蔣揚欽哲秋吉羅卓為我的姑媽阿尼貝露所寫的心要。(London: Rigpa Publications, 1981)。

4.《西藏生死書》的有聲書即將出版,以便幫助臨終者。

5. 「覺悟家族的兒女」:所有衆生都在某些階段淨化並呈現他們本具的佛性,因此統稱爲「覺悟家族」。

6. 梵文Dharma有很多意義,在這兒指的是佛陀的教法。如同頂果仁波切說的,「佛陀爲了所有衆生的表達」。Dharma可以指眞理或終極的實相;Dharma也可以指任何現象或思維的對象。

7. Lama Norlha in Kalu Rinpoche, The Dharma (Albany: State Univ. of New York Press, 1986), 155.

8. Marion L. Matics, Entering the Path of Enlightenment The Bodhicaryavatara of the Buddhist Poet Shantideva (London: George, Allen and Unwin, 1971), 154; Shantideva, A Guide to the Bodhisattva's Way of Life (Bodhicaryavatara), translated by Stephen Batchelor (Dharamsala: Library of Tibetan Works and Archives, 1979), 30–32.

第十四章　臨終修習

1. Lati Rinbochay and Jeffrey Hopkins, Death, Intermediate State and Rebirth in Tibetan Buddhism (Ithaca, NY: Snow Lion, 1985), 9.

2. 本書提及的人及地點的照片將會在短期內出版。

3. From Francesca Fremantle and Chogyam Trungpa, Tibetan Book of the Dead (Boston: Shambhala, 1975), 68.

4. 詳見〈附錄四〉,有關這個咒的解釋。

5. 詳見〈第十五章死亡的過程〉。

6. 有一本書如此解釋:「神識離開身體的位置決定了未來再生的去

處。如果意識從肛門出去，就會投生到地獄道；如果從生殖器官出去，就會投生到畜生道；如果從口出去，就會投生到餓鬼道；如果從鼻孔出去，就會投生到人或鬼道；如果從肚臍出去，就會投生到欲界天；如果從耳朵出去，就會投生到阿修羅界；如果從眼睛出去，就會投生到色界天；如果從頭頂（髮際後四指）出去，就會投生到無色界天。如果神識從頂門出去，就會再生於阿彌陀佛的西方極樂世界」。摘自羅杜喇嘛（Lama Lodo），中陰教法（Bardo Teachings）（Ithaca, NY: Snow Lion, 1987），第11頁。

7. The research was reported in "Psychophysiological Changes Due to the Performance of the Phowa Ritual," Research for Religion and Parapsychology, Journal No. 17 (December 1987), published by the Interna-tional Association for Religion and Parapsychology, Tokyo, Japan.

8. 頂果欽哲仁波切告訴我一些這類例子。當著名的大圓滿上師雅瓊堪布（Khenpo Ngakchung）童年時，曾在寒冬看到一隻餓死的小牛。他充滿了慈悲心，就為這條小牛祈禱，觀想牠的意識往生阿彌陀佛的樂土。這時候，小牛的頭頂出現了一個洞，血和液體流了出來。

9. 也有一些佛發願只要有人在臨終時聽聞他們的名號，就會獲得幫助。因此在臨終者耳邊誦念佛號會很有用。在動物死亡時也可以如此做。

10. 就是「心－氣」（prana-mind）：一位上師解釋「氣」表現出流動性，而「心」表現出覺察性，然而兩者本來就是合而為一的。

11. Tsele Natsok Rangdrol在他有名的四個中陰循環中，引用蓮花生大士的解釋。英文版 "Mirror of Mindfulness" (Boston: Shambhala, 1989)。

第十五章　死亡的過程

1. 這是在每個某些特定日子的特定時辰,觀察你在空中的身影的一些方法。

2. Ambrosia Heart Tantra, annotated and translated by Dr. Yeshi Dhondhen and Jhampa Kelsang (Dharamsala: Library of Tibetan Works and Archives, 1977), 33.

3. In Kalu Rinpoche (卡盧仁波切), The Dharma (Albany: State Univ. of New York Press, 1986), 59.

4. 頂果欽哲仁波切解釋,純淨的智慧氣和不純淨的業氣是同時出現的,但是只要業氣比較強,智慧氣就會被阻礙。如果把業氣導入中脈,它就會消失,只剩下智慧氣在脈中循環。

5. C. Trungpa Rinpoche, Glimpses of Abhidharma (Boulder: Prajna, 1975), 3.

6. In Inquiring Mind, 6, no. 2, Winter/Spring 1990, from a teaching by Kalu Rinpoche in 1982.

7. 「顯現」和「增長」兩者出現的次序不一定相同。頂果仁波切說,可能要看貪或瞋兩種情緒哪一個較強而定。

8. 內分解的程序有各種不同的說法;在此我引用貝珠仁波切的著作,是比較簡單的一種。漆黑的經驗通常稱作「證得」,而地光明的昇起,被訓練有素的修行人證得,就叫「完全證得」。

9. His Holiness the Dalai Lama, The Dalai Lama at Harvard (Ithaca, NY: Snow Lion, 1988), 45.

10. 詳見〈第二十一章共通的過程〉。亦詳見創巴仁波切對《中陰聞教得度》的解說,Francesca Fremantle and Chogyam Trungpa (London: Shambhala, 1975), 1-29.

第十六章　基礎地

1. "His Holiness in Zion, Illinois," in Vajradhatu Sun, vol. 4, no. 2 (Boulder, CO, Dec. 1981 – Jan. 1982): 3. (It is now called

Shambhala Sun.)

2. Bokar Tulku Rinpoche, in "An Open Letter to Disciples and Friends ofKalu Rinpoche," May 15, 1989.

3. 經就是佛陀最原始的教法的記錄，通常以佛陀和他的弟子的對話形式呈現，解釋一個特別的主題。

第十七章　內在的光芒

1. In Dialogues with Scientists and Sages: The Search for unity edited by Renee Weber (London: Routledge and Kegan Paul, 1986), 45−46.

2. Kalu Rinpoche, The Dharma (Albany: State Univ. of New York Press, 1986), 61.

3. Kalu Rinpoche, The Dharma, 62.

4. 這是普賢菩薩而非本初佛（普賢王如來）。

5. 詳見〈第二十一章共通的過程〉。有關這一段我特別要感激葛米多傑博士（Dr. Gyurme Dorje）的建議。他和柯門（Graham Coleman）所翻譯的《中陰聞教得度》將在1993年由企鵝（Penguin）出版社出版。

第十八章　受生中陰

1. Kalu Rinpoche, The Dharma (Albany: State Univ. of New York Press, 1986), 18.

2. 傳統上說有兩處地點意生身無法到達，一是它未來母親的子宮，一是金剛座，是所有佛證悟的地方。這兩處各代表輪迴和涅槃的入口。換句話說，再投胎或證悟就是結束了意生身在這個中陰的生命。

3. 有很多記載有關上師可以看見中陰的生命，或甚至旅行到中陰的境界中去。

4. Chokyi Nyima Rinpoche, The Bardo Guidebook (Kathmandu: Rangjung Yeshe, 1991), 14.

5. 這個景象出現在西藏的地方戲曲中，同時也被回陽人（deloks）
（詳見〈第二十章瀕死經驗：上天堂的階梯〉）描述過。

6. Raymond A. Moody, Jr., Reflections on Life After Life (New York:Bantam, 1977), 32.

7. Kenneth Ring, Heading Towards Omega: In Search of the Meaning of the Near–Death Experience (New York: Quill, 1985), 70

8. 據說當男女在交媾時，會有許多中陰生命集結在一起，希望可以有業的因緣來投胎再生。也許有一個成功了，其他的就絕望而死；這可能和在中陰中每周一次的死亡吻合。

9. Fremantle and Trungpa, Tibetan Book of the Dead, 86.

10. 金剛薩埵是一百尊喜樂和忿怒聖尊中的中心聖尊。詳見〈第十九章亡者超薦〉。

第十九章　亡者超薦

1. 詳見〈附錄四〉，有關此咒的解釋。

2. 然而，如果是一位精神修行者死亡了，而看到親友們的爭逐和虛情假意，他可能不會傷心或生氣，而會瞭解這就是輪迴的本質。從這個了悟，可能更深地激發出離心和慈悲心，對修行者在中陰階段反而會有極大的益處。

3. 當我們請求上師對亡者修行或祈禱時，習俗上應該供奉一些金錢給上師，不管多少。這項供奉將上師和亡者建立一個確切的關連，而上師也會將這筆錢只用在為亡者祈禱的儀式，或供奉給神聖的寺廟，或以亡者之名奉獻出去。

4. 達賴喇嘛回答有關死亡和臨終的問題。詳見〈附錄二〉，註解1。

5. 類似這種傳統修行必須接受正式的訓練，而不能光靠閱讀本書。某些修行更需要具格上師的傳授和灌頂才行。我期望將來能夠將佛教對死亡及照顧臨終的方法，安排訓練課程；這將會包含前述的一些方法。依照頂果欽哲仁波切的建議，可以提供一個為亡者而作的簡單的儀式和指南。

6. 百字眞言爲：OM VAJRA SATTVA SAMAYA MANU-
PALAYA VAJRA SATTVA TENOPA TISHTHA DRI
DHO ME BHAWA SUTOKHAYO ME BHAWA
SUPOKHAYO ME BHAWA ANURAKTO ME BHAWA
SARWA SIDDHI ME PRAYATSA SARWA KARMA SUT-
SA ME TSITTAM SHRIYAM KURU HUM HA HA HA
HA HO BHAGAWAN SARWA TATHAGATA VAJRA
MAMEMUNTSA VAJRIBHAWA MAHA SAMAYASAT-
TVA AH.

7. Judy Tatelbaum, The Courage to Grieve: Creative Living, Re-
covery and Growth through Grief (New York: Harper &
Row, 1980).

8. From "Dove that Ventured Outside" in The Selected Poetry
of Rainer Maria Rilke, edited and translated by Stephen
Mitchell (New York: Vintage Books, 1984), 293.

9. Elisabeth Kubler−Ross in "The Child Will Always Be There.
Real Love Doesn't Die," by Daniel Goleman, Psychology To-
day (September 1976), 52.

10. Raymond A. Moody, Jr., Reflections on Life After Life (New
York: Bantam, 1977), 112.

第二十章 瀕死經驗：上天堂的階梯

1. Bede, A History of the English Church and People, translated
by Leo Sherley − Price (Harmondsworth, England: Penguin
Books 1968), 420−21.

2. In George Gallup Jr., with William Proctor, Adventures in
Immortality A Look Beyond the Threshold of Death (London:
Souvenir, 1983).

3. Kenneth Ring, Life at Death: A Scientific Investigation of the
Near−Death Experience (New York: Quill, 1982), 55.

4. Ring, Life at Death, 63.

5. Margot Grey, Return from Death An Exploration of the Near －Death Experience (Boston and London: Arkana, 1985), 42.

6. Melvin Morse, Closer to the Light Learning from Children's Near－Death Experiences (New York: Villard, 1990), 115.

7. Grey, Return from Death, 47.

8. Michael Sabom, Recollections of Death A Medical Investigation of the Near－Death Experience (London: Corgi, 1982), 66.

9. Ring, Life at Death, 59.

10. Grey, Return from Death, 46.

11. Grey, Return from Death, 33.

12. Grey, Return from Death, 53.

13. Morse, Closer to the Light, 120.

14. Morse, Closer to the Light, 181.

15. Grey, Return from Death, 35.

16. Ring, Life at Death, 45.

17. Sabom, Recollections of Death, 37.

18. Sabom, Recollections of Death, 155.

19. Sabom, Recollections of Death, 37.

20. Sabom, Recollections of Death, 40.

21. Sabom, Recollections of Death, 56.

22. Sabom, Recollections of Death, 54－55.

23. Kenneth Ring, Heading Towards Omega: In Search of the Meaning of the Near－Death Experience (New York: Quill, 1985), 199.

24. Raymond A. Moody, Jr., Reflections on Life After Life (London: Corgi, 1978), 10.

25. Moody, Reflections, 14.

26. Grey, Return from Death, 52.

27. Sabom, Recollections of Death, 71.

28. Grey, Return from Death, 50.

29. Moody, Reflections, 17.

30. Grey, Return from Death, 51.

31. Grey, Return from Death, 59.

32. Grey, Return from Death, 65.

33. Grey, Return from Death, 63.

34. Grey, Return from Death, 70.

35. Moody, Reflections, 19.

36. Francoise Pommaret, Les Revenants de 1Au−Dela dans le Monde Tibetan (Paris: Editions du CNRS, 1989).

37. 在印度教傳統裡，拙火代表微細能量的覺醒，因而可以導致心理生理的改變，而與神結合爲一。

38. Grey, Return from Death, 194.

39. Ring, Life at Death, 145.

40. Morse, Closer to the Light, 193.

41. Morse, Closer to the Light, 93.

42. From The NDE: As Experienced in Children, a lecture for IANDS.

43. From The NDE: Can It Be Explained in Science?, a lecture for IANDS.

44. Ring, Heading Towards Omega, 7.

第二十一章　共通的歷程

1. J. M. Reynolds, Self−Liberation through Seeing with Naked Awareness (New York: Station Hill, 1989), 13.

2. In "Auguries of Innocence," Blake: Complete Writings (Oxford and New York: Oxford Univ. Press, 1972), 431.

3. Kalu Rinpoche, The Dharma, 38.

4. See, for example, the Dalai Lama, et al., MindScience An East−West Dialogue (Boston: Wisdom, 1991).

5. Renee Weber, ed., Dialogues with Scientists and Sages The Search for Unity (London: Routledge and Kegan Paul, 1986), 93-94.

6. Weber, Scientists and Sages, 48.

7. David Bohm, Unfolding Meaning A Weekend of Dialogue with David Bohm (London: Ark, 1987), 73.

8. David Bohm, Unfolding Meaning 90-91.

9. Paavo Pylkkanen, ed., The Search for Meaning (Wellingborough: Crucible, 1989), 51j Bohm, Unfolding Meaning, 93.

10. David Bohm, Wholeness and the Implicate Order (London: Ark 1988), xi.

11. Bohm, Unfolding Meaning, 107, 96.

第二十二章　和平的僕人

1. Thomas Merton, The Wisdom of the Desert (New York: New Directions, 1960), 11.

附錄二：有關死亡的問題

1. 有關死亡和臨終的這些問題，包括生命支持系統、安樂死等，我請教過達賴喇嘛、頂果欽哲仁波切以及其他上師們。在本章中我引用了他們的回答。

2. Melvin Morse, Closer to the Light (New York: Villard Books, 1990),72.

3. Gallup poll cited in Newsweek, August 26, 1991, p. 41.

4. Kalu Rinpoche, The Gem Ornament (Ithaca, NY: Snow Lion, 1986), 194.

5. In Elisabeth Kubler-Ross, Questions on Death and Dying (New York: Macmillan, 1974), 84.

6. Dame Cicely Saunders in "A Commitment to Care," Raft, The Jour-nal of the Buddhist Hospice Trust, 2, Winter 1989/90,

London, p. 10.

7. Kalu Rinpoche, The Gem Ornament, 194.

附錄四：兩個咒

1. 身有三惡：殺生、偷盜、邪淫。語有四惡：妄語、惡口、綺語、
兩舌。心有三惡：貪、瞋、癡。

2. 在梵文中叫Nadi, Prana, bindu。在藏文中叫fsa, lung, filkle。詳
見〈第十五章死亡的過程〉。

3. 通常在教法中是出現五方佛與五智，在這裡第六方佛是將五方佛
整個包含在一起。

4. Kalu Rinpoche, The Dharma (Albany: State Univ. of New
York Press, 1986), 53.

參考書目（英文部分）

有關臨終及死亡之西藏傳統教法

- Chagdud Tulku Rinpoche. *Life in Relation to Death*. Cottage Grove, OR: Padma Publishing, 1987.
- Chokyi Nyima Rinpoche. *The Bardo Guidebook*. Kathmandu: Rangjung Yeshe, 1991.
- Fremantle, Francesca and Chögyam Trungpa. *The Tibetan Book of the Dead*. Boston: Shambhala, 1975.
- Lama Lodö. *Bardo Teachings*. Ithaca, NY: Snow Lion, 1987.
- Lati Rinbochay and Jeffrey Hopkins. *Death, Intermediate State and Rebirth*. Ithaca, NY: Snow Lion, 1985.
- Mullin, Glenn H. *Death and Dying: The Tibetan Tradition*. London: Arkana, 1986.
- Tsele Natsok Rangdrol. *The Mirror of Mindfulness*. Boston: Shambhala, 1989.

照顧臨終者

- Beckman, Robert. *I Don't Know What to Say: How to Help and Support Someone Who Is Dying*. London: Macmillan, 1988.
- Duda, Deborah. *Coming Home: A Guide to Dying at Home with Dignity*. New York: Aurora Press, 1987.
- Kubler–Ross, Elisabeth. *On Death and Dying*. New York: Collier, 1970.
- _____. *Questions and Answers on Death and Dying*. New York: Collier, 1974.

- ＿＿＿. *To Live Until We Say Goodbye*. Englewood Cliffs, NJ: Prentice Hall, 1978.
- Levine, Stephen. *Who Dies? An Investigation of Conscious Living and Conscious Dying*. Garden City, NY: Doubleday, 1982.
- Saunders, Cicely and Mary Baines. *Living with Dying: The Management of Terminal Disease*. Oxford and New York: Oxford University Press, 1989.
- Stoddard, Sandol. *The Hospice Movement: A Better Way to Care for the Dying*. New York: Vintage Books/Random House, 1991.
- Taylor, Allegra. *Acquainted with the Night: A Year on the Frontiers of Death*. London: Fontana, 1989.

幫助遺眷

- Crenshaw, David. *Bereavement Counselling the Grieving through the Life Cycle*. New York: Continuum, 1990.
- Gaffney, Donna. *The Seasons of Grief: Helping Children Grow through Loss*. New York: Plume/Penguin, 1988.
- Schiff, Harriet Sarnoff. *The Bereaved Parent*. Crown Publishing, 1977.
- Staudacher, Carol. *Beyond Grief: A Guide for Recovering from the Death of a Loved One*. Oakland: New Harbinger Publications, 1987.
- Tatelbaum, Judy. *The Courage to Grieve: Creative Living, Recovery and Growth through Grief*. New York: Harper & Row, 1980.

瀕死經驗

- Grey, Margot. *Return from Death: An Exploration of the Near-Death Experience*. Boston and London: Arkana, 1985.

- Lorimer, David. *Whole in One: The Near−Death Experience and the Ethic of Interconnectedness.* London: Arkana, 1990.
- Moody, Jr., M.D., Raymond A. *Life After Life.* Atlanta: Mockingbird Books, 1975; New York: Bantam, 1986.
- _____. *Reflections on Life After Life.* Atlanta: Mockingbird Books, 1977; London: Corgi, 1978.
- Morse, Melvin. *Closer to the Light: Learning from Children's Near−Death Experi ences.* New York: Villard Books, 1990.
- Ring, Kenneth. *Heading Towards Omega: In Search of the Meaning of the Near−Death Experience.* New York: Quill, 1985.
- _____. *Life at Death: A Scientific Investigation of the Near−Death Experience.* New York: Quill, 1982.
- Sabom, Michael B. *Recollections of Death: A Medical Investigation of the Near−Death Experience.* New York: Harper & Row, 1981; London: Corgi, 1982.

科學論述

- Bohm, David. *Unfolding Meaning: A Weekend of Dialogue with David Bohm.* London: Ark, 1987.
- Dalai Lama, et al. *MindScience, An Fast−West Dialogue.* Boston: Wisdom 1991.
- Pylkkänen, Paavo, ed. *The Search for Meaning.* Wellingborough, England: Crucible, 1989.
- Weber, Renée. *Dialogues with Scientists and Sages: The Search for Unity.* London: Routledge and Kegan Paul, 1986.

達賴喇嘛的著作

- *A Policy of Kindness: An Anthology of Writings by and about the Dalai Lama.* Ithaca, NY: Snow Lion, 1990.

- *The Dalai Lama at Harvard*. Ithaca, NY: Snow Lion, 1988.
- *Freedom in Exile: An Autobiography of the Dalai Lama of Tibet*. San Francisco: Harper San Francisco; London: Hodder and Stoughton, 1990.
- The Fourteenth Dalai Lama. *Kindness, Clarity and Insight*. Ithaca, NY: Snow Lion, 1984.

佛陀及其敎法

- Dilgo Khyentse. *The Wish−Fulfilling Jewel: The Practice of Guru Yoga According to the Longchen Nyingthig Tradition*. Boston and London: Shambhala, 1988.
- Goldstein, Joseph and Jack Kornfield. *Seeking the Heart of Wisdom The Path of Insight Meditation*. Boston and London: Shambhala, 1987.
- Kalu Rinpoche. *The Dharma*. Albany: State Univ. of New York Press, 1986.
- Shantideva. *A Guide to the Bodhisattva's Way of Life (Bodhi-caryavatara)*. Translated by Stephen Batchelor. Dharamsala: Library of Tibetan Works and Archives, 1979.
- Suzuki, Shunryu. *Zen Mind, Beginner's Mind*. New York: Weatherhill, 1973.
- The Twelfth Tai Situpa. *Relative World, Ultimate Mind*. Boston and London: Shambhala, 1992.
- Thich Nhat Hanh. *Being Peace*. Berkeley: Parallax Press, 1987.
- _____ . *The Miracle of Mindfulness*. Boston: Beacon Press, 1976.
- _____ . *Old Path, White Clouds*. Berkeley: Parallax Press, 1991.

其他有關死亡及醫療的書

• Borysenko, Joan. *Minding the Body, Mending the Mind.* New York: Bantam, 1988.

• Grof, Stanislav and Joan Halifax. *The Human Encounter with Death.* New York: E. P. Dutton, 1978.

• Kushner, Harold. *When Bad Things Happen to Good People.* New York: Schoken Books, 1981.

• Siegel, Bernie. *Peace, Love and Healing.* New York: HarperCollins, 1989.

• Wennberg, Robert. *Terminal Choices: Euthanasia, Suicide, and the Right to Die.* Grand Rapids, MI: Eerdmans, 1989.

參考書目（中文部分）
張老師文化公司出版部整理

生死學類

- 《前世今生——生命輪迴的前世療法》／布萊恩・魏斯著／譚智華譯／張老師文化公司
- 《生命輪迴——超越時空的前世療法》／布萊恩・魏斯著／黃漢耀譯／張老師文化公司
- 《生命不死——精神科醫師的前世治療報告》／陳勝英著／張老師文化公司
- 《生與死——現代道德困境的挑戰》／Louis P. Pojman著／江麗美譯／桂冠圖書公司
- 《死亡的臉》（*How We Die*）／Sherwin B. Nuland著／楊慕華譯／時報出版公司
- 《生死大事》／David Caroll著／陳芳智譯／遠流出版公司
- 《前世今生的迷與惑》／王溢嘉著／野鵝出版社
- 《前世》（*Life before Life*）／Helen Wambach原著／賈長安譯／方智出版社
- 《來生》（*Life After Life*）／Raymond. A. Moody原著／賈長安譯／方智出版社
- 《死亡之光》（*Transformed by the Light*）／Melvin Morse著／林佳蓉譯／方智出版社
- 《生與死》（*On Living and Dying*）／克里希那穆提著／廖世德譯／方智出版社
- 《靈魂永生——賽斯書》／Jane Roberts著／王季慶譯／方智出版社
- 《大往生》／永六輔著／黃玉燕譯／方智出版社

- 《一起面對生死》／山崎章郎著／林眞美譯／圓神出版社
- 《美好人生的摯愛與告別》／Helen Nearing著／張燕譯／正中書局
- 《死亡的尊嚴與生命的尊嚴》／傅偉勳著／正中書局
- 《最後的禮物——如何了解垂危患者的需要》／Maggie Callanan & Patricia Kelley著／王明波譯／正中書局
- 《死亡的意義》（ *The Meaning of Death* ）／John Bowker著／商戈令譯／正中書局
- 《生命之不可思議——揭開輪迴之謎》／十四世達賴喇嘛著／大谷幸三‧取材‧構成／江支地譯／立緒文化公司
- 《慈悲》／十四世達賴喇嘛著／葉文可譯／立緒文化公司
- 《生死輪迴》／張智光著／新視野圖書出版有限公司
- 《愛生哲學》／孟東籬著／爾雅出版社
- 《死亡之思》／張三夕著／洪葉文化公司
- 《生與死的超越——佛教對生死輪廻的詮釋》／陳兵著／圓明出版社

宗教類

- 《西藏度亡經》（原名「中陰聞教得度」）／蓮花生大士著／徐進夫譯／天華出版社
- 《中陰入門教授》／朗欽杰布仁波切著／慧炬出版社
- 《百日念佛自知錄‧念佛入門白話解合刊》／律航法師遺著／錦立印刷製版公司
- 《佛法——解脫的原理與行法》／淨行居士／慧炬出版社
- 《法味》／達賴喇嘛，佛使尊者等著／慧炬出版社
- 《人類的宗教——佛學篇》／赫士唐‧史密斯著／慧炬出版社
- 《佛教的生命觀與宇宙論》／林崇安教授／慧炬出版社
- 《了義炬‧活用佛法》／姜貢康著仁波切著／鄭振煌譯／慧炬出版社
- 《菩提樹的心木》／佛使比丘演講／鄭振煌譯／慧炬出版社

- 《佛陀的啓示》／羅睺羅‧化普樂著／顧法嚴譯／慧炬出版社
- 《人生最大一件事‧當代往生應驗錄合刊》／慧炬出版社
- 《淨宗要義》／慧淨法師編述／大乘經舍印行
- 《多重宇宙與人生》／汪少倫著（慈善版）／結緣品
- 《往生淨土論講記》／印順法師講／菩提樹雜誌社
- 《三個三分鐘的現代佛學》／王守益博士／三季出版社
- 《飭終津梁》／李圓淨居士編集／香港佛經流通處
- 《念佛法要》／毛惕圓居士編輯／結緣品
- 《陳上師淨土五經會通演講等錄》／陳健民居士／花岩印經會
- 《因果與輪迴》／儒伶編／地球出版社
- 《往生論註》／魏‧曇鸞大師註／台中蓮社印行
- 《勸脩念佛法門》／圓瑛法師著／台中蓮社印行
- 《龍舒淨土文》／王日休著／台灣印經處印行

感謝啓事

　　這本書能忠實地呈現佛法，又能傳達到現代人的心靈的工作中，我一直受到達賴喇嘛的啓發，他能夠真確清淨地體現傳統，又以全然開放的心胸面對當代世界。我對他的無限感激，實非筆墨足以形容；他不僅是西藏同胞的精神領袖，也是全世界無數人們勇氣和啓發的活泉，他的開示感動人心，也改變了大家的生命。有人告訴我，我和他的因緣可以追溯到許多世，而我也覺得自己和他的緣非常深厚，使得我相信這句話有幾分道理。

　　我要感謝我的每一位上師，並把本書獻給他們，他們的啓發和教法構成本書的精華。蔣揚欽哲仁波切認證我的轉世，並把我養育成人，他給予我生命的基礎和意義；事實上，他給我兩件最珍貴的東西：恭敬心和智慧。他的夫人康卓・慈玲・秋瓏，是西藏佛教中最傑出的女瑜伽行者，她對我的愛和關懷，如同上師一般；對我而言，她與蔣揚欽哲仁波切完全不可分離，從她身上可以顯現蔣揚欽哲仁波切的莊嚴法相。她就像我的精神母親一般：由於她的祈禱和愛心，我常常覺得受到保護，我祈禱她能夠壽比南山。蔣揚欽哲仁波切在我身上所播下的智慧種子，後來由於敦珠仁波切的仁慈和教法得以開花。我有時候想，他對我的關愛，就好像我是他的兒子一般。之後是頂果欽哲仁波切，他加深我的智慧，而且讓我擁有無礙的辯才。隨著歲月的流逝，他毫無保留地關注我、指導我，給我無盡溫柔的仁慈，扮演多種的老師角色。當我一想到「上師」時，我的心就轉到頂果欽哲仁波切，對我來說，他是整個教法的象徵，真正的活佛。

　　這些偉大的上師，還一直在感動和引導我，我無時不記得他們和無可回報的仁慈，也經常對我的學生談及他們。我祈禱他們的智

慧、慈悲、力量以及他們對人類的遠見，能夠永遠活在深受他們啓
發的這本書上。

我也永遠不會忘記我的舅舅——第十六世大寶法王，自幼他就
給我特別的愛，一想到他就會讓我感動得落淚。我也常常想起偉大
的卡盧仁波切，他是我們這個時代的密勒日巴尊者，他對我的信
任、親切和尊敬，給了我極大的鼓勵。

我在這裡也要感謝其他偉大上師所給予我的啓發，譬如薩迦崔
津法王（His Holiness Sakya Trizin），從小我們就是密友，他一
直是啓發我的老師，不過也像是我的兄弟，在每個轉捩點鼓勵我。
我深深感謝杜竹千仁波切（Dodrupchen Rinpoche）所給予的指
引，特別是在本書的撰寫上，他也是我和許多學生的皈依來源。近
幾年，我有機會和紐舒仁波切共度寶貴的時光，他似乎擁有無邊的
學識和智慧，我真幸運能夠獲得他的幫助得以釐清教法。此外，土
庫烏金仁波切（Tulku Urgyen Rinpoche）和祖希仁波切（Trul-
shik Rinpoche）兩位偉大的上師，也是啓發我的特別泉源，我也
必須感謝非常博學的堪布阿貝（Khenpo Appey）和堪布羅卓藏波
（Khenpo Lodrö Zangpo），他們在我的研究和教育方面，扮演
非常重要的角色。

我要特別感謝貝諾仁波切（Penor Rinpoche）的鼓勵和驚人的
遠見，他是一位出色的上師，不厭不倦地維繫從蓮花生大士所傳承
下來的豐富教法。

我要深深感謝敦珠仁波切的家人：他的夫人桑揚·庫索·里
津·旺莫（Sangyum Kusho Rikzin Wangmo），她給我慈愛和瞭
解；還有他的兒子和女兒：盛邊仁波切（Shenphen Rinpoche）、
吉美·旺莫（Chime Wangmo），和慈玲·邊柔（Tsering
Penzom），他們不斷支持我。我也要感謝丘吉·寧瑪仁波切
（Chökyi Nyima Rinpoche）和土庫·貝瑪·旺甲仁波切（Tulku
Pema Wangyal Rinpoche）熱心慷慨的協助，前者啓發了本書的
某部分，後者努力把教法和最偉大的上師帶到西方。

在年輕一代的上師方面，我必須特別提到宗薩·蔣揚·欽哲仁

波切（Dzongsar Jamyang Khyentse Rinpoche），他是我的上師
蔣揚欽哲仁波切的「修化身」（activity emanation）。他那光輝而
清新的教法，一直讓我著迷，也讓我對未來充滿很大的希望。同樣
的，我必須感激謝欽·拉贊仁波切（Shechen Rabjam
Rinpoche），他是頂果欽哲仁波切的繼承人，從五歲起就不斷接
受頂果欽哲仁波切的教法，他提供給我許多協助。

另一位上師佐欽仁波切也經常鼓勵我，他在南印度重建了朝氣
蓬勃的佐欽寺，從他的學識、氣質中，在在表現出一位未來偉大上
師的氣度。

針對本書所提出的教法問題，一些上師協助做了詳細的回答，
他們分別是：達賴喇嘛、頂果欽哲仁波切、紐舒仁波切、祖希仁波
切、宗薩欽哲仁波切（Dzongsar Khyentse Rinpoche）、拉蒂仁波
切（Lati Rinpoche）和阿拉·堅卡仁波切（Alak Dzengkar
Rinpoche）。對於他們，我深深感謝。

我希望向佛法的先驅們致謝和致敬，這些不同傳統的上師們，
幾十年來，協助了許多西方人。

我也要感謝父母親的支持和協助，讓我有今日的成就：我的父
親哲旺·巴若（Tsewang Paljor），十八歲就擔任蔣揚欽哲的祕
書，本身就是一位精進的修行者和瑜伽士；我的母親慈玲·旺莫
（Tsering Wangmo），她常常催促我精進，並鼓勵我。我也要感
謝我的兄弟提甲（Thigyal）和姊妹德欽（Dechen），他們對我的
信任和協助。

有一個人對我，尤其是對這本書，一直是啓發和鼓勵的來源；
他就是大衛·波姆（David Bohm），我要對他表達謝意。我也要
感謝其他的科學家和學者：我的老朋友肯尼斯·瑞林博士；貝西·
希利博士（Dr. Basil Hiley）；達賴喇嘛的私人翻譯Geshe Thub-
ten Jinpa；David Lorimer；Dr. Max Velmans等人，承蒙他們閱
讀本書的若干篇章，並提供意見。還要感謝達賴喇嘛的祕書Tenzin
Geyche Tethong，西藏國際運動主席Lodi Gyari Rinpoche，頂果
欽哲仁波切的祕書和侍者Konchog Tenzin，Robert Thurman教

授；Dr. Gyrme Dorje等人的幫助。

我要感謝我的朋友安德魯‧哈維（Andrew Harvey），他是一位著名而且很有天分的作家，他真誠、勤奮而無私地寫作本書，並以簡短流利的方式透過文字協助佛法大放異彩。他將他的工作獻給兩位老師：一位是Thuksey Rinpoche，他的慈祥令我記憶深刻，他很疼愛我，我一直想回報他；另一位是Mother Meera，她一直在爲促進宗教和諧而努力。

我要感謝派崔克‧葛夫尼（Patrick Gaffney），他以極大的耐心、毅力、熱忱及犧牲，幫助本書多年來歷經的許多轉變。他是我最老、最親密的學生，他最能夠瞭解我的心情和工作。本書既是我的努力，也是他的努力，如果沒有他，我沒有把握本書是否寫得出來。我願意把他的工作獻給他的修行和一切衆生的快樂。

我要感謝克莉絲汀‧龍雅克（Christine Longaker），她從幫助臨終者和教授死亡學的經驗中獲得無價的智慧，並與我分享。我的朋友Nick Smith，他是Royal Marsden醫院社會工作部主任，他多方面協助我，並提供不少建議，這都是他對臨終者及其家屬服務的心得。Royal Marsden醫院的Janet Buchan和其他職員也提供了智慧。我還要感謝Amy Hertz，她在本計畫初期，給予許多的鼓勵，後來又協助本書的編輯。本書的編輯和製作方面，Mark Matousek，Brian Stoneman，Tessa Strickland，Daniel Pirofsky，Helen Tworkov，Ruth Vaughan，Barbara Lepani和Linda Adelstein都提供了許多的幫助。我也要藉這個機會感謝Philip Philippou，Mary Ellen Rouiller，Dominique Side，Sandra Pawula，Brita Van Diermen，Gilles Oliver和Dominique Cowell等人的持續協助和奉獻，以及John Cleese，Alex Leith，Bokara Legendre，Peter Cornish，Harriet Cornish等人的見解和支持。

我在這裡要感謝鄭振煌精彩地將本書譯成中文；張老師文化公司總編輯王桂花，她精心製作中文版，在本書翻譯過程中也不斷提供協助和支持；我也要感謝姚仁喜及余德慧博士，他們在本書的翻譯上，貢獻寶貴的智慧；我還要感謝中華慧炬佛學會的大力協助；

還有Barbara Ma，Sin Ming Shaw，Meg Hsir Hart等人多年來的
一切支持和慷慨協助。

我感謝我所有的學生和朋友，從另個角度來看，他們就像我們
的老師，他們分享了本書形成的每個階段，他們以深度恭敬心包容
我。他們是給予我不斷啓發的來源。我也要感謝那些真正爲這些教
法工作而付諸實踐的人士，尤其是照顧臨終者及其遺眷，還有爲本
書提供許多有用智慧的人士。我的所有學生嘗試瞭解和應用這些教
法，我深深爲他們的努力所感動，我要感謝Harper Collins出版公
司的Mark Salzwedel，尤其是我的編輯和老學生Michael Toms，
我要感謝他的友誼、信心、無盡的耐心和仁慈。

我已經盡了最大的力量來傳達教法的心要，若有任何不正確或
錯誤的地方，我要請求讀者原諒，祈禱我的上師和護法設法饒恕！

作者簡介

　　索甲仁波切出生於西藏，由本世紀最受尊敬的上師蔣揚欽哲仁波切養育成人，視如己出。自幼年起，他就與這位大師建立非常溫馨而親密的關係，並沈浸在他智慧、慈悲、恭敬的氛圍中。索甲仁波切因而得以深入瞭解佛法心要，以他自己的體驗和身爲轉世喇嘛所受的傳統訓練，奠定未來弘法利生的紮實基礎。

　　蔣揚欽哲仁波切圓寂之後，索甲仁波切繼續親近他的另外兩位主要上師敦珠仁波切和頂果欽哲仁波切，啓發他在西方的佛業。一九七一年前往英國，進劍橋大學攻讀比較宗教學。一九七四年開始傳法，求法者蜂擁而至，他不斷在西歐、東歐、美國、澳洲和東方國家傳法。

　　仁波切把在西方弘揚佛法當作畢生的工作，他以《西藏生死書》的法味爲藍本，提供訓練。這種訓練可以讓人們瞭解、體現並融會佛法於日常生活，因此可以利益他人和全世界。仁波切的溝通能力很少有人能望其項背，在西方二十多年的生活和教學，更使他通達西方的心靈，他以溫馨、幽默和思路清晰著名，能超越宗教、文化和心理的障礙，直顯佛陀正見的核心；他以日常生活中的鮮明例子，分享他的個人經驗，因而能夠直接契入每個學生的體驗，激發佛法真理的生動感受和風味。

　　索甲仁波切屬於偉大的大圓滿傳承，具備這個傳承的標記：生動活潑、心胸廣大、直指本性。

本覺會（RIGPA）

　　索甲仁波切以「本覺會」（RIGPA）來稱呼全球親近他修習大圓滿法的中心和團體。他們的志趣和目標，就是讓佛法跨越種族

膚色和信條的障礙，儘可能讓世人得以聽聞，並創立支持性和啓發性的環境，鼓勵他們研究和修行。

在世界各地的許多城市裡都設立有本覺會，提供禪修、慈悲和其他佛法層面的定期課程。在介紹佛教各傳統大師（包括達賴喇嘛在內）給西方的工作方面，本覺會扮演了重要的角色。在倫敦的「國際本覺會中心」裡，除了開設佛法課程外，還探討各種當代學術，例如精神治療和治療學、藝術和科學、生死學及臨終關懷等。

本覺會工作計畫中心是由索甲仁波切親自主持禪修的密集訓練課程。這種禪修活動有時候長達三個月，每年都在歐洲、美國和澳洲舉辦。仁波切在法國和愛爾蘭鄉間成立了禪修中心。

本覺會也支持許多大師在東方的活動，最近並資助佐欽寺在南印度買索（Mysore）、科列甲爾（Kollegal）的重建工程。

有關索甲仁波切在本覺會的教學計畫和課程、本書所提到的任何問題、索甲仁波切的教學錄音帶、亡者超薦等細節，歡迎向下列各地本覺會中心索取。

Britain
London
RIGPA
330 Caledonian Road
London N1 1BB
Tel: (4471) 700−0185
Fax: (4471) 609−6068

USA
Santa Cruz
RIGPA USA
P.O. Box 607
Santa Cruz, CA 95061−0607
Tel: (1408) 454−9103
Fax: (1408) 454−0917

Germany
Berlin
RIGPA
Hasenheide 9
10967 Berlin
Tel: (4930) 694−6433
Fax: (4930) 694−6583

Munich
RIGPA
Nibelungenstr. 11
80639 München
Tel: (4989) 133120

France
Paris
RIGPA Lerab
22 rue Burq
75018 Paris
Tel: (331) 42545325
Fax: (331) 42540019

Montpellier
Ling Retreat Centre
L'Engayresque
34650 Roqueredonde
Tel: (3367) 444199
Fax: (3367) 444420

Switzerland
Zurich
RIGPA
P.O. Box 253
8059 Zurich
Tel: (411) 463−1547

Netherlands
Amsterdam
Stichting RIGPA
Sint Agnietenstraat 22
1012 EG Amsterdam
Tel: (3120) 623−8022

Lreland
Dublin
2nd Fl., 12 Wicklow Street
Dublin 2
Tel: (3531) 540−480
Fax: (3531) 540−480

Dzogchen Beara
Garranes
Allihies
Tel: (353−2)7 730−32
Fax: (353−2)7 731−77

Australia
Sydney
RIGPA
12/37 Nicholson Street
Balmain, NSW 2041
Tel: (612) 555−9952
Fax: (612) 973−2029

Melbourne
RIGPA
P.O. Box 141
Woodend
Victoria 3442
Tel: (6154) 273300

中英對照索引

張老師文化智慧的書目

中國人的心理系列		定價	備註	S₂	男兒心事不輕談	160元	
H₁	中國人的幸福觀	150元		S₃	亞當與夏娃法則	180元	
H₂	中國人的父母經	150元		S₄	女人說不就是不	180元	
H₃	中國人的面具性格	150元		S₅	文明也是災難	180元	
H₄	中國人的愛情觀	200元		生活技巧系列		定價	備註
H₅	中國人的婚戀觀	170元		A₁	讀書與考試	60元	
H₆	中國女人的生涯觀	200元		A₉	怡然自得─30種心理調適妙方	130元	
H₇	中國男人的生涯觀	200元		A₁₀	快意人生─50種心理治療須知	120元	
H₈	中國人的世間遊戲	200元		A₁₁	貼心父母─30帖親子相處妙方	120元	
H₉	中國人的同性戀	180元		A₁₂	生活裡的貼心話	150元	
H₁₀	中國人的青春崇拜	180元		AT₂	告別壓力卡帶(一卷)	140元	楚雲
H₁₁	中國少女的迴迴路	180元		生涯系列		定價	備註
H₁₂	中國人的禁藥文化	180元		B₁	他行，你也行	120元	
H₁₃	中國人的貧窮文化	180元		B₂	突破工作瓶頸	120元	
H₁₄	中國人的海外情結	180元		B₃	面具下的心情	150元	
H₁₅	中國人的寬心之道	180元		B₄	我的未來不是夢	120元	
H₁₆	中國人的自我蛻變	180元		B₅	行過萬花叢	90元	
H₁₇	中國人的快樂觀	180元		B₆	偷時間的人	100元	
H₁₈	中國人的愛與苦	180元		B₇	快樂的遊牧族	100元	
H₁₉	中國人的新孝觀	180元		B₈	樂在工作外	90元	
H₂₀	中國人的生命長河	180元		B₉	明天的太陽	120元	
H₂₁	中國人的姻緣觀	180元		B₁₀	眭澔平與你談心	120元	
H₂₂	中國人的養育觀	180元		B₁₁	生涯設計師	160元	
H₂₃	中國人的生命轉化	180元		愛‧性‧婚姻系列		定價	備註
H₂₄	中國人的生活實驗	180元		E₁	生命與心理的結合─家庭生活與性教育	150元	
H₂₅	中國人的寓言性格	180元		E₂	永遠的浪漫愛	220元	
中國人的追尋系列		定價	備註	E₃	名人婚姻檔案	200元	
J₁	獨特生活型態	150元		E₄	婚姻面面觀	110元	
J₂	平凡中的不平凡	150元		E₅	牽手一輩子	150元	
J₃	我的本性‧我的風格	150元		E₆	從心理學看女人	110元	
J₄	回首來處，前瞻人生	150元		E₇	做個剛柔並齊的人─學習新的性別角色	150元	
J₅	行過生命深處	150元		E₈	浪漫的開始─婚前的約會‧戀愛與擇偶	150元	
J₆	從陷落中升起	150元		E₉	告訴他性是什麼─0~15歲的性教育	150元	
J₇	敲響生活旋律	150元		E₁₀	外遇的分析與處置	140元	
J₈	熱情有勁台灣人	180元		E₁₁	金賽性學報告	780元	精裝
J₉	福爾摩沙的女兒	160元		E₁₂	金賽性學報告‧親密關係篇	220元	平裝
J₁₀	人間情事	160元		E₁₃	金賽性學報告‧身心發展篇	220元	平裝
心理資訊系列		定價	備註	E₁₄	金賽性學報告‧衛生保健篇	220元	平裝
S₁	孤獨其實是壞事	160元		E₁₅	愛情上癮症──克服愛的痴迷與依賴	150元	

編號	書名	定價	備註	編號	書名	定價	備註
E₁₆	性愛天平——尋求圓滿的男女關係	180元		T₁	熱鍋上的家庭——一個家庭治療的心路歷程	350元	
E₁₇	婚姻神話——婚姻中的24個迷思	150元		T₂	人在家庭	130元	
E₁₈	春蝶再生——女性二度成年的新發現	180元		T₃	心靈魔法師——心理治療案例解析	150元	
E₁₉	海蒂報告‧深情之愛	250元		T₄	走出生命的幽谷	90元	
E₂₀	海蒂報告‧單身遊戲	250元		T₅	心理的迷惘與突破	130元	
E₂₁	海蒂報告‧婚戀滄桑	250元		T₆	兒童遊戲治療	160元	
E₂₂	海蒂報告‧女性坦言	250元		T₇	由演劇到領悟——心理演劇方法之實際應用	200元	
E₂₃	海蒂報告‧性愛歡愉	220元		T₈	心靈之旅八十天——短期分析式心理治療	160元	
E₂₄	海蒂報告‧情慾神話	220元		T₉	桃源二村	250元	
E₂₅	海蒂報告‧男性氣概	220元		T₁₀	前世今生——生命輪廻的前世療法	180元	
E₂₆	海蒂報告‧浮世戀情	220元		T₁₁	家庭會傷人——自我重生的新契機	220元	
E₂₇	海蒂報告‧親密關係	220元		T₁₂	你是做夢大師——釋夢‧解夢‧活用夢	250元	
E₂₈	海蒂報告‧感官男人	220元		T₁₃	生命輪廻——超越時空的前世療法	180元	
E₂₉	偷看——解讀台灣情色文化	180元		T₁₄	生命不死——精神科醫師的前世治療報告	200元	
E₃₀	台灣情色報告	180元		T₁₅	桃色夢境——性夢解析與自我成長	280元	
E₃₁	中年男人的魅力——流暢‧健康‧性歡愉	200元		T₁₆	你在做什麼?一成功改變自我‧婚姻‧親情的真實故事	380元	
E₃₂	馬斯特與瓊生性學報告(上)親密的愛	280元		**教育輔導系列**		**定價**	**備註**
E₃₃	馬斯特與瓊生性學報告(下)健康的性	280元		N₁	學校輔導工作	250元	
E₃₄	愛情功夫	200元		N₂	青少年問題與對策	250元	
E₃₅	性心情——治療與解放的新性學報告	220元		N₃	人際關係的新天地	120元	
E₃₆	外遇——情感出軌的真實告白	280元		N₄	散播愛的種子	250元	
親子系列		**定價**	**備註**	N₇	心理治療與衛生(上)	300元	平裝
P₁	孩子只有一個童年	100元		N₈	心理治療與衛生(下)	300元	平裝
P₂	幫助孩子跨越心理障礙	90元		N₉	心理治療與衛生(典藏版)	680元	精裝
P₃	孩子的心,父母的愛	110元		N₁₀	班級輔導活動設計指引	130元	
P₄	孩子的快樂天堂	100元		N₁₁	心靈舞台——心理劇的本土經驗	230元	
P₆	阿牛與我	150元		N₁₂	家庭如何塑造人	280元	
P₇	這一家	180元		N₁₃	教室裡的春天—教室管理的科學與藝術	280元	增訂版
P₈	做溫暖的父母	180元		N₁₄	短期心理諮商	250元	
P₉	天下無不是的孩子	180元		N₁₅	習慣心理學——寫在晤談椅上四十年之後	380元	
P₁₀	校長爸爸天才囝	180元		N₁₆	與心共舞——舞蹈治療的理論與實務	220元	
P₁₁	烤媽出招	180元		**助人技巧系列**		**定價**	**備註**
人與自然系列		**定價**	**備註**	C₃	助人歷程與技巧	150元	增訂版
NB₁	傾聽自然	200元		C₄	問題解決諮商模式	250元	
NB₂	看!岩石在說話	200元		C₅	校園反性騷擾行動手冊	120元	
NB₃	共享自然的喜悅	180元		**團體輔導系列**		**定價**	**備註**
NB₄	與孩子分享自然	180元		M₂	團體領導者訓練實務	200元	修訂本
NB₅	探索大地之心	180元		M₃	如何進行團體諮商	150元	
心理推理系列		**定價**	**備註**	M₇	團體輔導工作概論	250元	

M₈	大團體動力—理念、結構與現象之探討	180元			F₃₆	君子好逑——談一場成功的戀愛	180元	曾昭旭
快樂的現代人系列演講卡帶		**定價**	**主講者**		F₃₇	自在女人心——單身女人也逍遙	180元	馬健君
F₁	文化篇：台灣社會與文化	180元	陳映真		F₃₈	傾聽性語——性觀念與自我成長	180元	馮榕/鄭玉英
F₂	兩性篇：新兩性關係	180元	李元貞		F₃₉	性愛風情——現代女性的性觀念	180元	江漢聲/林蕙瑛
F₃	休閒篇：如何經營多彩的人生	180元	柴松林		F₄₀	性愛革命——當代文化與性治療	180元	文榮光/王瑞琪
F₄	人際篇：現代社會中的人際關係	180元	簡春安		**世紀家變系列演講卡帶**		**定價**	**主講者**
F₅	管理篇：新時代的管理風格	180元	張越長		F₄₁	家在變動——重新認識我們的家	180元	吳就君
F₆	政治篇：如何做一個積極的公民	180元	王杏慶		F₄₂	家在求救——照亮家庭的黑暗角落	180元	陳若璋
F₇	命運篇：命運的創造力	180元	林清玄		F₄₃	家會傷人——自我重生的新契機	180元	鄭玉英
F₈	生涯篇：我的未來不是夢	180元	黃惠惠		F₄₄	家有可為—幸福家庭與良好的溝通習慣	180元	柯永河
F₉	人性篇：如何參透人生的奧祕	180元	曾昭旭		**耕一畝溫柔的心田系列演講卡帶**		**定價**	**主講者**
F₁₀	愛情篇：緣不可惜	180元	余德慧		F₅₁	點一盞溫柔的心燈	180元	曾昭旭
愛心與智慧系列演講卡帶		**定價**	**主講者**		F₅₂	給一份溫馨的祝福	180元	何進財
F₁₁	眭澔平與您談心——演講錄	180元	眭澔平		F₅₃	換一劑溫柔的藥方	180元	鄭石岩
F₁₂	眭澔平與您談心——訪談錄	180元	眭澔平		F₅₄	給一世溫情的對待	180元	阮大年
F₁₃	生命的微笑——禪與人生	180元	鄭石岩		F₅₅	耕一畝溫柔的心田	180元	傅佩榮
F₁₄	清心與隨緣——談如何活得更自在	180元	傅佩榮		F₅₆	彈一曲和諧的樂音	180元	蔡培村
F₁₅	緣與命——談自我實現的人生	180元	黃光國		**OK父母系列演講卡帶**		**定價**	**主講者**
F₁₆	擁抱生命——談快樂人生	180元	鄭武俊		F₆₁	做孩子的學習良伴	180元	小野
F₁₇	前世今生的對話	180元	林治平/楊惠南		F₆₂	建立孩子正常的學習態度	180元	洪有義
F₁₈	生命輪迴的奧祕	180元	高天恩/陸達誠		F₆₃	讓孩子成為學習贏家	180元	廖清碧
F₁₉	不死的生命—我如何走上前世治療這條路	180元	陳勝英		**掌握生命契機．發揚生命光輝系列演講卡帶**		**定價**	**主講者**
F₂₀	催眠與潛意識—從精神分析到前世催眠	180元	陳勝英		F₁₀₁	彩繪生命的藍圖——談生涯規劃	180元	李鍾桂
性愛趨勢系列演講卡帶		**定價**	**主講者**		F₁₀₂	突破生命的限制—談自我成長與自我發展	180元	鄭武俊
F₂₁	21世紀性愛大趨勢——現代人必備的性知識	180元	馮榕等		F₁₀₃	拓展生命的互動——談人際溝通	180元	洪有義
F₂₂	談心談性話愛情——夫妻必備的性知識	180元	簡春安		F₁₀₄	迎接生命的戀曲——談兩性交往的藝術	180元	曾昭旭
F₂₃	單身貴族雙人床——未婚男女必備的性知識	180元	李昂		F₁₀₅	永結生命的情緣——談夫妻相處之道	180元	簡春安
F₂₄	你儂我儂化作愛——年輕人必備的性知識	180元	施寄青		F₁₀₆	享受生命的親密——談成熟的愛情觀念	180元	洪小喬
F₂₅	尊重愛性——談性教育的意義	180元	晏涵文		F₁₀₇	孕育生命的幼苗——談有效的親子溝通	180元	曾漢榮
F₂₆	身體情語——談兩性必備的性知識	180元	江漢聲		F₁₀₈	珍惜生命的時光——談有效的時間管理	180元	黃英忠
F₂₇	性愛迷思——談如何跨越性障礙	180元	馮榕		F₁₀₉	發揮生命的潛能——談工作意義與工作適應	180元	莊聰正
F₂₈	永遠浪漫——談愛情的悲歡辯證	180元	曾昭旭		F₁₁₀	輕彈生命的旋律——談壓力管理	180元	藍三印
F₂₉	情色對話—談女人的性愛發展史	180元	何春蕤		F₁₁₁	共創生命的秩序——談民主社會的正確觀念	180元	林洋港
F₃₀	兩性解析——談工業社會的婚姻	180元	邱彰		**把心找回來系列演講卡帶**		**定價**	**主講者**
F₃₁	獻身神話——談「以身相許」的愛情迷思	180元	馬健君		F₁₁₂	找回喜悅的心——快樂簡樸的祕訣	180元	周神助
F₃₂	愛情私語——談女人的性覺醒	180元	李元貞		F₁₁₃	找回簡樸的心——單純簡樸的喜樂	180元	鄭石岩
F₃₃	婚姻終結——談旗鼓相當的婚姻伴侶	180元	施寄青		F₁₁₄	找回自然的心——社區與學校的自然觀察	180元	劉克襄
F₃₄	男人的性革命——男人氣概的新定義	180元	余德慧		F₁₁₅	找回自省的心——與心對話	180元	龔鵬程
F₃₅	女人的性革命——女性主義的性解放	180元	何春蕤		F₁₁₆	找回坦誠的心——坦誠少欲心自清	180元	李鍾桂

編號	書名	定價	作者
F₁₁₇	找回平凡的心—平凡中創意無限	180元	吳伯雄
F₁₁₈	找回快樂的心—留個位子給快樂	180元	陳月霞 陳玉峯
F₁₁₉	找回美感的心—琉璃美術裡的人生	180元	張　毅
F₁₂₀	找回真實的心—從禪定修持中找回真實心	180元	心定法師
F₁₂₁	找回智慧的心—讀書的心與方向	180元	詹宏志
F₁₂₂	找回無欲的心—人到無求品自高	180元	曾昭旭
F₁₂₃	找回成長的心—生命處處是綠洲	180元	陶曉清
F₁₂₄	找回領悟的心—覺醒的智慧	180元	陳履安
F₁₂₅	找回珍惜的心—運用時間的藝術	180元	柴松林
F₁₂₆	找回清貧的心—生活簡單·生命自然	180元	鄧志浩
F₁₂₇	找回舞動的心—生命故事·心靈之舞	180元	林秀偉

有聲閱讀系列		**定價**	**主講者**
FA₁	催眠之旅	150元	陳勝英

輔導計畫叢書		**定價**	**備註**
LA₄	領航明燈—國民小學導師手冊	160元	
LA₅	春風化雨—國民中學導師手冊	160元	
LA₆	時雨春風—高級中學導師手冊	160元	
LA₇	掌舵的人—高級職業學校導師手冊	160元	
LA₈	與你同行—專科學校導師手冊	160元	
LA₉	良師益友—大學院校導師手冊	160元	
LA₁₀	親職教育活動設計實務手冊	140元	
LA₁₁	家庭訪談實務手冊	140元	
LA₁₂	家庭暴力防治與輔導手冊	100元	
LA₁₃	兒童、青少年性虐待防治與輔導手冊	100元	

心靈拓展系列		**定價**	**備註**
D₇	生命凱歌—我的人生思考	200元	
D₈	回首成春—寬恕	230元	
D₉	馴服心靈—飛越思考迷障	180元	
D₁₀	以生命為心—愛生哲學與理想村	160元	
D₁₁	成功之旅—人生的允諾與挑戰	180元	
D₁₂	生命夢屋	180元	
D₁₃	情話色語	200元	
D₁₄	自得其樂的性格	250元	
D₁₅	以自己為尊	220元	
D₁₆	清貧思想	200元	
D₁₇	神奇百憂解—改變性格的好幫手	320元	
D₁₈	身心桃花源—當洋醫生遇見赤腳仙	420元	
D₁₉	觀山觀雲觀生死	200元	
D₂₀	完全道德—戰勝心中的惡	380元	

編號	書名	定價	
D₂₁	等待重生——道德重整與真誠共識	480元	
D₂₂	生命中的戒指與蠟燭——創造豐富的生活儀式	380元	
D₂₃	物情物語	180元	
D₂₄	找尋空間的女人	180元	
D₂₅	變—問題的形成與解決	220元	
D₂₆	鐵約翰——一本關於男性啓蒙的書	300元	
D₂₇	西藏生死書	350元	

心靈清流系列		**定價**	**備註**
R₁	生命果真如此輕易	140元	
R₂	這會是一季美好的冬	140元	
R₃	老實做人	140元	
R₄	回首生機	140元	
R₅	但願無悔	140元	
R₆	感應之情	140元	
R₇	寓言屋頂上	100元	
R₈	一畦青草地	140元	
R₉	貼近每一顆溫柔的心	140元	
R₁₀	紅塵自在	140元	
R₁₁	二更山寺木魚聲	140元	
R₁₂	離家為了一個夢	130元	
R₁₃	眼前都是有緣人	130元	
R₁₄	溫馨故事	140元	
R₁₅	每天的新太陽	140元	
R₁₆	開悟心燈	140元	
R₁₇	我不能死,因為我還沒有找到遺囑	200元	
R₁₈	天天好心情	200元	
R₁₉	最後一季的蟬音	200元	
R₂₀	時時樂清貧——我的清貧生活	160元	
R₂₁	處處簡樸心——名人談清貧	160元	
R₂₂	找回快樂的心	200元	

心靈美學系列		**定價**	**備註**
Y₁	喜悅心情—春簡	120元	
Y₂	喜悅心情—夏冊	120元	
Y₃	喜悅心情—秋書	120元	
Y₄	喜悅心情—冬牘	120元	
Y₅	心情國度	140元	
Y₆	人生是福	140元	
Y₇	讓我擁抱你	140元	
Y₈	請擁抱我	140元	

Y_9	阿保的童話	110元		K_{11}	棒球新樂園	180元	
Y_{10}	小鎮人家	110元		K_{12}	親吻一朵微笑——幕前·幕後·人生	180元	
Y_{11}	十月的笛	110元		K_{13}	性與死	220元	
Y_{12}	森林小語	110元		K_{14}	異議筆記——台灣文化情境	180元	
Y_{13}	蘋果樹	110元		K_{15}	旁觀者輕——多視野的文化溝通	180元	
Y_{14}	疼惜自己	100元		K_{16}	林村的故事——1949後的中國農村變革	240元	
Y_{15}	玩得寫意	100元		K_{17}	官司難纏——美國法庭見聞錄	180元	
Y_{16}	彼此疼惜	100元		**智慧文選系列**		**定價**	**備註**
Y_{17}	老神在哉	100元		X_1	飛躍青春——邁向21世紀	50元	
Y_{18}	和上蒼說話	100元		X_2	疼惜的心——做個有溫度的人	50元	
Y_{19}	心中的精靈	100元		X_3	生命視野——十個生涯故事	50元	
Y_{20}	新鮮上班族	100元		X_4	飛躍青春——學習·成長·奉獻	50元	
Y_{21}	聽心兒說話	100元		X_5	前瞻·創意·務實	50元	
Y_{22}	美麗心世界	100元		X_6	迎接人生挑戰·開創智慧新機	50元	
Y_{23}	與人接觸	110元		X_7	尊重生命·關懷大地	50元	
Y_{24}	心的面貌	110元		**青少年系列**		**定價**	**備註**
Y_{25}	沈思靈想	100元		Z_1	心中的自畫像——如何認識自我	120元	
Y_{26}	尊重自己	100元		Z_2	悸動的青春——如何與人交往	120元	
Y_{27}	寬恕樂陶陶	100元		Z_3	葫蘆裡的愛——如何與家人溝通	120元	
Y_{28}	簡樸過得好	100元		Z_4	輕鬆過關——有效的學習方法	120元	
Y_{29}	善待此一身	100元		Z_5	孩子,你在想什麼——親子溝通的藝術	120元	
Y_{30}	自在女人心	100元		Z_6	青少年的激盪	150元	
Y_{31}	接納心歡喜	100元		Z_7	貼身話——少女成長手札	120元	
Y_{32}	喜樂好心情	100元		Z_8	貼心話——我說·我聽·我表達	120元	
Y_{33}	熊族寓言	140元		Z_9	少年不憂鬱——新新人類的成長之路	180元	
Y_{34}	擁抱情愛	140元		Z_{10}	想追好男孩——青春族的情感世界	180元	
Y_{35}	樹香——人與自然的對話	140元		**學術研究系列**		**定價**	**備註**
Y_{36}	舞蝶——人與自然的對話	140元		L_1	由實務取向到社會實踐	220元	
文化顯影系列		**定價**	**備註**	L_2	學生發展——學生事務工作的理論與實踐	280元	
K_1	台灣田野影像	240元		L_3	我國「諮商、輔導人員專業形象」之調查研究	600元	非賣品
K_2	台灣綠色傳奇	240元		L_4	五年制商業專科學校學生生涯成熟度與學校適應之相關研究		非賣品
K_3	燃燒憂鬱	240元					
K_4	久久酒一次	240元		L_5	志願工作機構之人力資源管理策略對志願工作者組織承諾影響之研究——以救國團爲例	250元	非賣品
K_5	天堂樂園——電影·文學·人生	180元					
K_6	因緣人間——獨身女子邊塞行	180元		**贏家系列**		**定價**	**備註**
K_7	城市邊緣	180元		SM_1	學習贏家·智慧寶盒	2500元	
K_8	世紀末風情——香港文化寫真	180元		SM_2	規劃孩子的學習生涯—3~12歲的全方位親職教育	2000元	
K_9	方策崇拜——日本行事之道	180元					
K_{10}	放洋的孩子——小留學生海外傳真	180元					

- 此書目之定價若有錯誤,應以版權頁之價格爲準。
- 讀者服務專線:(02)9300620　傳真:(02)9300627